AF801789

Takeshi Iizuka

Die Grundsätze ordnungsmäßiger Buchführung in Japan und in der Bundesrepublik Deutschland
– Eine vergleichende Rechtsdarstellung –

SCHRIFTEN DES
DEUTSCHEN WISSENSCHAFTLICHEN STEUERINSTITUTS
DER STEUERBERATER
UND STEUERBEVOLLMÄCHTIGTEN E. V.

Die Grundsätze ordnungsmäßiger Buchführung in Japan und in der Bundesrepublik Deutschland

– Eine vergleichende Rechtsdarstellung –

von

TAKESHI IIZUKA

Verlag des wissenschaftlichen Instituts
der Steuerberater und Steuerbevollmächtigten G. m. b. H. Bonn
Verlag C. H. Beck München

CIP-Kurztitelaufnahme der Deutschen Bibliothek

Iizuka, Takeshi:
Die Grundsätze ordnungsmäßiger Buchführung in Japan und in der Bundesrepublik Deutschland : e. vergleichende Rechtsdarst. / von Takeshi Iizuka. –
Bonn : Verlag des wiss. Inst. d. Steuerberater u. Steuerbevollmächtigten ; München : Beck, 1984. –
(Schriften des Deutschen wissenschaftlichen Steuerinstituts der Steuerberater und Steuerbevollmächtigten e. V.)
ISBN 3 406 30436 2

ISBN 3 406 30436 2

C. H. Beck'sche Verlagsbuchhandlung (Oscar Beck), München 1984
Satz und Druck Hieronymus Mühlberger, Augsburg

Geleitwort

von

Masaaki Katsumoto

Honorarprofessor der Universität Tohoku
Mitglied der Japan Academy Doctor of Laws

Takeshi Iizuka ist mit Leib und Seele Wissenschaftler. Vor mehr als 40 Jahren hörte er bei mir Bürgerliches Recht an der Faculty of Literature and Jurisprudence der Universität Tohoku. Seither sind wir stets in enger Verbindung miteinander geblieben. Nach dem Examen hat er sich in ungewöhnlicher Weise weiterentwickelt. Er wurde rasch zu einem führenden Theoretiker und Praktiker auf den Gebieten des Rechnungswesens und der Besteuerung.

Die Durchsicht seines Buches zeigt, daß er auf seinem Spezialgebiet ein Mann ist, der außerordentliche wissenschaftliche Leistungen und Erfahrungen aufzuweisen hat, die in Japan wie im Ausland gleichermaßen anerkannt sind. Zu meinem Bedauern bin ich in einem völlig anderen Fachgebiet angesiedelt, so daß ich außerstande bin, mich auf Einzelheiten des Buches einzulassen. Dennoch sind mir bei der Lektüre die ungewöhnlichen Einsichten und herausragenden Ergebnisse aufgefallen, die dieses wissenschaftliche Vorhaben auszeichnen. Ich darf deshalb vorbehaltlos meine tiefe Bewunderung und meinen Respekt zum Ausdruck bringen. Als Wissenschaftler weiß ich die Ernsthaftigkeit, die Beharrlichkeit und die Urteilskraft des Verfassers zu würdigen, die ihn seit langem auszeichnen und die auch das vorliegende Werk prägen.

Es ist mir eine große Freude, den Verfasser zu seinem erfolgreichen Buch aufrichtig zu beglückwünschen.

Vorwort

von

Kiyohsi Kurosawa

Doktor der Betriebswirtschaftslehre
ehemaliger Präsident der Yokohama National University
ehemaliger Präsident der Dokkyo University
ehemaliger Präsident des Corporate Accounting Council
Honorarprofessor an der Yokohama National University

Das vorliegende Buch befaßt sich mit der Beweiskraft kaufmännischer Bücher vom Standpunkt der Rechtsphilosophie aus. Zentrales Thema sind die Grundsätze ordnungsmäßiger Buchführung. In seiner Art ist das Werk einzigartig. Was hier jedoch „Standpunkt der Rechtsphilosophie" genannt wird, bezeichnet die interdisziplinäre Methode, die ihre Wurzel im Handelsrecht, in der Steuerrechtswissenschaft und im Recht des Rechnungswesens hat. Von diesem neuen Gesichtspunkt aus wird die Beweiskraft der ordnungsmäßigen Buchführung und der kaufmännischen Bücher in einem wissenschaftlichen Forschungsansatz untersucht. Das Ergebnis dieser Forschung ist so ungewöhnlich und so vorzüglich, daß man dieses Buch in der Tat als ein seltenes Ereignis bezeichnen kann.

Zunächst ist anzumerken, daß der Verfasser Handelsrecht und Steuerrecht in den Rahmen der vergleichenden Verfassungstheorie hineinstellt. Er vergleicht die einschlägigen Gesetze und Verordnungen verschiedener Länder, wie Japan, der Bundesrepublik Deutschland, Großbritannien, USA und anderer. Die Spannweite der Untersuchungen reicht von den historischen Ursprüngen der Gesetze bis zu ihren jüngsten Neufassungen. Hintergründe und Entwicklungen werden aufgezeigt, und es wird die umfangreiche einschlägige Literatur vorgestellt. Der Verfasser geht ausführlich auf die 4. und 7. EG-Richtlinie sowie die Gutachten und sonstigen Beiträge der UEC (Union Européenne Des Experts Comptables, Economiques Et Financiers) ein. Auffallend ist bei alledem die große Überzeugungskraft des Verfassers.

Es ist allgemein bekannt, daß das japanische Handelsgesetzbuch in der Meiji-Ära nach dem Vorbild der verschiedenen Fassungen des Deutschen Handelsgesetzbuches erlassen wurde. Dr. Kotaro Tanaka veröffentlichte 1946 sein Buch „Taishaku-Taishoho-No-Ronri" (Die Logik der Bilanzierungsgrundsätze), in dem er sich mit den Grundsätzen ordnungsmäßiger Buchführung (GoB) auseinandersetzt – immer noch ein drängendes Problem der Gegenwart. Bisher war in Japan lediglich seine juristische Interpretation der GoB bekannt geworden. Takeshi Iizuka steht Tanakas Theorie jedoch ungewöhnlich kritisch gegenüber. Er bezeichnet diese Theorie als falsch und beklagt, sie habe einen sehr schädlichen Einfluß auf die nachfolgenden Forscher und Autoren in Japan gehabt. Diese kritische Methode des Verfassers ist neben der Anwendung der vergleichenden Verfassungstheorie das zweite besondere Merkmal dieses Buches. Man kann sich des Eindrucks nicht erwehren, daß der Verfasser in zwingender Argumentation neben Dr. Tanaka auch eine sehr große Zahl anderer japanischer Wissenschaftler widerlegt.

Kurz gesagt, Dr. Tanaka kam zu dem Ergebnis, die Grundsätze ordnungsmäßiger Buchführung seien lediglich Rechtsvorschriften, die einen allgemeinen Rahmen darstellten, der erst noch der Ausfüllung durch die wirtschaftliche Praxis bedürfe. Obgleich eine solche Rechtsvorschrift bei genauer Betrachtung im japanischen Handelsgesetzbuch fehlt, wird man vielleicht doch sagen dürfen, daß die Grundsätze ordnungsmäßiger Buchführung hinter diesen Rechtsvorschriften erkennbar sind. Dr. Tanaka bezog sich allerdings nur auf § 38 des deutschen HGB. Völlig entgangen waren ihm § 5 des deutschen EStG, die entsprechenden Bestimmungen der deutschen RAO sowie verschiedene andere einschlägige Gesetze. Dies war der Grund, warum Takeshi Iizuka nicht damit einverstanden sein konnte, daß Dr. Tanaka sich einer Methode der juristischen Interpretation bediente, ohne sämtliche relevanten Texte heranzuziehen. So mußte er zu kurzschlüssigen und irrigen Auffassungen kommen. Zudem übte Dr. Tanakas Theorie durch die ihm nicht zukommende Autorität einen wenig erfreulichen Einfluß auf zahlreiche Wissenschaftler und Gelehrte aus. Dies hat im übrigen schon Jean Gabriel Tarde (1843–1904) mit seinem „Gesetz der Nachahmung" zum Ausdruck gebracht. Iizukas Kritik im Kampf um die Wahrheit erhielt vor allem von diesem Punkt aus ihren Impetus.

Selbst mich, den Verfasser dieses Vorworts, hat die scharfe und überzeugende Kritik Iizukas nicht verschont. Er weist auf meine Verantwortung für die Aufstellung der dringend notwendigen Grundsätze ordnungsmäßiger Rechnungslegung hin, die im Juli 1949 vom Economic Stabilization Headquarters (Keizai Antei Honbu) veröffentlicht wurden. Ich darf deshalb bei dieser Gelegenheit einige wenige Mißverständnisse klären, denen Mr. Iizuka erlegen ist. Der Grundsatz ordnungsmäßiger Rechnungslegung, der in den Corporate Accounting Principles enthalten ist, ist etwas anderes als die deutschen GoB. Die Ähnlichkeit der Bezeichnungen täuscht über wesentliche begriffliche Unterschiede hinweg. Um von den beteiligten Wissenschaftlern damals nicht falsch verstanden zu werden, machte ich sie wiederholt darauf aufmerksam, daß ich diesen Terminus im Singular gebraucht hatte, nicht im Plural, der im deutschen Recht üblich ist. Wie Mr. Iizuka sagt, haben viele andere Fachleute des Rechnungswesens den japanischen Ausdruck als wörtliche Übersetzung des deutschen Ausdrucks verstanden. Ich denke, daß Mr. Iizuka dieses Mißverständnis ein für allemal ausgeräumt hat.

Mein einziger Fehler war, mich zu Dr. Tanakas Auffassungen über eine

Rechtsvorschrift zu äußern, die bestenfalls einen allgemeinen Rahmen darstellt. Der Grund war einfach, daß ich es als Wissenschaftler nicht für richtig hielt, den bekannten Rechtsgelehrten zu kritisieren, weil mein eigenes Arbeitsgebiet ein anderes als das von Dr. Tanaka war. Erst heute bietet sich mir die Möglichkeit, die Anhänger Dr. Tanakas in angemessener Weise zu kritisieren – dies deshalb, weil ich, dem Beispiel Mr. Iizukas folgend, innerhalb der Wissenschaftstheorie ein juristisches Paradigma des Rechnungswesens entwickelt habe. Diese paradigmatische Wirkung ist einer der besonderen Vorzüge der hier von Mr. Iizuka vorgelegten Monographie.

Zweimal war ich Zielscheibe der Kritik Iizukas. Er greift vor allem den Artikel auf, den ich in der Juli-Ausgabe, Band 118, der Zeitschrift ,,Accounting" veröffentlichte, die von der Japan Society of Accounting herausgegeben wird. In diesem Artikel hatte ich festgestellt:

- Nach japanischem Handelsrecht hat die Buchführung ,,interne Beweiskraft" für den Jahresabschluß.
- Die Buchführungs-Bestimmungen nach Art. 147 des British Companies Act von 1948 sind eng verknüpft mit dem Grundsatz des ,,true and fair view" nach Art. 149 des gleichen Gesetzes.

In seinem Buch bezeichnet Mr. Iizuka meine Auffassung als falsch. Ich bin aber nach wie vor fest davon überzeugt, daß meine Argumentation richtig ist. Allerdings muß ich zugestehen, daß mein Artikel einen Fehler enthält. Durch die Neufassung des Companies Act von 1976 verlor Art. 147 des British Companies Act von 1948 seine Gültigkeit. In der Neufassung wird anstelle des Ausdrucks ,,Buchführung" der Ausdruck ,,Buchführungs-Aufzeichnungen" verwendet. Aber grundsätzlich hat sich nichts geändert, so daß ich meine, es besteht kein Anlaß, meine Auffassung zu revidieren. Mr. Iizuka hat zu Recht meinen Fehler unverzüglich aufgegriffen, der darin bestand, den nicht mehr gültigen Art. 147 zu zitieren. In Details dieser Art zeigt sich die ungewöhnliche intellektuelle Schärfe, die sein Buch auszeichnet. Es ist zu bewundern, daß er nicht die geringste Unbedachtheit eines wissenschaftlichen Gegners übersieht.

Das vorliegende Buch ist meines Wissens die erste Veröffentlichung in Japan, in der der ,,Buchbeweis" der ordnungsmäßigen Buchführung und der Bücher sowie die Grundsätze ordnungsmäßiger Buchführung in voller Breite und auf dem aktuellen Stand erörtert werden. Sein wissenschaftlicher Wert ist außerordentlich groß. In der Wendung ,,ordnungsmäßige Buchführung" ist der Terminus Buchführung nicht nur im allgemein-technischen Sinn zu verstehen. Ich teile Mr. Iizukas Auffassung, daß hinter den Grundsätzen ordnungsmäßiger Buchführung sich ein dreifach strukturierter Begriff verbirgt. Zudem ist der Buchbeweis der Kern der einschlägigen handels- und steuerrechtlichen Vorschriften, die im Zeitablauf weiter entfaltet worden sind. Ferner enthält Mr. Iizukas Buch eine wichtige Entdeckung im Zusammenhang mit der Herkunft der Grundsätze ordnungsmäßiger Buchführung. Bisher war man der Meinung gewesen, diese Grundsätze seien erstmals in § 38 des deutschen Handelsgesetzbuches von 1897 niedergelegt worden. Wahr ist hingegen, daß sie bereits zwei Jahre früher im hessischen Einkommensteuergesetz von 1895 auftauchen.

Ich kann dieses Buch nur aufrichtig empfehlen, nicht nur wegen seines unbestritten hohen wissenschaftlichen Ranges. Es sollte auch bei der Beratung künftiger Neufassungen des japanischen Handelsgesetzbuches und der japanischen Steuergesetze großen gestaltenden Einfluß haben.

Vorwort zur deutschen Ausgabe

von
Heinz Sebiger
Diplom-Volkswirt
Steuerberater

Vorsitzender des Vorstandes der DATEV eG
Präsident der Steuerberaterkammer Nürnberg
Mitglied des geschäftsführenden Vorstandes des Deutschen wissenschaftlichen Steuerinstituts der Steuerberater und Steuerbevollmächtigten e. V. in Bonn

Der Leser dieses Buches wird möglicherweise daran interessiert sein, als Ergänzung zu den darin diskutierten Sachfragen, auch einiges über den Autor selbst zu erfahren. Wenn Herr Takeshi Iizuka am Anfang seines Buches über sich selbst mitteilt, daß er ,,kein Wissenschaftler im Elfenbeinturm der Universität“ ist, sondern ,,nur ein selbständiger Wirtschaftsprüfer, der tagaus, tagein bemüht ist, sein Brot zu verdienen“, so ist diese Feststellung einerseits richtig, andererseits aber auch Ausdruck eines vornehmen Understatements. In seiner Funktion als Berater maßgeblicher Politiker, als Diskussionspartner im Fernsehen und als Unternehmer hätte sich Herr Iizuka durchaus auch als einflußreiche Persönlichkeit in Japan vorstellen können.

Takeshi Iizuka ist als Präsident der japanischen Datenverarbeitungsorganisation TKC (,,Tochigi Ken Keisan Center“) vor allem ein sehr erfolgreicher Manager in seinem Lande. TKC erledigt, ähnlich wie die DATEV in der Bundesrepublik Deutschland, in streng berufsständischer Ausrichtung Datenverarbeitungsfunktionen für die wirtschaftsberatenden und -prüfenden Berufe. Herr Iizuka hat die TKC-Organisation im Jahre 1966 gegründet und sie aus kleinsten Anfängen heraus zu einem beachtlichen Wirtschaftsfaktor auf dem Gebiet des computerunterstützten Rechnungswesens für mehrere hunderttausend japanische Betriebe entwickelt.

Buchführungsfragen sind für Herrn Iizuka deshalb nicht nur irgendein Thema, sie sind vielmehr für ihn die beherrschende Sache seiner täglichen Berufsarbeit. Auf dem Hintergrund dieser Feststellung ist es fast selbstverständlich, daß Herr Iizuka sich mit den wichtigsten Lehrmeinungen führender Wissenschaftler seines Landes und anderer Länder über die ,,Grundsätze ordnungsmäßiger Buchführung“ und mit den verschiedenen rechtlichen Regelungen der Buchführungspflichten befaßt und auseinandersetzt. Er widmet sich dieser Aufgabe mit großer Intensität und mit persönlicher Leidenschaft.

Zur Sache der Grundsätze ordnungsmäßiger Buchführung erschließt Herr

Iizuka nach meiner Auffassung für den deutschsprachigen Leser viele interessante Hinweise auf die verschiedenen wissenschaftlichen Lehrmeinungen und vielfältige Literaturquellen maßgeblicher japanischer Autoren, die zu berücksichtigen den deutschen Wissenschaftlern schon aus Gründen der Sprachbarriere in der Regel nicht möglich sein wird. Durch das Buch von Herrn Iizuka werden wir auch auf eine Fülle von Zusammenhängen und Unterschieden zwischen deutschem Recht und japanischem Recht auf diesem Gebiet hingewiesen. Vielleicht wird sich mancher Wissenschaftler in unserem Land durch die Hinweise von Herrn Iizuka sogar veranlaßt sehen, die Ansichten und Begründungsüberlegungen japanischer Wissenschaftskollegen zu den Grundsätzen ordnungsmäßiger Buchführung im einzelnen anhand der genannten Originalquellen nachzuvollziehen.

Mit großem Nachdruck besteht Herr Iizuka in seiner umfassenden Kritik vieler japanischer Gelehrter, die sich zu diesen Fragen geäußert haben, auf seiner Meinung, daß die Grundsätze ordnungsmäßiger Buchführung in der Fülle ihres Inhalts Ausfluß gesetzlicher Regelungen sind. Die Gewinnung der jeweils geltenden und anzuwendenden Buchführungsgrundsätze ist damit ausschließlich eine Frage der Rechtsfindung und nicht auch eine Frage der betriebswirtschaftlichen Theorie oder der wirtschaftlichen Praxis auf dem Gebiet der Buchführung. Wie unterschiedlich jedoch zu dieser Frage die Ansichten auch in der Bundesrepublik Deutschland noch sind, zeigt eine neuere Diskussion angesehener Wissenschaftler über das Verhältnis von Betriebswirtschaftslehre und Bilanzrecht in Hinsicht auf die Gewinnung von Grundsätzen ordnungsmäßiger Bilanzierung*.

Das Buch von Herrn Iizuka gibt uns nicht nur Informationen über die Situation in Japan auf dem Gebiet der Grundsätze ordnungsmäßiger Buchführung. Es gibt uns darüber hinaus durch die in vieler Hinsicht andersartige Form der Darstellung und Argumentation auch Aufschluß über das Denken und Fühlen eines japanischen Wirtschaftsmanagers. Entsprechend seinem kritischen Kommentar „Wer als Wissenschaftler der Wahrheit verpflichtet ist und nicht sein Ich vergißt, hat keinen Anspruch auf Originalität der Persönlichkeit" zu einer nach seiner Auffassung irrigen Meinung von Professor Schmalenbach können wir annehmen, daß Herr Iizuka dem Leser durch sein Buch auch sein eigenes Wesen offenbart. Dabei erscheinen mir zwei Merkmale seiner Persönlichkeit besonders

* Vgl. beispielsweise
– Dieter Schneider, Rechtsfindung durch Deduktion von Grundsätzen ordnungsmäßiger Buchführung aus gesetzlichen Jahresabschlußzwecken? – In: Steuer und Wirtschaft 2/1983, S. 141–160.
– Winfried Mellwig, Bilanzrechtsprechung und Betriebswirtschaftslehre – Zu einigen Grundlagen der steuerlichen Bilanzrechtsprechung und ihrer betriebswirtschaftlichen Kritik. – In: Betriebs-Berater 26/1983, S. 1613–1620.
– Adolf Moxter, Wirtschaftliche Gewinnermittlung und Bilanzsteuerrecht. – In: Steuer und Wirtschaft 4/1983, S. 300–307.
– Heinrich Beisse, Zum Verhältnis von Bilanzrecht und Betriebswirtschaftslehre. – In: Steuer und Wirtschaft 1/1984, S. 1–14.

auffallend: Herr Iizuka ist ein Mann mit einer umfassenden Bildung, die in markanter Weise durch die Gedankenwelt deutschsprachiger Wissenschaftler und Philosophen geprägt ist. Ferner ist er in seinem Bemühen, den von ihm als richtig erkannten Ansichten Geltung zu verschaffen, ein mutiger und streitbarer Bekenner. Er lebt das von ihm zitierte Wort eines Rechtsgelehrten „Das Ziel des Rechts ist der Friede, das Mittel dazu ist Kampf".

Im Jahre 1972 habe ich Herrn Takeshi Iizuka erstmals persönlich kennengelernt, und seit dieser Zeit ist der Kontakt zu ihm nicht nur erhalten geblieben, sondern Jahr für Jahr enger geworden. Viele Gespräche bei gegenseitigen Besuchen und eine gleiche Grundeinstellung in beruflichen, politischen und persönlichen Fragen haben inzwischen eine freundschaftliche Bindung entstehen lassen. Es ist für mich immer wieder beeindruckend, zu erleben, mit welchem Scharfsinn Herr Iizuka allen wichtigen Dingen des Lebens auf den Grund geht und wie sehr er bei diesem Bemühen durch eine umfassende Kenntnis und Hochachtung alles Deutschen geleitet ist. Letztlich kommt genau dieses Wesen von Herrn Iizuka auch in dem vorliegenden Buch über die Grundsätze ordnungsmäßiger Buchführung zum Ausdruck. Wenn man sieht, mit welcher Gründlichkeit und Beharrlichkeit der Autor den Wurzeln und den Details einer ordnungsmäßigen Buchführung nachforscht, wird auch an diesem Beispiel schlaglichtartig klar, wie es möglich war, daß Japan auf so vielen Gebieten den Entwicklungsvorsprung anderer Länder aufgeholt und in eine eigenständige Dynamik umgesetzt hat.

Die Darlegungen von Herrn Iizuka sind ursprünglich in japanischer Sprache, und zwar zunächst als Aufsatzfolge in einer Zeitschrift und dann als selbständiges Buch veröffentlicht worden. Dies erklärt auch, warum an so vielen Stellen Auszüge und Hinweise auf deutsche Literatur und Gesetzesbestimmungen, die dem japanischen Leser normalerweise nicht zugänglich sind, gegeben werden. Die vorliegende Übersetzung dokumentiert für den deutschen Leser die Argumente und ungelösten Fragen zum Thema einer ordnungsmäßigen Buchführung aus japanischer Sicht.

An einigen Stellen sind in der deutschen Ausgabe Anmerkungen hinzugefügt, die zum besseren Verständnis des Inhalts sinnvoll erscheinen. Andererseits wurden einige Formulierungen, die sich in der japanischen Ausgabe speziell an den japanischen Leser richten, bei der Übersetzung weggelassen.

Ich wünsche dem Werk von Herrn Präsident Takeshi Iizuka eine positive Resonanz in unserem Lande.

Vorwort des Verfassers

Kernstück dieses Buches ist meine Artikelserie mit dem Titel ,,Ordnungsmäßige Buchführung – Buchbeweis. Mit der Bitte um Berichtigung dieses nationalen Mißverständnisses". Sie erschien von Juni 1979 bis Juni 1982 in insgesamt 26 Fortsetzungen in ,,Accounting", einer Zeitschrift der Japan Society of Accounting, herausgegeben von Moriyama Shoten, Tokio. Die Artikel wurden ergänzt und überarbeitet und ergaben schließlich das vorliegende Buch. Die Veröffentlichung in ,,Accounting" wurde möglich durch die freundliche Empfehlung und Unterstützung von Kiyoshi Kurosawa, Doktor der Betriebswirtschaftslehre, Honorarprofessor der Yokohama National University und oberster Berater von TKC. Den unmittelbaren Anstoß gab der verstorbene Tsunejiro Nakamura, hochverehrter Lehrer des Verfassers, Professor am Fukushima Higher Commercial College und später Professor der Universität Tokio. Er ermutigte mich, Professor Kurosawa um die Veröffentlichung in ,,Accounting" zu bitten.

Meine Artikelserie hatte folgende Vorgeschichte:

Im Dezember 1962 legte mir mein früherer Lehrer, Masaaki Katsumoto, Doktor der Rechte, Honorarprofessor der Universität Tohoku und früherer Dekan der Rechtswissenschaftlichen Fakultät der Universität Senshu, nahe, eine Dissertation zur Erlangung der Doktorwürde auf dem Gebiet der Steuerwissenschaft zu schreiben. Durch die Vermittlung von Dr. Katsumoto konnte ich mich im April 1963 für den Doktorandenkurs des inzwischen verstorbenen Prof. Katsujiro Tanaka einschreiben. Dr. Tanaka war Doktor der Rechte, Professor der Rechtswissenschaftlichen Fakultät der Universität Senshu und juristischer Berater der Nationalen Steuerverwaltungsbehörde.

Obwohl ich längere Zeit für diesen Kurs an der Faculty of Jurisprudence and Literature der Kaiserlichen Universität Tohoku immatrikuliert war, glänzte ich meist leider durch Abwesenheit. Dr. Katsumoto war indessen so freundlich, mich im September 1952 einem amerikanischen Anwalt namens J. B. Anderson als steuerlichen Berater zu empfehlen. Später empfahl er mich dann den ,American President Lines', damals die größte Reederei der Welt, als Berater für das Prüfungswesen. Ohne die Ratschläge und Empfehlungen führender japanischer Wissenschaftler hätte dieses Buch nicht entstehen können.

Der Mensch hat wesentlich die Fähigkeit, auf sich gestellt zu leben. In der Welt der Wissenschaft sind Fortschritte nur dann zu erwarten, wenn ihre Jünger die Ergebnisse der Älteren aufgreifen und verarbeiten und sich weiterentwickeln. Die Dankesschuld wird der junge Wissenschaftler durch seine eigene Arbeit abzutragen suchen.

Der Grund, warum ich die Erwartungen der Professoren Nakamura und Katsumoto enttäuschte und die Vorlesungen nicht nur am Fukushima Higher

Commercial College, sondern auch an der Kaiserlichen Universität Tohoku höchst unregelmäßig besuchte, war folgender:

Das große Problem meiner jungen Jahre lag darin, Grundsätze für die praktische Lebensführung zu finden. In jener Zeit vertraute ich mich der wohlwollend-herzlichen Führung des verehrten Meisters Giyu Ueki vom Unganji-Tempel in Mt. Nasu und des verehrten Meisters Johten Miura vom Zuiganji-Tempel in Matsushima an, um voll und ganz in der dem Tod trotzenden Zazen-Askese (sitzende Kontemplation und Selbstversenkung) aufzugehen.* Ich bin sicher, daß mir die rauhe Disziplin, die mir diese beiden verehrten Meister vermittelten, die Kraft verliehen hat, neben der Arbeitsbelastung als Präsident von TKC, deren Mitglieder wegen des landesweiten Einsatzes von EDV-Systemen 5000 Wirtschaftsprüfer und Steuerberater sind, auch noch dieses Buch zu schreiben.

Ich hatte gehofft, es werde mir möglich sein, die Monographie anhand von etwa 5000 Bänden ausländischer Fachliteratur, besonders aus England, USA, Deutschland und Frankreich, in Angriff zu nehmen und so das geistliche Buch „Ju-Jyu-Shin-Ron" zu übertreffen, das „Kukai, Kobodaishi" vor 1150 Jahren im Alter von 60 Jahren schrieb und dabei mehr als 600 ausländische Quellen auswertete. Leider konnte ich selbst nur weniger als fünf Prozent der mir verfügbaren Quellen auswerten. Ich habe mein Bestes gegeben, aber ich habe bei weitem nicht die Leistungen des genialen Meisters Kukai erreicht, der in der Geschichte ohne Beispiel ist.

Ich habe mich bemüht, die Auffassungen von mehreren hundert bekannten Wissenschaftlern nicht nur in Japan, sondern auch in Europa und in den USA durch Gegenargumente zu widerlegen. Anspornend und erhellend wirkte auf mich das Wort von Gustav Radbruch, Professor der Philosophie an der Universität Berlin: „Zur Persönlichkeit wird man durch selbstvergessene Sachlichkeit." Hinzu kommt, daß die Zen-Sekte grundsätzlich die Erfahrung zwingender Evidenz der nicht-realen Existenz des Ich als unverrückbar reale Existenz fordert. Zwischen diesen beiden Theorien läßt sich eine Verbindungslinie herstellen. Vermutlich sind diese philosophischen Grundsätze zu erkennen, die alle Ansätze dieses Buches durchziehen. Heinz Sebiger, Mitglied des geschäftsführenden Vorstandes des Deutschen wissenschaftlichen Steuerinstituts der Steuer-

* Zazen ist die sitzende Kontemplation und Selbstversenkung, die von den Mitgliedern der Zen-Sekte praktiziert wird. Es handelt sich hier um eine spezielle Ausprägung des Buddhismus, in der Meditation und persönliche Disziplin Mittel der Selbstverwirklichung sind. Durch Meditationsübungen unter der Anleitung eines Meisters wird die Erleuchtung Buddhas erfahren, d. h. die Erkenntnis der Einheit allen Seins, des Heiligsten und des Profansten. Giyu Ueki und Johten Miura sind Meister des Zen, die den Verfasser in seinen Selbstverwirklichungsübungen geführt haben. Die Grundgedanken der Zen-Sekte stammen aus dem China des 6. Jahrhunderts und wurden in Japan im 13. Jahrhundert weiterentwickelt.

Seither übt die Zen-Sekte einen anhaltend starken Einfluß auf das kulturelle Leben in Japan aus. Sie hat die Kunst, die Literatur und auch die Teezeremonie entwickelt und geprägt. Heute gehören der Zen-Sekte in Japan ca. 9 Mio. Mitglieder an.

berater und Steuerbevollmächtigten e. V. in Bonn, teilte mir im Oktober 1982 mit, der C. H. Beck Verlag werde mein Buch in Deutschland herausbringen und damit meine Gedanken auch dem deutschen Leser zugänglich machen.

Zuweilen mußte ich tief Luft holen, als mir klar wurde, wie sehr das Steuerrecht sich zu einem interdisziplinären Gegenstand entwickelt hat, der selbst vor Verwaltungsrecht, Staatsrecht, sogar vor der Rechtsphilosophie nicht halt macht, ganz zu schweigen vom Rechnungswesen, der Betriebswirtschaftslehre und dem Handelsrecht.

Ich bin Mr. Koume, Hauptherausgeber, und Mr. Tsuchiya von Moriyama Shoten für ihre Unterstützung beim Zustandekommen des Buches zu großem Dank verpflichtet. Danken möchte ich außerdem Eiichi Tanaka und Keisuke Matsumoto, die in der Internationalen Abteilung von TKC tätig sind, für die Anfertigung des Literaturverzeichnisses und eines Stichwortverzeichnisses in der japanischen Ausgabe. Sie waren auch bereit, die mühevolle Arbeit des Korrekturlesens zu übernehmen.

Im Mai 1983 Takeshi Iizuka

Inhaltsverzeichnis

VIII. Kapitel. Die Praxis angemessener Rechnungslegung nach dem japanischen Handelsgesetzbuch

IX. Kapitel. Die Entstehung „einer besonderen inneren Verbindung" zwischen bürgerlichem Recht und Steuerrecht

X. Kapitel. Probleme der Grundsätze ordnungsmäßiger Buchführung

I. Kapitel. Einführung. Entstehungsgeschichte und Problem

Ich bin kein Wissenschaftler im Elfenbeinturm der Universität. Ich bin nur ein selbständiger Wirtschaftsprüfer, der tagaus, tagein bemüht ist, sein Brot zu verdienen. Im Frühjahr 1950, im vierten Jahr meiner Tätigkeit als Wirtschaftsprüfer, wurde mir dringend bewußt, daß es notwendig sei, ausländische Literatur auf meinem Fachgebiet zu abonnieren. Mit dieser festen Überzeugung stand ich allerdings allein. 1952 wurde ich auf Empfehlung meines hochgeschätzten Lehrers Masaaki Katsumoto, Honorarprofessor an der Universität Tohoku, steuerlicher Berater des amerikanischen Rechtsanwalts J. B. Anderson. Durch dessen großzügige Empfehlung konnte ich dann in Japan ansässiger Berater bei einer damals weltweit führenden Reederei werden, der American President Lines. Da ich bereits Studien der vergleichenden Rechtswissenschaft betrieben hatte, immatrikulierte ich mich auf den Rat von Prof. Katsumoto hin an der Universität Senshu mit dem Ziel der Promotion zum Doktor der Rechtswissenschaft. Vom Sommersemester 1963 an durfte ich bei Prof. Katsujiro Tanaka studieren. Kurz darauf wurde ich in einen Rechtsstreit verwickelt, bekannt als Iizuka-Fall*, so daß der Traum von der Promotion ausgeträumt war. Dies ist der Knick in meiner beruflichen Laufbahn. Das Glück wollte es, daß das immer noch schwebende Verfahren im Laufe des Jahres 1965 eingestellt wurde. Ich konnte nun daran gehen, mir einen langgehegten Wunsch zu erfüllen.

Im September 1962 nahm ich als Vertreter der japanischen Wirtschaftsprüfer-Vereinigung am 8. Weltkongreß der Wirtschaftsprüfer in New York teil. Zwischen den einzelnen Sitzungen suchte ich den Hauptsitz des American Institute of Certified Public Accountants (AICPA) auf. Dort hatte ich ein wichtiges Gespräch mit J. F. Carey, damals Leiter des Instituts. Nach diesem Gespräch kam ich zu dem Schluß, daß es für die Zukunft aller japanischen Accountants nur die eine Alternative gab: umfassender Einsatz von EDV-Systemen. Ich gründete deshalb im Oktober 1966 eine Einmann-Aktiengesellschaft, die TKC. Diese Abkürzung bedeutete zunächst: Tochigi Ken (Präfektur) Keisan (Rechen)-Zentrum. Später wurde die Bedeutung geändert: Tokyo Sogo Keisan Center (Datenverarbeitungszentrum Tokio). Gelegentlich wird TKC auch benutzt, um den Namen des Verfassers abzukürzen: Takeshi Iizuka.

* Dem Iizuka-Fall liegt nach Auskunft des Autors folgender Tatbestand zugrunde: Im August 1963 behauptete Mr. Kimura, ein hoher Beamter der Steuerverwaltung in Japan, auf einer eigens zu diesem Zweck einberufenen und in Rundfunk und Fernsehen übertragenen Pressekonferenz, daß ein damals von dem Wirtschaftsprüfer Takeshi Iizuka betreutes Unternehmen Steuern in Höhe von 600 Mio. Yen hinterzogen habe. Eine daraufhin über einen Zeitraum von 16 Monaten hinweg von 90 Prüfern durchgeführte Untersuchung dieses Falles ergab, daß keine Steuerhinterziehung vorlag. Als Folge dieses Ergebnisses ist Mr. Kimura 1965 aus seinem Amt ausgeschieden.

Der Betrieb des Rechenzentrums wurde am 1. September 1968 in vollem Umfang aufgenommen, als das System FACOM/230-20 von Fujitsu vollständig im Rechenzentrum installiert war. Als ich 1979 mit der Niederschrift dieses Buches begann, bestanden voll operationale Systeme aus einer Einheit M-190 (damals der größte Computer der Welt) und 20 Einheiten FACOM/M230-38 (ein Computer der oberen Mittelklasse). Sie waren sämtlich auf die großen Städte des Landes verteilt. TKC hatte damals einen Mitgliederbestand von etwas über 4000 Wirtschaftsprüfern und Steuerberatern. Es war ein Zusammenschluß gleichgesinnter Fachleute. Zu meinem Erstaunen expandierte TKC so stark, daß es jetzt eines der größten spezialisierten Rechenzentren der Welt für steuerberatende Berufe ist.

Meine Bekanntschaft mit dem Rechnungswesen geht auf das Jahr 1938 zurück. Professor Tsunejiro Nakamura vom Fukushima Higher Commercial College (der späteren Universität Fukushima; er wurde später Professor an der Universität Tokio und Präsident der wirtschaftswissenschaftlichen Universität Akita) bat mich damals, ein dickes Buch mit dem Titel „Rechnungswesen" durchzuarbeiten, das Professor Kurosawa geschrieben hatte. Ein Zusatzband mit dem Titel „Kanjyo Gakusetsu Kenkyu" (Studie über die Lehre vom Rechnungswesen) war verfaßt von Fukuichi Hatanaka und zusammengestellt worden von Professor Kurosawa. Dieser war bekannt für strenge Noten. Ich habe oft daran denken müssen, daß mir zum Heulen zumute war, als ich das schwierige Buch durcharbeiten mußte. Wissenschaftlich hatte mir Prof. Nakamura damit indes einen unschätzbaren Dienst erwiesen.

Bei meinem zweiten offiziellen Besuch in der Bundesrepublik Deutschland im Januar 1972 hatte ich mehrfach Gelegenheit zu Gesprächen mit Mitgliedern der Steuerberaterkammern in allen Bundesländern. Dabei fiel häufig der Ausdruck Kontenrahmen, der mich aber keineswegs aus dem Konzept brachte. Meine Gesprächspartner waren sprachlos über mein ruhiges Auftreten und meine wissenschaftliche Begeisterung.

Der Grundstein für meine späteren Vorträge im Bundesfinanzministerium war also schon durch mein frühes Studium von Prof. Kurosawas „Rechnungswesen" gelegt worden. Kurosawa äußert sich in diesem Buch, das er im Alter von nur 27 Jahren geschrieben haben soll, anerkennend über Schmalenbachs Theorie des Kontenrahmens. Er meint, daß Schmalenbachs zweckgerichtete Zusammenfassung von Ergebnisrechnung und Kostenrechnung vielen ähnlichen Abhandlungen hoch überlegen sei. Schmalenbachs Buch „Der Kontenrahmen" (1927) enthielt eine von den deutschen Betriebswirtschaftlern der Gegenwart allgemein akzeptierte Auffassung und entspricht damit auch den Vorstellungen von Prof. Kurosawa. (Vgl. Handwörterbuch der Betriebswirtschaft, 1975, Sp. 2199–2214.)

Prof. Kurosawa ist oberster Berater bei TKC. Seit 1973 schickt TKC Beobachtungsgruppen nach Europa, in erster Linie in die Bundesrepublik Deutschland, jährlich etwa 50 bis 100 Personen. Die erste Gruppe fuhr unter der Leitung von Prof. Kurosawa. Seit der zweiten Studienreise haben auf Empfehlung Kurosawas die Professoren Seijun Takada und Rynji Takeda (Universität Kobe) diese Aufgabe übernommen. Ganz im Sinne Kurosawas wird so eine enge Verbindung zwischen Wissenschaft im Elfenbeinturm und Praxis auf eine Weise gepflegt, die nach Meinung des Verfassers in der ganzen Welt als seltenes Vorbild gelten darf.

Im August 1978 erreichte mich ein offizieller Brief des Finanzministeriums der Bundesrepublik Deutschland. Ich wurde gebeten, am 3. Oktober 1978 im Bonner Ministerium einen Vortrag zu halten mit dem Thema „Die geschichtliche Entwicklung des japanischen Finanz- und Steuerwesens". Außerdem erwartete man von mir, an einem offenen Gesprächskreis teilzunehmen. Ich war natürlich ganz begeistert, gleichzeitig aber auf das Schlimmste gefaßt. Denn wegen meiner früheren in der Bundesrepublik und an anderen Orten vorgetragenen Auffassungen gab es keinen Weg zurück. Ich beschloß daher, den Vortrag in englischer und in deutscher Sprache zu halten. Meine Vorbereitungen liefen Tag und Nacht. Das Manuskript, das vorher vorliegen mußte, ließ ich von den Professoren Takada und Takeda prüfen. Außerdem wurde eine einführende Broschüre mit dem Titel „Wirtschaftsprüfer in Japan" in drei Sprachen (japanisch, deutsch und englisch) geschrieben. An dem Ereignis nahmen etwa 100 Japaner teil.

Ich fuhr drei Tage früher nach Deutschland als die japanische Besuchergruppe, um die vollständigen Texte der geltenden deutschen Steuergesetze durchzusehen. Am 29. September bekam ich zu meiner Überraschung diese Gesetzestexte von Heinz Sebiger, Präsident der Steuerberaterkammer Nürnberg, als Geschenk überreicht. Ich stellte dann fest, daß allein die Abgabenordnung (AO) von 1977 Änderungen von 12 Bestimmungen enthielt.

Niemand kann wissen, welche Fragen in einer offenen Gesprächsrunde gestellt werden. Im Hotel Bristol in Bonn blieben mir zweieinhalb Tage Vorbereitungszeit. Es war eine Tortur, in höchster Eile die 3500 Textseiten durchzusehen.

Mein Vortrag dauerte etwa eine Stunde. Ich sprach absichtlich ziemlich laut und ohne Pause. Die anschließende Diskussion begann mit dem Problem der Reform der Grundsteuer, die im 6. Jahr des Meiji (1873) durchgeführt wurde. Schließlich wurde eine Frage zum Buchbeweis der Geschäftsbücher gestellt. Man wollte wissen, ob das Problem des Buchbeweises, das ich in meinem Vortrag angeschnitten hatte, nur für die deutschen Steuergesetze gelte. Ich antwortete: „Nein". Von 150 Ländern der Welt hätten nur Japan und die Bundesrepublik Deutschland steuerliche Vorschriften, die den Buchbeweis zuließen. Ich bemerkte auch, daß Art. 130 des Körperschaftsteuergesetzes und Art. 155 des Einkommensteuergesetzes in Japan inhaltlich genau mit § 208 RAO und § 158 AO übereinstimmten. Sie hatten durch die Shoup-Empfehlung 1949 Eingang in die japanischen Steuergesetze gefunden.

Nach dieser Einführung kommen wir nun zum Kern der Untersuchung.

II. Kapitel. Gegenstand der Untersuchung

1. *Das Mißverständnis japanischer und deutscher Sachverständiger*

Bei der Überarbeitung der deutschen Abgabenordnung im Jahre 1977 wurde der Zusatz ,,Reichs" gestrichen. Damit brach eine 58jährige Tradition seit Erlaß des Gesetzes ab. § 208 RAO war überschrieben ,,Ordnungsmäßige Buchführung – Buchbeweis". Der Titel des § 158 AO lautet dagegen ,,Beweiskraft der Buchführung". Grundsätzlich hat sich nichts geändert. Davon überzeugt ein Blick in das gemeinsame Werk von Dr. K. Peter, Dr. K. J. von Bornhaupt und Dr. W. Körner: ,,Ordnungsmäßigkeit der Buchführung – Anforderungen an Buchführung und Aufzeichnungen" (7. überarbeitete Auflage), das im Jahr nach der Neufassung des Gesetzes veröffentlicht wurde. Nur drei Zeilen werden dort dem Buchbeweis gewidmet (S. 360).

Die Vorschrift besagt, daß die Bücher Beweiskraft haben, die nach den Grundsätzen ordnungsmäßiger Buchführung geführt werden. Wenn nicht ein Buchungsfehler, gegenteilige externe Beweise oder berechtigte Zweifel an der sachlichen Richtigkeit nach § 158 AO vorliegen, muß die Finanzverwaltung die Einkommensermittlung auf der Grundlage dieser Buchführung anerkennen und darf keine Berichtigung vornehmen. Nicht nur der Fragesteller, auch die anwesenden leitenden Beamten des Bundesfinanzministeriums und die Universitätsprofessoren schienen zu glauben, nur die Bundesrepublik habe ein solches Gesetz. Meine Ausführungen schienen große Überraschung auszulösen. Dieses Mißverständnis gibt es aber nicht nur in der Bundesrepublik – auch in Japan ist man allgemein dieser Meinung.

Wie schon erwähnt, haben in Japan der Art. 130 des Körperschaftsteuergesetzes und Art. 155 des Einkommensteuergesetzes den gleichen Inhalt wie § 208 RAO und § 158 der neuen AO. In den genannten japanischen Gesetzen gibt es die grundlegende Bestimmung, wonach eine Änderung des zu versteuernden Einkommens einer Person oder einer Körperschaft, die eine Steuererklärung eingereicht hat, nur dann zulässig ist, wenn die Einsichtnahme in die Bücher oder Belege nachweislich Buchungs- oder Rechenfehler ergibt. Regierungsstellen, insbesondere das Finanzministerium, Unversitätsprofessoren, Wirtschaftsprüfer und Steuerberater in Japan verstehen diese Bestimmung jedoch als eine solche technischer Art oder als Entgegenkommen hinsichtlich der Einschränkung von Berichtigungsverfügungen. Man versteht nicht, daß die Bestimmung auf den Buchbeweis oder die Beweiskraft zielt. Zumindest geht aus der einschlägigen Literatur bis heute nicht hervor, daß der Sachverhalt richtig gesehen wird. Deshalb muß der Verfasser zugeben, daß ein schwerwiegendes Mißverständnis in Japan ebenso wie in Deutschland besteht.

Folgende Schriften aus der japanischen Steuerrechts-Literatur, die mir vorliegen und die dieses Mißverständnis bestätigen, möchte ich nachstehend aufzählen:

- *Jiro Yoshikuni* und *Masasuke Takeda,* Körperschaftsteuergesetz – Kommentar zu den Gesetzen und Verordnungen, 1976, S. 476.
- *Kyuya Inoue,* Buchführung und Theorie des Körperschaftsteuergesetzes, 3. überarbeitete Auflage, S. 387.
- *Takao Oyama,* Buchführung und Theorie der Einkommensteuer, 1972, S. 555.
- *Yuichiro Hiraishi,* Ausführlicher Kommentar zur Körperschaftsteuer, Neuauflage 1970, hrsg. v. Sakai Shobo, S. 489.
- *Saichi Chu,* Gesetze zum steuerlichen Rechnungswesen, 2. Auflage, S. 25.
- *Shizuro Matsui,* Praxis der Körperschaftsteuer, 1965, S. 829.
- *Chotaro Akari,* Kommentar zu den Gesetzen betreffend das steuerliche Rechnungswesen, Neuauflage 1964, hrsg. v. Hakuto Shobo, S. 449.
- *Masasuke Takeda,* Kommentar zur Gesellschafts-Besteuerung, 1962, S. 859.
- *Jiro Yoshikuni,* Vorlesung über die Körperschaftsteuer-Gesetze, 1954, S. 66.
- *Jiro Yoshikuni,* Praktisches Arbeitsbuch zum Körperschaftsteuergesetz, 1973, S. 550.
- *Tsuruo Nomizu,* Grundlagen des Einkommensteuergesetzes, 1978, hrsg. v. der Gesellschaft für steuerliches Rechnungswesen, S. 219.
- *Fujio Yoshida,* Einkommensteuergesetz, 1978, S. 435.
- *Ryonosuke Minato,* Neufassung des Körperschaftsteuergesetzes, 1978, S. 713.
- *Kazuo Kawahara,* Praxis der Körperschaftsteuer und Grundsätze des Rechnungswesens, neu überarbeitete Auflage, S. 225.
- *Takao Oyama,* Buchführung und Theorie der Einkommensteuer, 1978, hrsg. vom Verlag Forschungsgemeinschaft Steuerwesen, S. 556.
- *Minoru Mutaguchi,* Neues Lehrbuch zur Einkommensteuer, 1978, S. 386.
- *Keiichi Ishikawa,* Lehrbuch zur Körperschaftsteuer, 1978, S. 568.
- *Saichi Chu,* Gesetze zum steuerlichen Rechnungswesen, 6. Auflage, S. 26.
- *Saichi Chu,* Steuergesetze und Grundsätze der Rechnungslegung, Neuauflage 1953, S. 479.

Aus Raumgründen wurden die akademischen Grade und Titel der Professoren weggelassen. Mit Ausnahme der Bücher von Saichi Chu gehen die Schriften dieser Wissenschaftler nicht über das einfache Zitieren der Vorschriften oder einige summarische Anmerkungen hinaus. Eine selbständige Auslegung fehlt in vielen Fällen. Die einzige Ausnahme ist Saichi Chu, der schreibt:

,,Eigentlich sollten die steuerrechtlichen Vorschriften so verstanden werden, daß die Aufzeichnungen die Echtheit des Sachverhaltes bestätigen.

Aus diesem Grunde geht das Steuergesetz von der praesumptio iuris, der einfachen Vermutung, aus, daß die Steuererklärungen, die von Unternehmen vorschriftsmäßig eingereicht werden, die Sachverhalte wahrheitsgetreu wiedergeben und in Einklang mit der Buchführung stehen. Nach dem Steuerrecht kann diese Annahme nur dann widerlegt werden, wenn die Finanzämter die nicht wahrheitsgetreue Wiedergabe aus den Geschäftsbüchern und Belegen nachweisen." (Gesetze zum steuerlichen Rechnungswesen, 6. Auflage, S. 26.) Es ist anzunehmen, daß der Autor richterlich tätig war und von Rudolf Stammlers ,,Die Lehre vom richtigen Rechte" (1902) beeinflußt war. Stammler war Rechtswissenschaftler und Neukantianer.

Chus Einstellung ist zu bewundern. Er beschränkt sich nicht auf das bloße Auswählen gesetzlicher Vorschriften, er besitzt auch tiefe Einsichten in die allgemeine Methodologie des Rechts. Leider weist er nicht darauf hin, daß Art. 130 des Körperschaftsteuergesetzes und Art. 155 des Einkommensteuergesetzes in Japan Vorschriften über den Beweiswert der Handelsbücher waren, was in einem bekannten Kommentar zum deutschen HBG angemerkt wird (Vgl. Baumbach/Duden, Handelsgesetzbuch, Kurzkommentar, 19. Auflage, S. 130). Obwohl Chu den § 208 RAO gelesen hatte (Grundsätze der Rechnungslegung, Handelsgesetz und Steuergesetz, 1956, S. 159), hat er es versäumt, auf die Überschrift ,,Ordnungsmäßige Buchführung – Buchbeweis" einzugehen. Die Literatur über die deutschen steuerrechtlichen Bestimmungen verwendet Termini wie ,,der Buchbeweis" der Geschäftsbücher, ,,Beweiskraft", ,,der Buchbeweiswert" oder ,,Beweiswürdigung" (vgl. Dr. U. Leffson, Die Grundsätze ordnungsmäßiger Buchführung, 4. Auflage, S. 18), weil der Umfang der Buchführungspflicht in den Grundsätzen ordnungsmäßiger Buchführung festgelegt ist. Es gibt zwei Rechtsquellen für diese Grundsätze: die eine umfaßt § 162 RAO und die §§ 146, 147 und 193 AO, die andere ist § 29 EStR. Der Titel in der AO lautet: ,,Buchführungsvorschriften, Buch- und Betriebsprüfung", während es in den EStR heißt: ,,Ordnungsmäßige Buchführung".

Der Verfasser möchte zeigen, daß es sowohl in Japan als auch in der Bundesrepublik Rechtsvorschriften zum Buchbeweis gibt, die auf einer gesetzlich fixierten Buchführungspflicht beruhen, daß beide Länder ihre Auffassung von Chobo (Geschäftsbücher) haben und daß in beiden Ländern ein Mißverständnis vorliegt – dessen Ursache man in einer Art ,,Gehirnwäsche" durch das steuerliche Präjudizienrecht der USA, den Internal Revenue Code und die US-Praxis des Rechnungswesens sehen könnte.

Der Internal Revenue Code (IRC) der USA verpflichtet zwar alle Steuerzahler, ausgenommen die Bezieher von Einkünften aus nichtselbständiger Arbeit, zur regelmäßigen Führung ,,hinreichender und korrekter Aufzeichnungen (vgl. IRC, Sec. 6001, Reg. 1-6001-1), doch haben die Geschäftsbücher nach dem IRC keine Beweiskraft gegenüber den Finanzämtern. Nach der Rechtsprechung des Supreme Court wird den Büchern, so sorgfältig sie auch geführt sein mögen, keine endgültige Beweiskraft zugebilligt. Sie gelten lediglich als ,,Beweis für die Absichten des Steuerzahlers" (vgl. Boyle vs. Mitchell Bros. Co. 1918).

Nach dem Urteilstenor sind ,,Geschäftsbücher lediglich Unterlagen zur Ermittlung des steuerpflichtigen Einkommens; darüber hinaus haben sie keinerlei Bedeutung". Folglich wurde auch gesetzlich festgelegt, daß Finanzbeamte das steuerpflichtige Einkommen nach jeder für angemessen gehaltenen Methode ermitteln dürfen (vgl. IRC. Sec. 446-[b]). Form und Inhalt der Aufzeichnungen bleiben dem Steuerzahler überlassen; es gibt keine den japanischen und deutschen entsprechenden Rechtsvorschriften (vgl. IRC. Reg. 31-6001-1). Der Einführung der ,,allgemein anerkannten Rechnungslegungsgrundsätze" oder dem Hinweis auf den Gesetzestext, der in den USA allgemein bekannt ist, folgt keine

Aktivität des Gesetzgebers mit dem Ziel, die Buchführungspflicht zu fixieren. Also gibt es keine Grundlage für die Anerkennung des Buchbeweises.

Aus diesem Grund glaubt man, jedermann sei berufen, Buchungen durchzuführen. Jeder Versuch einer engeren Regelung gilt als Eingriff in die unternehmerische Freiheit und damit als Verstoß gegen die Verfassung. Das AICPA hat hier mit seinen gesetzgeberischen Initiativen enttäuschende Erfahrungen machen müssen (vgl. The CPA Plans for the Future, S. 52). Das heißt, daß selbst in der gleichen Gruppe demokratischer Länder wie Japan, Deutschland, USA, Großbritannien, Frankreich, Italien und Kanada usw. das Problem der Beweiskraft der Bücher jeweils völlig anders beurteilt wird.

Da die Buchführungspflicht in der Bundesrepublik gesetzlich festgeschrieben ist, heißt es in § 12 StBerG, daß die ,,Hilfeleistung bei der Erfüllung von Buchführungspflichten für Steuerpflichtige" eine typische Aufgabe des Steuerberaters ist. Das Fehlen einer solchen Vorschrift im japanischen Steuerberatungsgesetz ist ein ernster struktureller Mangel. Ursache ist nach Meinung des Verfassers, daß zum einen der japanische Gesetzgeber die Existenz solcher Rechtsvorschriften in der Bundesrepublik außer acht ließ und daß man zum zweiten die Vorschrift im ersten Entwurf leichtfertig mit dem Titel ,,Prüfung zum Zweck der Berichtigung der Festsetzung" versehen hatte. Seit kurzem heißt die Überschrift ,,Berichtigung der Steuererklärung" (Bemerkung: dies betrifft das Einkommensteuergesetz und das Körperschaftsteuergesetz). Von philosophischem Geist ist hier wenig zu spüren.

Weiter oben wurde festgestellt, daß die ,,Beweiswürdigung" der Geschäftsbücher ihren Ursprung in der gesetzlichen Fixierung der Buchführungspflicht hat. Dies wird bestätigt in dem ausgezeichneten Buch ,,Das Einkommensteuerrecht" (7. überarbeitete Auflage, 1962) von Dr. Eberhard Littmann, Richter am BFH, insbesondere in den Kapiteln ,,Allgemeine Bedeutung und Kreis der Buchführungspflichtigen" (S. 449–456) und ,,Formelle und materielle Ordnungsmäßigkeit der Buchführung" (S. 456–471).

Im Kapitel ,,Beweiskraft einer formell ordnungsmäßigen Buchführung" wird § 208 RAO ausführlich erörtert (S. 471–472). Aus Raumgründen kann der Inhalt hier nicht wiedergegeben werden, doch ist offenkundig, daß Littmann nicht dem verbreiteten Fehlschluß des *post hoc ergo propter hoc* erlegen ist.

Zur Beweiskraft der Buchführung siehe auch ,,Handwörterbuch des Steuerrechts und der Steuerwissenschaften", 1972, S. 548. Ich empfehle dieses Nachschlagewerk mit großem Nachdruck, da es § 162 RAO und Art. 29 EStR als Rechtsnormen bezeichnet, die den Inhalt der ordnungsmäßigen Buchführung festlegen (S. 547).

2. Einführung in die gesetzlichen Vorschriften zu den Grundsätzen ordnungsmäßiger Buchführung

Betrachten wir nun die Rechtsvorschriften, die die Grundsätze ordnungsmäßiger Buchführung regeln. Die japanischen Corporate Accounting Principles enthalten den Ausdruck ,,Grundsatz ordnungsmäßiger Buchführung" in Punkt 1: Allgemeine Grundsätze, Abschnitt (2). Art. 57 der Durchführungsverordnung zum Einkommensteuergesetz verwendet diesen Ausdruck ebenfalls. Dagegen heißt es in Art. 1 der Verordnung über Abschlüsse und in Art. 4 der Verordnung des Finanzministeriums zum Prüfungsvermerk des Jahresabschlusses: ,,Als richtig und angemessen geltende Norm für das Rechnungswesen von Gesellschaften".

Vom Standpunkt der Entstehung aus halte ich es fast für ausgemacht, daß ersteres den Grundsätzen ordnungsmäßiger Buchführung nach § 38 HGB entspricht, während letzteres ein japanisches Äquivalent zum Terminus ,,Allgemein anerkannte Rechnungslegungsgrundsätze" in Art. 446 IRC ist. Problematisch ist jedoch, daß die Finanzbehörden die beiden Begriffe so zu handhaben scheinen, als wären sie deckungsgleich. Dieses Mißverständnis werde ich an anderer Stelle erläutern. Hier möchte ich mich auf die Rechtsvorschriften zu den Grundsätzen ordnungsmäßiger Buchführung beschränken, die so außerordentlich wichtig sind. Prof. Tsunejiro Nakamura hat mich sogar angerufen, um mir mitzuteilen, daß sich hier für die Wissenschaftler unseres Landes ein großes Problem stellt.

Ich hatte soeben gesagt, es sei fast sicher, daß es sich um ein japanisches Äquivalent zu dem Ausdruck in § 38 HGB handele. In Wirklichkeit hatte ich dabei ein etwas ungutes Gefühl. Denn während der HGB-Begriff im Pural verwendet wird, steht er in den japanischen Grundsätzen ordnungsmäßiger Rechnungslegung im Singular. Das HGB verwendet die Pluralform nicht ohne Grund. Wie im Handwörterbuch des Steuerrechts bemerkt wird, sind die Grundsätze ordnungsmäßiger Buchführung ein Sammelbegriff, dessen Inhalt nicht so einfach zu fassen ist (S. 543). Dies scheint aber auch für den japanischen Grundsatz ordnungsmäßiger Rechnungslegung zuzutreffen. Das Problem liegt deshalb in den Rechtsvorschriften selbst.

Selbstverständlich kann die Intension eines Begriffs (die Summe seiner wesentlichen Merkmale) durch seine Entstehung erklärt werden. Im Preußen des 18. Jahrhunderts (1794) wurde der Ausdruck ,,Ordentliche Bücher" mit § 1468 des Preußischen Allgemeinen Landrechts zum ersten Mal in das Gesetz aufgenommen. Das heutige HGB verwendet den Ausdruck ,,Ordnungsmäßige Buchführung". Historisch ist der Ausdruck ,,ordentliche" älter als der Ausdruck ,,Ordnungsmäßige Buchführung".

Aus diesem Grund sprechen manche Wissenschaftler trotz der Sprachregelung des HGB von ,,Ordentlicher Buchführung" (zum Beispiel Walter le Coutre).

63 Jahre später erschien im Preußischen Handelsgesetzbuch von 1857 der Ausdruck „Pflicht zur ordnungsmäßigen Buchführung". In den Art. 34, 38, 77 und 488 des Allgemeinen Deutschen Handelsgesetzbuches von 1861 wurden dann Ausdrücke wie „ordnungsgemäß" oder „ordnungsmäßig" im Zusammenhang mit der Pflicht zur Führung von Hauptbuch, Journal oder Logbuch verwendet. Außerdem begann man in der Parlamentsdebatte über das Sächsische Einkommensteuergesetz von 1874 die „Grundsätze der kaufmännischen Buchführung" zu diskutieren. In § 21 des Sächsischen Einkommensteuergesetzes von 1878 erschien zum erstenmal der Ausdruck „Grundsätze". In § 13 des Preußischen Einkommensteuergesetzes von 1891 wurde die Anwendung der Grundsätze auf Inventar und Abschluß vorgeschrieben. Schließlich erschien die Wendung „Grundsätze ordnungsmäßiger Buchführung" erstmals in § 38 des Handelsgesetzbuches von 1897 und wurde später entsprechend in anderen Gesetzen verwendet, z. B. in § 149 AktG, §§ 41 und 42 GmbHG, § 33 GenG, § 162 RAO und § 5 EStG.

1919 arbeitete Enno Becker, Steuerrechtler und Richter am RFH, einen Gesetzesentwurf zur Reichsabgabenordnung aus. Der Deutsche Reichstag verabschiedete diesen Entwurf unverzüglich. Das Gesetz ist bis heute in Kraft. § 162 RAO, der die wichtigste sedes materiae für die Grundsätze ordnungsmäßiger Buchführung ist, hat damit bereits eine Geschichte von mehr als 60 Jahren. Da nun „Ordentlichkeit" das Kernmerkmal der GoB ist, sind gesetzliche Normen notwendig, die Auskunft darüber geben, was „formal" und was „Ordentlichkeit" ist.

Nach Meinung des Verfassers ist es deshalb falsch, zu behaupten, daß „das deutsche Recht in keiner Hinsicht Vorschriften über Buchführungsmethoden und -grundsätze enthält" (Wörterbuch des Rechnungswesens, 1965, herausgegeben von Seirinshoin Shinsha, S. 83) und daß „es sich in bezug auf die Grundsätze ordnungsmäßiger Buchführung nicht immer klar und deutlich ausdrückt" (Wörterbuch des Rechnungswesens, 3. Auflage, herausgegeben von Dobunkan, S. 682). Wenn man die Grundsätze ordnungsmäßiger Buchführung als selbstgesteuerte Gewohnheitsnorm bezeichnet (Saichi Chu, Steuergesetz und Grundsätze der Rechnungslegung, Auflage 1953, S. 535), dann kann man sich über die Fehlinterpretation nur noch wundern. Um das Mißverständnis aus der Welt zu schaffen, müßten wir wohl so große Anstrengungen unternehmen, daß dadurch sogar der Berg Fuji abgetragen würde.

An früherer Stelle habe ich die zwei maßgeblichen Rechtsquellen dieser Grundsätze erwähnt: § 162 RAO und §§ 146, 147 und 193 AO sowie Art. 29 EStR. In Japan besteht allerdings die Gefahr, daß sie mißverstanden werden. Deshalb möchte ich zweierlei richtigstellen. Erstens habe ich den Ausdruck „maßgebliche Rechtsquellen" verwendet, weil es Quellen sind, die *in der Form* gesetzlicher Vorschriften vorlagen.

Auf die umfangreiche Rechtsprechung komme ich später noch zu sprechen. Zweitens werden die Einkommensteuer-Richtlinien vom Bundesfinanzministerium erlassen. Im Gegensatz zu den japanischen Richtlinien sind daher diese deutschen Richtlinien auch Rechtsquelle. Ihr Hauptmerkmal aber, nämlich daß sie Rechtsquelle sind, wird in der Bundesrepublik nicht anerkannt. Man nennt sie deshalb sekundäre Rechtsquelle. Dieser Umstand ergibt sich aus dem Grundgesetz.

Zwar ist dies nicht der Gegenstand meiner Untersuchung, doch sollte ich an dieser Stelle kurz darauf eingehen. Dem Bonner Grundgesetz von 1949 kam nach dem Zweiten Weltkrieg wegen der Verwirklichung des Rechtsstaatsprinzips (Art. 28 I 1 GG) große Bedeutung zu. Das Grundgesetz unterscheidet zwischen Rechtsnormen, die Gesetzeskraft haben, und Verwaltungsvorschriften, die nur die Verwaltungsbehörden binden. Rechtsnormen sind das Grundgesetz selbst (Art. 1 Abs. 3, Art. 79 GG), die Bundes- und Ländergesetze (Art. 28 GG) und die Rechtsverordnungen (Art. 80 GG). Zu den Verwaltungsvorschriften (Art. 108 Abs. 7 GG) gehören Richtlinien, die zur allgemeinen Gesetzesanwendung dienen, und Erlasse sowie Verfügungen, die Norminterpretationen im Einzelfall darstellen.

Rechtsverordnungen, die nach Art. 80 GG von der Bundesregierung, den Bundesministern und den Landesregierungen erlassen werden, dienen der Verwirklichung des Rechtsstaatsprinzips, soweit dafür Inhalt, Zweck und Ausmaß der erteilten Ermächtigung im Gesetz bestimmt werden. Sie sind in gleicher Weise bindend wie ein Gesetz. Die Gerichte sind durchaus berechtigt und verpflichtet, Rechtsverordnungen auf ihre Gesetzmäßigkeit im Einzelfall zu untersuchen, können aber ihre allgemeinverbindliche Wirkung nicht aufheben.

Im Gegensatz zu Rechtsverordnungen sind Verwaltungsvorschriften nur sekundäre Rechtsquelle. Verwaltungsvorschriften werden durch die Bundesregierung mit Zustimmung des Bundesrates erlassen (Art. 84 Abs. 2 GG, Art. 85 Abs. 2 GG, Art. 108 Abs. 7 GG) oder nach Art. 86 GG auch ohne Zustimmung des Bundesrates, soweit die bundeseigene Verwaltung, bundesunmittelbare Körperschaften oder Anstalten des öffentlichen Rechts betroffen sind und das Gesetz nicht ausdrücklich etwas anderes bestimmt.

Richtlinien sind vor allem im Steuerrecht von Bedeutung. Es handelt sich um Verwaltungsvorschriften, die vor allem Zweifelsfragen und Auslegungsfälle behandeln und die einheitliche Anwendung des Steuerrechts durch die Behörden der Finanzverwaltung im Sinne des Gesetzgebers sicherstellen sollen. Wie das Bundesverfassungsgericht klargestellt hat, sind Richtlinien für den einzelnen Staatsbürger nicht verbindlich, sondern geben lediglich den Verwaltungsbehörden eine sichere Beurteilungsgrundlage an die Hand (vgl. Handwörterbuch des Steuerrechts, 1972, 2. Band, S. 885). Diese Richtlinien enthalten jedoch durchaus wichtige rechtliche Bestimmungen. Immerhin kann nur das Bundesfinanzministerium sie erlassen. Nach der Verfassung werden sie zudem erst mit Zustimmung des Bundesrates rechtskräftig.

Darüber hinaus werden die Richtlinien zusammen mit den Erlassen und den Rundverfügungen als äußerst wichtige sekundäre Rechtsquelle im deutschen

Steuerrecht betrachtet (vgl. Harvard School, Taxation in the Federal Republic of Germany, 1963, S. 88–89). In Japan gibt es keine derartigen auf die Verfassung gestützten Bestimmungen, die so streng sind wie die deutschen Richtlinien. Vom Standpunkt des Rechtsformalismus sind die deutschen Steuerrichtlinien weitaus strenger als die japanischen Bekanntmachungen zum Steuerrecht, dennoch weniger streng als die Durchführungsbestimmungen in Japan.

Kehren wir nun zum Hauptthema zurück.

III. Kapitel. Die wesentlichen Merkmale der GoB

Wie bereits erwähnt, taucht der Begriff „ordentliche Buchführung" in Preußen im 18. Jahrhundert zum erstenmal im Gesetz auf. Der fertige Begriff „Grundsätze ordnungsmäßiger Buchführung" erschien allerdings erstmals in § 38 des deutschen Handelsgesetzbuches von 1897. Mehr als 80 Jahre existiert also schon die Norm der kaufmännischen Buchführungspflicht. Trotz aller Änderungen im einzelnen ist ihr Kern bis heute erhalten geblieben.

An dieser Stelle ist es jedoch notwendig, die Merkmale dieses Begriffs erneut zu klären. Denn die japanischen Corporate Accounting Principles und die Durchführungsverordnungen zum Einkommensteuergesetz verwenden den Ausdruck offensichtlich in seiner wörtlichen Übersetzung aus dem Deutschen. Das wäre nicht schlimm, wenn der Ausdruck in Japan sinngleich benutzt würde. Ist dies nicht der Fall, entsteht ein ernstes Problem.

Die Kultur eines Landes ist immer auch das Ergebnis eines vielfältigen internationalen Austausches mit anderen Ländern. Und die Beschreibung typischer Kulturmerkmale eines Landes enthält oft einiges, das von bloß archäologischem Interesse ist. In meiner Studienzeit hörte ich den Vortrag eines ausländischen Professors namens E. V. Getenby, der allen Ernstes behauptete, das Imitieren gehöre zum Nationalcharakter des Japaners. Ich meldete mich zu Wort und fragte ihn: „Gibt es in der Kultur der Menschheit auch etwas typisch Britisches?" Nach einem Moment des Schweigens antwortete der Professor leicht errötend: „Vielleicht nur Kricket und das parlamentarische System." Diese Antwort wurde von den anwesenden Studenten mit schallendem Gelächter quittiert.

Ich will damit sagen, daß ich keineswegs etwas gegen einen importierten Begriff habe. Wird dieser aber nicht in derselben Bedeutung verwendet wie im Herkunftsland, dann sollte man ihn zunächst eindeutig und einleuchtend definieren. Tut man dies nicht, so verhält man sich gerade so, als würde man Wein anbieten und Essig verkaufen oder Rindfleisch anbieten und Pferdefleisch verkaufen.

Was ist also der Kern der Grundsätze ordnungsmäßiger Buchführung? Nach Meinung des Verfassers sollte man ihn mit den folgenden Beschreibungen eingrenzen:

1. ein Sammelbegriff, der die Merkmale der historischen Entwicklung der Vorschriften zur Buchführung aufweist, zu der Wirtschaftseinheiten in einem weiten Sinne verpflichtet sein sollten;
2. der Begriff, dessen Grenze von Gruppen bestimmter Standards festgelegt wird, wenn der Ablauf der Geschichte in einem bestimmten Zeitpunkt in Abschnitte unterteilt und diese quer zur Zeitachse weiter untersucht werden;

3. der Begriff, nach dem die Bücher und Aufzeichnungen nach Erfüllung aller formalen und inhaltlichen notwendigen Bedingungen als Nachweise gegenüber der Regierung und den örtlichen Finanzbehörden dienen können.

Ich glaube, daß in Japan diese Art begrifflicher Festsetzung einer gesetzlichen Bestimmung gegenwärtig als ungewöhnlich empfunden wird. Nach den Untersuchungen und der Meinung des Verfassers beschreibt diese Definition den Begriff der deutschen Grundsätze ordnungsmäßiger Buchführung. Er ist ein dreifach gegliederter Begriff.

Zunächst gibt es Buchführung als praktische Arbeit, zu der Kaufleute verpflichtet sind. Da dies auch eine gesellschaftliche Aktivität ist, unterliegt sie verschiedenen Restriktionen, die z. B. die Form wirtschaftlicher und sozialer Bedingungen haben können. Da sie gesellschaftsorientiert ist, hat sie gleichzeitig historische Qualität. Diese praktische Tätigkeit läßt sich in eine Idee transformieren, indem man sie vom Gesetz ablöst. Ein solcher Vorgang ist oft die Grundlage eines Gesetzes, und gelegentlich geht er dem Gesetz zeitlich voraus.

Betrachtet man die Geschichte aus der Vogelschau, so ist es möglich und natürlich, daß aus dieser praktischen Tätigkeit autonome Gruppennormen entstehen. Hat ein solches gesellschaftliches Phänomen eine bestimmte Konsolidierungsphase erreicht, so wird sogleich auch das Gesetz auf den Plan treten. Auf diese Weise haben sich bestehende „verschiedene Grundsätze ordnungsmäßiger Buchführung" zum Rechtsbegriff der „verschiedenen Grundsätze ordnungsmäßiger Buchführung" entwickelt.

Selbstverständlich sind diese beiden Begriffe unterschiedlich weit. Ersterer sollte als „verschiedene Grundsätze ordentlicher Buchführung" bezeichnet werden, während letzterer „verschiedene Grundsätze für eine vorschriftsmäßige ordnungsmäßige Buchführung" heißen sollte.

Also können „verschiedene Grundsätze ordnungsmäßiger Buchführung" von zwei Seiten gesehen werden: als Tatsache und als Gesetz.

Inhalt dieser Grundsätze sind inzwischen verschiedene Normen und Prinzipien. Zum Beispiel umfassen die Dokumentationsgrundsätze nach Leffson die formalen Grundsätze und den Grundsatz der Vollständigkeit. In den Grundsätzen der Rechenschaft sind folgende Grundsätze mit einbegriffen:

- der Grundsatz der Richtigkeit,
- der Grundsatz der Willkürfreiheit,
- der Grundsatz der Klarheit,
- der Grundsatz der Vollständigkeit,
- der Grundsatz der Abgrenzung der Sache der Zeit nach,
- der Grundsatz der Bewertung unter der Annahme unbegrenzter Fortführung der Unternehmen,
- die Abgrenzung durch Bestandsbewertung und durch Aufwands- und Ertragsbewertung,
- die Grundsätze der reinen (rationalen) Erfolgsrechnung Walbs, welche erst-

mals von Dr. Walb vorgeschlagen wurden (Bemerkung: Er ist der Autor des Buches: Finanzwirtschaftliche Bilanz),
- das Realisationsprinzip,
- das Imparitätsprinzip,
- der Grundsatz der Vergleichbarkeit,
- der Grundsatz der Stetigkeit,
- der Grundsatz, Unstetigkeiten zu erläutern,
- der Grundsatz der Aussonderung des Außerordentlichen,
- der Grundsatz der Vorsicht, usw.

(vgl. Ulrich Leffson, Die Grundsätze ordnungsmäßiger Buchführung, 4. Auflage, 1976).

In der Definition der Grundsätze ordnungsmäßiger Buchführung im (oben zitierten) Handwörterbuch des Steuerrechts von Dr. Klaus Bierle, Akademischer Rat an der Universität des Saarlandes, Saarbrücken, wird ,,das Belegprinzip" den genannten Grundsätzen hinzugefügt. Leffson hat das formale Belegprinzip in seinem Buch ,,Grundsätze ordnungsmäßiger Buchführung" zu den GoB gezählt. In seinem Artikel ,,Grundsätze ordnungsmäßiger Buchführung und Bilanzierung" (Band 1, Sp. 1014) nennt er fünf allgemeine Grundsätze der Dokumentation. Der vierte dieser Grundsätze ist das Belegprinzip. Die fünf Dokumentationsgrundsätze nach Leffson sind:

1. das Prinzip des systematischen Aufbaus der Buchführung,
2. das Prinzip der Sicherung der Vollständigkeit der Konten,
3. das Prinzip der vollständigen und verständlichen Aufzeichnung,
4. das Belegprinzip mit dem Kernsatz: ,,keine Buchung ohne Beleg",
5. das Prinzip der Sicherung der Zuverlässigkeit und Ordnungsmäßigkeit des Rechnungswesens durch das Interne Kontrollsystem.

In seinem Buch ,,Grundsätze ordnungsmäßiger Buchführung" geht Leffson nur kurz auf das Belegprinzip ein (S. 86): ,,Aus diesen Gründen kann der Beweis, daß eine Regel GoB sei, niemals durch einen Hinweis auf Gesetze, Verordnungen oder amtliche Richtlinien geführt werden." Er bemerkt, die Grundsätze ordnungsmäßiger Buchführung nach § 38 HGB seien nicht nur Rechtsquelle, sondern gleichzeitig verbindliche Rechtsnorm (S. 12). Mir scheint, dieser Gedanke verdient in Japan besondere Beachtung. Dr. Heinrich Wilhelm Kruse, Professor an der Ruhr-Universität Bochum, der ein Buch gleichen Titels wie Leffson verfaßt hat und der häufig Verbindungen herstellt zwischen seinem und Leffsons Buch, schrieb über die GoB mit besonderem Bezug zur juristischen Methodenlehre. In Abschnitt 5 seines abschließenden Kapitels sagt er, durch § 208 RAO sei die Beweiskraft der Handelsbücher und die richterliche Beweiswürdigung eingeführt worden, und er betont die Beweisfunktion der Handelsbücher (vgl. Kruse, Grundsätze ordnungsmäßiger Buchführung, 3. Auflage, 1978, S. 199–200). Entscheidend für die Begriffsbestimmung der GoB ist sein

Zitat des folgenden Satzes aus dem bekannten Buch „Das Einkommensteuerrecht" von Dr. Eberhard Littmann, Senatspräsident des BFH (S. 653): „Die Grundsätze ordnungsmäßiger Buchführung beinhalten einen unbestimmten Rechtsbegriff. Sie sind Rechtssätze." (Vgl. Kruse, S. 6)

Nach Meinung des Verfassers fehlt in Japan das Verständnis für die Auffassung „sie sind Rechtssätze" (wie Littmann schrieb und Kruse zitierte) und für den Buchbeweis der Bücher und Aufzeichnungen, der aus dem obigen Satz logisch abgeleitet ist.

Die bisherigen Ausführungen zeigen, daß die GoB auch Grundsätze des positiven Rechts sind. Als nächstes wird man fragen müssen, wie ein Gefüge praktischer Regeln, hier die Grundsätze ordnungsmäßiger Buchführung, schließlich als Gesetz auszugestalten ist. Welche Art von Buchführungspraxis schreibt das Gesetz dem Kaufmann eigentlich vor?

Zunächst soll aber anhand mehrerer dem Verfasser vorliegender Nachschlagewerke geprüft werden, ob den Fachleuten in Japan die Auffassung von der dreifachen Struktur des Begriffs geläufig ist.

Natürlich lautet die aktuellste Frage im Zusammenhang mit den GoB: Wie verhalten sich EDV-Buchführung und Datenspeicherung zu den Grundsätzen ordnungsmäßiger Buchführung? Hierzu sind in jüngster Zeit viele Studien und Forschungsergebnisse veröffentlicht worden. Der Verfasser hat folgende Publikationen zur Hand:

1. *L. Peez,* Grundsätze ordnungsmäßiger Datenverarbeitung im Rechnungswesen, 1975.
2. *K. F. Peter,* Moderne Rechts- und Steuerberatung mit EDV, 1973.
3. *Erhard Reblin,* Elektronische Datenverarbeitung in der Finanzbuchhaltung, 1973.
4. *Rolf Vieweg,* Buchhaltung mit mechanischen und automatischen Datenverarbeitungsverfahren, 1972.
5. *Peter/von Bornhaupt/Körner,* Ordnungsmäßigkeit der Buchführung – Anforderungen an Buchführungen und Aufzeichnungen, 1978.

Auf ihren Inhalt komme ich später zu sprechen.

IV. Kapitel. Kritische Diskussion der Auffassungen von Wissenschaftlern

1. Kritik der Auffassungen führender Wissenschaftler (Prof. Michisuke Ueno und andere)

In der Zen-Sekte in Japan gibt es die Legende von einer Vernunftidee, die von Generation zu Generation weitergereicht wird: ,,Wenn das Wissen eines Schülers über das seines Lehrers hinausgeht, dann darf man ihn zum erstenmal einen ganzen Mann nennen." Erst dann hat er Anspruch auf wirkliche Unabhängigkeit.

Ich meine, auch wir in freien Berufen Tätigen müssen von den Wissenschaftlern lernen. Erst wenn unser Wissen das unserer verehrten Lehrer übersteigt, sind wir wahrhaft mündig. Erst dann können wir beginnen, unsere Dankesschuld für ihren selbstlosen Dienst abzutragen. Diese Meinung ist entstanden während der Erziehung in der strengen und klaren Atmosphäre der Zen-Sekte. Kehren wir nun zum Gegenstand unserer Untersuchung zurück. Aus Raumgründen werden im folgenden die Titel der Wissenschaftler nicht mitgenannt.

Michisuke Ueno, Neue Bilanztheorie, herausgegeben von Yuki Kaku, Band 1, 11. Auflage, 1942.

Auf Seite 378 nennt der Autor die Grundsätze ordnungsmäßiger Buchführung nach § 38 HGB ,,ordentliche Buchführungsgrundsätze" und stellt fest, mit dieser ordentlichen Buchführung sei die doppelte Buchführung gemeint. Er erwähnt weder den Rechtscharakter der GoB noch den Buchbeweis.

Saichi Chu, Gesetze zum steuerlichen Rechnungswesen, 6. Auflage 1978.

Auf Seite 27 stellt der Autor fest, daß der Ausdruck ,,Grundsätze ordnungsmäßiger Buchführung" nur die technische Richtung einer Buchführung angebe und daß eine darüber hinausgehende Interpretation schwierig sei. Seine Auffassung deckt sich mit der von Michisuke Ueno.

Koichi Sato, Neues Rechnungswesen, 21. Auflage, 1967.

Auf Seite 125 sagt der Autor, daß ,,die Auslegung dieser Grundsätze den Wissenschaftlern und den Unternehmern übertragen wurde. Diese Grundsätze des deutschen Rechts sollten in einem weiteren Sinne ausgelegt werden, nämlich als Rechnungslegungsmethoden, die traditionsgemäß in der Praxis angewendet werden." Darüber hinaus gibt der Autor zu, daß die dreifach gegliederte Struktur der GoB weit über seine eigene Auffassung hinausgeht.

Katsuji Yamashita, Grundsätze der Finanzbuchführung, Neuauflage 1957.

Auf Seite 55 ff. stellt der Autor fest, aus der vorgenannten Auslegung sei zu schließen, daß „die sogenannten Grundsätze ordnungsmäßiger Buchführung im HGB keinen eindeutigen Inhalt haben und nur allgemeinste Grundsätze für Buchführung und Abschluß sind." Ferner: „Tatsächlich ist mit dem Ausdruck Grundsätze ordnungsmäßiger Buchführung gemeint, daß die Buchführung Beweiskraft für die aufgezeichneten Geschäftsvorfälle hat." Der Autor schlägt dann vor, die Grundsätze anders zu nennen: „Der Ausdruck Grundsätze ordnungsmäßiger Buchführung ist nicht unbedingt angemessen; eine sachgerechtere Bezeichnung wäre Grundsätze für ‚eine ordentliche' Buchführung." Er schließt seine 12seitigen Ausführungen in Kapitel V: „Grundsätze ordnungsmäßiger Buchführung" mit der Feststellung ab: „Es ist ein Fehler, eine so oberflächliche Auslegung zu akzeptieren, wonach nur eine doppelte Buchführung den Grundsätzen ordnungsmäßiger Buchführung genügt."

Der Autor kommt zu dem mißverständlichen Schluß, die GoB im deutschen Handelsrecht seien nicht eindeutig. Es erübrigt sich, hierauf weiter einzugehen. Immerhin respektiere ich seine Erklärung, daß die Grundsätze ordnungsmäßiger Buchführung spätestens mit dem deutschen Handelsgesetzbuch von 1897 geltendes Recht geworden sind. Genauer gesagt: In der ersten Hälfte des § 38 des am 10. Mai 1897 in Kraft getretenen deutschen HGB steht der Ausdruck ordnungsmäßige Buchführung, und § 38 des HGB von 1900 war lediglich die Folgebestimmung des § 38 des vorherigen HGB von 1897 (vgl. Kuno Barth, Die Entwicklung des deutschen Bilanzrechts, Band 1, S. 247. Der Originaltext des Handelsgesetzbuches von 1897 ist hier abgedruckt.)

Kiyoshi Kurosawa, Modernes Rechnungswesen, 6. überarbeitete Auflage, 1978.

Auf S. 290 ff. schreibt Kurosawa unter der Überschrift „Kritische Prüfung der Grundsätze ordnungsmäßiger Buchführung" über Kotaro Tanaka: „Es gab schon immer juristische Vorurteile über seine Auffassungen." Außerdem kritisiert er, daß „Dr. Tanaka ein logisches System nur im Recht gelten läßt und für ihn das Rechnungswesen nichts weiter als ein technisches System ist". Weiter stellt er fest, daß „sein rechthaberisches Urteil ein übertrieben juristisches ist; daß auch das Rechnungswesen über ein eigenes logisches System verfügt, das mit dem des Rechts auf einer Ebene steht, wie ja das Recht selbst eine sowohl logische als auch technische Struktur hat".

Der Verfasser findet es sehr vergnüglich, daß Kurosawa die Person Dr. Tanakas als Vorwand benutzt, seinem lange aufgestauten Unmut über die Juristen Luft zu machen. Kurosawas Schlußfolgerung, daß „die GoB nach deutschem Recht nur allgemeine Rahmenvorschriften sind, die durch die wirtschaftliche Praxis ausgefüllt werden müssen", ist nicht haltbar. Die GoB gelten nicht nur im deutschen Rechnungswesen, sie gelten auch im deutschen Steuerrecht. Dies zeigen sowohl § 5 EStG und Abschn. 29 EStR als auch § 208 „Ordnungsmäßige

Buchführung, Buchbeweis" und § 162 RAO von 1919, der Vorschriften über den Inhalt der GoB enthält.

Die RAO soll allein von Enno Becker, führender Steuerrechtler und Richter am RFH, erarbeitet worden sein. Außerdem gibt es zahlreiche Gerichtsurteile über den Inhalt der GoB.

Die Privat- und Handelsrechtler haben die Neigung, das Steuerrecht als bloßes Verfahrensrecht zu betrachten. Diese Einstellung ist ein Zeichen von Arroganz. Warum behaupten die japanischen Handelsrechtler, daß es die Verfahrensvorschriften sind, die rechtlich nicht definiert werden können, und warum übersehen sie die Bestimmungen der Steuergesetze, die seit Jahrzehnten in der Bundesrepublik Deutschland in Kraft sind? Haben sie etwa nicht den Mut, die Steuergesetze als Gesetz im Vollsinne anzuerkennen? Oder ist ihnen die Existenz solcher Gesetze im Steuerrecht entgangen? Wie dem auch sei, man muß zu dem Ergebnis kommen, daß sie es versäumen, die Rechtsnormen eines Landes in einer Gesamtschau zu sehen. In der japanischen Zen-Sekte gibt es ein Wort: Tan Ban Kan. (Es taucht auf in einem Buch mit dem Titel ,,Denkoroku".) Mit diesem Wort wird eine Person bezeichnet, die nur eine Seite einer Sache schen kann, weil sie ein Brett auf ihrem Rücken trägt. Der Verfasser meint, die Fachleute des Rechnungswesens sollten allesamt die Theorie des TAN BAN KAN nicht als bare Münze nehmen.

Tetsuzu Ohta und *Masutaro Arai,* Einführung in das Neue Rechnungswesen, 9. Auflage, 1978.

Auf S. 23 vertreten die Autoren den Standpunkt, daß die deutschen Grundsätze ordnungsmäßiger Buchführung ,,eine feststehende Gliederung haben, das deutsche Handelsgesetzbuch ihren Inhalt aber nicht deutlich mache". Es gibt aber kein ,,Daijodan-no-Kamae", d. h. kein Damokles-Schwert über den deutschen Gesetzen. Die Autoren prüfen überhaupt nicht, ob es ein eindeutiges und detailliertes System von Rechtsnormen gibt. Der Verfasser hält diese Einstellung für eine Taktik, Fehler durch Untätigkeit zu vermeiden.

Toshio Iino, Theorie der Finanzbuchführung, 36. Auflage, 1979.

Auf S. 41 stellt der Autor fest, daß ,,die Grundsätze ordnungsmäßiger Buchführung für das gesamte Rechnungswesen gelten und daher die gleiche Bedeutung haben wie die deutschen GoB und die deutschen Bilanzierungsgrundsätze".

Der Autor stellt ferner fest, daß die GoB inzwischen gerade synonym seien mit einer sachgerechten Praxis der Rechnungslegung. Unklar bleibt jedoch, ob ihm die bereits erörterte dreifache Struktur der GoB aufgegangen ist. Er weist zwar darauf hin, daß die Grundsätze nach deutschem Recht ,,dem Wortlaut des Aktiengesetzes entsprechen", unterläßt es jedoch, die jeweiligen Paragraphen zu nennen. Der Verfasser hat sich davon überzeugt, daß dies die §§ 149, 154, 155 usw. des Aktiengesetzes sind. Der Ausdruck Bilanzierungsgrundsätze fehlt in ihnen. Lediglich der Ausdruck ,,die Jahresbilanz und die Gewinn- und Verlustrechnung (Jahresabschluß)" wird in § 148 AktG erwähnt. Deshalb hält der Verfasser den Ausdruck des Autors ,,dem Wortlaut des deutschen Aktiengesetzes entsprechen" nicht für angebracht. Der Autor weist nicht in aller Deutlichkeit darauf hin, daß der Ausgangspunkt der Grundsätze ordnungsmäßiger Buchführung ausschließlich § 38 Abs. 1 HGB sein sollte. Vielmehr macht er den Versuch, das Problem durch einen Gedanken aus dem Aktiengesetz zu erklären, der auch in einer Reihe anderer Gesetze auftaucht. Man sollte deshalb fragen, was denn der Grundsatz jene Kaufleute angeht, die nicht in den Geltungsbereich des Aktiengesetzes fallen?

Es sei mir gestattet, an dieser Stelle einen Augenblick von meinem eigentlichen Thema abzuschweifen. Vor mir liegt ein Buch mit dem Titel ,,Buchführung und Steuerbilanz" mit dem Untertitel ,,Lehr- und Übungsbuch für Betriebswirte und Finanzbeamte". Es wurde verfaßt von Regierungsdirektor Harald Schmidt und ist offenbar ein für den Praktiker ergiebiges Nachschlagewerk. Auf S. 69 heißt es:

,,Grundsätze ordnungsmäßiger Buchführung können sich aus dem Handelsbrauch gebildet haben. Sie können sogar in einem Gesetz kodifiziert sein. Beispiele für gesetzliche Normierung von Buchführungsgrundsätzen sind Abs. 2 bis 7 von § 162 RAO. Hieran sind auch die Gerichte gebunden (Art. 20 Abs. 3 GG)."

Geht man vom gesamten Rechtssystem der Bundesrepublik Deutschland aus, so sieht man sogleich, daß die Grundsätze ordnungsmäßiger Buchführung nach § 38 HGB die Normen sind, die die kaufmännische Buchführungspflicht begründen. Die wesentlichen Inhalte dieser Grundsätze stellen jedoch das System dar, das in andere Gesetze oder Rechtsnormen übernommen wurde. Wenn also eine Autorität in Japan sich mit der Prüfung des deutschen Handelsgesetzbuches vorschnell zufrieden gibt und dann verkündet: ,,Ich habe keine eindeutige Rechtsvorschrift gefunden; alles ist sehr weit gefaßt", dann geht es wie immer: zum Ethos des japanischen Wissenschaftlers gehört es, die Ehre seiner älteren großen Kollegen nicht anzutasten. Etwas Merkwürdiges geschieht dann: ,,Ein Hund bellt ohne jeden Anlaß, und tausend andere tun es ihm dann gleich."

Der Verfasser ist indessen überzeugt, daß es in einem Lande nur dann wirklichen Fortschritt geben kann, wenn das überlieferte Alltagswissen zerbricht, und daß die Wissenschaft nur dann ihren Weg gehen kann, wenn die Theorien unserer älteren Gelehrten in kritischem Geist überwunden werden.

In der Zen-Sekte wird der Begriff ,,Kininozomitewa-shi-nimo-yuzurazu" überliefert. Wörtlich übersetzt besagt er: ,,Wann immer sich dem Schüler Gelegenheit bietet, sollte er sich der Lehre seines Meisters nicht beugen." Deshalb ist es in der Zen-Praxis Tradition, daß der Schüler seinem Lehrer einen Schlag versetzt, wenn er kann, und der Lehrer sich darob hoch erfreut zeigt.

Von den Bewohnern des Elfenbeinturms erwartet man, daß sie durch ihre Schüler Millionen von Menschen eines Landes in ihrer Lebensrichtung beeinflussen. Mein Wunsch ist deshalb, sie möchten sein, was sie sein sollten: In Bescheidenheit das asketische Leben der Zen-Sekte führen, bis sie schließlich geistig wach werden und ohne irgendein Geltungsbedürfnis Bücher schreiben und sich der Erziehung widmen. Sie eifern dann dem Beispiel von Ex-Kaiser Hanazono (1297–1348) nach, der einmal ausrief: ,,Es sollte kein Stückchen fester Erde geben, auf der noch nie ein Staubkorn lag."

Übrigens verdient Harald Schmidt unsere große Aufmerksamkeit deshalb, weil er in Klammern auf Art. 20 Abs. 3 GG hingewiesen hat. In dieser Bestimmung des Grundgesetzes kommen die großen Prinzipien des Verwaltungsrechts zum Ausdruck. Ähnliches findet man vergeblich in anderen Büchern dieser Art. Ich bin wieder einmal tief beeindruckt von der Ernsthaftigkeit und Bescheidenheit dieses Menschen, auch in seiner Eigenschaft als Diener des Staates. Nach diesem etwas lang geratenen Exkurs darf ich nun zum Hauptthema zurückkehren.

Yasuichi Sakamoto, Grundlagen des Rechnungswesens, 20. Auflage, 1979.

Auf S. 214 stellt der Autor fest, daß ,,manche Vermögensgegenstände, die nach den Grundsätzen ordnungsmäßiger Buchführung behandelt werden, am Bilanzstichtag zwar vorhanden sind, aber der Buchwert gleich Null ist. Der Autor verbindet also die Grundsätze ordnungsmäßiger Buchführung mit der Existenz abgeschriebener Vermögensgegenstände. Er bleibt also an der Oberfläche, weil er nur einen Aspekt der GoB zur Kenntnis nimmt.

Shinkichi Minemura, Neue Abhandlung über das Rechnungswesen, Neuauflage 1976.

Im Zusammenhang mit den Grundsätzen ordnungsmäßiger Buchführung wiederholt der Autor auf S. 175 lediglich allgemeine Grundsätze, die für die japanische Finanzbuchführung gelten. Darin wird vorgeschrieben: ,,In der Finanzbuchführung sind alle Geschäftsvorfälle nach den Grundsätzen ordnungsmäßiger Buchführung vorschriftsmäßig in Büchern und Aufzeichnungen festzuhalten." Der Autor kommentiert diesen Text mit keinem Wort. Es bleibt also weiterhin das Problem, worin das Wesen der Grundsätze ordnungsmäßiger Buchführung besteht.

Kyojiro Someya, Moderne Finanzbuchführung, vollständig überarbeitete 55. Auflage, 1979.

Auf S. 32 stellt der Autor fest, daß die Grundsätze ordnungsmäßiger Buchführung aus den GoB nach deutschem Aktienrecht abgeleitet sind, daß aber diese Grundsätze im deutschen Recht einen umfassenden Auftrag des Gesetzgebers an die Praxis des Rechnungswesens darstellen. Weiter heißt es, daß dagegen die Grundsätze ordnungsmäßiger Buchführung als Teil der japanischen Financial Accounting Principles eindeutige Vorschriften für die Aufzeichnung von Geschäftsvorfällen und für den Jahresabschluß enthalten und die Grundlage für den Grundsatz der Richtigkeit darstellen.

Hierzu möchte ich folgendes bemerken:

Erstens: Die Behauptung, daß ,,die Grundsätze ordnungsmäßiger Buchführung aus den GoB des deutschen Aktienrechts abgeleitet sind", ist historisch unrichtig. Wie gesagt, ist der Ursprung in § 38 HGB zu suchen.

Zweitens: Die Behauptung, die GoB seien ein ,,umfassender Auftrag des Gesetzgebers an die Praxis des Rechnungswesens", läßt sich verschiedenartig auslegen. Es stimmt allerdings, daß das HGB und andere deutsche Rechtsvorschriften eindeutiger, genauer und strenger sind als die japanischen Gesetze und Vorschriften.

Drittens: Die Behauptung, daß die japanischen Financial Accounting Principles die Grundsätze ordnungsmäßiger Buchführung – im Gegensatz zum deutschen Recht – unzweideutig definieren, zeigt, daß der Autor noch nicht bemerkt hat, daß der Wortlaut der GoB in den japanischen Financial Accounting Principles verwendet wird.

Nicht akzeptiert werden kann außerdem der Schluß des Autors, weil er sich nicht an die Tatsachen hält: die japanischen Financial Accounting Principles haben im Vergleich zu den deutschen GoB nicht eine *eindeutige Bedeutung* für die Aufzeichnung der Geschäftsvorfälle, den Jahresabschluß und für die Begründung des Grundsatzes der Richtigkeit.

Nobuichiro Nakamura, Rechnungswesen, 1. Auflage 1979.

Auf S. 99 stellt der Autor fest, die Grundsätze ordnungsmäßiger Buchführung seien im allgemeinen Teil der japanischen Financial Accounting Principles enthalten, und Unterbegriffe der GoB seien der Grundsatz der Klarheit und der Grundsatz der Objektivität. Ferner erklärt er, die GoB forderten die korrekte Aufzeichnung aller Geschäftsvorfälle; mit anderen Worten, die Bücher müßten systematisch geführt und alle wirtschaftlichen Tatbestände müßten durch Belege ausgewiesen werden.

Erstens versäumt der Autor, darauf hinzuweisen, daß der Text der Grundsätze ordnungsmäßiger Buchführung eine wörtliche Übersetzung des § 38 HGB ist. In den GoB sieht er ferner nichts weiter als einen der allgemeinen Sätze der japanischen Financial Accounting Principles.

Zweitens verwendet der Autor den Begriff in einem überraschend engen Sinn als ,,Umfang, Möglichkeit der Überprüfung und Ordentlichkeit der Aufzeichnungen".

Drittens betrachtet er den GoB-Begriff als ,,die Sache, die . . . verlangt", und er verwendet lediglich einen zweideutigen Ausdruck in bezug auf die ,,Ordentlichkeit". Man darf, anders gesagt, durchaus annehmen, daß der Autor den Begriff der GoB nicht voll erfaßt hat.

Kazuo Takamatsu, Theorie der Buchführung, neue überarbeitete Auflage, 4. Nachdruck, 1978.

Auf S. 10 heißt es bei diesem Autor, daß ,,in der Rechnungslegung eines Unternehmens stets eine einzige Buchungsmethode angewendet wird und andere Buchungsmethoden nur am Rande stehen . . . und daß diese eine Buchungsmethode die übliche Praxis ist. Deshalb wird Buchführung ,,regelmäßige Buchführung" genannt. Sie besteht aus einem Gesamtsystem der Rechnungslegung, dessen Kern die doppelte Buchführung ist.

Ich kritisiere an dieser Auffassung des Autors folgendes:

Erstens spricht er von ordnungsmäßiger Buchführung, nicht aber von den Grundsätzen ordnungsmäßiger Buchführung, obgleich er ohne Zweifel diese meint. Er macht aber einen schweren Fehler, weil er Buchführung mit ,,ordnungsmäßiger Buchführung" gleichsetzt. Dies trifft in keiner Weise zu. Vielmehr sind die auf den § 38 des deutschen Handelsgesetzbuches zurückgehenden Grundsätze ordnungsmäßiger Buchführung ein Sammelbegriff, der sich im Zeitablauf fortentwickelt hat. Um ein Beispiel zu geben: Rechtsvorschriften über die doppelte Buchführung einschließlich der derivativen Methode hat es vor 1954 überhaupt noch nicht gegeben. Sie wurden erst durch ein BFH-Urteil zu einem Bestandteil der Rechtsnormen (siehe BStBl 1954, III, S. 298). Auf weitere Urteile soll an dieser Stelle nicht eingegangen werden.

Was wir im strengen Sinne des Wortes ,,ordnungsmäßige Buchführung" nennen, ist eine Reihe bestimmter Grundsätze, was man von bloßer Buchführung allgemein nicht sagen kann. So heißt es im ersten Teil von § 162 Abs. 5 RAO: ,,An Stellen, die der Regel nach zu beschreiben sind, sollen keine leeren Zwischenräume gelassen werden." Leerspalten sind also nicht erlaubt, und bei Verletzung dieser Vorschrift wird die Buchführung verworfen. Takamatsu ist in keinem Teil seines Buches auf diese Vorschrift eingegangen.

Zweitens: Der Autor hatte festgestellt, ,,es ist übliche und allgemein akzeptierte Praxis", aber ihm entgeht die dreifach gegliederte Struktur des GoB-Begriffs. Folglich beschränkt er sich auf nur eine Seite dieser Konzeption. Ich muß an dieser Stelle leider noch einmal wiederholen, daß der GoB-Begriff die folgenden drei Aspekte hat:

1. Es handelt sich um einen Sammelbegriff, der Grundsätze einschließt, die allgemein anerkannt sind und gebräuchliche Praxis sind. Er weist außerdem Merkmale historischer Entwicklung auf.
2. Es handelt sich rechtlich um einen Sammelbegriff, der Grundsätze einschließt, die zu einem System von Normen des positiven Rechts zusammengefaßt wurden.
3. Die Finanzämter müssen die Einkommensermittlung anerkennen, sofern sie den Grundsätzen ordnungsmäßiger Buchführung genügt. Mit anderen Worten: durch die GoB wurde der Beweiswert der Geschäftsbücher eingeführt.

Es entspricht der Auffassung des Verfassers, von einer dreifach gegliederten Struktur des Begriffes zu sprechen. Man sollte jedoch darauf hinweisen, daß Fragen der Definition und der begrifflichen Aufgliederung stets Fragen der Konvention sind. Es sind Fragen der Zweckmäßigkeit, um das Verständnis einer Materie zu erleichtern.

Das Wirtschaftsprüferhandbuch 1973, das dem Verfasser von Hans Haver-

mann, damals Präsident des Instituts der Wirtschaftsprüfer, dediziert wurde, umfaßt 2250 Seiten. Der Inhalt ist in drei Abschnitte gegliedert: Berufsrecht und Ausführungsbestimmungen, gewerblicher Abschnitt und Anhang. Kapitel 1 des gewerblichen Abschnitts ist überschrieben: ,,Die rechtlichen Vorschriften über Rechnungslegung und Prüfung.“ Kapitel 1 Abschnitt 1 heißt: ,,Allgemeine Vorschriften“ und ist in drei Teile gegliedert:
– ,,Buchführungsvorschriften des Handelsgesetzbuches“,
– ,,Gutachten der Industrie- und Handelskammer Berlin“, und
– ,,Buchführungsvorschriften des Steuerrechts“.

Die Buchführungsvorschriften des Steuerrechts werden in folgende zehn Kategorien eingeteilt:

1. Reichsabgabenordnung
2. Verordnung zur Durchführung des § 160 Abs. 2 der Reichsabgabenordnung
3. Gesetz zur Abkürzung handelsrechtlicher und steuerrechtlicher Aufbewahrungspflichten
4. Verordnung über die Führung eines Wareneingangsbuches
5. Verordnung über die Verbuchung des Warenausgangs
6. Verordnung über landwirtschaftliche Buchführung
7. Einkommensteuer-Durchführungsverordnung
8. Einkommensteuergesetz
9. Umsatzsteuergesetz (Mehrwertsteuergesetz)
10. Erste Verordnung zur Durchführung des Umsatzsteuergesetzes (Mehrwertsteuer).

Wie man von einer Veröffentlichung eines Zusammenschlusses von praktisch tätigen Wirtschaftsprüfern, des Instituts der Wirtschaftsprüfer in Deutschland, erwarten darf, wurden die Gesetze und sonstigen Vorschriften über die Buchführung mit peinlicher Gewissenhaftigkeit zusammengestellt. Hinzu kommt, daß nur die Vorschriften zur *allgemeinen* Buchführungspflicht aufgenommen wurden. Neben den aufgezählten Rechtsvorschriften gibt es jedoch weitere Rechnungslegungsvorschriften, die in anderen Gesetzen usw. zu finden sind, zum Beispiel: Rechnungslegungsvorschriften für GmbHs, für Erwerbs- und Wirtschaftsgenossenschaften, für Unternehmen, die dem Publizitätsgesetz unterliegen, und für Kreditinstitute. Außerdem gibt es gesetzliche Rechnungslegungsvorschriften im Hypothekenbankengesetz, im Gesetz über Schiffspfandbriefbanken, im Gesetz über Kapitalanlagegesellschaften, im Gesetz über den Vertrieb ausländischer Investmentanteile und über die Besteuerung der Erträge aus ausländischen Investmentanteilen und in weiteren Gesetzen.

Was die gesetzliche Buchführungspflicht gemäß diesen Sondergesetzen angeht, so darf man sagen, daß es in Japan ähnliche Regelungen gibt. So gibt es eine besondere Buchführungspflicht nach Art. 14 des Shichiya-Gesetzes für das Pfandleihgeschäft. An der gesetzlich geregelten formellen Buchführungspflicht in Deutschland kann jedenfalls kein Zweifel bestehen. So wird vielleicht verständlich, daß eine Behauptung wie „die deutschen Grundsätze ordnungsmäßiger Buchführung stellen nur einen allgemeinen Rahmen dar, der durch die wirtschaftliche Praxis ausgefüllt werden muß" eine von der Wirklichkeit widerlegte, irregeleitete Hypothese ist. Kehren wir zum Thema zurück.

Tadahiro Yamamasu und *Tsuyoo Shimamura*, Systematische Theorie des Jahresabschlusses. Theoretische Abhandlung. Überarbeitete Auflage, 1978.

Auf S. 107 ff. stellen die Autoren fest, das deutsche Handelsgesetzbuch verlange schon seit Ende des vorigen Jahrhunderts, daß der Kaufmann Bücher führen müsse, in denen die Geschäftsvorfälle und seine Vermögensverhältnisse klar und nach den Grundsätzen ordnungsmäßiger Buchführung aufzuzeichnen sind. Auch das deutsche Aktiengesetz schreibe vor, den Jahresabschluß nach den Grundsätzen ordnungsmäßiger Buchführung zu erstellen.

Weiter kommen die Autoren zu dem Ergebnis, der wirkliche Inhalt der Grundsätze ordnungsmäßiger Buchführung lasse sich kaum aus den Vorschriften des deutschen Handelsgesetzbuches entnehmen. *Das Gesetz* regele keinerlei Einzelheiten, und die Auslegung der Grundsätze sei der wirtschaftlichen Betrachtungsweise oder Rechnungslegungspraxis *überlassen,* die in der Wirtschaft als angemessen gilt. Folgt man dieser Argumentation, so sind die im HGB enthaltenen Grundsätze ordnungsmäßiger Buchführung *nur ein allgemeiner Rahmen,* der den Zweck hat, verschiedene Arten von Normen, die für die Finanzbuchführung allgemein als fair und angemessen gelten, *zusammenfassend zu billigen,* so daß die GoB selbst nicht eine Beurteilungsgrundlage für die Richtigkeit der Aufzeichnungen sein können. (Kursiv vom Verfasser)

Die Darstellung der Autoren ist aus den früher erwähnten Gründen weitgehend widersprüchlich. Richtig sind lediglich die Zitate aus § 38 Abs. 1 HGB und § 149 Abs. 1 AktG.

Der erste Satz von § 149 Abs. 1 AktG lautet: „Der Jahresabschluß hat den Grundsätzen ordnungsmäßiger Buchführung zu entsprechen." Diese Bestimmung entspricht dem Erklärungsversuch der Autoren. Problematisch ist aber der Abschnitt, der an die Zitate anschließt.

Erstens: Wie kann man zu dem Schluß kommen, das Gesetz regele von sich aus keinerlei Einzelheiten . . . und überlasse die Auslegung der wirtschaftlichen Betrachtungsweise oder der Rechnungslegungspraxis? In der Bundesrepublik sind viele Bücher mit dem Titel „Grundsätze ordnungsmäßiger Buchführung" erschienen. In einer Reihe großer Nachschlagewerke werden den GoB außerdem viele Seiten gewidmet. Man könnte nennen:

- Handwörterbuch des Steuerrechts und der Steuerwissenschaften, 2. Auflage, Band I, S. 714 ff.
- Handwörterbuch der Betriebswirtschaft, 1974, Sp. 1111 ff.
- Handwörterbuch des Rechnungswesens, 2. Auflage, Sp. 702 ff.
- Handwörterbuch des Rechnungswesens, Band 2, S. 69 ff.
- Handwörterbuch der Finanzwirtschaft, 1976, Sp. 1477.

Ich bin sicher in der Annahme, daß der Leser inzwischen weiß, daß ausführliche Rechtsvorschriften außerhalb des HGB in großer Zahl in anderen Gesetzen und Bestimmungen zu finden sind.

Zweitens vertreten die Autoren die Ansicht, die GoB seien nur Rahmenvorschriften, die die „Richtigkeit" der Buchführung nicht bestätigen könnten. Der Verfasser erhielt Ende Mai ein Buch mit dem Titel „Das Einkommensteuerrecht", 12. Auflage, 1978, von Dr. Eberhard Littmann, damals Senatspräsident am BFH. Es wurde inzwischen überarbeitet und auf einen Umfang von etwa 3000 Seiten erweitert. Diese Neuauflage ist doppelt so dick wie die oben genannte Ausgabe. Littmann widmet der Erläuterung der Grundsätze ordnungsmäßiger Buchführung 46 Seiten (Band 1, 295–341). Der Druck des Buches in dieser extrem erweiterten Auflage ist so klein, daß man ein Vergrößerungsglas zu Hilfe nehmen muß.

Tadahiro Yamamasu und Tsuyoo Shimamura, die Autoren des Buches „Systematische Theorie des Jahresabschlusses", wären vermutlich überrascht, wenn sie einen Blick auf die Fülle von Einzelheiten im Gesetzestext werfen würden, bei denen es um die Grundsätze ordnungsmäßiger Buchführung geht. Sie hätten dann festgestellt, daß der Text aus positiv-rechtlichen Normen besteht und erheblich umfangreicher ist als der Text der japanischen Financial Accounting Principles. Der Verfasser ist der Meinung, daß man derart unbegründete Schlußfolgerungen, wie sie die Autoren ziehen, im Interesse des wissenschaftlichen Fortschritts scharf zurückweisen sollte.

Drittens haben Yamamasu und Shimamura in dem angeführten Zitat vier japanische Schriftzeichen ausgelassen: Kigyo Kaikei (Finanzbuchführung), und zwar in der Textstelle: „. . . die Normen für die Finanzbuchführung, die allgemein als fair und angemessen gelten". Sie ist enthalten in Art. 1 der „Vorschrift für den Jahresabschluß" und in Art. 4 des „Ministerialerlasses über den Bestätigungsvermerk". Dagegen haben sie drei japanische Schriftzeichen hinzugefügt: Kaku-Shu-no (verschiedene). Immerhin haben sie, wenn man auf den kontextuellen Zusammenhang achtet, indirekt auf den Begriff der als fair und angemessen geltenden Financial Accounting Standards hingewiesen und ihn als solchen auch verwendet, und zwar als Grundsätze ordnungsmäßiger Buchführung nach Art. 57 der Durchführungsbestimmungen zum Einkommensteuergesetz oder als Begriff, der fast die gleiche Bedeutung (Gaien) hat wie der Begriff der japanischen Financial Accounting Principles. Es wäre indessen etwas anderes, wenn die Autoren zeigen wollten, daß der Ausdruck „Grundsätze der Finanzbuchführung, die als fair und angemessen gelten" nicht eine japanische Übersetzung des Ausdrucks „generally recognized principles of accounting" nach Art. 446 des U. S. Internal Revenue Code ist. Wollen sie aber behaupten, es handele sich um eine genaue Übersetzung dieses Art. 446, dann wird die Sache problematisch. Der Grund ist, daß der IRC nur vier Buchungsmethoden kennt: 1. die Periodenrechnung; 2. die Einnahmen-Ausgaben-Rechnung; 3. die leistungsbezogene Abschreibung; und 4. die gemischte Methode (Vgl. IRC Sec. 446–C).

Man darf also ohne Übertreibung sagen, daß es in den Vereinigten Staaten keine gesetzliche Regelung des Rechnungswesens gibt, weil – abgesehen von den genannten vier Buchungsmethoden – die Gestaltung der Aufzeichnungs- und Abschlußnormen dem überlassen bleibt, was die Autoren ,,die bei Kaufleuten übliche Rechnungslegungspraxis" nennen. Also sind es nicht die deutschen Gesetze, sondern die US-Gesetze, die die Ausgestaltung der Rechnungslegungspraxis den Kaufleuten überlassen. Außerdem ist der Ausdruck ,,generally recognized accounting principles" nach amerikanischem Recht genau das, was die Autoren als Rahmenvorschrift zum Zweck umfassender Anerkennung bezeichnet haben. Prüft man die Extension des Begriffs, dann stellt sich heraus, daß der amerikanische Begriff weiter ist als die japanischen Financial Accounting Principles oder als die Grundsätze ordnungsmäßiger Buchführung nach Art. 57 der Durchführungsbestimmungen des Einkommensteuergesetzes in Japan.

Zum deutschen Aktiengesetz hat der Verfasser ein Buch zur Hand mit dem Titel ,,Aktiengesetz vom 6. September 1965. Kommentar begründet von Freiherr von Godin und Dr. Hans Wilhelmi, 4. Auflage, 1971". Es umfaßt fast 2200 Seiten. Auf S. 486 in Band I schreiben die Autoren über die GoB: ,,Die Grundsätze der ordentlichen Buchführung sind im wesentlichen ungeschriebenes Recht, in dem die kaufmännische Erfahrung von Jahrhunderten niedergelegt ist, ein Recht, das auch heute noch nicht abgeschlossen ist, sondern sich in dauernder Entwicklung befindet. In neuerer Zeit ist es auch von Rechtsprechung und Betriebswissenschaft beeinflußt worden . . . Äußerlich gesetzmäßige Bücher haben die Vermutung ordnungsmäßiger Führung für sich."

Der Leser wird inzwischen bemerkt haben, warum der Verfasser vom dreifach gegliederten Begriff der GoB spricht. Ich kehre damit zum Thema zurück.

Der Verfasser erwähnte bereits, daß die Grundsätze ordnungsmäßiger Buchführung in vervollkommneter Form zum erstenmal in § 38 des deutschen Handelsgesetzbuches von 1897 auftauchen. Außerdem muß ich eine Feststellung von Katsuji Yamashita anerkennend erwähnen, die sich in seinem Buch ,,Theorie der Financial Accounting Principles" findet. Es heißt dort, daß die GoB ohne Zweifel in das deutsche Handelsgesetzbuch von 1897 aufgenommen wurden. Ich hatte mich auf den Originaltext des deutschen HGB gestützt, der in einem Buch abgedruckt war mit dem Titel ,,Die Entwicklung des deutschen Bilanzrechts", Band I, S. 247, von Dr. Kuno Barth, Universität Tübingen. Der Anhang enthält von S. 243–336 die Originaltexte der entsprechenden deutschen, englischen, französischen usw. Gesetze. Ihr Inhalt reichte von den ,,Vorschriften über Buchführung" bis zu den ,,Vorschriften über die Revision des Jahresabschlusses", gegliedert nach Zeitraum, Gesetz und Land. Ferner ist abgedruckt der vollständige Text des ,,Gutachtens der Industrie- und Handelskammer Berlin" im IWP-Wirtschaftsprüferhandbuch 1973, und zwar in Allgemeine Bestimmungen, Kapitel 1, Abschnitt 1 ,,Gewerblicher Abschnitt"; außerdem der vollständige Text der Berichtigung des Gutachtens von 1928 sowie der vollständige

Text der Ergänzung des Gutachtens (erste Fassung von 1929, zweite Fassung von 1930). Es handelt sich um ein sehr brauchbares Nachschlagewerk. Einem Praktiker wie mir fällt es jedoch schwer, sich gänzlich der Wissenschaft zu widmen. Leider habe ich den Anhang in Band II übersehen. Das Buch besteht aus zwei Bänden. Band 1 befaßt sich mit den Handelsgesetzen, Band 2 mit den Steuergesetzen. Die Bilanzierungsgrundsätze werden sowohl aus handelsrechtlicher als auch aus steuerrechtlicher Sicht behandelt.

Seite 102 des Anhangs von Band II gibt den vollständigen Text des § 19 Abs. 8 des hessischen Einkommensteuergesetzes wieder, das am 25. Juni 1895 erlassen wurde. In diesem Gesetz wird der Ausdruck „nach den Grundsätzen ordnungsmäßiger Buchführung" gebraucht.

Das heißt, der GoB-Begriff wurde bereits zwei Jahre vor dem Erscheinen des deutschen Handelsgesetzbuches von 1897 im steuerrechtlichen Kontext verwendet. Also ist die in Japan allgemein herrschende Auffassung, die Grundsätze regelmäßiger Buchführung verdankten ihren Ursprung dem deutschen Handelsgesetzbuch, ein Irrtum. Daß der Begriff zum erstenmal im hessischen Einkommensteuergesetz auftaucht, läßt sich bei Kuno Barth nachlesen (Die Entwicklung des deutschen Bilanzrechts, Steuerrecht, Band II, 1955, Anhang S. 102).

2. Über die Entwicklung der GoB

Wie erwähnt, sind die Grundsätze ordnungsmäßiger Buchführung ein Sammelbegriff, der sich aus den Regeln kaufmännischer Buchführungspraxis entwickelt hat. Dazu ist zu fragen: Welchen Entwicklungsprozeß hat das Rechnungswesen bis zu seinem heutigen Stand durchlaufen? Natürlich gehört dies nicht zum Hauptthema des Buches. Aber die Hintergründe dieses Entwicklungsprozesses sind in diesem Zusammenhang doch von Interesse. Es gibt mehrere Auffassungen hierzu, etwa in „Geschichte der Buchhaltung in Deutschland" von B. Penndorf und im Handwörterbuch zur Deutschen Rechtsgeschichte, 1971, im Erich Schmidt Verlag. Das letztgenannte Buch, das zudem kurz und treffend geschrieben ist, stellt die Buchführung in den Rahmen der Rechtsgeschichte. Den Beitrag zum Thema Buchführung in diesem Buch hat H. Kellenbenz, heute em. Professor der Universität Erlangen-Nürnberg, beigesteuert. Er bemerkt: „Die Ausbildung einer abendländischen Technik der Buchhaltung erfolgte im Laufe des Mittelalters, als im kaufmännischen Betrieb die Schriftlichkeit sich durchsetzte" (vgl. Band I, S. 530). Die Rechnungslegung auf der Grundlage von Belegen soll es bereits im 10. Jahrhundert in den Handelszentren rund um das Mittelmeer gegeben haben. Es sollen ferner verschiedene Arten von Ansätzen zu einem „integrierten Klassifikationssystem" bereits 1400 v. Chr. zusammengefaßt worden sein. „Was sich in der Praxis entwickelt hatte, sammelte der Franziskaner Luca Pacioli und brachte es in einem theoretischen

Werk (Summa di arithmetica, geometrica, proportioni e proportionalitá, Venedig 1494) zum erstenmal als Lehrbuch zur Darstellung."

Zwischen Shakespeare und Luca Pacioli gibt es eine verblüffende Parallele: Geschichtlicher Ruhm wird dem zuteil, der die Kulturtradition vollendet darstellt. Kellenbenz führt weiter aus: „Die Entwicklung in Deutschland läßt sich seit dem letzten Drittel des 13. Jh. verfolgen", und die ältesten erhaltenen Geschäftsbücher in Süddeutschland waren „das Schuldbuch der Nürnberger Holzschuher" aus der Zeit von 1304 bis 1307, das in lateinischer Sprache verfaßt ist. Wie es heißt, ist man gegen Ende des 14. Jahrhunderts dazu übergegangen, die Aufzeichnungen in deutscher, nicht mehr in lateinischer Sprache zu machen. Interessant ist für uns, daß die Ärzte in der Bundesrepublik Notizen in ihrer Kartei noch heute lateinisch schreiben.

Die doppelte Buchführung war in Norddeutschland schon vor dem 16. Jahrhundert überliefert. 1518 hat ein Nürnberger mit dem Namen Heinrich Schreiber ein Rechenbuch veröffentlicht, dessen erstes Kapitel einen Abschnitt enthielt mit der Überschrift: „Buchhalten durch Journal, Kaps und Schuldbuch auf alle Kaufmannschaft". 1594 veröffentlichte Passchier Goessen ein Buch mit dem recht langen Titel „Buchhalten fein kurz zusammengefasset und begriffen nach Art und Weise der Italiener". Im gleichen 16. Jahrhundert wurde ein Buch mit dem Titel „Musterbuchhaltung" von einem Mattäus Schwarz verbreitet, der die Bücher der im Mittelalter wohlhabenden Fugger geführt hat. Ein System doppelter Buchführung – ein Journal und die Gegenüberstellung von Aktiven und Passiven – wurde eingeführt. Aus dem Journal wurde zum Zwecke der Einzeleintragung eine getrennte Kreditoren-Debitoren-Buchhaltung entwikkelt. Nicht nur die Trennung von Personen- und Sachkonten, von Haupt- und Nebenbüchern, das Kassenbuch zur Verbuchung der Bareinnahmen und Barausgaben, Kladde und Haderbüchlein, Wechselbuch und Fuhrlohnbuch, sondern auch das Gesellenbuch für die Geschäfte der Zweigniederlassungen, das Barchentbuch, das Kupferbüchlein, das Silberbüchlein und auch das schwarze Buch und das Geheimbuch sind zu dieser Zeit bereits eingeführt worden. „Nach dieser Entwicklung der Buchhaltung im Laufe des 16. Jahrhunderts kamen in Deutschland bis zum Beginn des 19. Jahrhunderts keine wesentlichen Ergänzungen hinzu." (Kellenbenz, S. 532).

1741 wurde der „Wegweiser" für die einfache Buchführung von einer Person namens Flügel veröffentlicht. Die Gliederung des Hauptbuches wurde verdienstvollerweise von folgenden Personen weiterentwickelt:

Der Franzose de la Porte im späten 17. Jahrhundert, der Nürnberger J. G. Schoapp im frühen 18. Jahrhundert sowie besagter Flügel und schließlich ein weiterer Nürnberger, Johann Michael Leuchs, im frühen 19. Jahrhundert. 1804 führte der Franzose Eduard Degrange durch die Verknüpfung von Journal und wichtigen Geschäftsbüchern die „amerikanische Buchführung" ein. Die gleiche Denkweise prägt Philippsons Werk „Briefe über das kaufmännische Rechnungswesen" von 1813. 1832 hatten ein gewisser C. D. Fort in Dresden und

1874 ein gewisser Schumacher in Mainz Erfolg mit ihren Vorschlägen zur Vereinfachung der Aufzeichnungen in der amerikanischen Buchführung. Im Mittelpunkt stand hierbei die Einführung des ,,Kontokorrentkontos".

Im 20. Jahrhundert hat die Industrie-Buchführung in Deutschland auch erheblichen Einfluß auf den Fortgang der Industrialisierung gehabt. Als die bis dahin übliche systematische Klassifikation verfeinert werden mußte, entwickelte Schmalenbach mit seinem Kontenrahmen und Kontenplan ein völlig neues System. Dauerkontenbücher und Karteikarten waren die erste Folge, und es schlossen sich die Übertragungsbuchführung und das Durchschreibverfahren an. Dann tauchten schließlich Lochkartenmaschinen und elektronische Geräte auf. Kellenbenz sagt hierzu: ,,Diese Entwicklung machte es erforderlich, daß der Staat Bestimmungen über die Buchführung und Bilanzierung erließ. Schließlich wurden 1937 Richtlinien zur Vereinheitlichung des Buchhaltungswesens der ganzen Wirtschaft erlassen." (S. 534)

Diese Beurteilung halte ich nicht ganz für richtig. Ich stimme zu, daß Buchführung und Jahresabschluß rechtlich verankert wurden. Kellenbenz selbst sagt, daß 1919 und nicht 1937 das Buchführungssystem der Wirtschaft durch positivrechtliche Normen vereinheitlicht wurde. Bekanntlich veröffentlichte Schmalenbach seinen Kontenrahmen im Jahre 1927. Aber schon seit 1919 gab es den § 162 RAO, der die Buchführung aller Kaufleute in Deutschland einheitlich regelte, und den § 208 RAO, der den Beweiswert der nach diesen Regeln geführten Bücher für die Einkommensermittlung anerkennt.

Acht Jahre zuvor erschien, wie Kellenbenz mitteilt, das aufsehenerregende Werk von Schmalenbach. Im damaligen Zeitpunkt waren die einheitlichen Buchführungs-Richtlinien auch im steuerrechtlichen Sinne bereits Gesetz. Fast 20 Jahre früher waren die Einkommensteuer-Richtlinien erschienen, die 1937 als maßgebliche Auslegungsbestimmungen zu § 5 EStG erlassen wurden. Dies hilft Prof. Kellenbenz vermutlich nicht, weil er schließlich kein Steuerrechtler ist.

Dagegen erörtert Dr. Klaus Tipke, Universität Köln, in seinem Buch ,,Steuerrecht, ein systematischer Grundriß", 6. Auflage, 1978, den Buchbeweis von Geschäftsbüchern umfassend. Auf S. 198 zitiert er im Zusammenhang mit deutschen Steuergesetzen das HGB, das AktG und die Abgabenordnung, insbesondere § 158 der neuen AO. Hat Prof. Kellenbenz von diesem Werk überhaupt Kenntnis genommen? Dies gilt auch für E. Schmalenbach, seinerzeit ebenfalls Professor an der Universität Köln. In seinem Hauptwerk ,,Grundlagen dynamischer Bilanzlehre" war Schmalenbach sechsmal auf die Grundsätze ordnungsmäßiger Buchführung eingegangen und hatte achtmal die Bilanzierungsgrundsätze erwähnt. Er diskutierte diese Grundsätze jedoch nur vom buchtechnischen Standpunkt aus. Außerdem versäumte er, darauf hinzuweisen, daß die Begriffe ihren historischen Ursprung in den Steuergesetzen hatten (§ 19 Abs. 8 des hessischen Einkommensteuergesetzes vom 25. Juni 1895) und daß die GoB bei Niederschrift seines Buches bereits Teil des damaligen Systems positiv-rechtlicher Bestimmungen waren.

Da Schmalenbach starken Einfluß auf seine Studenten ausübte, wirkten sich seine Irrtümer entsprechend aus. (Vgl. „Grundlagen dynamischer Bilanzlehre“, übersetzt von Masazo Doku, herausgegeben von Moriyama Shoten, 12. Auflage, S. 8, 13, 15, 150, 214, 233 sowie 9, 84, 93, 150, 194, 199, 207 und 214.) Ich darf hinzufügen, daß ich bei meinem Vortrag sowie in der Gesprächsrunde im Bundesfinanzministerium im Oktober 1978 insgeheim den Drang verspürte, den wunden Punkt so vieler deutscher Gelehrter und der deutschen „Intelligentia“ anzugreifen – bei der Erarbeitung ihres Wissens und der Vertiefung ihrer Spezialgebiete arbeiten sie wie Rennpferde.

Bewußt legte ich meine Logik und meine Widerlegung dar und scheute mich nicht, Kant, Hegel, Schopenhauer, Nicklisch, Heisenberg und andere zu zitieren. Wohl deshalb hat Heinz Sebiger, Präsident der Steuerberaterkammer Nürnberg, meinen Ausführungen ein großes Kompliment ausgesprochen. Der Verfasser glaubt, daß die deutschen Fachleute des Rechnungswesens und des Steuerrechts sich bisher im allgemeinen noch zu wenig mit den Gebieten der Philosophie und Physik befassen. Vielleicht verdanke ich den Erfolg meines Vortrags gerade dieser Tatsache. Kehren wir aber zum Hauptthema zurück.

3. Fortsetzung der Kritik an den Auffassungen angesehener japanischer Wissenschaftler

Shiro Tajima, Überarbeitetes Rechnungswesen, herausgegeben von Kunimoto Shobo.

Auf Seite 26 des 4. Nachdrucks, erschienen am 15. Juni 1977, ist der Autor zunächst der Auffassung, daß nach den Grundsätzen ordnungsmäßiger Buchführung (Titel 2) „eine Gesellschaft zur korrekten Buchführung über alle Geschäftsvorfälle nach den GoB verpflichtet ist“. Er entnimmt den Ausdruck aus den Bestimmungen von Abschnitt 2 der Allgemeinen Grundsätze 1 der Corporate Accounting Principles. Diese Erklärung des Autors hält nach meiner Meinung einer logischen Prüfung nicht stand, weil der Ausdruck selbst einer weiteren Erklärung bedarf.

Es gibt auch keine Begründung für die Feststellung des Autors, daß die in den japanischen Corporate Accounting Principles enthaltenen Grundsätze ordnungsmäßiger Buchführung ursprünglich auf einem Irrtum beruhen. Der Autor kommt aber zu dem Schluß: „In Japan gibt es keine Art von Buchführung, die ordentliche Buchführung genannt wird.“

Abschn. 29 EStR enthält eine Bestimmung mit der Überschrift „ordnungsmäßige Buchführung“, die die Buchführung genau regelt. Dort wird Bezug genommen auf die Grundsätze ordnungsmäßiger Buchführung nach § 5 EStG. Der Autor kommt außerdem zu dem Ergebnis, daß „nicht unbedingt die doppelte Buchführung gemeint ist“. Nach der Entstehungsgeschichte war in der Tat nicht die doppelte Buchführung gemeint, aber nach der ständigen Rechtsprechung der deutschen Steuergerichte gilt heute, daß die Grundsätze ordnungsmäßiger Buchführung eine doppelte Buchführung einschließlich der ,,gemischten Methode" intendieren (vgl. Bundessteuerblatt 1954, III, 298). Dies ist dem Autor offenbar entgangen.

Schließlich macht er den Versuch, den ,,Grundsatz regelmäßiger Buchführung" als japanisches Äquivalent des deutschen Ausdrucks ,,Grundsätze ordnungsmäßiger Buchführung" hinzustellen mit der Bemerkung, daß ,,deshalb die GoB nicht nur der Buchführung, sondern auch den Abschlüssen zugrunde liegen . . .". Dann aber sollte er auch den deutschen Begriff verwenden. Dafür gibt es indessen keinen Anhaltspunkt. Noch mehr, der Autor scheint nicht bemerkt zu haben, daß die GoB eine dreifache Struktur haben und daß ihr Umfang durch das positive Recht genau festgelegt ist. Deshalb kann auch nur der letzte Satz des Autors als einigermaßen richtig akzeptiert werden: ,,In diesem Sinne läßt sich sagen, daß es sich bei den Grundsätzen ordnungsmäßiger Buchführung nicht um ein einfaches, sondern um ein zusammengesetztes Prinzip handelt."

Yoshiho Numata, Lehrbuch des Rechnungswesens, 8. überarbeitete Auflage, 1978.

Auf Seite 34 des 10. Nachdrucks, 8. überarbeitete Auflage vom Mai 1978, herausgegeben von Dobun Kan, stellt der Autor unter der Überschrift von Abschnitt 17 ,,Grundsätze ordnungsmäßiger Buchführung" fest, die GoB seien in den Corporate Accounting Principles neu formuliert worden. Für sie seien zum Teil auch die Befürworter der Corporate Accounting Principles verantwortlich. Eine Erklärung gibt dieses Buch hierfür allerdings nicht. Als allgemeine Theorie haben die Grundsätze fast die gleiche Bedeutung wie die GoB nach dem deutschen Handelsgesetzbuch. Darüber hinaus fordern sie angeblich, daß nach Art. 33 der Neufassung des japanischen Handelsgesetzbuches ,,die Aufzeichnungen systematisch und eindeutig vorzunehmen sind". Dazu habe ich folgendes zu bemerken:

Erstens: Was die Behauptung des Autors angeht, die Grundsätze ordnungsmäßiger Buchführung seien durch die japanischen Corporate Accounting Principles geprägt worden, so ist zu sagen, daß diese Behauptung nur dann richtig ist, wenn wir uns ohne zu zögern darauf einigen, daß der Ausdruck Grundsätze regelmäßiger Buchführung nicht eine japanische Version der deutschen GoB nach § 38 des deutschen Handelsgesetzbuches ist.

Zweitens: Das gleiche gilt für die Behauptung, die Grundsätze ordnungsmäßiger Buchführung seien teilweise von den Befürwortern der Corporate Accounting Principles geschaffen worden. Es ist nicht zu erkennen, wie weit der Autor den deutschen Rechtsbegriff verstanden hat, weil er bei den allgemein akzeptierten Theorien stehen bleibt und selbst keine inhaltlich weiterführende Theorie zu den deutschen GoB entwickelt.

Meine Behauptung, daß der Begriff der Grundsätze ordnungsmäßiger Buchführung in den japanischen Corporate Accounting Principles auf einem Irrtum beruht, gilt unter der Voraussetzung, daß dieser Begriff das japanische Äquivalent des deutschen Begriffs der GoB nach dem deutschen Handelsgesetzbuch ist. Entfällt diese Voraussetzung und geht man davon aus, daß der Begriff teilweise neu geprägt worden ist, dann kann man der argumentativen Geschicklichkeit und Schärfe des Autors die Anerkennung nicht versagen.

Auf S. 35 legt er dar, daß »die japanischen Rechnungslegungsgrundsätze es sorgfältig vermieden haben, die Beziehung zwischen Buchführung und Abschluß zu erwähnen". Gerade in diesem Punkte zeigt sich die logische Schärfe des Autors. Ich muß gestehen: vom Standpunkt der Geschichte der Rechnungslegung in Japan ist die Prämisse schwer verständlich, daß der japanische Begriff nicht die japanische Version des Begriffs nach § 38 HGB ist, auf die sich der Autor stillschweigend gestützt hat.

Kiyomitsu Arai, Theorie der Finanzbuchführung, erweiterte Ausgabe, herausgegeben von Chuo Keizai Sha.

Auf Seite 40 der 45. Auflage vom Februar 1979 heißt es:

,,Die Grundsätze ordnungsmäßiger Buchführung verlangen:

1. in formaler Hinsicht sind die Bücher und Aufzeichnungen nach festen Regeln zu führen.
2. als materielle Grundsätze die organische Verbindung zwischen Buchführung und Abschluß sowie zwischen aufeinanderfolgenden Abschlüssen. Erforderlich sind nach Punkt 1:

A: Vollständigkeit
B: Belegnachweis
C: Ordentlichkeit usw."

Das heißt, die Grundsätze ordnungsmäßiger Buchführung verlangen:

A: Die Erfassung aller relevanten Buchungsvorfälle eines Rechnungszeitraums sollte,
B: auf tatsächlichen Geschäftsvorfällen oder anderen nachprüfbaren Belegen beruhend,
C: kontinuierlich und systematisch aufgezeichnet werden.

Dann bedeutet der Ausdruck ,,organische Verbindung zwischen Buchführung und Abschluß sowie zwischen aufeinanderfolgenden Abschlüssen" in 2. oben folgendes:

Jahresabschlüsse sollten induktiv aus den Geschäftsbüchern abgeleitet werden, die nach den Vorschriften in Punkt 1 geführt wurden, und die Bilanz sollte nach der derivativen Methode das Bindeglied zur Einkommensermittlung darstellen. Diese Erklärung ist im allgemeinen argumentativ gut abgesichert. Kann man aber annehmen, daß die als fair und angemessen geltenden Buchungsnormen nach Art. 4 des ,,Ministerialerlasses zum Bestätigungsvermerk" und nach Art. 22 Abs. 4 des japanischen Körperschaftsteuergesetzes tatsächlich die Grundsätze ordnungsmäßiger Buchführung sind, so ist es gestattet, die Grundsätze ordnungsmäßiger Rechnungslegung als Rechtsquelle zu behandeln. Diese Rechnungslegungs-Grundsätze besagen jedoch nur, daß ,,Gesellschaften im

Rahmen ihres Rechnungswesens genaue *Geschäftsbücher* nach den Grundsätzen ordnungsmäßiger Buchführung über alle Geschäftsvorfälle führen müssen".

Wie gründlich man die Ausdrücke in diesen Grundsätzen auch immer analysiert, eine volle Aufklärung dürfte nicht möglich sein. Anders gesagt, der Autor versucht, die Struktur der deutschen GoB mit den Mitteln der Logik zusammenfassend darzustellen. Allerdings geht er mit keinem Wort darauf ein, daß die Buchung ,,zeitgerecht" zu sein hat. Eben dies wird von § 146 Abs. 1 AO, § 43 Abs. 2 HGB und Abschn. 29 EStR präzise vorgeschrieben.

Der Autor scheint nicht zu meinen, daß hier ein großer Unterschied zur ,,Rechtzeitigkeit" in den amerikanischen Grundsätzen der Rechnungslegung besteht. Behalten wir die dreifache Struktur der GoB im Auge und geben wir zu, daß der Autor die Grundsätze unter dem Blickwinkel der historischen Entwicklung der kaufmännischen Buchführungspraxis allgemein richtig beschrieben hat, so bleibt doch die Frage offen, warum er nicht den positiv-rechtlichen Aspekt geprüft hat. Warum weist der Autor nicht nachdrücklich auf das Fehlen der rechtlichen Betrachtungsweise in Japan hin? Da ihm klar ist, daß Art. 130 des Körperschaftsteuergesetzes und Art. 155 des Einkommensteuergesetzes den Buchbeweis anerkennen, warum sagt er dann nicht, daß dies die wirkliche begriffliche Intension der Grundsätze ordnungsmäßiger Buchführung ist? Er ist also über ein teilweises Verständnis der Grundsätze ordnungsmäßiger Buchführung noch nicht hinausgekommen.

Tatsuo Inoue, Neue Theorie des Jahresabschlusses, vollständig überarbeitete Auflage, herausgegeben von Chuo Keizai Sha, 1978.

Auf Seite 47 der 72. Auflage heißt es:

,,Die Grundsätze regelmäßiger Buchführung haben ihren Ursprung in den deutschen Grundsätzen ordnungsmäßiger Buchführung nach §§ 38 und 129 HGB. Die GoB haben materiellen Inhalt einschließlich Buchungsregeln. Man hat sie so ausgelegt, daß sie nach dem HGB wegen ihrer Existenz in der wirtschaftlichen Praxis und der üblichen Buchführungspraxis von Gesellschaften nur eine umfassende Verpflichtung unter der Bezeichnung der GoB darstellen. Diese deutsche Praxis entspricht meiner Meinung nach etwa der ,,angemessenen Rechnungslegungspraxis" nach Art. 32 Abs. 2 des japanischen Handelsgesetzbuches, der bei der Neufassung im April 1974 eingeführt wurde und besagt, daß ,,bei der Auslegung der Rechtsvorschriften die ,angemessene Rechnungslegungspraxis' zu berücksichtigen ist." Es ist aber anzumerken, daß die GoB nach den japanischen Corporate Accounting Principles sich von denen im japanischen Handelsgesetzbuch unterscheiden. Nach den Corporate Accounting Principles verlangen die Grundsätze ordnungsmäßiger Buchführung die vollständige, genaue und systematische Aufzeichnung aller Geschäftsvorfälle auf der Grundlage nachprüfbarer Belege und die systematische Behandlung der Aufzeichnungen durch Periodenabgrenzung und entsprechende Klassifikation für die Erstellung des Jahresabschlusses." Dazu möchte ich bemerken:

Erstens: Es liegt ein Druckfehler vor, denn § 129 HGB hat mit den Grundsätzen ordnungsmäßiger Buchführung nichts zu tun. § 129 ist überschrieben ,,Einwendungen des Gesellschafters" und nicht ,,Grundsätze ordnungsmäßiger Buchführung".

Zweitens: Obwohl dies eine Trivialität ist, fehlt das Wort ,,die" im Zitat der Grundsätze ordnungsmäßiger Buchführung nach dem HGB. Ich denke dabei an Edo Senryu (ein kurzes satirisches Gedicht), in dem es heißt: Uguisuno-Hitokoemo-Nen-o-Irenikeri (übersetzt: Wenn wir die Stimme einer japanischen Nachtigall hören, dann glauben wir, wir müßten auf alles sorgfältig achten, was an unsere Ohren dringt.)

Drittens: Die Theorie von der umfassenden Verpflichtung ist die mündliche Weitergabe eines Mißverständnisses über die Grundsätze ordnungsmäßiger Buchführung. Hier wird deutlich, daß der Autor bloßes Hörensagen oder unbegründete Theorien über die Grundsätze ordnungsmäßiger Buchführung nach seinem Belieben verwertet.

Viertens: Der Autor bezeichnet Punkt 2 der Allgemeinen Grundsätze als Grundsatz der Aufzeichnung. Wie kommt er dann zu dem Schluß, daß die Aufzeichnungen der Aufstellung der Jahresabschlüsse dienen sollen? Ich akzeptiere den Satz, daß ,,es eine typische Theorie der Buchführung und des Rechnungswesens gibt, die nur für dieses Gebiet gilt". Dies ist aber doch nicht so zu verstehen, daß wir eine dogmatische Theorie aufstellen dürften, in der andere Grundsätze keinen Platz haben. Betrachtet man die Theorie des Autors unter diesem Gesichtspunkt und nimmt man zur Kenntnis, daß ,,die Grundsätze ordnungsmäßiger Buchführung nach den japanischen Corporate Accounting Principles davon zu unterscheiden sind", dann ist dem Autor offenbar aufgegangen, daß die deutschen handelsrechtlichen GoB nicht identisch sind mit den Grundsätzen nach den Corporate Accounting Principles. Der Ausdrucksweise des Autors ist aber zu entnehmen, daß er den eigentlichen Unterschied gegenüber den deutschen GoB nicht erklären kann. Der Grund hierfür ist leicht einzusehen: alle von ihm genannten Verfahrensregeln, von ,,zu unterscheiden sind" bis ,,für die Aufstellung des Jahresabschlusses", sind in den GoB als geltendem deutschen Rechtsbegriff enthalten.

Yoshio Aida, Rechnungswesen, 1976.

Auf Seite 69 der Auflage von Dezember 1976, herausgegeben von Kunimoto Shobo, heißt es, daß die Bestimmung in den Allgemeinen Grundsätzen – ,,im Rechnungswesen von Gesellschaften sollten korrekte Bücher über alle Geschäftsvorfälle nach den Grundsätzen regelmäßiger Buchführung geführt werden" – nichts weiter als GoB sind. Vom logischen Standpunkt ist dies jedoch keine zureichende Erklärung, weil der zu erklärende Ausdruck Teil seiner Erklärung ist. Der Autor geht offenkundig von der Vorstellung aus, daß die deutschen handelsrechtlichen GoB und die Grundsätze ordnungsmäßiger Buchführung nach den japanischen Corporate Accounting Principles völlig unterschiedlich sind. Dies läßt sich seiner Auffassung entnehmen, daß die japanischen Grundsätze den deutschen GoB nachgestaltet wurden, und seiner Feststellung, daß diese Grundsätze in der Theorie des Rechnungswesens einen hohen Rang einnehmen. Außerdem versteht er die Grundsätze ordnungsmäßiger Buchführung in einem weiten und in einem engen Sinn.

Im weiteren Sinne versteht er sie als Synonym für eine angemessene Rechnungslegungspraxis, manchmal aber auch als „faire und angemessene Regeln des Rechnungswesens". Er weist ferner darauf hin, daß, wie später erklärt wird, die Grundsätze in vielen Fällen im wörtlichen Sinne als Aufzeichnungsgrundsätze verstanden werden. Es entspreche auch den Corporate Accounting Principles, die Grundsätze als eine Norm der Rechnungslegung aufzufassen. Der Autor sucht meiner Meinung nach zu erklären, daß eine weitere Betrachtungsweise darin besteht, mehrere Auffassungen offen zu diskutieren. Gegen Ende seiner Ausführungen sagt er, es sei problematisch, ob „allgemein als fair und angemessen anerkannte Buchführungsvorschriften" bedeutungsgleich sind mit den „Grundsätzen ordnungsmäßiger Buchführung". Werden die „generally recognized principles of accounting" nach Art. 446 des U.S. Internal Revenue Code mit den Grundsätzen nach Art. 22 Abs. 4 des japanischen Körperschaftsteuergesetzes gleichgesetzt, dann ist die Intension des japanischen Begriffs eine andere als die des GoB-Begriffs nach deutschem Recht. Der Grund: In Japan ist die „gemischte Methode" anerkannt, in Deutschland nicht. Diese Methode bedeutet, daß Käufe und Verkäufe periodengerecht behandelt werden, während auf andere Posten die Einnahmen-Ausgaben-Rechnung Anwendung findet. So haben also die deutschen GoB eine andere Bedeutung.

Die Grundsätze ordnungsmäßiger Buchführung im engeren Sinne erfordern nach Meinung des Autors: Vollständigkeit, Belegnachweis und Ordentlichkeit. Selbst die einfache Buchführung, wenn sie ordentlich geführt wird, könne in den Geltungsbereich der GoB fallen. Gleichzeitig behauptet er, die Grundsätze ordnungsmäßiger Buchführung verlangten die Anwendung der gemischten Methode. Ich halte diese Auffassung des Autors für sehr subjektiv. Auch hier ist keine Spur von der dreifachen Struktur zu entdecken.

4. Der Trugschluß von Dr. Kotaro Tanaka, früher Professor der Universität Tokio und Präsident des Obersten Gerichtshofs

Kotaro Tanaka, Logik der Bilanzierungsgrundsätze, Nachdruck von 1946.

Auf Seite 36 des Nachdrucks vom Juni 1946 erwähnt der Autor zum ersten Mal die Grundsätze ordnungsmäßiger Buchführung:

„Das deutsche Gesetz, § 38 HGB und § 129 AktG, schreibt vor, daß die Bücher nach den Grundsätzen ordnungsmäßiger Buchführung zu führen sind. Hier bleibt völlig offen, was unter diesen Grundsätzen wirklich zu verstehen ist. Der Gesetzgeber sollte anerkennen, daß es die allgemeine wirtschaftliche Praxis gibt und daß die Rechtsvorschriften, sofern sie nicht Einzelheiten regeln, nur einen allgemeinen Rahmen darstellen, der durch die Praxis ausgefüllt werden muß. In diesem Falle muß dieser wirtschaftlichen Praxis Rechtscharakter zugeschrieben werden.“ Auf den Seiten 37 und 38 in Abschnitt 2: ‚Die Beziehung zwischen dem Gesetz und den Grundsätzen ordnungsmäßiger Buchführung‘ heißt es weiter:

„Deshalb hielt es der Gesetzgeber für viel klüger, die üblichen Buchführungsmethoden gelten zu lassen und sie nicht umfassend in Gesetzesform zu bringen. Er überließ die Festlegung von Einzelheiten der Praxis und dem Ermessen des einzelnen Unternehmers.“

Übrigens hat der japanische Gesetzgeber, anders als der deutsche, im Handelsgesetzbuch keinen allgemeinen Rahmen vorgegeben. Daraus folgt, daß die Aufstellung der Bilanz vollständig an das Rechtssystem dieses Landes gebunden ist, so daß die wirtschaftliche Praxis natürlicherweise mit Rechtskraft ausgestattet ist. Die japanische Rechtsordnung geht hier einen anderen Weg. Natürlich stellt sich die Frage, ob die wirtschaftliche Praxis eine rein technische bleiben muß, ohne den Unternehmer rechtlich zu binden. Unsere legislative Politik sollte selbstverständlich davon Kenntnis nehmen, daß es eine allgemeine Vorschrift wie den § 38 HGB im deutschen Recht gibt. Aber selbst nach dem gegenwärtigen Stand der japanischen Gesetzgebung und Rechtsprechung kann man sich nicht vorstellen, daß im Wege der Auslegung nicht das gleiche Ergebnis erzielt werden kann wie nach deutschem Recht. Im japanischen Handelsgesetzbuch – noch stärker in der letzten Neufassung – sind sämtliche Vorschriften für Kaufleute und für Aktiengesellschaften nur vor dem Hintergrund systematischer Buchführungs- und Rechnungslegungsmethoden verständlich. Selbst die japanischen handelsrechtlichen GoB sind Teil des Rechtssystems des Landes.

Ich möchte mit allem Freimut sagen: Es liegt an der Logik des Autors, daß die heutigen japanischen Steuerrechtler, Verfasser von Büchern über das steuerliche Rechnungswesen, Fachleute des Rechnungswesens und Handelsrechtler sämtlich einen Fehler begehen. Dies ist der Grund, warum Tanaka so ausführlich zitiert worden ist. Folgen wir der Logik des Autors, so müssen wir feststellen:

Erstens: die Grundsätze ordnungsmäßiger Buchführung nach § 38 HGB sind Rechtsvorschriften, die einen allgemeinen Rahmen darstellen, der durch die wirtschaftliche Praxis ausgefüllt werden muß.

Zweitens: Es zeigt sich, daß die Grundsätze ordnungsmäßiger Buchführung, selbst im Falle des Handelsgesetzbuches, ein Element des japanischen Rechtssystems sind. Verstehen wir die GoB nach § 38 HGB als allgemeine Rechtsvorschrift, so läßt sich logischerweise behaupten, daß die GoB ein Element des japanischen Handelsrechts sind, weil das deutsche HGB ja die Quelle des japanischen Handelsgesetzbuches ist (S. 38). Dies wird wie folgt begründet:

„In unserem Handelsgesetzbuch gibt es zum Beispiel keine direkte Bestimmung, die vorschreibt, daß das Kapital in der Bilanz unter den Verbindlichkeiten erscheinen muß. Aus den Art. 33 und 34 kann dies nicht allgemein abgeleitet werden. (Bemerkung: Art. 33 enthält die Verpflichtung, eine Vermögensaufstellung und eine Bilanz zu erstellen, während Art. 34 die Buchungsmethode für die Vermögensaufstellung angibt.) Dies ergibt sich also nur aus den Grundsätzen ordnungsmäßiger Buchführung." (S. 61).

Ich halte es für sehr bedenklich, daß diese offenbar unvermeidlich subjektive Argumentationsweise des Autors objektive Allgemeingeltung erlangen konnte. Da ich indes kein Handelsrechtler bin, möchte ich diesen Gedanken hier nicht weiter verfolgen.

Problematisch ist die erste Schlußfolgerung: Es gibt eine Theorie, daß die Rechtsvorschrift nur einen allgemeinen Rahmen darstellt, und eine zweite Theorie, daß dieser Rahmen durch die wirtschaftliche Praxis ausgefüllt werden muß. Wie ist es zur Entstehung dieser Theorien gekommen? Die Frage läßt sich beantworten, wenn man sich den Umfang der Literatur ansieht, die der Autor zitiert und die Grundlage seiner allgemeinen Erörterungen über die Bilanz in Kapitel 2 ist. Mir scheint, bei der Sammlung der einschlägigen Literatur ist ihm ein Goodwillfehler unterlaufen. Er zitiert folgende Werke:

1. Schmalenbach, Dynamische Bilanz, 5. Aufl., 1931.
2. Adler-Penndorf, in: Handwörterbuch der Staatswissenschaften, Bd. III.
3. Max Weber, Wirtschaftsgeschichte, 1923.
4. Sombart, die Ordnung des Wirtschaftslebens, 1925.
5. Gomberg, Grundlegung der Verrechnungswissenschaft, 1908.
6. Sombart, Der moderne Kapitalismus, Bd. II, 1921.
7. Carvalho de Mendonca, Tratado de direito commercial brasileiro, Vol. II, 1937.
8. Müller-Erzbach, Deutsches Handelsrecht, 1921.
9. Passow, Die Bilanzen der privaten und öffentlichen Unternehmungen, Bd. I, 3. Aufl., 1921.
10. Hein, Steuerrecht und Handelsrecht, 1928.
11. Sewering, Einheitsbilanz, 1925.
12. Fisher, in: Ehrenbergs Handbuch des Steuerrechts, Bd. III.
13. Simon: Die Bilanzen der Aktiengesellschaft, 4. Aufl., 1910.
14. Rehm, Bilanzen der Aktiengesellschaften, 2. Aufl., 1914.
15. Wieland, Handelsrecht, Bd. I.
16. W. Schmidt, im Aktiengesetz (Kommentar bearbeitet von Gadow, Heinichen, Schmidt und Weipert), 1939.
17. Behrend, Handelsrecht.
18. Julius von Gierke, Handelsrecht, 5. Aufl., 1938.

Den Verfasser verblüfft folgendes: Erstens äußert der Autor sich sehr entschieden über die deutschen GoB, wenngleich er nicht ein einziges der vielen Bücher gelesen oder wenigstens zitiert hat, die den Titel ,,Die Grundsätze ordnungsmäßiger Buchführung" tragen. Gerade diese aber sind es, die sich intensiv mit den GoB auseinandersetzen. Der Verfasser möchte den Autor nicht tadeln, weil er keines der Bücher gleichen Titels, etwa von Ulrich Leffson, Heinrich Wilhelm Kruse und Karl Peter, gelesen hat, die sich ab 1970 einen Namen in der deutschen Wissenschaft gemacht haben. Dies wäre unmöglich gewesen. Der Autor hat aber kein einziges Nachschlagewerk dieser Art zitiert, das lange vor der ersten Auflage der ,,Logik der Bilanzierungsgrundsätze" (1944) in Deutschland vorlag. Zu ihnen gehören:

1. Hast, K.: GoB für Anlagegegenstände, 1934.
2. Krause, A.: GoB für Pensionsverpflichtungen, 1935.
3. Streit, E.: GoB für Rückstellungen, 1936.
4. Welland, K.: GoB für Wechsel, Schecks und Akzepte, 1936.
5. Dietzen, N.: GoB für stille Reserven, 1937.
6. Vellguth, H. K.: GoB für schwebende Geschäfte, 1937.

Zum zweiten ist der Verfasser überrascht, daß der Autor zum Steuerrecht nur ein einziges Buch gelesen oder zitiert hat. Es ist Hein, Steuerrecht und Handelsrecht, 1928. Immerhin erhält der Leser einen weiterführenden Hinweis. Auf S. 145 schreibt der Autor: ,,Hein weist darauf hin, daß die ordnungsmäßige Buchführung nicht nur ein Tatsachenbegriff, sondern auch ein Rechtsbegriff ist" (vgl. auch Logik der Bilanzierungsgrundsätze, S. 61). Anzumerken ist, daß Heins Buch 9 Jahre nach dem Erlaß der RAO erschien. Der Autor zitiert sogar aus der 5. Auflage von Schmalenbachs ,,Dynamische Bilanz" (S. 362): ,,Vielmehr will das Gesetz gerade diesen Kunstregeln zur allgemeinen Anwendung verhelfen; sie sind gesetzliches Erfordernis. Eine nicht dem sachverständigen Ermessen entsprechende Bilanz ist nicht nur nicht fachgerecht, sondern sie ist gesetzlich falsch, denn das Fachgerechte ist gesetzliche Norm." (Ebenfalls S. 61.) Diese Äußerungen von Hein und Schmalenbach sind, wie H. Kellenbenz, damals Universität Köln, später klarstellte, vor dem Hintergrund der Zeitumstände zu sehen, weil damals die epochale Einführung einer für das ganze Land verbindlichen Norm für die Buchführungstechnik Hand in Hand ging mit der weiten Verbreitung der Buchführung im Gefolge der Industrialisierung Deutschlands. Mir ist nicht klar, warum der Autor sich dies nicht klargemacht hat. Enno Beckers Reichsabgabenordnung (RAO) war ja schon seit 1919 in Kraft. Der Autor hat aber nicht einmal bemerkt, daß die GoB zwar im Handelsgesetzbuch und im Rechnungswesen verankert waren, daß sie in Wirklichkeit aber ihren Ursprung im Steuerrecht hatten. Der Autor ist in dieser Hinsicht wohl guten Glaubens gewesen.

Es hat die Entwicklung seiner Theorie vermutlich beschleunigt, daß er von ,,richtiger" steuerwissenschaftlicher Literatur kaum Gebrauch gemacht hat. Er war der Wahrheit so dicht auf der Spur, als er den obigen Satz zitierte, aber es entging ihm, an welcher Stelle er den letzten Schritt hätte tun müssen. Warum er ihn nicht tat, können wir nicht wissen, weil er vor langer Zeit verstorben ist. Man kann nur vermuten, daß ihn seine eigene, selbstbegrenzende Subjektivität daran gehindert hat. Mit anderen Worten: er hat sich auf die vor 1918 ergangenen richterlichen Entscheidungen zu den GoB beschränkt, wie er sie auch in Schmalenbachs Buch (S. 351) vorfand. Es ist die Rechtsprechung, die dem Erlaß der RAO voraufging.

Viele Urteile des Reichsfinanzhofs zu den GoB, die in den 25 Jahren von 1919 bis 1944, dem Jahr des Erscheinens seines Buches, ergingen, ließ er unberücksichtigt. Deshalb ist der Verfasser überzeugt, daß Dr. Tanakas Theorie sich in eine ganz andere Richtung entwickelt hätte, wenn er Gelegenheit gehabt hätte, die oben aufgeführte Literatur und die deutsche Steuerrechtsprechung der vorangegangenen 25 Jahre zu prüfen.

Shigeyoshi Kimura, Kommentar zu den Rechnungslegungs-Grundsätzen, veröffentlicht von Chuo Keizai Sha, 1963.

Auf Seite 23 der 8. Auflage vom Juni 1963 heißt es:

,,Die Vorschrift, die dieser Bestimmung entspricht (Bemerkung: Gemeint ist Allgemeiner Grundsatz 2 der Corporate Accounting Principles) ist im japanischen Handelsgesetzbuch enthalten. Art. 32 dieses Gesetzbuches schreibt vor, daß ,,der Kaufmann Bücher führen muß, in die die täglichen Geschäftsvorfälle und alle anderen Tatbestände, die sein Vermögen betreffen, systematisch und eindeutig eingetragen werden.“ § 38 Abs. 1 des deutschen HGB entspricht dieser Vorschrift des japanischen Handelsgesetzbuches. Der japanischen Formulierung ,,systematisch und eindeutig eintragen“ steht die deutsche Fassung ,,nach den Grundsätzen ordnungsmäßiger Buchführung ersichtlich zu machen“ gegenüber.

Vergleicht man den Wortlaut, so kann man nur zu dem Ergebnis kommen, daß der Allgemeine Grundsatz 2 des japanischen Handelsgesetzbuches und § 38 des deutschen HGB die gleiche Intention haben. Anders gesagt, beide Bestimmungen haben nahezu den gleichen rechtsverbindlichen Inhalt. Außerdem stellt der Autor auf S. 26 ff. unter ,,Literaturstudium“ fest, die sogenannten Grundsätze ordnungsmäßiger Buchführung gehörten zu den Grundsätzen in den Corporate Accounting Principles, deren Inhalt am verschwommensten sei. Problematisch sind für ihn an den GoB folgende Punkte:

1. Was ist der wirkliche Sinn der ,,Grundsätze ordnungsmäßiger Buchführung“? Sind sie nur formale Aufzeichnungsgrundsätze oder beziehen sie sich auch auf den Inhalt der Aufzeichnungen?
2. Was ist die konkrete Bedeutung des Ausdrucks ,,die Form der Aufzeichnung“? Bezeichnet er eine bestimmte Form der Buchführung (etwa die doppelte Buchführung), oder reicht es, wenn unabhängig von der Form der Buchführung eine bestimmte notwendige Bedingung festgelegt wird? Was ist dann der Inhalt der notwendigen Bedingung? Um den japanischen Standpunkt zu klären, führt der Autor die entsprechenden Theorien folgender Professoren auf: Katsuji Yamashita, Yoshio Numata, Tohio Iino, Kiyoshi Kurosawa, Yasuichi Sakamoto, Minoru Emura, Koichi Sato, Tatsuo Inoue und Shoichi Ito.

Es ist sorgfältig zu beachten, daß der Autor im ersten Teil seiner Theorie ursprünglich den Allgemeinen Grundsatz 2 der Corporate Accounting Principles erläutern wollte, nicht aber den eigentlichen Begriff der Grundsätze ordnungsmäßiger Buchführung. Am Ende des ersten Teils des zitierten Abschnitts kommt der Autor dann doch zu dem Ergebnis: ,,Der Allgemeine Grundsatz 2, Art. 32 unseres Handelsgesetzbuches und § 38 des deutschen HGB haben nahezu den gleichen Inhalt.“ Hier zeigt sich die wirkliche Auffassung des Autors über die Grundsätze ordnungsmäßiger Buchführung.

Er versteht den Begriff der Grundsätze ordnungsmäßiger Buchführung als einen in sich abgeschlossenen Begriff mit fester Bedeutung. Er bezeichnet deshalb die GoB nach § 38 HGB als ,,einen Grundsatz“ im Singular und meint, dieser ,,schreibe dasselbe vor“ wie der Grundsatz nach Art. 32 unseres Handelsgesetzbuches. Er hat also diesen Begriff nicht als Sammelbegriff einer Reihe von Grundsätzen verstanden, die sich nach Inhalt und Umfang im Zeitablauf ständig weiterentwickelt haben (vgl. Handwörterbuch des Steuerrechts und der Steuerwissenschaften, 1. Band, 1972, S. 543). Hier macht der Autor den ersten Fehler.

Im zweiten Teil des oben zitierten Satzes ergibt sich ein Problem daraus, daß der Autor gewissermaßen den Standpunkt eines Zuschauers einnimmt. Er sagt nämlich, daß ,,die sogenanten ‚Grundsätze ordnungsmäßiger Buchführung‘ *angeblich* einer der Grundsätze sind, deren Inhalt äußerst unklar ist und die zu denen gehören, die in den Corporate Accounting Principles enthalten sind.“ Außerdem hat er den Begriff der Grundsätze regelmäßiger Buchführung nach dem Allgemeinen Grundsatz 2 so behandelt, als wäre er Teil des Großen Gesetzeskodex, der für alle Zeiten gelten wird. Es ist eine unbestreitbare historische Tatsache, daß zahlreiche Gelehrte in Japan, unter ihnen der Autor, den deutschen Ausdruck Grundsätze ordnungsmäßiger Buchführung nach § 38 HGB mit ,,verschiedene Grundsätze ordnungsmäßiger Buchführung“ oder ,,ein Grundsatz ordnungsmäßiger Buchführung“ übersetzt haben.

Dann aber ist es ganz und gar unvernünftig, zu meinen, der ,,Grundsatz regelmäßiger Buchführung“ gemäß dem Allgemeinen Grundsatz unserer Corporate Accounting Principles – die am 9. Juli 1949 als Zwischenbericht vom Countermeasure Investigative Committee für das Corporate Accounting System im Economic Stabilization Board ausgearbeitet wurden – sei ein wirklich schöpferischer Begriff, der von den an der Erstellung des Berichts beteiligten Wissenschaftlern geprägt worden sei, und daß der Begriff unerwartet der Formulierung in § 38 HGB entspreche.

Da Dr. Kotaro Tanaka, wie erwähnt, der führende japanische Handelsrechtler war, der das deutsche Handelsgesetzbuch die ,,Quelle“ des japanischen Handelsgesetzbuches nennt, wird so die ganze Unhaltbarkeit einer solchen Schlußfolgerung klar. Der Verfasser kommt deshalb zu folgendem Ergebnis:

Die japanischen Fachleute, die den erwähnten Zwischenbericht ausarbeiteten, wußten zu diesem Zeitpunkt der Vorbereitung der japanischen Corporate Accounting Principles nicht einmal, daß die Grundsätze ordnungsmäßiger Buchführung nach § 38 HGB in Deutschland längst geltende Rechtsnorm des Rechnungswesens waren und daß in sie viele Grundsätze aus anderen Gesetzen und der Rechtsprechung eingegangen waren. Daß diese Auffassung richtig ist, läßt sich durch eine historische Tatsache belegen: In den Stellungnahmen der japanischen Fachleute gibt es kaum einen Hinweis auf die wirkliche Existenz und die eindeutigen positiv-rechtlichen Normen, die in Deutschland bezüglich der Grundsätze ordnungsmäßiger Buchführung gelten. Dies macht auch die Behauptung des Verfassers plausibel, der Begriff der Grundsätze regelmäßiger Buchführung, der Teil der japanischen Corporate Accounting Principles ist, beruhe auf einer Art optischer Täuschung.

Immerhin veröffentlichte der Rat für das Rechnungswesen im Finanzministerium am 14. Juli 1954 ein Dokument mit dem Titel: ,,Teilweise Neufassung der Corporate Accounting Principles und Arbeitsregeln für Jahresabschlüsse." Dort heißt es, man sei sich klar über die Notwendigkeit, unzureichende Begriffe und uneinheitliche Formulierungen zu korrigieren. Damit gestand der Rat nur öffentlich ein, daß die bisherigen Corporate Accounting Principles alles andere waren als Teil eines für alle Zeiten geltenden Großen Gesetzeskodex. Außerdem sollte ,,der Kommentar als vorläufiges Ergebnis der Beratungen" gelten. Wichtig war also der vorläufige Charakter des Kommentars zu den Coporate Accounting Principles.

Die Schlußbemerkung lautete: ,,Dieser Kommentar sollte durch sorgfältige und eindringliche künftige Forschungen und Untersuchungen ergänzt und erweitert werden . . . und er soll der Öffentlichkeit zur umfassenden Kritik vorgelegt werden." Angesichts dieser Tatsachen und Begleitumstände folgt daraus nicht, daß ,,der Rat für das Rechnungswesen beim Finanzministerium auch der Auffassung ist, daß unsere Corporate Accounting Principles in einem weiten Sinne auf ewig unveränderliche Grundsätze sind, die jeder Änderung oder Korrektur entzogen sind." Trifft dies zu, dann ist es nicht richtig, daß Prof. Shigeyoshi Kimura in einer ,,Studie einschlägiger Literatur" versucht, den Problembereich nur in der Erklärung vorgegebener Ausdrücke und Sätze zu sehen. So fragt der Autor zum Beispiel: ,,Welche Bedeutung hat der Ausdruck ,Grundsätze ordnungsmäßiger Buchführung'?". Oder: ,,Was ist gemeint mit ,Form der Aufzeichnung'?" oder: ,,Was ist der begriffliche Inhalt einer notwendigen Bedingung?"

Zum Beispiel heißt es in § 146 Abs. 1 der deutschen Abgabenordnung (AO), die Rechtsvorschriften zu den GoB enthält: ,,Die Buchungen und die sonst erforderlichen Aufzeichnungen sind vollständig, richtig und *zeitgerecht* geordnet vorzunehmen." Natürlich sollten die Aufzeichnungen die Merkmale Vollständigkeit, Richtigkeit und ordentliche Klarheit aufweisen. Haben aber unsere japanischen Gelehrten jemals erörtert, daß die Forderung *,,zeitgerecht"* auch eines der wichtigen Merkmale der Grundsätze ordnungsmäßiger Buchführung ist?

5. Das Problem „zeitgerecht"

Niemand wird bestreiten können, daß die Corporate Accounting Principles samt ihren Anmerkungen den Grundsatz des „Zeitgerechten" übersehen haben. Man wird aber fragen müssen, warum denn die japanischen Gelehrten nicht für die Einführung dieses Grundsatzes eingetreten sind. Zum Beispiel heißt es im letzten Teil von § 146 Abs. 1 AO: „Kasseneinnahmen und Kassenausgaben sollen täglich festgehalten werden." Diese Bestimmung wurde in die große Neufassung der Abgabenordnung im Jahre 1977 aufgenommen. Der entsprechende § 162 Abs. 7 RAO lautete dagegen: „Kasseneinnahmen und -ausgaben sollen im geschäftlichen Verkehr mindestens täglich aufgezeichnet werden." Folglich müssen betrieblich bedingte Geldeinzahlungen und -auszahlungen auf täglicher Basis, in Zukunft auch einschließlich täglicher Salden, aufgezeichnet werden.

§ 162 RAO war bekanntlich überschrieben: „Buchführungsvorschriften, Buch- und Betriebsprüfung." Der Titel des § 146 der neuen AO heißt: „Ordnungsvorschriften für die Buchführung und für Aufzeichnungen", doch ist der Text der Bestimmung inhaltlich unverändert geblieben. In Deutschland hat aber, wie bereits gesagt, die Rechtsprechung immer eine große Rolle gespielt, in deren Abfolge der Wortlaut gesetzlicher Bestimmungen nach und nach geändert wurde.

In seinem umfangreichen Buch „Das Einkommensteuerrecht", 12. Auflage, 1978, stellt Dr. Eberhard Littmann, Vorsitzender Richter am BFH a. D., fest, nachdem er fünf Urteile mit ihren Daten, die nach 1967 ergangen waren, aufführte: „Hiernach ist bei Mängeln der Inventur, der Kassenführung und der chronologischen Verbuchung das sachliche Gewicht des Mangels entscheidend" (vgl. Bd. 1, S. 313). Weiter schreibt er auf S. 320: „Von größter Bedeutung für die Ordnungsmäßigkeit der Buchführung ist die ordnungsmäßige Kassenbuchführung. Fehlt ein Kassenbuch überhaupt, dann ist die ganze Buchführung nicht mehr ordnungsmäßig." Es bedarf keiner Erwähnung, daß die Ordentlichkeit des Kassenbuches in diesem Falle in der Rechtzeitigkeit der Verbuchung liegt.

In seinem Buch, das Karl-Heinz Mittelsteiner, einer meiner besten Freunde und Präsident der Steuerberaterkammer Hamburg, dem Verfasser freundlicherweise im Dezember 1978 zuschickte, wird die gleiche Auffassung dargestellt. Es heißt dort: „Für Kasseneinnahmen und Kassenausgaben allerdings reicht die zeitgerechte Verbuchung nicht aus. Die erforderliche tägliche Abstimmung des Kassenbestandes ist nur möglich, wenn Kasseneinnahmen und Kassenausgaben täglich aufgezeichnet werden" (vgl. Abgabenordnung 1977, Materialien zusammengestellt und bearbeitet von Karl-Heinz Mittelsteiner. Dr. Harald Schaumburg, 2. Auflage 1977, S. 240).*

* Bei der zitierten Stelle handelt es sich um einen Teil der amtlichen Begründung zu § 146 Abs. 1 AO 1977, die im Regierungsentwurf der AO 1977 enthalten ist (§ 91 RegE).

Von einem allgemeinen Gesichtspunkt aus ist der Grundsatz der Eintragung ins Kassenbuch die Grundlage für die Grundsätze ordnungsmäßiger Buchführung, der seinerseits abhängt von den Postulaten zeitgerechte Eintragung, Vollständigkeit, Richtigkeit und Ordentlichkeit. Es reicht deshalb nicht, daß lediglich Eintragungen in zeitlicher Reihenfolge gemacht werden, wenn das Gesetz die praktische Norm der täglichen Eintragung enthält.

Der Wortlaut eines BFH-Urteils war: ,,Die Grundsätze ordnungsmäßiger Buchführung fordern grundsätzlich die Aufzeichnung jedes einzelnen Kasseneingangs und Kassenausgangs." (BFH-Urteil vom 12. 5. 1966, BStBl. III, 371.)

Die zeitnahe Eintragung jedes einzelnen Kassenvorgangs sollte daher nach Meinung des Verfassers noch stärker betont werden. Außerdem sollten die Gesetzgeber und Wissenschaftler alle verfügbare Literatur heranziehen und sich unter keinen Umständen auf die inländische Literatur beschränken.

Es ist nicht zu übersehen, daß Mißverständnisse und Nachlässigkeiten von Wissenschaftlern sich auf die steuerrechtlichen Vorschriften unseres Landes ausgewirkt haben. So heißt es in Einzelblatt Nr. 20 der Durchführungsbestimmungen zum Körperschaftsteuergesetz unter Punkt 1 ,,Behandlung von Kasseneinnahmen und -ausgaben", daß einzutragen sind: Datum des Geschäftsvorfalles, Beschreibung, empfangende oder leistende Partei, Betrag und täglicher Saldo. Auf den ersten Blick scheint der Ausdruck ,,täglicher Saldo" das Postulat der Zeitnähe zu erfüllen. In Wirklichkeit verhält es sich anders: der ,,tägliche Saldo" gibt nur an, daß der Kassenbestand in zeitlicher Reihenfolge aufzuzeichnen ist; er schließt nicht einmal die praktische Regel ein, daß die genannten Daten täglich und wirklichkeitsgetreu eingetragen werden sollten. Nichts deutet folglich darauf hin, daß unser Finanzministerium bei der Ausarbeitung von Gesetzesentwürfen und Verordnungen der praktischen Norm der Zeitnähe angemessene Beachtung geschenkt hätte. Der Grund scheint zu sein, daß keiner unserer Wissenschaftler sie bisher jemals erörtert hat. Für uns als Praktiker gibt es also nur die Möglichkeit, uns an die Rechtsprechung zu halten, die sich über die Bedeutung der ,,Aufzeichnung täglicher Geschäftsvorfälle" in unserem Handelsgesetzbuch geäußert hat. Ob Glück oder Unglück, es gibt hierzu ein altes Urteil des japanischen Kassationsgerichts (Daishin-in) aus dem Jahre 1923, wonach ,,es nicht notwendig war, die täglichen Geschäftsvorfälle in enger Anlehnung an den Kalendertag aufzuzeichnen". Es gibt demnach keine Rechtsnorm, nach der der Saldo täglicher Bargeschäfte in sklavischer Anlehnung an den Kalendertag aufzuzeichnen ist. Daher reicht es nach Meinung des Verfassers völlig, einfach den täglichen Saldo zur Eintragung bereitzuhalten. Unsere Wissenschaftler sollten unter Hinweis auf den rückschrittlichen Charakter der Gesetzesvorlagen versuchen, den Mitarbeitern des Finanzministeriums eine rationale und konstruktive Arbeitsgrundlage zu liefern.

Die Zeitnähe der Buchungen ist in der japanischen Literatur über Rechnungslegungsvorschriften, Handelsrecht, Steuerrecht, Betriebswirtschaftslehre, Rechnungswesen und Buchführung bisher nie erörtert worden. Dies liegt vermutlich an der Einstellung unserer Wissenschaftler und der Finanzbehörden, denen es vielleicht völlig gleichgültig ist, ob die Eintragungen in diesem oder jenem Zeitpunkt vorgenommen werden. Jedenfalls kann dies kein besonders wichtiges Problem für sie sein.

Der Verfasser hat indessen den Eindruck, daß es sich in Wirklichkeit etwas anders verhält. Vielleicht haben sie stillschweigend angenommen, daß es durchaus wünschenswert wäre, die Aufzeichnungen zeitnah vorzunehmen. Nebenbei bemerkt, keinem unserer Wissenschaftler und keinem unserer Finanzbeamten im Ministerium ist es bisher aufgegangen, daß hier ein Problem vorliegt, das einer eindeutigen Regelung bedarf. Man sah eben keine Notwendigkeit, einen Buchführungsgrundsatz festzulegen.

Bemerkenswert ist aber, daß die japanischen Fachleute des Rechnungswesens, der Buchführung, der Betriebswirtschaftslehre, des Steuerrechts und des Handelsrechts die einzigen sind, die dieses Problem nicht erkannt haben. Bei den Strafrechtlern ist dies anders. Dort werden die Ergebnisse eines Wissenschaftlers sogleich in andere Sachgebiete übernommen. So enthält Art. 323 Abs. 1 Punkt 2 der japanischen Strafprozeßordnung unter der Überschrift ,,Beweistauglichkeit weiterer Unterlagen" eine eigene Bestimmung, nach der ,,ein Geschäftsbuch, ein Reisetagebuch und andere Unterlagen, die *im Rahmen der üblichen Geschäftstätigkeit* erstellt wurden, im Strafverfahren als Beweismittel benutzt werden dürfen". Dieser Artikel sieht auch vor, daß Geschäftsbücher und andere Unterlagen, die zeitnahe Eintragungen enthalten, im Strafverfahren Beweiskraft haben können. Deshalb darf angenommen werden, daß dieser Artikel die Anerkennung des ,,Buchbeweises" von Büchern bestätigt, in denen die Zeitnähe der Eintragung offenbar beachtet wurde. Man kann also doch nicht sagen, es gebe in Japan überhaupt keine gesetzliche Norm, die die Zeitnähe der Eintragung berücksichtigt. Allerdings glaubt der Verfasser, daß die genannten japanischen Fachleute des Rechnungswesens, der Buchführung, der Betriebswirtschaftslehre, des Steuer- und Handelsrechts leider nicht bemerkt haben, daß es Bestimmungen gibt, durch die die Zeitnähe der Aufzeichnungen in Geschäftsbüchern und anderen Unterlagen in der japanischen Rechtsordnung verankert wurde. Diese Bestimmungen sind ein wichtiger Bestandteil der Grundsätze ordnungsmäßiger Buchführung in der Bundesrepublik Deutschland.

Der Verfasser besitzt ein dickes, etwa 1000 Seiten umfassendes Nachschlagewerk mit dem Titel ,,Die Prüfung der steuerberatenden Berufe", 11. Auflage, 1978, verfaßt von Prof. Dr. Adolf Graß. Der Inhalt ist in zwei Abschnitte unterteilt. Der erste Abschnitt heißt ,,Prüfungsstoff zur mündlichen Prüfung", der zweite ,,Prüfungsstoff zur schriftlichen Prüfung". Zu jedem Examensthema wird eine Frage gestellt, der eine Musterlösung beigefügt ist. Abschnitt 1 ist wie folgt gegliedert:

Thema	Anzahl der Fragen
1. Abgabenordnung, Finanzgerichtsordnung	213
2. Einkommensteuer	396
3. Körperschaftsteuer	120
4. Umsatzsteuer	260
5. Bewertungsrecht und Vermögensteuer	229
6. Gewerbesteuer	106
7. Berufsrecht	100
Insgesamt	1424

Der Prüfungsstoff zur schriftlichen Prüfung ist in gleicher Weise gegliedert wie der Prüfungsstoff zur mündlichen Prüfung. Ich versage es mir, die Gliederung an dieser Stelle wiederzugeben.

Ein mündlicher Test: Nr. 89 zur Einkommensteuer samt Musterlösung befaßt sich mit der Zeitnähe der Aufzeichnungen und steht mitten in einer Folge von Fragen zu den Grundsätzen ordnungsmäßiger Buchführung. Das Ganze ist so übersichtlich, daß ich es dem Leser nicht vorenthalten möchte.

„89. Frage: Was ist unter einer zeitnahen Erfassung der Geschäftsvorfälle zu verstehen?

Antwort: Die zeitnahe Erfassung der Geschäftsvorfälle erfordert beim baren Zahlungsverkehr die tägliche Aufzeichnung in den Grundbüchern.

Für die Kreditgeschäfte ist aus Rationalisierungsgründen zugelassen, daß sie nur periodenweise verbucht werden. Dabei wird es nicht beanstandet, wenn alle Kreditgeschäfte eines Monats bis zum Ablauf des folgenden Monats grundbuchmäßig erfaßt werden (Abschn. 29 Abs. 2 Ziff. 2 EStR). Es müssen jedoch organisatorische Vorkehrungen getroffen werden, daß die Buchführungsunterlagen bis zur Buchung nicht verloren gehen“ (S. 130).

Da es sich um eine Musterlösung handelt, ist die Antwort kurz und bündig. Nach § 146 Abs. 1 AO sollte man Zeitnähe der Eintragungen von Bargeschäften durch tägliche Eintragungen erreichen. Doch ist die Zeitnähe der Aufzeichnung von Kreditgeschäften nach deutschem Recht durch Abschn. 29 EStR auf weniger als einen Monat, gerechnet vom Zeitpunkt des Geschäftsvorfalls, begrenzt. Abschn. 29 EStR ist überschrieben „Ordnungsmäßige Buchführung“. Der Verfasser hat bereits festgestellt, daß Abschn. 29 EStR in Verbindung mit § 162 RAO die wichtigsten Vorschriften über den Inhalt der GoB sind.

Unter der steuerrechtlichen Literatur in der Bundesrepublik, soweit sie sich auf die Auslegung der Abgabenordnung und der Finanzgerichtsordnung bezieht, gilt anscheinend der Kommentar von Hübschmann, Hepp und Spitaler (Hübschmann, Hepp und Spitaler: Kommentar zur Abgabenordnung und Finanzgerichtsordnung, 7. Auflage, 1979) als führende Autorität. Der Grund ist vermutlich, daß der Kommentar aus insgesamt 7 Bänden zusammengestellt wurde. Zu den Verfassern gehören neben den erwähnten drei Wissenschaftlern die Inhaber von Lehrstühlen für Steuerrecht an den vier Universitäten Erlangen-Nürnberg, Darmstadt, Würzburg und München sowie 5 Richter am Bundesfinanzhof. In diesem Werk werden 30 Seiten auf die Auslegung der §§ 146 und 147 der neuen AO (vorgestellt in Band 2) verwandt, die die Grundsätze ordnungsmäßiger Buchführung zum Gegenstand haben. Außerdem ist dem Abschnitt mit der Auslegung des § 146 ,,Die Ordnungsvorschriften des § 146 im einzelnen" ein kleines Inhaltsverzeichnis vorgeschaltet: In ,,(a) zeitgerechte Eintragung" wird die Zeitnähe der Eintragung erklärt. Dies zeigt, wie wichtig der Grundsatz der Zeitnähe der Aufzeichnung nach den GoB ist. Im Kommentar heißt es:

,,Sämtliche Geschäftsvorfälle sind zeitnah und geordnet in Grundbüchern zu erfassen. Die zeitnahe Erfassung der Geschäftsvorfälle erfordert mit Ausnahme des baren Zahlungsverkehrs keine tägliche Aufzeichnung. Es muß jedoch ein zeitlicher Zusammenhang zwischen den Vorgängen und ihrer buchmäßigen Erfasssung bestehen (BFH VI 154/63 U. v. 5. 3. 65, Bundessteuerblatt III, 1965, 285 = StRK EStG § 10d R. 29)."

In diesem Zusammenhang ist zu beachten, daß der deutsche Ausdruck ,,sämtliche Geschäftsvorfälle" eine umfassendere Bedeutung hat als der englische Ausdruck ,,all transactions". Das deutsche Wort ,,sämtliche" bedeutet ,,alle" in einem engen Sinn und läßt keine Ausnahmen und Auslassungen zu.

Die Betonung, die im Text dieser steuerrechtlichen Entscheidung auf ,,ein zeitlicher Zusammenhang" gelegt wird, war vielleicht entscheidend für die Festlegung der Zeitspanne in Abschn. 29 Abs. 2 EStR: ,,die Erfassung der Kreditgeschäfte eines Monats bis zum Ablauf des folgenden Monats erfolgt." Im ersten Teil von Absatz 2 wird sogar der Text der BFH-Entscheidung zusammen mit der Fundstelle zitiert.

Von allgemeinem Interesse ist vielleicht, daß in den Richtlinien zu den deutschen Steuergesetzen überraschend oft Textstellen aus BFH-Entscheidungen zitiert werden. Dies ist ein Ausfluß des Prinzips der gesetzmäßigen Verwaltung. Der Verfasser möchte wünschen, daß die japanischen Finanzbehörden langsam lernen, ,,was sie sein sollten", und zwar nach dem deutschen Vorbild, um in Zukunft ein Bild Japans zu schaffen, das selbst im Steuerrecht und in der Steuerrechtswissenschaft in der ganzen Welt respektiert wird.

Man sieht jedenfalls, daß ein Mangel der japanischen Corporate Accounting Principles und Steuergesetze darin liegt, keine Norm über die ,,Zeitnähe der Eintragungen in die Geschäftsbücher" entwickelt zu haben. Dieser Mangel sollte so rasch wie möglich behoben werden.

Shigeo Aoki, Einführung in das Rechnungswesen, herausgegeben von Chuo Keizai Sha, 1978.

Auf Seite 75 seines am 20. März 1978 erschienenen Buches erklärt der Autor, bei dem im Allgemeinen Grundsatz 2 enthaltenen „Grundsatz regelmäßiger Buchführung" – wonach „über alle Geschäftsvorfälle korrekte Geschäftsbücher nach den Grundsätzen ordnungsmäßiger Buchführung zu führen sind" – handele es sich um den Grundsatz ordnungsmäßiger Buchführung. Außerdem heißt es dort, die Grundsätze ordnungsmäßiger Richtigkeit könnten fachlich begründet werden, wenn sie in einen Zusammenhang mit den Grundsätzen ordnungsmäßiger Buchführung gebracht würden. Nach diesen Grundsätzen sei die historische Aufzeichnung der Geschäftsvorfälle ordentlich und systematisch nach einer festen Regel durchzuführen. Die Grundsätze erforderten auch nicht immer die doppelte Buchführung, wenn diese auch das am häufigsten angewandte System der ordnungsmäßigen Buchführung sei.

Zu den Ausführungen des Autors möchte ich folgendes anmerken:

Erstens: Sie genügen nicht den Ansprüchen der Logik, weil das Definiendum im Definiens, d. h. in der Definition des Begriffs der Grundsätze ordnungsmäßiger Buchführung, bereits enthalten ist.

Zweitens: Der Autor sagt nichts über die Entstehungsgeschichte, so daß es keine Möglichkeit gibt, seine Auffassung zu prüfen, ob der Begriff der Grundsätze ordnungsmäßiger Buchführung von japanischen Wissenschaftlern entwikkelt wurde oder ob er aus dem deutschen Steuerrecht stammt, von wo aus er seinen Weg in das deutsche Handelsgesetzbuch und Aktiengesetz fand.

Drittens: Der Autor geht von der stillschweigenden Annahme aus, daß der japanische Begriff der Grundsätze ordnungsmäßiger Buchführung gemäß den Corporate Accounting Principles sich völlig unterscheidet von den deutschen GoB, weil er meint, die GoB würden den Grundsatz der Richtigkeit konkretisieren. Vorbild ist die Bundesrepublik Deutschland, wo der Grundsatz der Richtigkeit nur einer der oberen Grundsätze der Rechenschaft ist (vgl. Ulrich Leffson, Die Grundsätze ordnungsmäßiger Buchführung, 4. Auflage, 1976, S. 104).

Viertens: Wir können nicht wissen, ob der Autor die dreifach gegliederte Struktur der Grundsätze ordnungsmäßiger Buchführung wirklich verstanden hat, auf die der Verfasser Wert legt, weil der Autor sie an keiner Stelle erwähnt.

Der Verfasser des vorliegenden Buches hat die von mehreren japanischen Wissenschaftlern geschriebenen Bücher im Wege einer Zufallsstichprobe sowie durch ausgiebiges Zitieren einer kritischen Prüfung unterzogen. Ich glaubte aber nicht, daß es meine Aufgabe sei, in diesem Buch jedes einzelne Gebiet des Rechnungswesens, der Buchführung, der Betriebswirtschaftslehre, des Steuer- und Handelsrechts zu erörtern. Wollte ich die gesamte einschlägige Literatur kritisch sichten, so müßte ich mehr als 1000 Bücher lesen. Eine solche Aufgabe liegt jenseits unseres Vorstellungsvermögens. Deshalb soll die Behandlung des Themas auf einen mäßigen Umfang beschränkt bleiben.

Ich möchte meine Ausführungen jedoch erst abschließen, wenn ich herausgefunden habe, wie der Begriff der Grundsätze ordnungsmäßiger Buchführung gemäß den japanischen Corporate Accounting Principles von unseren Wissenschaftlern verstanden wurde, als diese Principles zum ersten Mal formuliert wurden.

6. Historischer Abriß über die Formalisierung der Rechnungslegungsgrundsätze in Japan

Vor mir liegen die stenografischen Protokolle der Beratungen, die der Entscheidung über die Corporate Accounting Principles und ihrer amtlichen Verkündigung vorausgingen. An ihnen nahmen die damals führenden Fachleute des Rechnungswesens teil. Ihnen oblag es ja, diese Grundsätze zu formulieren. Die amtliche Bezeichnung ist ,,Stenografische Protokolle des Untersuchungsausschusses des Economic Stabilization Board für das betriebliche Rechnungswesen". Die Sitzungen fanden im Konferenzraum der Bank von Japan statt.

Die dem Verfasser vorliegenden stenografischen Protokolle tragen das Datum vom 25. 11. 1948 und 2. 12. 1948. Teilnehmer waren: Der Vorsitzende Michisuke Ueno, die Ausschußmitglieder Tetsuzo Ota, Tomio Nakanishi, Kiyoshi Kurosawa, Iwao Iwata, Gen Murase, Yasuo Kodaka, Koichi Sato, Tatsu Nabeshima, Masao Takahashi, Masayoshi Hashimoto, Shinobu Imai, Taro Doi, Saichiro Kaneko, Kaichiro Nishino, Masatomo Yamaoka, Takatoshi Takemata, Shinji Taguchi und die Sekretärinnen Shozo Kiyoshima, Taro Hori, Kyo Kitamura. (Die Titel der Teilnehmer wurden weggelassen.)

Aus den stenografischen Protokollen ergibt sich der folgende Ablauf der Beratungen am 25. November 1948:

Zu Beginn der Debatte stellt der Vorsitzende Ueno fest: ,,Wir beginnen nun die Beratungen über die Beziehung zwischen den Rechnungslegungsgrundsätzen und dem Jahresabschluß. Um die Problematik abzugrenzen, möchte ich die bisher vorbereiteten Themen verlesen". Er liest dann die folgenden Punkte vor:

1. Rechnungslegung, Berichtswesen und Prüfungswesen einer Unternehmung sollten nach den folgenden vier Rechnungslegungsgrundsätzen organisiert werden, die als verbindliche Normen allgemein anerkannt werden müßten:
   A. Grundsätze für die Bilanz
   B. Grundsätze für die Gewinn- und Verlustrechnung
   C. Grundsätze für die Gewinnverwendungsrechnung
   D. Grundsätze für die Konzernerfolgsrechnung.
2. Auf der Grundlage der Rechnungslegungsgrundsätze ist eine Standardform des Jahresabschlusses zu erarbeiten, die als Norm für den Erlaß von Verordnungen der Wertpapier- und Börsen-Kommission dienen kann.
3. Was die Konzernerfolgsrechnung betrifft, so ist ein Vorschlag auszuarbeiten,

damit die notwendigen Bestimmungen in das Steuerrecht und in das Kartellgesetz eingefügt werden können.

Der Vorsitzende bemerkte sodann: ,,Zunächst wird Mr. Kurosawa als Ausschußmitglied und Verfasser des Entwurfs so freundlich sein, diesen Entwurf zu erläutern." Dies war der Anfang der Beratungen. An diesem Tage wurden die Grundsätze ordnungsmäßiger Buchführung jedoch nicht ausführlich behandelt. Gelegentlich wurde das Grundproblem allerdings doch sichtbar: Von welcher Theorie war man bei der Festlegung der Corporate Accounting Principles ausgegangen? Deshalb ist es vielleicht nicht unwichtig, einen Teil der Beratungen zusammenfassend wiederzugeben.

Zunächst erklärte Mr. Kurosawa als Ausschußmitglied unmittelbar nach den Ausführungen des Vorsitzenden Ueno zu Abschnitt 1: Gliederung der Rechnungslegungsgrundsätze, folgendes: ,,Diesen Grundsätzen lag eine Theorie zugrunde, die sich im Kern auf den Jahresabschluß richtete. Um es noch grundsätzlicher zu sagen: Über den Jahresabschluß hinaus geht es um den ganzen Bereich des Rechnungswesens von Gesellschaften – . . .–, während die Rechnungslegungsgrundsätze gewissermaßen als Statement veröffentlicht werden. Ohne ihnen die bindende Wirkung des Gesetzes zuzuschreiben, sollen die Rechnungslegungsgrundsätze verwirklicht werden durch die Anwendung einer Norm (Standing Rule) bei der Aufstellung von Jahresabschlüssen, und durch die Übernahme in die Praxis einer Gesellschaft sollen sie zu Kriterien für das Rechnungswesen werden . . . (der Rest wird weggelassen)."

Mr. Kiyoshima fragte sodann: ,,Wenn dies so ist, in welcher Form werden dann die Rechnungslegungsgrundsätze und die Standing Rule veröffentlicht?" Die Antwort von Mr. Kurosawa lautete: ,,Sie würden als eine Art Empfehlung veröffentlicht werden." Diese Antwort ist nach Meinung des Verfassers von größter Wichtigkeit. In ihr tritt bereits die Auffassung zutage, man solle die Corporate Accounting Principles als Empfehlung behandeln.

Dies entspricht den ,,Recommendations", die vom Institute of Chartered Accountants in England and Wales (ICA) veröffentlicht werden. Es bedarf keiner Erwähnung, daß die ,,Recommendations" in Großbritannien nicht rechtsverbindlich sind.

Ohne Widerstand, nur aufgrund interner Untersuchungen und Beratungen, wären die Grundsätze ordnungsmäßiger Buchführung fast als dauerhaftes Bindeglied eingeführt worden. Ganz im Gegensatz zu den einleitenden Worten des Johannes-Evangeliums: ,,Im Anfang war das Wort . . ." hätte es hier heißen müssen: ,,Im Anfang gab es ein allgemeines Mißverständnis". Genau das hatte der Verfasser im Sinn, als er weiter oben sagte, daß Schmalenbach einen großen Fehler gemacht hat. Den Teilnehmern schwebte ein allumfassender Begriff vor, dessen Relevanz von der Existenz vielfältiger positiv-rechtlicher Normen losgelöst war. Daher erklärt Kurosawa zum Abschnitt 10: Allgemein anerkannte Rechnungslegungsgrundsätze, folgendes: ,, . . . (der erste Teil wird weggelassen) Sieht man genauer hin, so wird die Freiheit der Gesellschaft durch die

Formulierung dieser Grundsätze wahrscheinlich eingeschränkt. Aber die Rechnungslegungsgrundsätze sind ja in Wirklichkeit nur die Verallgemeinerung dessen, was die Gesellschaft tun sollte. Dagegen sollte doch wohl für die Gesellschaft der Freiraum erhalten bleiben, nicht wahr? ... (Rest weggelassen)."

Der Verfasser vermutet, daß bei dem Versuch, anstelle bloßer Intensivierung oder Verdichtung der allgemeinen Praxis der Rechnungslegung die Norm als eine Art *logischen Sollens* zu verallgemeinern, im Gegensatz zur Bundesrepublik die Absicht aufgegeben werden könnte, eine Rechtsnorm festzulegen.

Am 2. Dezember wurde dann über den Allgemeinen Grundsatz in den Corporate Accounting Principles beraten. Der Entwurf dieses Allgemeinen Grundsatzes enthielt als Punkt 2 ursprünglich folgenden Satz: „Das Rechnungswesen von Gesellschaften sollte nach formalen Grundsätzen gestaltet werden." Das Ergebnis der Beratungen war, diesen Punkt zu streichen. An diesem Tage sagte der Vorsitzende Ueno: „Mr. Kurosawa ist bitte so freundlich, den von ihm verfaßten und von mir soeben vorgelesenen Entwurf zu erläutern." Dies geschah sofort anschließend. Punkt 2 „Normaler Rechnungslegungsgrundsatz" wurde nach der folgenden Erklärung gestrichen: „Aufgrund der von Ihnen vorgetragenen Auffassungen schlage ich vor, diesen Punkt zu streichen." Zu Punkt 3 „Allgemeiner Grundsatz des Entwurfs, Bestehender zweiter Grundsatz" erklärte Kurosawa:

„Punkt 3 des Entwurfs lautet: ‚Das Rechnungswesen hat nach den Grundsätzen ordnungsmäßiger Buchführung korrekte Geschäftsbücher über alle Geschäftsvorfälle zu führen.' Nach dem deutschen HGB bedeutet der Ausdruck ‚Grundsätze ordnungsmäßiger Buchführung', daß die Bücher und die Bilanz nach den Grundsätzen ordnungsmäßiger Buchführung zu erstellen sind. Ich meine, *dies sollte in diesen Grundsatz aufgenommen werden* (Kursiv vom Verfasser). Die Corporate Accounting Principles verlangen jedoch, daß der Jahresabschluß nach der ‚derivativen Methode', nicht nach der ‚Bestandsmethode' aufzustellen ist. *Die wirkliche Bedeutung der Corporate Accounting Principles* (Kursiv vom Verfasser) besteht in ihrer Forderung, daß das Rechnungswesen ‚zuverlässige historische Aufzeichnungen' und ‚analytische Aufzeichnungen' aller Geschäftsvorfälle zu führen hat und daß auf der Grundlage dieser Aufzeichnungen über die Vermögens- und Ertragslage zu berichten ist."

Diesem Grundsatz, in Verbindung mit dem Grundsatz der Richtigkeit, entspricht im amerikanischen Rechnungswesen der Grundsatz der Materiality (Prinzip der Wesentlichkeit), der Teil der ‚generally recognized principles' ist.

Soweit die Erklärung Kurosawas zu seiner Auslegung des Grundsatzes regelmäßiger Buchführung, die sich den stenografischen Protokollen entnehmen läßt. Hier endete die Erklärung natürlich noch nicht. Anschließend ging er noch auf die Grundsätze der Offenheit, der materiellen Bilanzkontinuität und das Vorsichtsprinzip ein. Er schloß mit der Feststellung: „Ich beende hiermit meine Erklärung zu den Allgemeinen Grundsätzen und äußere mich nicht zum Problem der Abschreibung und des Kapitalzuwachses (surplus)."

Er ging dann über zur Erklärung des Grundsatzes in bezug auf die Gewinn- und Verlustrechnung und kam dann wieder auf die Allgemeinen Grundsätze zu sprechen. Bis dahin hatten sich insgesamt 87 Wortmeldungen ergeben. Wichtig ist die unbestreitbare Tatsache, daß kein einziger Wissenschaftler einen Einwand oder Kritik an Kurosawas Erklärung über die Grundsätze ordnungsmäßiger Buchführung vorbrachte.

Diese Beratung der Corporate Accounting Principles und insbesondere die endgültige Festlegung des Allgemeinen Grundsatzes wurde sozusagen auf den kleinsten gemeinsamen Nenner gebracht, mit dem die wissenschaftliche Autorität der Teilnehmer vereinbar war. Daraus folgt, daß sich in die Beratungen der Grundsätze ein Fehler eingeschlichen hat, der nicht nur auf das Konto des vortragenden Kurosawa ging, sondern den alle Wissenschaftler zu verantworten hatten, die an der Formulierung der Grundsätze beteiligt waren. In diesem Fall gilt vor allem der bürgerlich-rechtliche Grundsatz des geheimen Vorbehalts. Man sollte dennoch nicht die scherzhafte Bemerkung gutheißen: ,,Meine wirkliche Absicht war genau das Gegenteil, aber mir blieb nichts anderes übrig als widerwillig zuzustimmen. Ich hatte ja keine Möglichkeit mehr, meine gegensätzliche Meinung zum Ausdruck zu bringen."

Zur Erklärung Kurosawas möchte der Verfasser nun folgendes anmerken:

Erstens: Kurosawa zitiert den aus dem deutschen HGB entnommenen Ausdruck Grundsätze ordnungsmäßiger Buchführung im Singular, nicht im Plural. So steht es in den stenografischen Aufzeichnungen. Hier besteht eine Schwierigkeit. Auf S. 293 der 6. überarbeiteten Auflage seines Buches ,,Modernes Rechnungswesen", veröffentlicht im März 1978, bemerkt Kurosawa: ,,Offenbar stellen die Grundsätze ordnungsmäßiger Buchführung nach deutschem Recht nur einen allgemeinen, rechtlich nicht definierbaren Rahmen dar, der lediglich eine umfassende rechtliche Verpflichtung für die Praxis des Rechnungswesens darstellt."

Wir dürfen also annehmen, daß die Auffassungen Kurosawas und Tanakas identisch sind. So wird nun auch seine Auffassung verständlich, der Grundsatz regelmäßiger Buchführung nach den Corporate Accounting Principles habe eine bestimmtere Bedeutung als der deutsche HGB-Begriff, und der japanische Grundsatz ordnungsmäßiger Buchführung entspreche eher dem Ausdruck ,,should keep proper books of account" in Art. 147 des British Company Act von 1948. Wäre dies so, dann hätte er nach Meinung des Verfassers den Ausdruck ,,ordinary commercial principles" verwenden sollen, der ein feststehender Terminus des Common Law ist.

Zweitens: Entscheidend wichtig ist, daß Kurosawa als Ausschußmitglied sagte: ,,Ich glaube, dies sollte rechtlich in den Grundsatz aufgenommen werden." Bedenkt man, daß der Berichterstatter, der den Entwurf der Corporate Accounting Priciples ausgearbeitet hatte, erklärte, man solle den deutschen GoB-Begriff nach dem deutschen Handelsgesetzbuch in die japanischen Corporate Accounting Principles aufnehmen, und daß sein Vorschlag tatsächlich Teil des Allgemeinen Grundsatzes der Corporate Accounting Principles geworden ist, dann kann niemand mehr bestreiten, daß der Grundsatz der ordnungsmäßigen Buchführung aus dem deutschen HGB importiert worden ist.

Natürlich war dies nicht der Import eines von Menschen wahrnehmbaren Gegenstandes, sondern der Import eines wissenschaftlichen Begriffs, der eine geistige Entität ist. Deshalb sollte man dem einzelnen überlassen, Inhalt und Umfang dieses importierten Begriffs unterschiedlich aufzufassen, der ja ein von den Naturwissenschaften unterschiedliches Element der Sozialwissenschaften enthält. So berichtet zum Beispiel der weltberühmte deutsche Physiker Werner Heisenberg in seinem Buch „Der Teil und das Ganze" (4. Auflage, 1972, S. 167 ff.) unter der Überschrift „Quantenmechanik und die Kantsche Philosophie" über eine Wortmeldung von Grete Hermann. Sie hatte einen Vortrag eines Freundes Heisenbergs, Karl Friedrich, der den kontroversen Begriff „Ding an sich" in der Philosophie Kants erörtert hatte, unterbrochen und folgendes gesagt:

„Die Art, wie Sie den *Begriff* ‚Ding an sich' benützen, scheint mir nicht genau dem Geist der Kantschen Philosophie zu entsprechen. Sie müssen deutlich unterscheiden zwischen dem Ding an sich und dem physikalischen Gegenstand. Das Ding an sich tritt nach Kant in der Erscheinung überhaupt nicht auf, auch nicht indirekt." Dies ist ein treffendes Beispiel dafür, wie unterschiedlich ein Begriff von verschiedenen Personen aufgefaßt werden kann. Für den, der Kant intensiv studiert hat, ist dies ganz natürlich. Wer sich dagegen nur eine oberflächliche Kenntnis dieser Philosophie angeeignet hat, wird plötzlich unpräzise Behauptungen aufstellen. Die Breite der unterschiedlichen Auffassung von Begriffen verhält sich vermutlich umgekehrt proportional zum Grad der Exaktheit des Studiums der Sozialwissenschaften.

Drittens: Der peinliche Fehler Kurosawas liegt darin, daß er mit Entschiedenheit behauptet: „Die wirkliche Bedeutung dieses Grundsatzes . . . (er sagte dies so, als hinge ein Schwert über seinem Kopf) . . . *liegt genau darin,* daß gefordert wird . . . zu berichten." Wie der Verfasser häufig betont hat, weisen die Grundsätze ordnungsmäßiger Buchführung in Deutschland eine dreifach gegliederte Struktur auf. Versucht man, diese Grundsätze auf die bloß handwerkliche Seite der Buchführung zu beschränken, erfaßt man nur eines dieser strukturellen Elemente.

Viertens: Kurosawa erläutert am Schluß seiner Erklärung die Verknüpfung „dieses Grundsatzes" (Bemerkung des Verfassers: Gemeint sind die Grundsätze ordnungsmäßiger Buchführung) mit dem Grundsatz der Richtigkeit. Wie bereits öfters gesagt, der Grundsatz der Richtigkeit ist in Deutschland Teil der Grundsätze ordnungsmäßiger Buchführung. Man wird verstehen, warum der Verfasser glaubt, die publizierende Tätigkeit eines Gelehrten sei etwas Beängstigendes, denn in der Tat wird ein Mißverständnis dieser Art jahrzehntelang von einer Generation zur anderen weitergegeben.

7. Kritik am Grundsatz der Materiality

In Kapitel 3 („System der Grundsätze ordnungsmäßiger Buchführung") schreibt Ulrich Leffson zum Thema „Materiality": „Aus dem Sinn der Rechenschaft, Informationsberechtigten Informationen als Grundlage ihrer Entscheidungen zu liefern, kann der Grundsatz abgeleitet werden, der im amerikanischen Bilanzschrifttum als Grundsatz der Materiality aufgestellt worden ist und den wir deutsch am besten als Prinzip der Wesentlichkeit bezeichnen können." Zur Erklärung zitiert er folgenden Satz von Woolsey aus einem Beitrag „Objektive Grundlage für Entscheidungen im Rahmen des Prinzips der Materiality". Dieser wurde in der Zeitschrift „The Accountant" veröffentlicht (Oktober 1968, S. 478ff., Institute of Chartered Accountants in England und Wales, ICA). Der Satz lautet: „Nach Maßgabe der Umstände läßt sich jeder Posten oder Tatbestand innerhalb der beiden Grenzen als wesentlich oder unwesentlich auffassen. Der Abschlußprüfer wird sich an die empfohlenen Richtlinien nur dann nicht halten, wenn er Abweichungen von ihnen rechtfertigen kann." Weiterhin zitiert er den folgenden Satz von James L. Dohr aus dem Artikel „Materiality – was bedeutet dieser Grundsatz im Rechnungswesen?" (veröffentlicht in der Juli-Ausgabe 1950 des Journal of Accountancy, dem Organ des AICPA):

„Eine Aussage, ein Tatbestand oder ein Posten sind wesentlich, sofern die im jeweiligen Zeitpunkt vorliegenden Umstände vollständig berücksichtigt werden und ihre Offenlegung oder die Methode ihrer Behandlung das Urteil und das Verhalten einer vernünftigen Person vermutlich beeinflussen oder ändern. Das gleiche Kriterium gilt auch für die Wörter „significant, consequential, or important". (Vgl. S. 60 des Bulletin.) Ursprünglich gehörte dieser Grundsatz zu den deutschen Grundsätzen ordnungsmäßiger Buchführung, und es gab hinsichtlich der „Wesentlichkeit" keine Abweichung von den GoB. Gleichzeitig ist aber zu beachten, daß im Grundsatz der Wesentlichkeit oder Materiality zwei Unterbegriffe enthalten sind, nämlich die quantitative Materiality und die qualitative Materiality. Wenn zum Beispiel die Möglichkeit einer Auslassung eines Posten besteht, so gilt dies als wesentlich. (Vgl. S. 10 und 34ff. Accountants' Handbook, 1. Band. 6. Auflage, von Lee J. Seidler, D. R. Carmichael.)

Soweit der Verfasser sich erinnert, scheint der Begriff der Materiality seinen Ursprung zu haben in den Artikeln 11 und 24 des U. S. Securities Act von 1933. Wie die deutschen Grundsätze ordnungsmäßiger Buchführung ist der Begriff Materiality nicht statisch. Er verändert und entwickelt sich im Zeitablauf. Nach Meinung des Verfassers wird der Grundsatz der Materiality in den Vorschriften über Abschlüsse, die als Verordnung des japanischen Finanzministeriums veröffentlicht wurden, nur in seinem quantitativen Aspekt aufgegriffen. (Vgl. Artikel 19, 44, 55, 72, 88, 90, 91, 94 und Artikel 95 Abs. 3 usw.) Wie die Definition und die Auslegung des Grundsatzes der Materiality durch den amerikanischen FASB zeigen, ist die japanische Behandlung der „Auslassung oder falschen Angabe eines Postens in einem Abschluß wesentlich".

Vielleicht ist dies nebensächlich, aber der Verfasser, der selbständiger Wirtschaftsprüfer ist, möchte im Sinne der Wahrheitsfindung doch einen Punkt korrigieren. Auf S. 192–193 der September-Ausgabe 1979 der Zeitschrift „Rechnungswesen", zusammengestellt von der japanischen Gesellschaft für das Rechnungswesen und herausgegeben von Moriyama Shoten, fand sich in einem Postskript des Herausgebers ein Kommentar zu einem Artikel des Verfassers, den Dr. Kurosawa unter dem Titel „Die Grundsätze ordnungsmäßiger Buchführung und der Grundsatz ordnungsmäßiger Buchführung" geschrieben hatte. Dr. Kurosawa genießt in Japan höchstes Ansehen als Fachmann des Rechnungswesens. Man wird ihn also nur ungern kritisieren wollen. Aber wir sind seine Zeitgenossen und sind in der fernöstlichen Kultur aufgewachsen, so daß wir die Lehren von Mencius in China beherzigen müssen, der vor 2000 Jahren sagte: „Wenn man allen Büchern Glauben schenkt, dann ist es besser, überhaupt keine Bücher zu besitzen." In diesem Sinne möchte der Verfasser sich zur Kritik von Dr. Kurosawa äußern.

Der kritische Satz Dr. Kurosawas lautet: „Als Dr. Tanakas Werk ‚Die Logik der Bilanzierungsgrundsätze' geschrieben wurde, gab es im deutschen Aktienrecht keinerlei Bestimmungen über die Grundsätze ordnungsmäßiger Buchführung, wenn man vom allgemeinen § 38 absieht." Diese Feststellung ist indes unrichtig. Die Bemerkung des Verfassers zu Dr. Tanakas Buch steht auf S. 36 seines eigenen Buches (Nachdruck, erschienen am 5. Juni 1946). Auf Zeile 8 Seite 36 dieses Buches werden zwei gesetzliche Bestimmungen zitiert: § 38 des deutschen Handelsgesetzbuches und § 129 des deutschen Aktiengesetzes. Da Dr. Tanaka selbst § 129 AktG zitiert und erörtert, kann er nicht behaupten: „Zu diesem Zeitpunkt gab es überhaupt keine gesetzlichen Bestimmungen dieser Art." Bei dem von Dr. Tanaka benutzten deutschen Aktiengesetz handelt es sich übrigens um die Neufassung aus dem Jahre 1937. Der damalige § 129 wurde als § 149 in die Neufassung des AktG 1965 übernommen.

Was die damaligen Umstände angeht, so vergleiche man S. 306 des Buches „Wirtschaftsprüfung", Auflage 1977, von Dr. Ulrich Leffson, Professor für Betriebswirtschaftslehre an der Universität Münster, oder S. 872 des Buches „Aktiengesetz", 4. Auflage, 1971, von Godin und Wilhelmi. Das erstgenannte Buch erklärt im Wege einer negativen Feststellung, der Übergang von § 129 AktG zu § 149 AktG habe nicht lediglich „deklaratorischen Charakter" gehabt. Das zweitgenannte Buch macht die positive Feststellung: „Die Vorschrift entspricht der des § 129 AktG 37. Neu ist lediglich die Ergänzung des Abs. 1 S. 2". (Bemerkung: ‚Die Vorschrift' bezieht sich auf § 149, während ‚S. 2' den letzten Teil meint.) Das heißt, der neue Paragraph wird durch Hinzufügen des zweiten Satzes zum Absatz 1 lediglich ergänzt. Der zweite Teil von Abs. 1 setzt neue Normen für die Darstellung der Vermögens- und Ertragslage einer Aktiengesellschaft fest. In beiden Fällen ist eindeutig, daß sowohl der alte § 129 als auch der neue § 149 den Ausdruck „Grundsätze ordnungsmäßiger Buchführung" enthalten. Wenn wir einen Blick auf den Text von Abs. 2 des neuen § 149 werfen, wird dies klarer. Dort heißt es: ,,(2) Soweit in den folgenden Vorschriften nichts anderes bestimmt ist, sind die Vorschriften des Vierten Abschnitts des Ersten Buches des Handelsgesetzbuchs über Handelsbücher anzuwenden." Der Grund ist, daß Abschnitt 4 Buch 1 des HGB aus insgesamt 12 Paragraphen besteht, angeführt vom § 38, in dem von den Grundsätzen ordnungsmäßiger Buchführung die Rede ist. Der Verfasser muß also zu dem Schluß kommen, daß Dr. Kurosawa sich irrte, wenn er feststellte, daß es nur den allgemeinen Grundsatz in § 38 gab. In Abschnitt 4 Buch 1 ist der volle Wortlaut der Bestimmung aufgenommen worden, nicht nur der allgemeine Grundsatz. Da das Jahr 1937 zufällig in das 12. Jahr des ,,Showa" fällt, ist es daher nicht zu verwundern, daß Dr. Tanaka in seinem Buch das deutsche Aktiengesetz zitiert, dessen Neufassung in Wirklichkeit sieben Jahre zuvor erschien.

8. Kritik an Prof. Radbruch

Im Anschluß an den genannten Satz schreibt Dr. Kurosawa, daß ,,Dr. Tanakas Theorie, die von Radbruchs ,,Rechtsphilosophie" Gebrauch macht, damals ihre Rechtfertigung besaß." Man wird zugeben dürfen, daß Dr. Radbruch zu seiner Zeit in Deutschland ein anerkannter Rechtsgelehrter war. Dr. Heinrich Henkel, s. Zt. em. Prof. an der Universität Salzburg und derzeit Prof. an der juristischen Fakultät der Universität Hamburg, zitiert in seinem 570seitigen Buch ,,Einführung in die Rechtsphilosophie", 2. Auflage 1977, Radbruchs Rechtsphilosophie 61 mal. Dr. Heinrich Henkel ist in der Tat ein hervorragender Wissenschaftler, der nur dann die Theorie der Rechtsphilosophie in seinem eigenen Buch so oft zitiert, wenn er von der Autorität der Radbruchschen Theorie selbst überzeugt ist. Zu Beginn von Kapitel 2 (,,Rechtsphilosophie als Rechtswertbetrachtung") erklärt Radbruch: ,,Also wäre die Rechtsphilosophie die bewertende Betrachtung des Rechts, die ,Lehre vom richtigen Recht' (Stammler)". Auch in Abschnitt 7 von Kapitel 3 (,,Die Richtungen der Rechtsphilosophie") hebt Radbruch die Leistung von Stammler durch die Feststellung hervor: ,,Die Neubegründung der Rechtsphilosophie, die Wiederherstellung der Selbständigkeit einer Betrachtung des Rechtswertes neben der Erforschung der Rechtswirklichkeit auf dem Boden des Methodendualismus der kantischen Philosophie war das große Werk Rudolf Stammlers." Gleichzeitig deutet Radbruch aber die Grenze der ,,Lehre vom richtigen Recht" (Stammler) an: ,,Die Lehre vom richtigen Rechte will und kann keinen einzigen Rechtssatz entwikkeln, der mit Allgemeingültigkeit als richtig erwiesen werden könnte." Schließlich gibt Radbruch Dr. Stammler einen Gnadenstoß durch die Bemerkung: ,,Sie erkauft die Allgemeingültigkeit ihrer Begriffe um den Preis ihres rein formalen Charakters." Mutig rückt er Stammlers Theorie zurecht mit der Feststellung: ,,Seine Theorie ist nur eine Logik der Rechtsphilosophie, nicht eine Rechtsphilosophie." Die Lehre vom richtigen Recht sei gewissermaßen der wertvolle

Vorbau der Rechtsphilosophie, aber nicht das Gebäude der Rechtsphilosophie. (Vgl. Gustav Radbruch: Rechtsphilosophie, 8. Auflage, 1973, S. 112ff.). Diese Feststellungen sind in der Tat aufsehenerregend. Radbruchs Weitsicht und Mut sind zu bewundern. Dennoch ist der Verfasser sicher, daß selbst Radbruch in seinem Buch einen entscheidenden Fehler gemacht hat.

Zu Beginn von Abschnitt 3 Kapitel 3 der genannten „Rechtsphilosophie" hatte Radbruch Hegels berühmten Ausspruch zitiert: „Was vernünftig ist, das ist wirklich; und was wirklich ist, das ist vernünftig". Und er war zu dem Schluß gekommen, daß „Hegel Sein und Sollen in eins gesetzt hatte". Radbruch hatte den Begriff der Vernunft bei Hegel und den Begriff des Sollens unter die gleiche Kategorie subsumiert. (Vgl. Zeile 3 auf Seite 107 des genannten Buches.) Dieser Schluß ist völlig falsch; er beruht auf einem oberflächlichen und fehlgeleiteten Urteil. Der Verfasser würde Radbruch gern einen Rat geben: „Mein lieber Professor Radbruch, es stimmt, daß Hegel häufig irrte, aber ich möchte darauf bestehen, daß Sie ihm doch keine Schwäche in der Theorie unterstellen sollten. Das gebietet allein schon die Höflichkeit."

Es ist richtig, daß Hegel zu Beginn des Abschnitts 5 „Die Vernünftigkeit des Wirklichen" seines Buches mit dem Titel „Grundlinien der Philosophie des Rechts", Berlin 1821, den von Radbruch zitierten Ausdruck gebraucht. Die wirkliche Bedeutung des fraglichen Ausdrucks bei Hegel kann Radbruch nur verstanden haben, wenn er die folgenden Sätze zur Kenntnis genommen hat. Am Ende des ersten Absatzes des nächsten Abschnitts 6 sagt Hegel: „Hier ist die *Rose,* hier tanze", und in Zeile 5 auf der nächsten Seite sagte er: *„Die Vernunft als die Rose im Kreuze der Gegenwart zu erkennen"*. (Vgl. Hegel: Rechtsphilosophie Ausgabe Ilting 2. F. Fromman Verlag Günther Holzboog KG, Stuttgart-Bad Cannstatt. 1974, S. 70ff.). Das heißt, in diesem Werk hatte Hegel die menschliche Vernunft mit einer Rose verglichen. Ich möchte darauf hinweisen, daß die Idee, die menschliche Vernunft metaphorisch als Rose zu veranschaulichen, bei Hegel über zehn Jahre lang immer wieder aufgetaucht ist. Im zweiten Satz zu Anfang des 6. Kapitels „Der Geist" in der zweiten Auflage der „Phänomenologie des Geistes", 1807, die Hegel im Alter von 37 Jahren schrieb, taucht bereits dieser Ausdruck auf, mit dem Hegel die Vernunft eine Rose nennt. Der Verfasser muß deshalb zu seinem Bedauern feststellen, daß Radbruch die Vielseitigkeit und Tiefe des Hegelschen Begriffs der Vernunft nicht erfaßt hat. Die „Phänomenologie des Geistes" ist Hegels wichtigstes Werk. Er hing so an ihm, daß er mehrere Wochen vor seinem Tode noch eifrig mit Korrekturen seiner Arbeit beschäftigt war. Die letzte mir vorliegende Auflage des Buches ist die 6. von 1952. (Verlag Felix Meiner, Hamburg.) Im Kapitel 5 mit der Überschrift „Vernunft" verwendet Hegel 138 Seiten auf die Erörterung der Vernunft, obgleich er sich auch in anderen Kapiteln mit diesem Thema befaßt. Hegel sieht den Vernunftbegriff aus verschiedenen Blickwinkeln. So sagt er auf S. 175 des Buches, „daß Selbstbewußtsein Vernunft ist". An anderer Stelle (S. 176) heißt es: „Die Vernunft ist die Gewißheit des Bewußtseins, alle Realität zu sein", usw. Er äußert sich mehrfach in dieser Weise. Um zusammenzufassen: Hegel begriff die menschliche Vernunft nie ausschließlich in ihrer Funktion. Zusammen mit A. Schopenhauer hatte Hegel, der stark von der altindischen Philosophie der Upanischaden beeinflußt war, die Behauptung aufgestellt, die Vernunft als Rose, nämlich als „das absolute Wesen" (S. 413 des gleichen Buches), sollte begriffen werden als etwas, das man „wirkliches Kreuz" oder „wirkliches Leben" in „sieben Blumen und acht zersplitterten Teilen" nennen könnte. (Dies ist die wörtliche Übersetzung eines buddhistischen Ausdrucks, der besagt, daß ein Ding in kleine Teile zerfällt.) Der Verfasser hat den Eindruck, daß Hegel seinen Vernunftbegriff dem Begriff des „Weltwillens" gegenüberstellt, den Schopenhauer in seinem führenden Werk „Die Welt als Wille und Vorstellung" verwendet, und daß Hegel Vernunft auch „die Weltvernunft" nennt. Für ihn war die Vernunft eine *Arena,* in der der Mensch durch die reine Einsicht tiefer in das Verständnis des absoluten Wesens einzudringen sucht. (Bemerkung: Die gleiche Auffassung findet sich auch in Zeile 3 einer Anmerkung auf S. 271 einer im Jahre 1931 veröffentlichten vollständigen Übersetzung der „Phänomenologie des Geistes", Ausgabe von 1841. Die Übersetzung wurde besorgt von Prof. J. B. Baillie, University of Leeds.)

In diesem Falle wird Sein allerdings nicht mit Sollen gleichgesetzt. Der Begriff der Vernunft wird aufgefaßt und konstruiert als *ein Bereich,* in dem das absolute Wesen im Sein aufgeht. Deshalb machte Radbruch einen elementaren Fehler, indem er Hegels Begriff der Vernunft als Sollen begreift.

Der Verfasser hat große Hochachtung vor Radbruchs Fähigkeit der literarischen Ausschmückung, die seine Bücher zu Kunstwerken macht. Was aber die Strenge seines Intellekts angeht, so kann ich mich nicht der Kritik enthalten, daß er „noch kein besonders Kundiger" ist. (Dieser Ausdruck findet sich in den Analekten des Konfuzius.) Der Verfasser kann sich indessen nur fragen, ob nicht ein Rest unserer Bewunderung für die Sozialwissenschaften in Westeuropa sichtbar wird, wenn plötzlich ein Ausdruck wie dieser gebraucht wird: „... Tanakas Theorie, die von Radbruchs Rechtsphilosophie Gebrauch macht." Was schließlich kritische Bemerkungen angeht, wie „Tanakas Theorie könnte damals auf ihre Weise gerechtfertigt gewesen sein" oder „es ist nicht unbedingt angebracht, sie ungeachtet der Geschichte nur vom gegenwärtigen Erkenntnisstand aus anzugreifen", so glaubt der Verfasser, daß eine solche Kritik vor allem von Wissenschaftlern ausgeht, die ihre Einstellung nicht zu ändern bereit sind. Wenn der Leser aber der Argumentation des Verfassers genau und besonnen gefolgt ist, wird er verstehen, daß das Wort Tadel in keiner Weise angebracht ist oder daß es keinen Hinweis auf einen methodischen Fehler von Dr. Tanaka gibt, der ihn als Sozialwissenschaftler zu einem fehlerhaften Schluß geführt hätte. Der Leser möge sich vor Augen führen, was während der Wiederherstellung der „unmittelbaren kaiserlichen Herrschaft" in der „Kemmu"-Periode (1333–1335) ein loyaler japanischer SAMURAI, Masashige Kusunoki, so schön zum Ausdruck brachte. Sein geistiger Zustand wird bildhaft beschrieben: „Wenn man einen Gedanken des doppelten Zweifels gleichzeitig abbricht, dann ist man imstande, ein Schwert zu erblicken, das in der kalten Luft funkelnd durchdringt.“ Der Leser wird nun ungefähr wissen, wie damals sein Zustand des Geistes war. Der Verfasser ist dagegen nur Anhänger der Zen-Sekte und ein Mann der Wirtschaftspraxis, den es weder nach Ruhm noch Reichtum gelüstet.

Ich möchte noch hinzufügen, daß die Bemerkung, Hegel sei stark von der altindischen Upanischaden-Philosophie beeinflußt gewesen, sich auf das Buch stützt: „The Thirteen Principal Upanishads Translated from the Sanskrit“, von Robert Ernest Hume, Oxford University Press. Zweite Auflage, überarbeitet, 1931. S. 70.

9. Kritik an Prof. Schmalenbach

In diesem Zusammenhang darf ich hinzufügen, daß ich zuvor den entschiedenen Ausdruck gebraucht habe, „Schmalenbachs Irrtum war kein geringer“. Dieses Urteil gründete sich auf die Lektüre des von Masazo Doki übersetzten Buches „Dynamische Bilanz“, 12. Auflage. Dr. Tanaka hatte sich nicht auf die 5. Auflage des Schmalenbachschen Buches bezogen. Damals hatte ich über einen deutschen Buchhändler in Japan sowohl die 5. als auch die 12. Auflage bestellt, doch wurde mir mitgeteilt, daß beide vergriffen seien. Diesmal gelang es mir dank der Vermittlung von Shiro Yoshikawa, Direktor der Fujitsu Ltd., mit dem ich seit langem enge Beziehungen unterhalte, über die deutsche Niederlassung die 5. Auflage von Schmalenbachs Buch und die 2. Auflage von Enno Beckers Kommentar zur Reichsabgabenordnung vom 13. Dezember 1919 zu erhalten. Beide Bücher waren im Besitz der Universität München. Zu meiner Überraschung hatte die 5. Auflage der „Dynamischen Bilanz“ einen Umfang von 376 Seiten. Sie unterschied sich nach Aufbau und Ausführung erheblich von der 12. Auflage. Der Kommentar von Enno Becker, der den Entwurf der Reichsabgabenordnung erarbeitet hatte, war ein umfangreiches Buch mit 731 Seiten.

Die 5. Auflage der „Dynamischen Bilanz“ wurde 1931 veröffentlicht, 12 Jahre nach dem Erlaß der Reichsabgabenordnung. Die erste Auflage erschien etwa Anfang 1919, so daß dieses Buch ebenfalls 12 Jahre alt war. Während dieser Zeit wurde es in folgenden Veröffentlichungen besprochen:

1. Zitiert in seinem eigenen Buch „Grundlagen der Selbstkostenrechnung und Preispolitik“, 3. Auflage, Leipzig 1926, S. 4.
2. Walb: Die Erfolgsrechnung der Kameralistik. In: Zeitschr. für handelsw. Forschung, 19. Jahrgang, 1925, S. 17.
3. Weber, A.: Die Vorkalkulation in der Landwirtschaft. In: Zeitschr. für handelsw. Forschung, 18. Jahrgang, 1924, S. 51.
4. Prof. Dr. Krieger: Notwendigkeit und Wesen der forstlichen Bilanzierung. In: Waldheil, Kalender für deutsche Forstmänner und Jäger, 1926, S. 53.

5. Hausendorf, R.: Der Erfolg des forstlichen Betriebsunternehmens. Berlin 1926, S. 54.
6. Leonhard, A.: Die historische Entwicklung der dynamischen Bilanz. 1921, S. 62.
7. Ferner, A.: Die Entwicklung der Buchhaltung und Bilanz im 16. Jahrhundert. In: Die Unternehmung, 1. Jahrgang, 1921/22, S. 62.
8. Walb: Die Theorie der Erfolgsrechnung. In: Zeitschr. für handelsw. Forschung, 17. Jahrgang, 1923, S. 71.
9. Lehmann: Zur Theorie der industriellen Kalkulation. 1920, S. 73.
10. F. Schmidt: Die organische Bilanz im Rahmen der Wirtschaft. Betriebs- und finanzwirtschaftliche Forschungen. Leipzig 1921/22, S. 80.
11. Bauckner: Der privatwirtschaftliche Einkommensbegriff. 1921, S. 86.
12. Schanz: Der Einkommensbegriff und die Einkommensteuergesetze. In: Finanzarchiv, 13. Jahrgang, 1920, S. 87.
13. Strutz: ,,Die Einkommensteuer" im Handbuch des Reichssteuergesetzes. Berlin 1924, S. 88.
14. Lüpke, in: Zeitschrift für handelsw. Forschung, 18. Jahrgang, 1924, S. 112, 152.
15. Morgenroth, W.: Indexziffern. In: Handwörterbuch der Staatswissenschaften. 1923, S. 227.
16. Ohne Verfasser, in: Wirtschaft und Statistik, 1922/23. S. 228.
17. In: Statist. Jahrbuch für das Deutsche Reich, 44. Jahrgang, 1924/25, S. 231.
18. Dr. Hermann: Die Ausschaltung von saisonmäßigen und säkularen Schwankungen aus Wirtschaftskurven. In: Vierteljahreshefte zur Konjunkturforschung, hrsg. vom Institut für Konjunkturforschung, 1. Jahrgang, 1926, Ergänzungsheft 1, S. 295.
19. Stern: Buchhaltungslexikon, 2. Auflage, Leipzig 1923, S. 309.

Nr. 12 wurde vom Verfasser zunächst übersehen, weil das Jahr der Veröffentlichung in den Anmerkungen der zitierten Literatur nicht angegeben war. Es gibt außerdem eine Reihe weiterer Zitate in mehreren Zeitschriften, wie ,,Handelswissenschaftliche Forschung", aber das Jahr der Veröffentlichung ist jeweils nicht bekannt. Hierzu gehören auch Lutz: ,,Anlagenband", S. 335, und Ehrenberg: ,,Handbuch des ges. Handelsrechts", 1. Band. Die obige Liste ist natürlich nicht vollständig.

Es folgt nun die Stellungnahme des Verfassers zu Schmalenbach. Ich meine, es ist hoher Bewunderung wert, daß Schmalenbach wissenschaftliche Leistungen auf einem breiten Feld der Betriebswirtschaftslehre vollbracht hat. Vor allem hat er die Bilanz als Vorstufe zur Gewinn- und Verlustrechnung etabliert. Er hat so zum ersten Mal in der Geschichte moderne Auffassungen des Rechnungswesens entwickelt, deren Kern die Gewinn- und Verlustrechnung ist. Durch die Veröffentlichung seines Buches ,,Dynamische Bilanz" hat er die bisherigen, lange Zeit geltenden allgemeinen Auffassungen außer Kraft gesetzt.

Das „Handwörterbuch der Betriebswirtschaft" zitiert Schmalenbachs Namen und seine Theorie an 165 Stellen der 4 Bände. Er kommt damit nahe heran an E. Kosiol (216 mal), E. Gutenberg (199 mal) und E. Grochla (198 mal). Dies darf als Hinweis auf die großen Leistungen auf diesem speziellen Gebiet gelten. Der Verfasser ist allerdings der persönlichen Meinung, daß Schmalenbachs Werk auch große Mängel aufweist.

Zunächst wurde die positive Rechtsnorm, die Einzelheiten zu den Grundsätzen ordnungsmäßiger Buchführung enthielt, in Deutschland zum ersten Mal erlassen, als die erste Auflage erschien, nämlich 1919. Obwohl seit dieser ersten Auflage 12 Jahre vergangen waren, enthält selbst die 5. Auflage nicht einen einzigen Hinweis auf die Existenz der Reichsabgabenordnung. Dies ist für einen Gelehrten unmöglich, der in jeder Hinsicht der Wahrheit zu dienen hat.

Zweitens: Die 5. Auflage erschien im Mai 1931. Während der ganzen Zeit der Veröffentlichung dieses Buches von der 1. bis zur 5. Auflage hat der Reichsfinanzhof Entscheidungen ergehen lassen, die die Lücke zwischen der Betriebswirtschaftslehre und dem Steuerrecht schlossen. Es waren insgesamt 29 Fälle, vom 13. 1. 1920 (1 A 232/19) bis zum 24. 3. 1931 (1 A 235/30). (Vgl. Dr. Günther Wöhe, ord. Professor der Betriebswirtschaftslehre an der Universität des Saarlandes: Betriebswirtschaftliche Steuerlehre, Band I, 5. Auflage, 1978, S. 797.) Die 5. Auflage zitiert nicht eine einzige dieser 29 RFH-Entscheidungen, und Schmalenbach hörte auch auf, die bis 1918 vorliegenden Präzedenzfälle zu erörtern. Der Verfasser kann daraus nur schließen, daß seine wissenschaftliche Einstellung unvernünftig ist, wenngleich Obiges auf Vorurteilen beruhen mag.

Es wurde festgestellt, daß von den 29 Präzedenzfällen die folgenden 7 vom RFH entschieden wurden. RFH-Entscheidungen legen rechtlich und unmittelbar die Bedeutung der Grundsätze ordnungsmäßiger Buchführung fest:

(1) 11. 11. 1925 – VI A 491/25 – amtl. Slg. Bd. 17, S. 332.
Zur Verbuchung schwebender Geschäfte.

(2) 16. 4. 1930 – VI A 339/30 – StW 1930/601.
Zur Höhe der Abschreibungen, wenn eine Maschine in ihrer Restnutzungszeit nur als Aushilfsmaschine verwandt werden soll.

(3) 6. 5. 1930 – 1 e A 888/29 – StW 30/677.

(4) 21. 3. 1930 – III A 224/29 – StW 30/678.

(5) 27. 3. 1930 – III A 444/29 – StW 30/679.
Zur Unterbewertung einer Hypothekenforderung bei geringer Verzinsung und ähnlichen Gründen für eine Unterbewertung.

(6) 11. 3. 1931 – VI A 118/31 – StW 1931/440.
Zur Schätzung der Höhe von Rückstellungen gemäß den subjektiven Erwartungen des Kaufmanns.

(7) 17. 3. 1931 – I A 479/30 – StW 1931/517.
Erwartete Forderungsausfälle können nicht unberücksichtigt bleiben. (Vgl. Leffson, GoB, 4. Auflage, S. 17.)

In diesem Zusammenhang muß der Verfasser auf ein Wort von Radbruch zurückgreifen, das sich in Kapitel 7 („,Der Zweck des Rechts") seines Buches ,,Rechtsphilosophie" findet: ,,Persönlichkeit auf wissenschaftlichem Gebiet hat nur der, der rein der Sache dient" (S. 144). Weiterhin sagt er: ,,Zur Persönlichkeit wird man durch selbstvergessene Sachlichkeit" (S. 149). Wer also als Wissenschaftler der Wahrheit verpflichtet ist und nicht sein Ich vergißt, hat keinen Anspruch auf Originalität der Persönlichkeit.

Drittens: Es ist von großer Bedeutung, daß Schmalenbach auf S. 362 feststellt: ,,Die sich aus sachverständigem Ermessen ergebenden Regeln sind nicht reine Kunstregeln ohne rechtliche Bedeutung. Vielmehr will das Gesetz gerade diesen Kunstregeln zur allgemeinen Anwendung verhelfen; sie sind gesetzliches Erfordernis. Eine nicht dem sachverständigen Ermessen entsprechende Bilanz ist nicht nur nicht fachgerecht, *sondern sie ist gesetzlich falsch, denn das Fachgerechte ist gesetzlich Norm*". (Kursiv vom Verfasser.) Für den Leser dürfte nun feststehen, daß sich aus den vorangegangenen Ausführungen die Existenz einer speziellen und ausführlichen Sammlung von Rechtsvorschriften ergibt, nämlich der Reichsabgabenordnung hinsichtlich der Grundsätze ordnungsmäßiger Buchführung. Dr. Tanaka war hier in Verlegenheit, vor allem im letzten Absatz. Er hatte nicht bemerkt, daß diese indirekte Beschreibung ein klarer Hinweis auf die Existenz der Reichsabgabenordnung als positivem Recht war. Diese Beschreibung war die Quelle seiner Verwirrung und damit seines Mißverständnisses. (Vgl. Bemerkung 23, S. 61 seines Buches: Die Logik der Bilanzierungsgrundsätze.)

Darf man sagen, daß Dr. Tanakas Mißverständnis für einen Wissenschaftler in Japan verzeihlich ist? Dagegen ist zu sagen, daß gerade dieses Mißverständnis, dem Dr. Tanaka erlag, eine Kettenreaktion weiterer Mißverständnisse bei Handelsrechtlern, Steuerrechtlern und Wirtschaftsprüfern in Japan ausgelöst hat. Diese beabsichtigte mittelbare Beschreibung, diese unwissenschaftliche Beschreibung war der eigentliche Grund für das Mißverständnis, was zu dem schwerwiegenden geistigen Verlust führte, der die japanischen Fachleute des Rechnungswesens mehrere Jahrzehnte lang in ihrer Arbeit beeinträchtigt hat. Es handelt sich in Wirklichkeit um einen ernsthaften Mangel im Rechnungslegungssystem des Landes, der nicht nur die Wirtschaftsprüfer angeht. Der Verfasser hat den Eindruck, daß Schmalenbach damals eine grundsätzliche Abneigung gegen deutsche Steuerrechtler und Handelsrechtler hatte und daß angesichts der Ergebnisse sogar ein typisch deutscher uneinsichtiger Haß mit im Spiele war. Vielleicht versteht der Leser die Begründung für die Behauptung des Verfassers, daß ,,Schmalenbachs Fehler kein geringer ist"?

Der Verfasser möchte hierzu noch folgendes bemerken:

Ein Jahr nach dem Erscheinen der 5. Auflage von Schmalenbachs ,,Dynamischer Bilanz" wurde 1932 die 7. Auflage des berühmten Werkes ,,Die Betriebswirtschaft" veröffentlicht. Der Verfasser war Dr. Dr. h. c. H. Nicklisch, der in der gleichen Zeit wie Schmalenbach Betriebswirtschaftler war. Vor allem auf

S. 716 sagt Dr. Niklisch im Blick auf die RAO: ,,Die Bestimmungen der Reichsabgabenordnung über die Ermittlung und Festsetzung der Steuer stimmen mit dieser Lage überein."

Dr. Kotaro Tanaka zitiert ebenfalls die ,,Grundlegung der Verrechnungswissenschaft" (1908), das wichtigste Werk von Leon Gomberg. (S. 60 der ,,Logik der Bilanzierungsgrundsätze".) Alfred Isaac hat vor allem dieses Buch als ein ernsthaftes Werk in der Entstehungsphase der Betriebswirtschaftslehre bezeichnet. (,,Die Entwicklung der wissenschaftlichen Betriebswirtschaftslehre in Deutschland seit 1898", von Alfred Isaac, S. 72.) Der Grund, warum Dr. Kotaro Tanaka, der so sehr der Wahrheitssuche verpflichtet war, die Arbeit von Dr. Nicklisch nicht einmal beachtete, die ebenso bekannt war wie die von Schmalenbach, kann nach Meinung des Verfassers nur in einem methodologischen Fehler liegen. Aus Nicklisch's Buch geht ganz eindeutig hervor, daß es die Reichsabgabenordnung gab.

V. Kapitel. Die Grundsätze ordnungsmäßiger Buchführung als Norm des positiven Rechts

1. Rückkehr zum Ausgangspunkt

In Kapitel III, das überschrieben ist ,,Die wesentlichen Merkmale der Grundsätze ordnungsmäßiger Buchführung", stellte der Verfasser fest, daß sich diese Merkmale auf die folgenden drei Begriffe beschränken lassen:

1. den Kollektivbegriff, der die Merkmale der historischen Entwicklung der Vorschriften zur Buchführung aufweist, zu der Wirtschaftseinheiten in einem weiten Sinne verpflichtet sein sollten;
2. den Begriff, dessen Grenze von Gruppen mit bestimmten Standards festgelegt wurde, wenn der Ablauf der Geschichte in einem bestimmten Zeitpunkt in Abschnitte aufgeteilt und diese im Querschnittsverfahren weiter untersucht werden;
3. den Begriff, nach dem die Bücher und Aufzeichnungen nach Erfüllung aller formalen und inhaltlichen Bedingungen als Nachweise gegenüber der Regierung und den örtlichen Finanzbehörden dienen können.

Der Verfasser kam ferner zu dem Schluß, daß die genannten Grundsätze gewissermaßen einen Begriff mit dreifacher Struktur darstellen.

Der Verfasser kam außerdem zu dem Ergebnis, daß Theoretiker und Praktiker in diesem Lande unabhängig von der weiteren Verwendung des Ausdrucks ,,Grundsätze oder Grundsatz ordnungsmäßiger Buchführung in Deutschland" die wirkliche Bedeutung dieses deutschen Begriffes nicht verstehen würden und daß das Mißverständnis dieses Begriffes im ganzen Lande andauert. Aus diesem Grunde hat der Verfasser ständig gefordert, dieses Mißverständnis zu korrigieren. Der verstorbene Dr. Kotaro Tanaka von der Universität Tokio, der Wilmowskis Argumentation in dessen Buch ,,Das preußische Einkommensteuergesetz vom 24. Juni 1891 erläutert", 3. Auflage, 1915, geprüft hatte (Vgl. ,,Logik der Bilanzierungsgrundsätze", S. 40), hat sich dennoch von der Ausdrucksweise irreführen lassen, die sich auf S. 362 der 5. Auflage von Schmalenbachs ,,Dynamische Bilanz" findet. Ferner entging ihm, daß die Reichsabgabenordnung (vom 13. Dezember 1919), die Enno Becker redigiert hatte, vom Deutschen Reichstag bereits 1919 verabschiedet worden war (8. Jahr des TAISHO in Japan). Zu diesem Zeitpunkt waren die Grundsätze ordnungsmäßiger Buchführung auch schon durch ausführliche Bestimmungen im Sinne des positiven Rechts ausgefüllt worden. Bei der Beschreibung der Grundsätze ordnungsmäßiger Buchführung mußte er daher zu dem Schluß kommen, daß diese Grundsätze nur einen allgemeinen Rahmen darstellen. Bis heute hat Dr. Tanaka alle Wissenschaftler und Praktiker in Japan in die Irre geführt. Hierauf hat der Verfasser bereits hingewiesen.

Was die Grundsätze ordnungsmäßiger Buchführung als Soll-Sätze im positiven Recht angeht, so bemerkt Dr. H. W. Kruse von der Universität Würzburg* hinsichtlich des Zeitpunkts der Kodifizierung: ,,Auf Reichsebene wurde dieser Grundsatz erstmals durch § 162 II AO 1919/1931 kodifiziert. Er galt aber schon durch die Jahrhunderte." (Vgl. ,,Grundsätze ordnungsmäßiger Buchführung", Dr. H. W. Kruse, 3. Auflage, 1978, S. 40.) Diese Feststellung trifft indes nicht zu. Der Grund ist, daß Artikel 606 des ,,Preußischen Allgemeinen Landrechts von 1794" in seiner Geltung fortbesteht: ,,Eben das findet statt, wenn der Kaufmann bei Führung der Bücher Unrichtigkeiten begangen hat, die zu seinem Vorteile abzielen". Der Kern des genannten Artikels ist der Verlust der Beweiskraft von Büchern. Die Verpflichtung, Bücher richtig zu führen, ist in Deutschland durch ein Gesetz eingeführt worden, das bis in das 18. Jahrhundert zurückreicht. Mit anderen Worten: Der Grundsatz der Richtigkeit von Aufzeichnungen ist, soweit der Verfasser dies feststellen kann, im Preußen des 18. Jahrhunderts entstanden. Außerdem enthält Artikel 28 des ,,Allgemeinen Deutschen Handelsgesetzbuches von 1861" die folgende gesetzliche Regelung: ,,Jeder Kaufmann ist verpflichtet, Bücher zu führen, aus welchen seine Handelsgeschäfte und die Lage seines Vermögens vollständig zu ersehen sind". Das heißt, der Grundsatz der Vollständigkeit der Buchführung ist bereits durch das Handelsgesetzbuch von 1861 als positives Recht kodifiziert worden. Der Verfasser muß zu dem Schluß kommen, daß das Buch ,,Grundsätze ordnungsmäßiger Buchführung" von Prof. Kruse teilweise unrichtig ist und einen Fehler enthält. Ferner nennt § 162 der Reichsabgabenordnung von 1919 die Vorschrift, daß bei der Führung von Büchern ,,eine lebende Sprache" zu verwenden sei. Es ist sehr interessant, festzustellen, daß der Ausdruck ,,eine lebende Sprache" bereits im ersten Teil des Artikels 32 des Allgemeinen Deutschen Handelsgesetzbuches von 1861 enthalten ist. Dies ist ein Hinweis darauf, daß die Denktradition des positiven Rechts und die Ausdrucksweise in den kaufmännischen Rechenwerken beibehalten worden waren.

Bisher hatten die französischen Steuergesetze zugelassen, für die Führung von Büchern und Aufzeichnungen auch jede fremde Sprache zu benutzen. (Vgl. Code Général des Impôts, § 54.) Es sollte aber darauf hingewiesen werden, daß der am 4. April 1946, das heißt unmittelbar nach dem Zweiten Weltkrieg, in Kraft getretene ,,Plan Comptable Général" die Verwendung der französischen Sprache im Rechnungswesen vorschreibt. (Vgl. Conseil National de la Comptabilité. Plan Comptable Général 68.) Außerdem stellt eine Entscheidung des französischen Obersten Verwaltungsgerichts aus dem Jahre 1958 einen wesentlichen Fortschritt dar, weil es dort heißt: ,,Wenn in den Büchern und Aufzeich-

* Professor Kruse lehrt inzwischen an der Universität Bochum.

nungen zum Beispiel eine Code-Nummer, ein Symbol und ein Zeichen ohne Hilfe des Steuerzahlers nicht verstanden werden kann, so dürfen sie nicht anerkannt werden, weil sie bei der Einkommensermittlung für die Nachprüfung ohne Wert sind". (Vgl. „Conseil d'Etat 1958. n. 36330".)

Als ich meine Wirtschaftsprüferpraxis eröffnete, nahm ich die Stellung eines Beraters für eine internationale Handelsgesellschaft in Holland an. Mein Büro wurde eines Tages von der Steuerverwaltung in diesem Lande überprüft. Zu meiner großen Überraschung wurden damals die in französischer Sprache geführten Bücher vorgelegt, was die Prüfer höchst ungern zur Kenntnis zu nehmen schienen. Der Verfasser entschuldigte sich sofort mit der Feststellung, daß es im Handels- und Steuerrecht dieses Landes keine materielle Rechtsvorschrift gebe, die die für die Aufzeichnungen zu benutzende Sprache vorschreibe. Die Prüfung verlief deshalb reibungslos. Der Verfasser ist der Auffassung, daß der Gesetzgeber durchaus das Recht haben sollte, die für die Führung von Büchern und Aufzeichnungen zu benutzende Sprache vorzuschreiben. Dem Verfasser wurde einmal von einem leitenden Herrn der Steuerberaterkammer Nürnberg gesagt, daß eine „lebende Sprache" nach § 162 der Reichsabgabenordnung auch gebräuchliche arabische Schriftzeichen einschließt.

Seit einiger Zeit empfindet der Verfasser große Unzufriedenheit mit unserem Handelsgesetzbuch, das nicht eindeutig die Grenzen der Buchführungspflicht regelt. Ihn stört ferner der Mangel an Verständnis für die Rechnungslegungs-Grundsätze und ihre logische Inkohärenz, die fehlende Querverbindung zwischen den Rechnungslegungs-Vorschriften im Handelsgesetzbuch, in den Steuergesetzen und anderen Gesetzen usw. Unter diesen Umständen denkt der Verfasser ständig daran, es müsse unter den Regierungsbeamten, die in diesem Lande für die Gesetzgebung zuständig sind, solche geben, die die gleichen Einsichten wie der Verfasser haben. Was insbesondere die Corporate Accounting Principles angeht, so fehlt dem Verfasser jedes Verständnis dafür, warum nicht eine radikale Reform und gesetzgeberische Initiative geplant werden sollte, wobei man die Fehler der elementaren Theorie der Corporate Accounting Principles beseitigen müßte, die seit 30 Jahren fortwirken. Man hat zum Beispiel gesagt, daß die Grundsätze ordnungsmäßiger Buchführung nach § 38 des deutschen Handelsgesetzbuches selbst auf das Bundesbankgesetz anwendbar seien. § 26 dieses Gesetzes schreibe vor, daß „das Rechnungswesen der Bundesbank den Grundsätzen ordnungsmäßiger Buchführung zu entsprechen habe". (Vgl. Hans E. Büschgen, Bankbetriebslehre, Wiesbaden 1972, S. 603). Das bedeutet, daß in der Bundesrepublik Deutschland die Grundsätze ordnungsmäßiger Buchführung nach § 38 HGB, anders als die „fair practice in accounting" nach Artikel 32 des japanischen Handelsgesetzbuches, so angelegt sind, daß sie auf verschiedene Gesetze Anwendung finden können, zum Beispiel: § 5 I EStG, § 7 IV KStG, § 149 I, II 1 AktG, § 41 GmbHG, § 33 GenG und § 141 I AO.

Dies bedeutet, daß dieses Konzept der GoB als amtliches Prinzip der Rechnungslegung funktioniert, unabhängig von der Kategorie und Größe des Kerns einer Kapitalgesellschaft, wie zum Beispiel eines Einzelbetriebes, der die Grundeinheit einer Volkswirtschaft ist. Hierin sieht der Verfasser eine Hauptursache für die straffe Leitung des Einzelunternehmens als Grundlage der Volkswirtschaft in der Bundesrepublik Deutschland. Gleichzeitig muß der Verfasser sein tiefes Bedauern darüber zum Ausdruck bringen, daß unabhängig von der Kategorie und Größe eines Unternehmens eine umfassende gesetzgeberische Regelung des Rechnungslegungs-Systems in den Unternehmen bisher nicht stattgefunden hat, einfach deshalb, weil die Grundsätze ordnungsmäßiger Buchführung von Anfang an als ein Prinzip mißdeutet worden sind, das zu Beginn der Gesetzgebung über Corporate Accounting Principles in Japan übernommen worden sei. Was soll man von der Steuerhinterziehung halten, die von großen Teilen der Bevölkerung in diesem Lande praktiziert wird? Könnte die Ursache nicht teilweise darin liegen, daß es daran fehlt, das kaufmännische Rechnungswesen durch Rechtsvorschriften zu regeln, die die ganze Nation streng einzuhalten hätte. Seine Grundsätze müßten für die gesamte Gesetzgebung in Japan verbindlich sein, und schließlich hätten sie ein wichtiger Faktor für die Entwicklung der japanischen Gesellschaft zu sein.

Wie Gerd Spangemacher, Vorsitzender Richter am Finanzgericht, in seinem Buch feststellt, besteht ohne Zweifel die Tendenz, daß „das Steuerrecht seine eigenen Wege geht, wo durch Mißbrauch von Gestaltungsmöglichkeiten des Rechts versucht wird, die Steuerpflicht zu umgehen". (Vgl. Gerd Spangemacher, Allgemeines Recht, 5. Auflage, 1978, S. 50.) Er stellt ferner fest: „Zwischen dem bürgerlichen Recht und dem Steuerrecht besteht noch eine besondere innere Verbindung. Enno Becker hatte 1918 die Aufgabe zu lösen, mit der Reichsabgabenordnung unter anderem auch die Rechtsverhältnisse zwischen dem Staat als Steuergläubiger und dem Bürger als Steuerschuldner zu gestalten". (S. 50)

Hier wird deutlich, daß die Geschichte der Bildung einer inneren Verbindung zwischen dem bürgerlichen Recht und dem Steuerrecht in Deutschland noch nicht so alt ist, und daß es erst der Arbeit Enno Beckers bedurfte, um diese Verbindung in vollem Umfange herzustellen. Der Verfasser schätzt die Einsicht von G. Spangemacher, der Enno Beckers historische Leistung in diesem Punkte würdigte. Wie im Falle von Enno Becker mag dies daran liegen, daß G. Spangemacher ebenfalls Richter war, der auf das Steuerrecht spezialisiert war. Eine große Sorge des Verfassers ist gegenwärtig die Tatsache, daß die innere Verbindung zwischen dem bürgerlichen Recht und dem Steuerrecht anders als in der Bundesrepublik Deutschland in diesem Lande unvollständig geblieben ist. Mit anderen Worten: Die innere und umfassende Beziehung zwischen diesen beiden Rechtsgebieten innerhalb unseres Rechtssystems ist im Vergleich zu Deutschland mehr als 60 Jahre zurückgeblieben. Die Grundsätze ordnungsmäßiger Buchführung stehen dank Enno Becker in einer intensiven Beziehung zu der gesamten Gesetzgebung in der Bundesrepublik Deutschland. Der Kern dieser Bestimmungen sind § 160 Abs. 1 der früheren RAO und § 140 der neuen AO.

G. Spangemacher stellt fest: ,,Gemäß § 140 AO ist die handelsrechtliche Buchführung auch eine steuerrechtliche Buchführungspflicht mit den sich daraus ergebenden steuerrechtlichen Folgen." (S. 284) So behauptet er zum Beispiel, § 158 AO, der vom ,,Buchbeweis" handelt, sei eine logische Folge dieses § 140. Zu meiner Überraschung enthält dieser § 140 aber eine so umfangreiche Materie, daß ich sie später behandeln möchte.

Wenn ich hier grundsätzlich neue Überlegungen über das Rechnungslegungs-System dieses Landes und das Steuerrecht als positivem Recht anstellen möchte, so muß ich mir notgedrungen die Frage stellen, was ist das Recht, was sind seine Ziele, Funktionen und Grenzen? Ich bin also gezwungen, zum Ausgangspunkt zurückzukehren. Für diese Vorgehensweise gibt es das Vorbild des deutschen Nationalökonomen Werner Sombart, der ein umfangreiches 6bändiges Werk mit dem Titel ,,Der moderne Kapitalismus" schrieb. Letzten Endes wurde er sich jedoch der Notwendigkeit bewußt, zu seinem Ausgangspunkt zurückzukehren, bei dem es um seine Ansicht vom Menschen geht, der die elementare Grundlage seiner Wissenschaft bildet. Er schrieb ferner ein Buch mit dem Titel ,,Vom Menschen". Hierin prüft er eingehend die Auffassungen von 25 Philosophen, von Platon, Aristoteles, über Kant, Goethe, Schopenhauer zu Nicolai Hartmann und Al. Carrel. Er untersucht ihre Auffassungen vom Menschen und sucht ihren persönlichen Einstellungen auf den Grund zu gehen, aus denen sich diese Auffassungen entwickelt haben.

Platon, ein Philosoph im alten Griechenland, hat die Grundlage des Systems eines konstitutionell verfaßten Staates gelegt. In seinen späten Jahren schrieb er sein letztes monumentales Werk, die ,,Gesetze". Dennoch findet man an keiner Stelle dieses großen Werkes eine Definition, ,,was das Gesetz ist". Lediglich im Ersten Buch (644D) stößt man auf den Satz: ,,Hat dann die Entscheidung darüber sich allgemeine Geltung im Staat verschafft, so ist die Bezeichnung ,Gesetz' dafür üblich". Die Definition des Gesetzes ist auch in anderen Werken Platons enthalten. Ein Beispiel ist ,,Minõs" (314B): ,,Allgemein gesprochen ist das Gesetz dasjenige, worüber ein Staat entschieden hat". Die andere Definition findet man nur in ,,Definitionen" (415B). Man nimmt an, daß sie Teil einer Vorlesung Platons ist, die sein Neffe Speusippos mitschrieb, der der zweite Leiter der Akademie Platons wurde: ,,Das Gesetz, das keine zeitliche Grenze hat, ist Ergebnis einer politischen Entscheidung, die vom Volke zu fällen ist". Zum Ziel der Gesetze stellt Platon fest: ,,Die Gesetze werden, wie es scheint, teils im Interesse der gutartigen Menschen gegeben, zur Belehrung darüber, wie sie ihren gegenseitigen Verkehr zu gestalten haben, um in Eintracht miteinander zu leben" und ,,teils zur Zügelung solcher, die sich jeglicher Zucht widersetzen, harte Naturen von einer Unnachgiebigkeit, die vor keiner Schlechtigkeit zurückschreckt" (Gesetze, Neuntes Buch, 880E). An anderer Stelle heißt es: ,,Die Gesetze werden mit Rücksicht nur auf eine einzige Tugend gegeben" (Gesetze, Drittes Buch, 688B). Die Rechtmäßigkeit der Gesetze kommentiert er wie folgt: ,,. . . lassen wir diejenigen Gesetze nicht für rechtmäßige Gesetze gelten, die nicht um des allgemeinen Besten willen für den Staat als Ganzes gegeben wurden" (Gesetze, Viertes Buch, 715B).

Ferner stellt er fest: ,,Für Menschen sind Gesetze unentbehrlich und ihr Leben muß durch Gesetze geregelt werden; widrigenfalls werden sie sich in nichts von den allerwildesten Tieren unterscheiden" (Gesetze, Neuntes Buch, 875A). Obzwar dieser Hinweis nur ein indirekter ist, bezieht er sich doch auf die Funktion der Gesetze. Was die Grenzen der Gesetze angeht, so heißt es bei ihm: ,,Denn kein Gesetz und keine Ordnung steht höher als Wissen und Einsicht, und es geht nicht an, daß die Vernunft in Untertänigkeit und Abhängigkeit von etwas stehe ... Doch fort mit diesem Traum! ... Daher müssen wir uns für das Zweite entscheiden, für Ordnung und Gesetz" (Gesetze, Neuntes Buch, 875CD). Die Aufmerksamkeit des Verfassers wurde besonders auf folgenden Gedanken gelenkt: ,,Für Dienste, die man dem Vaterland leistet, soll niemand Geschenke annehmen ... vielmehr ist es das Sicherste, einfach dem Wortlaut des Gesetzes zu folgen, das uns die Annahme von Geschenken für geleistete Dienste schlechthin untersagt. Wer dem nicht folgt, ist unterschiedslos des Todes schuldig, wenn er gerichtlich überführt ist" (Gesetze, Zwölftes Buch, 955D). Zur Besteuerung bemerkt er: ,,Was die Abgaben an den Staat anlangt, so ist es aus vielen Gründen notwendig, daß eine durchgängige Vermögensabschätzung stattfinde und daß jedes Mitglied einer Phyle den Landaufsehern ein schriftliches Verzeichnis über den Jahresertrag an Landfrüchten einreiche ..." (Gesetze, Zwölftes Buch, 955DE). Dies ist in der Tat eine sehr erfrischende Auffassung. Ferner meint er, daß jeder Gesetzgebung eine Einleitung als ,,überredende Mahnung" vorauszuschicken sei (Viertes Buch, 722B), und er besteht auf einem dreistufigen Gerichtswesen. Er kommt zu dem Schluß: ,,Kein Staat aber verdient wirklich diesen Namen, in welchem es an einer befriedigenden Ordnung des Gerichtswesens fehlt" (Gesetze, Sechstes Buch, 766D). Dieser Schluß leuchtet dem Verfasser sehr ein. Ganz allgemein sind die Ideen Platons schöpferisch und einfach. Wir spüren, daß sie gründlich durchdacht sind.

Kant gibt in seiner ,,Die Metaphysik der Sitten" folgende Definition des Rechts: ,,Das Recht ist also der Inbegriff der Bedingungen, unter denen die Willkür des einen mit der Willkür des andern nach einem allgemeinen Gesetze der Freiheit zusammen vereinigt werden kann". (Vgl. Immanuel Kants Werke, Band VII, Die Metaphysik der Sitten, Verlag Dr. H. A. Gerstenberg. Hildesheim 1973, S. 31.) Diese Definition wird auch zitiert von Jürgen Baumann in seinem Buch ,,Einführung in die Rechtswissenschaft", 5. Auflage, 1977, Teil I, Allgemeines, S. 4. Rudolf Stammler (1856–1938), der zur neukantianischen Schule gehörte, definiert das Recht anders – mit einem deutlichen Hinweis auf den Ursprung seiner Theorie in Kants ,,Die Metaphysik der Sitten": ,,Sonach ist der Begriff des Rechts ein Gedanke unbedingter Allgemeingültigkeit". (Vgl. ,,Lehrbuch der Rechtsphilosophie ", von Rudolf Stammler, 3. Auflage, Berlin und Leipzig, S. 2.) Nach einer sehr kurzen Erörterung in der Einleitung seines Buches äußert er sich über das Wesen des Rechts auf 48 Seiten in Band 1 (,,Erstes

Buch, der Begriff des Rechts"). Da dem Leser diese Erörterung in ihrer ganzen Länge nicht zugemutet werden kann, möchte der Verfasser nur die Kernaussage über das Wesen des Rechts zitieren:

„Das Recht bedeutet eine eigene Art, menschliches Zusammenleben zu führen. Sein Wesen ist daher durch eine Kennzeichnung der bedingenden Gedankengänge klarzulegen, in deren Einheit die eigenartige Beschaffenheit gerade des rechtlichen Wollens besteht. Sonach haben wir uns auf die Möglichkeit gerade dieser Vereinheitlichung kritisch zu besinnen, wenn der begriffliche Unterschied des Rechtes gegenüber anderen Weisen des sozialen Lebens festgestellt werden soll." (Vgl. S. 53–54) Diese Stammlersche Beschreibung des Wesens des Rechtes übersteigt die Auffassungskraft des Verfassers. Dies hat darin seinen Grund, daß der Begriff „rechtlich", der zu klären ist, auch in seine Beschreibung des Wesens des Rechtes eingegangen ist. Was er unter dem Wort „rechtlich" versteht, gibt er in § 24 („Die unbedingte Gültigkeit des Rechtsbegriffes") an: „Der Gedanke rechtlich bedeutet eine bedingende Art und Weise, gewisses Begehren grundlegend zu bestimmen". Er versteht das Recht als einen Begriff, der seinen Ursprung in „unbegrenzter Gerechtigkeit" hat, anstatt ihn als ein geistiges System der öffentlichen Ordnung aufzufassen. Radbruch kritisierte Stammlers Rechtsphilosophie mit der Bemerkung, es handele sich nicht um ein Gebäude, wenngleich es ein wertvoller Vorbau sei. Wenn der Verfasser Stammler verteidigen möchte, wird dies davon abhängen, wie das Grundproblem der Rechtsphilosophie zu beschreiben ist. Nach Auffassung von Stammler besteht für ihn das Problem der Rechtsphilosophie darin, die Begriffe des Gesetzes und seine Idee zu klären (Vgl. Abschnitt 9, S. 15). Von diesem Standpunkt aus dürfte Radbruchs Kritik lediglich transzendent, nicht aber immanent sein. Radbruch sagt hierzu:

„Der Begriff des Rechts ist ein Kulturbegriff, d. h. ein Begriff von einer wertbezogenen Wirklichkeit, einer Wirklichkeit, die den Sinn hat, einem Werte zu dienen. Recht ist die Wirklichkeit, die den Sinn hat, dem Rechtswerte, der Rechtsidee zu dienen. Der Rechtsbegriff ist also ausgerichtet an der Rechtsidee.

Die Idee des Rechts kann nun keine andere sein als die Gerechtigkeit. . . . Wir sind auch berechtigt, bei der Gerechtigkeit als einem letzten Ausgangspunkt Halt zu machen, denn das Gerechte ist wie das Gute, das Wahre, das Schöne ein absoluter, d. h. ein aus keinem andern Wert ableitbarer Wert." (S. 119–120). Nach dem Beispiel von Aristoteles geht er von zwei Gerechtigkeitsbegriffen aus, der ausgleichenden und der austeilenden Gerechtigkeit. Die ausgleichende Gerechtigkeit ist zum Beispiel diejenige, die zwischen Personen mit gleichen Rechten besteht, etwa in bezug auf Arbeit und Lohn, Schaden und Ausgleich, während die austeilende Gerechtigkeit zum Beispiel diejenige ist, die die Besteuerung nach der steuerlichen Leistungsfähigkeit regelt oder die notwendige Hilfeleistung nach dem Maß der Bedürftigkeit. Er kommt zu dem Schluß, die ausgleichende Gerechtigkeit sei Sache des Privatrechts, die austeilende Gerechtigkeit Sache des öffentlichen Rechts. Er sagt ferner, die austeilende Gerechtigkeit sei die ,,Urform der Gerechtigkeit" und: ,,In ihr haben wir die Idee der Gerechtigkeit gefunden, auf die der Rechtsbegriff orientiert werden muß." Weiter: ,,Wir fassen das Wesen der rechtlichen Anordnung darin zusammen, daß sie positiver und zugleich normativer, sozialer und genereller Natur ist und bestimmen in diesem Sinne das Recht als den Inbegriff der generellen Anordnungen für das menschliche Zusammenleben." (S. 124) Gustav Radbruch, der seine Rechtsphilosophie auf den Wertrelativismus gründete, hat seine Auffassungen hierüber nur in dieser zusammenfassenden Form hinterlassen.

Zu den berühmten britischen Rechtsgelehrten gehört John Austin (1790–1839), der ein Vertreter der analytischen Rechtswissenschaft ist. Sein posthum veröffentlichtes Werk mit 1100 Seiten trägt den Titel ,,Lectures on Jurisprudence or the philosophy of positive law". Auf Seite 79 des ersten Bandes (5. Auflage) stoßen wir auf seine Definition des Rechts, wie sie für ihn charakteristisch ist. Er sagt: ,,Wirkliche Gesetze sind Befehle; Gesetze, die nicht Befehle sind, sollte man nicht Gesetze nennen." Der Verfasser hat den Eindruck, daß das internationale Recht und das Naturrecht nach Austin überhaupt keine Gesetze enthalten.

Paul Gavrilovitsch Vinogradoff (1854–1925), ein Rechtsgelehrter russischer Abkunft, der später nach England ging, um an der Universität Oxford Professor für Rechtswissenschaften zu werden, schrieb ein Buch ,,Common Sense in Law", das man einen Klassiker der englischen Rechtswissenschaft genannt hat. Dem Verfasser liegt die zweite 1949 von der Universität Oxford veröffentlichte Auflage vor. In diesem Buch kritisiert er eine Definition nach der anderen, zum Beispiel die Definitionen von Ulpian (römischer Jurist), Hobbes, Austin, Kant, v. Jhering und so fort. Dann gibt er seine eigene Definition des Rechtsbegriffs: ,,So kann nun das Recht definiert werden als eine Menge von Regeln, die im Hinblick auf die Zuteilung und die Ausübung von Macht über Personen und Sachen von einer Gesellschaft festgelegt und durchgesetzt werden" (S. 44). Er behauptet, wenn alle Gesetze von der Antike bis zur Gegenwart so umfassend definiert hätten, dann hätte er nicht mehr die Wahl einer eigenen Definition. Das Kernmerkmal all dieser Definitionen sei ,,die Existenz eines bestimmten Willens, der andere einschränkt". Vinogradoffs Auffassung wird bestritten in einem Buch von George Whitecross Paton mit dem Titel ,,A Textbook of Jurisprudence", Oxford University Press, zweite Auflage, 1951. In Band 1, Kapitel 3, mit der Überschrift ,,Die Definition des Rechts" sagt er: ,,Es ist sinnlos, erschöpfend definieren zu wollen, aber die Analyse einiger typischer Definitionen ist ein brauchbarer Ansatzpunkt". Er beschreibt dann den Begriff des Rechts in dem für England charakteristischen Relativismus wie folgt:

,,Das Recht läßt sich zunächst definieren durch seine Grundlegung in der Natur, der Vernunft, der Religion oder in der Ethik; zweitens, durch seine Quelle in Präzedenzfällen oder in Gesetzen; drittens, durch die Wirkungen auf das Leben der Gesellschaft; viertens, durch die Methode seiner formalen Gestaltung oder seiner autorativen Anwendung; fünftens, durch die Zwecke, die es zu erreichen sucht." (S. 51–52)

Der Verfasser hat den Eindruck, daß ein solcher pluralistischer Ansatzpunkt in England beliebt ist.

2. *Rückkehr zum Ausgangspunkt* (Fortsetzung)

Der Leser wird sich vielleicht fragen, warum der Verfasser sich in diesem Buche mit dem Gebiet der Rechtsphilosophie befaßt. Dies ist jedoch nicht so sonderbar, wie es auf den ersten Blick scheinen möchte. Prof. Erich Kosiol, Universität Berlin, der in der gegenwärtigen Betriebswirtschaftslehre als einer der führenden Wissenschaftler gilt, hat ein umfangreiches Buch mit über 1000 Seiten geschrieben. Es ist die „Pagatorische Bilanz", Duncker & Humblot, Berlin, 1976. In diesem Buch zitiert er auf S. 73 und S. 1013 Heinrich Nicklisch (1876–1946), und zwar aus dem Buch „Die Betriebswirtschaft" (7. Auflage, Stuttgart 1932), das als Klassiker der deutschen Betriebswirtschaftslehre gilt. Der Grund für dieses Zitat ist, daß Prof. Kosiol es sehr begrüßt, daß Nicklisch in der Betriebswirtschaftslehre ein Grundsatzproblem zur Sprache bringt. Es ist allgemein bekannt, daß Nicklisch seine allgemeine Auffassung von der Betriebswirtschaftslehre auf die Konzeption gründet, die man irrtümlicherweise die deutsche Philosophie des Idealismus nennt. (Bemerkung: Kant zeigt in seinen „Prolegomena" in aller Ausführlichkeit, daß sein Konzept der theoretischen Philosophie das genaue Gegenteil von Idealismus ist.) Vor kurzem hat Dr. Klausjürgen Berger ein Buch veröffentlicht mit dem Titel „Kritische Analyse normativer Elemente in der Betriebswirtschaftslehre" (1979). Auf Seite 40 zitiert er aus Wittgensteins bekanntem Werk „Tractatus logicophilosophicus" (1922), und unter dem Thema „12. Verhältnis von Sprache, Realität und Transzendentalem in Wittgensteins ‚Tractatus'" erörtert er zunächst die ontologischen Grundlagen. Dies ist ein gutes Beispiel dafür, daß die allgemeine Theorie der Betriebswirtschaftslehre nach einer Grundlage für die Gestaltung ihrer Theorie suchen muß, selbst wenn dies die Einbeziehung der Ontologie fordert. Der Verfasser zitiert in seinem Buch auch häufig aus verschiedenen Werken, beginnend mit Hegels „Phänomenologie des Geistes" (1807) und Kants „Kritik der reinen Vernunft". Diese Einstellung läßt sich auch bei Prof. R. K. Mautz, Illinois University, beobachten. In seinem Buch „The Philosophy of Auditing" (American Accounting Association, 1961) zitiert er aus etwa 30 rein philosophischen Büchern. Eines davon ist Kants „Kritik der reinen Vernunft", von J. M. D. Meiklejohn ins Englische übertragen. Die englische Fassung des Kantschen Buches, die dem Verfasser zur Verfügung steht, ist die englische Übersetzung von Norman Kemp Smith, Edinburgh University. Der Verfasser vertritt allerdings den Standpunkt, daß für wissenschaftliche Zwecke kein übersetztes Buch benutzt werden sollte, weil in aller Regel die Genauigkeit des Ausdrucks leidet.

Arthur Schopenhauer erörtert in Kapitel 9 seiner großen, etwa 1400 Seiten umfassenden Aufsatzsammlung „Parerga und Paralipomena" den Begriff des Rechts unter dem Stichwort „Zur Rechtslehre und Politik". In § 121 dieses Buches schreibt er: „Wer von der vorgefaßten Meinung, daß der Begriff des Rechts ein positiver sein müsse, ausgeht und nun ihn zu definieren unternimmt, wird nicht damit zustande kommen: denn er will einen Schatten greifen, verfolgt ein Gespenst, sucht ein ‚non-ens' (Nichtseiendes). Der Begriff des Rechts ist nämlich, eben wie auch der der Freiheit, ein negativer: sein Inhalt ist eine bloße Negation." (Vgl. A. Schopenhauer, Sämtliche Werke, Band V. Parerga und Paralipomena, II. Cotta-Inselverlag 1965, S. 285.) Eine Theorie, die der von Schopenhauer sehr verwandt ist, ist die von Karl Engisch (geb. 1899) vorgetragene, der in der deutschen Rechtswissenschaft heute als Autorität gilt. In seinem Buche „Einführung in das juristische Denken", 7. Auflage, 1977, heißt es in Kapitel VI unter dem Titel „Juristenrecht, Unbestimmte Rechtsbegriffe, normative Begriffe, Generalklauseln, freies Ermessen": „Unter einem unbestimmten Begriff verstehen wir einen Begriff, dessen Inhalt und Umfang weitgehend ungewiß ist. Absolut bestimmte Begriffe sind innerhalb des Rechts selten" (S. 108). Dann führt er die Namen derjenigen Gelehrten mit ihren Veröffentlichungen auf, die die gleiche Auffassung wie er vertreten:

1. Wolff, Verwaltungsrecht, 8. Auflage, § 31
2. K. Larenz, Methodenlehre, 1960, S. 222ff., 2. Auflage, 1969, S. 268ff., 3. Auflage, 1975, S. 279ff.
3. Pietzonka, Der unbestimmte Rechtsbegriff im Verwaltungsrecht, NJW 1954, S. 1865ff.
4. Lukowsky, Der unbestimmte Begriff usw., Verw. Arch. 53, 1962, S. 25ff.
5. H. Müller – Tochtermann, NJW 1962, S. 1238ff.
6. G. Dahm, Deutsches Recht, 2. Auflage, 1963, S. 63ff.
7. K. Kuchinke, Grenzen der Nachprüfbarkeit tatrichterlicher Würdigung, 1964, S. 73ff., 75ff.
8. P. Seel, Unbestimmte und normative Tatbestandsmerkmale usw., München. Diss. 1965.
9. H. E. Henke, Die Tatfrage. Der unbestimmte Begriff im Zivilrecht, 1966, insbes. S. 54ff.
10. H. Bogs, Die verfassungskonforme Auslegung, 1966, S. 137ff.
11. O. Bachof, JurZ 1966, S. 441ff.
12. M. Fellner, Der unbestimmte Rechtsbegriff usw., DVerBl. 1966, S. 161ff.
13. F. Czermak, daselbst, S. 366ff.
14. H. Schisma, Der unbestimmte Rechtsbegriff, Anz. österr. Akademie der Wiss., Philosoph.-Histor. Kl. 1968, S. 179ff.
15. W. Hartz, Gesetzliche Generalklauseln und Richterrecht, Steuer und Wirtschaft 1968, S. 245ff. unter II und V.
16. Th. Vogel, Zur Praxis und Theorie der richterlichen Bindung an das Gesetz, 1969, S. 32ff.

17. D. C. Göldner, Verfassungsprinzip und Privatrechtsnorm, 1969, S. 38 ff.
18. G. Kohlmann, Der Begriff des Staatsgeheimnisses und das verfassungsrechtl. Gebot der Bestimmtheit von Strafvorschriften, 1969, S. 149 ff.
19. H. P. Lemmel, Unbestimmte Strafbarkeitsvoraussetzungen usw., 1970.
20. G. Patzig, Sprache und Logik, 1970, S. 27 ff.
21. U. Schroth in A. Kaufmann (Hrsg.), Rechtstheorie, 1971, S. 108 ff.
22. D. Leenen, Typus und Rechtsfindung, 1971, S. 34 ff.
23. K. O. Opp, Soziol. im Recht, 1973, S. 116 ff.
24. H. Soell, a. a. O. (Anm. 115a), 1973, S. 163 ff.
25. H. Dubs, Die Forderung der optimalen Bestimmtheit belastender Rechtsnormen, 100 Jahre (schweizer.) Bundesverfassung, 1974, S. 223 ff.
26. H. B. Grübner, Zur Anwendung der Soziologie in der Jurisprudenz, JurZ 1974, S. 665 ff.
27. H. J. Koch, Der unbestimmte Begriff im Verwaltungsrecht, in: Jurist. Methodenlehre usw., 1976, S. 189 ff.

(Vgl. Engisch, S. 257–258.)

Der Verfasser bewundert Karl Engisch in seinem unablässigen Forschungsdrang und seiner Zielstrebigkeit. Dr. Kyoji Funada, früher Professor für römisches Recht an der Kaiserlichen Universität Keijo, besuchte den Verfasser etwa 4 oder 5 Jahre nach dem Zweiten Weltkrieg. Als unser Gespräch auf die Schreibgewohnheiten deutscher Wissenschaftler kam, drückte er seine tiefe Bewunderung darüber aus, daß sie ihre Seiten in so großem Umfang mit Fußnoten und Anmerkungen versähen. Angesichts des genannten Buches von Karl Engisch muß der Verfasser heute daran denken, wie Dr. Funada vor 30 Jahren die Gepflogenheiten deutscher Wissenschaftler bewunderte. Das Buch von Karl Engisch hat nur 320 Seiten, aber der reine Text umfaßt nicht mehr als 197 Seiten, während die restlichen 123 Seiten auf Anmerkungen entfallen. Hinzu kommt, daß diese Anmerkungen kleiner gesetzt sind als der Text selbst. Text und Anmerkungen haben deshalb etwa den gleichen Umfang. Dies ist ein Indiz dafür, daß die verschiedenen Autoritäten hohes Ansehen genießen. Vielleicht hat sich der Verfasser zu sehr davon beeinflussen lassen.

In seinem Buch „Allgemeine Staatslehre", 1925, Drittes Buch „Die Erzeugung der Staatsordnung", Siebtes Kapitel: „Die Erzeugungsstufen" schreibt Hans Kelsen zum Thema „Der Begriff des Gesetzes: die generelle (-abstrakte) Norm": „Bei dem Wort ‚Gesetz' denkt man eben nur oder doch vornehmlich an generelle oder abstrakte Normen. Und wenn man Gesetzgebung mit Rechtsschöpfung schlechthin identifiziert, so geschieht dies, weil man das Recht schlechthin als eine Summe genereller Normen auffaßt, das Recht überhaupt nur in genereller, abstrakter Form voraussetzt. Daß dieser Rechtsbegriff aber offenbar zu eng ist und daher zu unlösbaren Widersprüchen führen muß, wird sich sogleich zeigen" (Vgl. 1. Auflage, S. 232).

Worauf er in Wirklichkeit hinaus wollte, war die Vergegenständlichung des

Common Law und die Individualisierung und Formgebung der abstrakten Form durch dic richterliche Entscheidung. Das Verständnis hierfür erschließt sich, wenn man seine Argumentation weiter verfolgt. Er stellt fest: „Dieses ist keineswegs, wie man üblicherweise annimmt, nur in der Gesetzesform, nur in der Stufe genereller Normen gegeben. Das ‚Gesetz' ist weder die einzige, noch auch die höchste Stufe der Rechtsordnung" (Anmerkung: ‚Dieses' bedeutet ‚das Recht'). (Vgl. S. 234)

Die Darstellung dieses frühen Rechtsbegriffs findet ihre einzigartige und konzentrierte Fortsetzung in seiner Veröffentlichung „Reine Rechtslehre" (1934), die zehn Jahre später veröffentlicht wurde. Der Verfasser hat heute nur die 1. Auflage dieses Buches zur Hand, die von Dr. Kisaburo Yokota ins Japanische übersetzt und von Iwanami Shoten herausgegeben wurde. Der Erstdruck erfolgte im April 1935, und die 2. Auflage des Originaltextes wurde 1960 vom Verlag Franz Deuticke, Wien, herausgegeben. Leider verfügt der Verfasser nicht über den Originaltext der 1. Auflage dieses Buches. Beim Vergleich mit der 1. Auflage stellt sich heraus, daß die 2. Auflage mehr als doppelt so dick ist wie die 1. Auflage. (Das Original der 2. Auflage hat 444 großformatige Seiten, während die ins Japanische übersetzte 1. Auflage Kleinformat hat und nur 233 Seiten umfaßt.) Etwa 70 Prozent des Inhalts der 2. Auflage sind geändert worden. An der Grundaussage hat sich allerdings nichts geändert. Seine Struktur der Rechtstheorie wird bereits im Vorwort zur 1. Auflage erklärt, das er selbst geschrieben hatte. Er stellt fest: „eine reine, das heißt: von aller politischen Ideologie und allen naturwissenschaftlichen Elementen gereinigte, ihrer Eigenart weil der Eigengesetzlichkeit ihres Gegenstandes bewußte Rechtstheorie zu entwickeln". Er behauptet deshalb, daß der Gegenstand der Rechtswissenschaft nur im Objekt einer Rechtserkenntnis existiere. Mit anderen Worten: Er stellt fest, daß die Rechtswissenschaft nach etwas sucht, das rechtlich und durch eine Rechtsform bestimmt ist. (S. 72 des Originaltextes der 2. Auflage.) Er hat den Rechtsbegriff als absoluten Wert mit dem Ding an sich verglichen, das Kant in der „Kritik der reinen Vernunft" erörtert hatte (S. 104). Er hat diesen Begriff weiterhin verglichen mit der „Idee des absolut Guten", die Platon in seiner „Politeia" aufgegriffen hatte. (Anmerkung: Der Untertitel ist „Gerechtigkeit".) (S. 398)

Er stellt fest, Gerechtigkeit lasse sich in dieser Hinsicht nicht durch rationale Wahrnehmung absolut erreichen. Er kommt zu dem Schluß, daß uns für die tatsächliche Wahrnehmung nur das positive Recht zur Verfügung stehe und daß in diesem Falle Gerechtigkeit lediglich den relativen Wert anzeige, den man „Ordentlichkeit" nenne. So führt uns die „Reine Rechtslehre", deren Ziel die Entwicklung der Rechtswissenschaft ist, weiter vom Gerechtigkeitsbegriff ab.

In der 2. Auflage schreibt Kelsen am Ende des Buches ein eigenes Kapitel mit dem Titel „Das Problem der Gerechtigkeit". Es enthält auf 90 Seiten eine ausführliche Diskussion dieses Gegenstandes. Er entfaltet seine logisch begründete Forderung, daß der Begriff der Gerechtigkeit vom Recht zu unterscheiden sei, gleich ob es sich um einen absoluten oder einen relativen Wert handelt. Kelsens Behauptung, daß ,,die Wissenschaft des positiven Rechts unterschieden werden sollte von dem philosophischen Prinzip der Gerechtigkeit", wurde bezeichnet als ,,die vielleicht wichtigste Aufgabe der ‚reinen' Theorie . . ." von George C. Christie, Professor der Rechtswissenschaft, Duke University, in seinem großen Werk ,,Jurisprudence, Text and Readings on the Philosophy of Law", St. Paul, Minn., West Publishing Co. 1973 (S. 620). Wie Kelsen selbst gesagt hatte, läßt sich die Logik, Recht und Gerechtigkeit als identische Kategorien zu behandeln, in der gegebenen Gesellschaftsordnung rechtfertigen. Diese Gesellschaftsordnung ist jedoch eine politische und nicht eine wissenschaftliche. Nachdem Kelsen alle heterogenen Elemente aus dem Begriff des Rechts ausgeschieden hatte, kam er folgerichtig zu der bis dahin unbekannten Aussage: ,,Rechtssätze sind hypothetische Urteile" (S. 73 des Originaltextes, 2. Auflage). In diesem Zusammenhang erwähnte er, daß die ,,Eigengesetzlichkeit", die er in der Einführung zu seiner früheren 1. Auflage genannt hatte, ,,Zurechnung" als eine Form hat, durch die Gesetze und Vorschriften die erforderliche Bedingung des Rechts mit der Wirksamkeit des Rechts in Verbindung bringen.

Was Radbruchs Einstellung gegenüber der Lehre Kelsens angeht, so zitiert er Kelsens Theorie der ,,Allgemeinen Staatslehre" in seinem Buch ,,Rechtsphilosophie" 12 mal. Was dagegen Kelsens ,,Reine Rechtslehre" von 1934 angeht, so erwähnt Radbruch diese nicht mit einem einzigen Wort. Der Verfasser fragt sich, was der Grund hierfür sein könnte. Erik Wolf, der Radbruchs Buch ,,Rechtsphilosophie" zusammengestellt und veröffentlicht hat, schrieb die Einleitung, deren Gegenstand das Leben und die Leistung Gustav Radbruchs war, und diese Einführung hat einen Umfang von 60 Seiten. Gleichzeitig ergänzte Erik Wolf die 8. Auflage, die der Verfasser vor sich hat, um 15 Seiten mit Hinweisen und Erläuterungen. Hier schreibt Wolf: ,,Hans Kelsen (1881–1972), Prof. in Wien, Köln und Genf, Staatsrechtslehrer und Rechtsphilosoph, entwikkelte die Lehre von der Identität von Staat und Recht in seiner Schrift ‚Der soziologische und der juristische Staatsbegriff', 2. Auflage 1928, und in seiner ‚Allgemeinen Staatslehre', 1925". Da Radbruch Kelsens Theorie der ,,Reinen Rechtslehre" nicht zur Kenntnis genommen hatte, erwähnte Wolf, der Radbruch vielleicht gefolgt ist, Kelsens Werk ebenfalls mit keinem Wort. Wahrscheinlich hätten diese beiden Gelehrten gegensätzliche Auffassungen gehabt, was das Verhältnis zwischen Recht und Gerechtigkeit angeht. Der Verfasser spürt hier die Eigensinnigkeit heraus, die für Wissenschaftler so typisch ist. Es war ja weiter oben die Rede davon, daß Radbruch geschrieben hatte: ,,Zur Persönlichkeit wird man durch selbstvergessene Sachlichkeit".

Die Tatsache nun, daß Radbruch Kelsens ,,Reine Rechtslehre" überhaupt nicht erwähnt, die in völligem Gegensatz zu Radbruchs Gerechtigkeitsbegriff steht, deutet auf den Verlust von Objektivität hin. Der Verfasser ist ferner überzeugt, daß Radbruch damit seinen eigenen Charakter verleugnet. Der Leser möge sich hierauf seinen eigenen Vers machen.

In diesem Zusammenhang ist Prof. Christie, USA, offener und erfrischender als diese beiden Wissenschaftler. Christie widmet Kelsen 17 Seiten seines Buches, wovon 4 Seiten auf die „Reine Rechtslehre" verwandt werden. Auf diesen 4 Seiten stellt Christie nicht nur Kelsens Theorie vor, sondern kritisiert sie auch gleichzeitig. Da die gesamte Kritik Christies hier nicht ausgebreitet werden kann, möchte ich nur ein Beispiel zitieren. Auf S. 631 seiner „Rechtsphilosophie" stellt er fest: „In der zweiten Auflage der ‚Reinen Rechtslehre' räumt Kelsen jedoch ein, daß, wenn jemand den Begriff eines einzigen absoluten sittlichen Systems ablehnt und statt dessen die Moral relativiert, die Rechtsordnung als normative Ordnung, das heißt als eine Ordnung von Soll-Sätzen, eben dadurch eine Art moralischer Ordnung ist. Dann ist der Konflikt zwischen Recht und Moral nicht länger ein Konflikt zwischen den Normen zweier epistemologisch unterschiedlicher und nicht vergleichbarer sozialer Ordnungen, sondern ein Konflikt zwischen den Normen zweier unterschiedlicher sittlicher Ordnungen." Prof. Christie hat darauf hingewiesen, daß Kelsens „Reine Rechtslehre", mit der er den Versuch gemacht hatte, in streng analytischer Weise zwischen Recht und Sittlichkeit zu unterscheiden, eine Übereinstimmung zwischen beiden durch die Änderung seiner Auffassungen in der 2. Auflage hergestellt hatte.

Die bisherigen Ausführungen des Verfassers sind so summarisch, daß sie keinen allgemeinen Überblick geben. Hinsichtlich dessen, was Recht ist und wie der Rechtsbegriff zu definieren ist, gibt es verschiedene Theorien in die eine oder andere Richtung. Sie eignen sich also nicht für die Feststellung einer einzigen Bedeutung. Niemand scheint jedoch zu bestreiten, daß Recht die Norm ist, die die Möglichkeit des Zwanges einschließt und einem bestimmten Handeln des Menschen vorausgeht. Verletzt jemand das Recht, so kann durch gesellschaftlich organisierte Macht Zwang auf ihn ausgeübt werden. Wenn dies so ist, dann müssen wir als Wirtschaftspraktiker ernsthaft daran interessiert sein, wie Recht geschaffen und Gesetze erlassen werden. An dieser Stelle müssen wir Platons Satz anerkennen, den er in seinem größten Werk niedergelegt hat, den „Gesetzen" (Viertes Buch, 715B): „. . . lassen wir diejenigen Gesetze nicht für rechtmäßige Gesetze gelten, die nicht um des allgemeinen Besten willen für den Staat als Ganzes gegeben wurden". Dieser Satz ist einfach und trifft die Sache. Entgegen unseren Erwartungen liegt die Wahrheit oft verborgen hinter einem einfachen Ausdruck.

3. Rechnungslegungs-Vorschriften für die Aktiengesellschaft

Am 25. Dezember 1979 wurde der volle Wortlaut eines überarbeiteten Entwurfs betreffend die Rechnungslegung und Publizität der Aktiengesellschaft vom Justizministerium veröffentlicht. Der Verfasser möchte zu Beginn seine Meinung äußern zu einem bestimmten Problem, ehe er mit der Erörterung der Rechnungslegungs-Vorschriften für die Aktiengesellschaft beginnt.

Soweit der Verfasser weiß, behandelte Eugen Schmalenbach, wahrscheinlich im Jahre 1933, ein Problem des deutschen Aktienrechts unter der Bezeichnung „die Bestimmungsgründe der Grundsätze ordnungsmäßiger Bilanzierung" in einer Zeitschrift, die für die handelswissenschaftliche Forschung veröffentlicht wurde. Danach wurde die Schmalenbach-Gesellschaft gegründet, in der vielversprechender und begabter Nachwuchs eigene Artikel über die Rechnungslegungs-Vorschriften der Aktiengesellschaft veröffentlichen konnte. Dabei wurden die Grundsätze ordnungsmäßiger Bilanzierung problematisiert. Man darf deshalb sagen, daß diese fortlaufende Veröffentlichung von Artikeln eine unvergessene historische Leistung derjenigen ist, die hier ein großes Problem des Rechnungswesens sahen. Hieran waren die folgenden Autoren beteiligt:

1. Karl Hast: Grundsätze ordnungsmäßiger Bilanzierung für Anlagegegenstände, 1934.
2. Arnold Krause: Grundsätze ordnungsmäßiger Bilanzierung für Pensionsverpflichtungen, 1935.
3. Erich Streit: Grundsätze ordnungsmäßiger Bilanzierung für Rückstellungen, 1936.
4. Kurt Welland: Grundsätze ordnungsmäßiger Bilanzierung für Wechsel, Schecks und Akzepte (einschl. Valuten), 1936.
5. Nikolaus Dietzen: Grundsätze ordnungsmäßiger Bilanzierung für Stille Reserven, 1937.
6. Hans Karl Vellguth: Grundsätze ordnungsmäßiger Bilanzierung für schwebende Geschäfte, 1938.

Der problematische Bereich der Rechnungslegungs-Vorschriften der Aktiengesellschaft, zusammen mit dem Problem der Publizität, bezieht sich auf das Handelsgesetzbuch. Gleichzeitig ist dies auch ein problematischer Bereich im Rechnungswesen, insbesondere in den Buchführungs-Methoden, in der Theorie des Rechnungswesens und im Prüfungswesen. Dieser Problembereich ist im wesentlichen interdisziplinärer Natur. Es ist also falsch, wenn ein Handelsrechtler diesen Bereich nur vom Standpunkt der „Ordentlichkeit" oder der „Relevanz" des Handelsgesetzbuches sieht, und wenn er der Meinung ist, daß Rechnungswesen nichts weiter als eine technische Fertigkeit sei. Zusammen mit dem Recht ist das Rechnungswesen ebenfalls „ein Kulturbegriff". Radbruch sagt in seiner „Rechtsphilosphie": „Der Begriff des Rechts ist eine wertbezogene Wirklichkeit" (S. 119 der 8. Auflage). Es kann jedoch keinem Zweifel unterliegen, daß das Rechnungswesen ebenfalls ein Kulturbegriff ist. Nicht zu bestreiten ist, daß das Rechnungswesen auch den Charakter einer wertbezogenen Wirklichkeit hat. Diejenigen deutschen Steuer- und Handelsrechtler, die in der Vergangenheit den kulturellen Charakter der Theorie des Rechnungswesens nicht beachtet hatten, zogen sich Schmalenbachs Groll und sogar seinen Haß zu. Diese Situation führte Dr. Tanaka, der Japans führender Handelsrechtler war, zu seinem Mißverständnis der Grundsätze ordnungsmäßiger Buchführung und

Bilanzierung, weil er zu dem Schluß kam, daß diese ganz und gar inhaltslosen Grundsätze nur einen allgemeinen Rahmen darstellen. Dieses Mißverständnis hatte schließlich dazu geführt, daß Theorie und Praxis des Rechnungswesens in Japan noch heute darunter zu leiden haben. Wir haben also allen Anlaß, aus der Kenntnis dieser historischen Entwicklung einiges zu lernen.

Es darf außerdem mit Sicherheit angenommen werden, daß vom Standpunkt des Councellor's Office (Civil Affairs Bureau des Justizministeriums), das diesen vorläufigen Plan veröffentlichte, die zuständigen Beamten eine Vorstellung hatten von dem, ,,was sein soll''. Dies bedeutet, daß vor allem den Gerichten ein eindeutigerer Beurteilungsmaßstab geliefert werden sollte, ganz zu schweigen von dem allgemeinen Problem der Entwicklung von Rechtsnormen für eine Wirtschaftsgesellschaft.

Von diesem Standpunkt aus fällt dem Verfasser zunächst die Einfügung einer Bestimmung auf, daß ,,ein Direktor, der ein Dokument nach ,,1'' mit einer falschen Eintragung vorlegt, eine angemessene Strafe nach Absatz 5 von ,,5'': ,,Veröffentlichung eines Abschlusses'' erhalten sollte''. Die Tatsache, daß in den zivilisierten Ländern der Welt die japanischen Wirtschaftsprüfer am häufigsten und in größter Zahl disziplinarisch zur Rechenschaft gezogen werden, sollte Ausgangspunkt für eine Reform sein, der die für die Gesetzgebung zuständigen Behörden höchste Priorität einräumen sollten. Der Verfasser hält es vom gesellschaftlichen Standpunkt für ungewöhnlich und für eine Verletzung des Grundsatzes der Gerechtigkeit, daß ein Wirtschaftsprüfer, der sich seine Qualifikation durch einen anspruchsvollen Ausbildungsgang erworben hat, wegen der fahrlässigen und unverantwortlichen Handhabung geschäftlicher Angelegenheiten durch die Unternehmensleitung leicht bestraft werden kann, was bis zum Entzug seiner Zulassung gehen kann. Die in Art. 498 des Handelsgesetzbuches vorgesehene Geldstrafe ist überhaupt keine Strafe. Der Verfasser ist zwar der Meinung, daß es ein wenig zu spät ist, möchte sich aber doch sehr anerkennend zu den Bemühungen der gesetzgebenden Organe äußern, die mit dem Vorschlag einer Geldstrafe so mutig den ersten Schritt zu einer gerechten Gesetzgebung getan haben.

Was zweitens die Norm für die Anfertigung eines Abschlusses angeht, so kann der Verfasser nur mit Verwunderung feststellen, daß die notwendigen Bestimmungen bis jetzt noch nicht erlassen worden sind. Über die Notwendigkeit der Überprüfung des Ausdrucks ,,eine zutreffende gewohnheitsmäßige Praxis im Rechnungswesen'' wird sich der Verfasser später ausführlich äußern. In einer Art vergleichender Rechtswissenschaft sollte man jedenfalls dem Standard für die Anfertigung von Abschlüssen größere Aufmerksamkeit widmen. Dem Verfasser liegt ein Buch vor mit dem Titel ,,Grundsätze ordnungsmäßiger Bilanzierung für Verbindlichkeiten'', von Dr. Ulrich Hüttemann, 2. Auflage, 1976, das 1970 von der Schmalenbach-Gesellschaft erstmals veröffentlicht wurde. Es werden die folgenden sieben Grundsätze zitiert, die sämtlich mit Rechtskraft ausgestattet sind (vgl. S. 3):

1. der Grundsatz der Wahrheit
2. der Grundsatz der Klarheit
3. der Grundsatz der Vollständigkeit
4. der Grundsatz der Vergleichbarkeit
5. das Realisationsprinzip
6. das Imparitätsprinzip
7. der Grundsatz der Vorsicht.

Welcher Schaden ist wirklich entstanden durch die Übernahme dieser verschiedenen Grundsätze in die Gesetzgebung? Am 18. Februar 1980 hatte der Verfasser ein Gespräch mit Yasuhiro Nakasone. Dieser hatte unter lebhafter Zustimmung des Verfassers festgestellt, es sei wirklich bedauernswert, daß es in der Nachkriegs-Gesetzgebung eine starke Tendenz gebe, den Ersten Grundsatz nicht mit der ,,Soll"-Sanktion auszustatten.

4. *Rechnungslegungs-Vorschriften für die Aktiengesellschaft* (Fortsetzung)

Während eines Gesprächs mit Nakasone an dem genannten Tag kam der Verfasser auch auf das Problem der Formulierung des Wortlauts des Steuerberatergesetzes in Japan zu sprechen und wies darauf hin, daß Artikel 45 Absatz 1 des Gesetzes nur vorschreibt: ,,Falls ein Steuerberater vorsätzlich und entgegen einem wirklich vorliegenden Tatbestand als Steuerberater tätig wird oder ein steuerlich relevantes Dokument ausstellt oder der Bestimmung von Artikel 36 zuwiderhandelt (Bemerkung: Handlungen, die diese Vorschriften verletzen, zum Beispiel Beratung zum Zwecke der Steuerhinterziehung usw.), dann hat er seine Steuerberatungstätigkeit vorläufig oder endgültig einzustellen, und zwar innerhalb eines Zeitraumes von einem Jahr." Der Verfasser wies ferner darauf hin, daß es keine verbindlichen Bestimmungen als allgemeines Prinzip des Verhaltenskodex gebe, die der genannten Bestimmung logisch vorauszugehen hätten. Es wurde zum Beispiel darauf hingewiesen, daß man bei der Formulierung des Gesetzeswortlauts nicht an folgenden kategorischen Satz gedacht habe: ,,Ein Steuerberater muß in Ausübung seiner Tätigkeit jederzeit Zugang zu den wirklichen Tatbeständen haben." Diese fehlende Sorgfalt des Finanzministeriums bei der Formulierung des Gesetzestextes hat zu einer Laxheit der steuerberatenden Berufe geführt, in dem Sinne, daß diese nicht bemüht sind, den wirklichen Tatbestand durch eine Prüfung an Ort und Stelle festzustellen. Diese Laxheit läßt sich eindeutig nur in diesem Lande feststellen, wenn man die für Wirtschaftsprüfer in den USA und in der Bundesrepublik Deutschland usw. geltenden Normen mit den Verhältnissen in Japan vergleicht.

So schreibt zum Beispiel § 57 des deutschen Steuerberatungsgesetzes, zuletzt geändert im August 1980, in Absatz 1 unter der Bezeichnung ,,Allgemeine Berufspflichten" vor:

,,Steuerberater und Steuerbevollmächtigte haben ihren Beruf unabhängig, eigenverantwortlich, gewissenhaft, verschwiegen und unter Verzicht auf berufswidrige Werbung auszuüben."

Diese Bestimmungen, die allgemeine Pflichten beschreiben, reichen bis Absatz 4. Ich möchte an dieser Stelle aber nicht näher auf sie eingehen. Dagegen ist festzustellen, daß es in Japan bis jetzt keine Kodifizierung allgemeiner Grundsätze gibt. Der Ausdruck ,,gewissenhaft" in Absatz 1 wird in einem Buch mit dem Titel ,,Steuerberatungsgesetz. Handkommentar" (2. Auflage, 1975) erläutert, das gemeinsam von Karl-Heinz Mittelsteiner und Dr. R. Horst Gehre geschrieben wurde. Die beiden Autoren stellen fest, daß Gewissenhaftigkeit identisch sei mit dem Begriff ,,Sorgfältigkeit". Sie stellen ferner fest, daß der Ausdruck Sorgfältigkeit seinen Ursprung habe in der Wendung ,,erforderliche Sorgfalt" nach § 276 Absatz 1 Satz 1 des deutschen BGB. Der Ausdruck Sorgfaltspflicht dagegen gilt lediglich als die Verpflichtung, im Rahmen eines Vertrages die Rechte des anderen Vertragspartners zu berücksichtigen. Der Ausdruck ,,gewissenhaft" bedeute, daß man seine Pflichten über den Rahmen des Vertrages hinaus erfüllen müsse. Sie stellen fest: ,,Der Gesetzgeber wollte jedoch über diesen Begriff hinausgehen" (S. 89). Um es einfach zu sagen, jeder Steuerberater ist nicht nur zu einer Außenprüfung verpflichtet, um den Gewinn eines Mandanten nicht zu übersehen, sondern ,,es sind auch die steuerlichen und berufsgesetzlichen Vorschriften zu beachten". Es folgt also, daß Gewissenhaftigkeit umfassender ist als Sorgfaltspflicht.

Unter der Bezeichnung ,,Allgemeine Berufspflichten" schreibt § 43 Absatz 1 der deutschen Wirtschaftsprüferordnung vor: ,,Der Wirtschaftsprüfer hat seinen Beruf unabhängig, gewissenhaft, verschwiegen und eigenverantwortlich auszuüben. Er hat sich insbesondere bei der Erstattung von Prüfungsberichten und Gutachten unparteiisch zu verhalten." Die Bestimmungen reichen ebenfalls bis zum Absatz 4 einschließlich, doch möchte der Verfasser sich auch hier nicht dazu äußern. Es braucht nicht betont zu werden, daß § 43 Absatz 1 der Wirtschaftsprüferordnung im inneren Zusammenhang steht mit § 168 AktG. Unter der Überschrift ,,Verantwortlichkeit der Abschlußprüfer" heißt es in § 43 Absatz 1 Satz 1 der Wirtschaftsprüferordnung: ,,Die Abschlußprüfer, ihre Gehilfen und die bei der Prüfung mitwirkenden gesetzlichen Vertreter einer Prüfungsgesellschaft sind zur gewissenhaften und unparteiischen Prüfung und zur Verschwiegenheit verpflichtet." Nach einer von der Wirtschaftsprüferkammer herausgegebenen Broschüre über ,,Rechnungslegung und Prüfung von Aktiengesellschaften" wird der Grundsatz der Gewissenhaftigkeit der Prüfung abgeleitet aus § 43 Absatz 1 Satz 1 WPO. Aus dieser Broschüre geht auch hervor, daß der genannte Grundsatz durch die Durchführungsbestimmungen zur WPO vom 9. Juli 1964 festgelegt wurde (Vgl. Adler/Düring/Schmaltz: Rechnungslegung und Prüfung der Aktiengesellschaft. Handkommentar, Vierte Auflage, völlig neu bearbeitet von Schmaltz/Forster/Goerdeler/Havermann, Band 2, 1971, S. 341 ff.).

Diese Durchführungsbestimmungen wurden gemäß § 57 Abs. 1 WPO erlassen. Abschnitt 2 der Durchführungsbestimmungen schreibt zum Punkt Gewissenhaftigkeit vor: »Der Wirtschaftsprüfer muß bei Erfüllung seiner Aufgaben Gesetze und fachliche Regeln beachten sowie nach seinem Gewissen handeln. Er hat sich hierbei von dem Grundsatz der getreuen und sorgfältigen Rechenschaftslegung leiten zu lassen.“ In diesen Durchführungsbestimmungen sind auch Verhaltensregeln in 10 Artikeln enthalten, die bezeichnet werden als „richtungweisende Feststellungen“ (Vgl. Wirtschaftsprüfer-Handbuch 1973, Institut der Wirtschaftsprüfer in Deutschland e.V., S. 51 ff.). Der vollständige Text dieser 10 Artikel kann hier leider nicht wiedergegeben werden.

Man hat, kurz gesagt, die allgemeinen Verhaltensgrundsätze des Wirtschaftsprüfers zu bindenden Rechtsvorschriften gemacht, um bei jedem der genannten praktischen Grundsätze, die die Arbeitsgrundlage des Wirtschaftsprüfers festlegen, Fehler auszuschließen. Der Verfasser glaubt sicher nicht zu Unrecht, daß diese Struktur in der Tat vorbildlich ist. Es gibt einen einleuchtenden Grund, warum die Zahl der Angehörigen steuerberatender Berufe, gegen die disziplinarisch vorgegangen wurde, erheblich kleiner ist, als wir dies erwarten würden. Das Steuerberatungsgesetz (§§ 89–153) und die Wirtschaftsprüferordnung (§§ 65–127) enthalten Rechtsvorschriften betreffend die Berufsgerichtsbarkeit. Soweit der Verfasser erfahren konnte, hat es bisher trotzdem nur sehr wenige Steuerberater oder Wirtschaftsprüfer gegeben, gegen die im Rahmen der Berufsgerichtsbarkeit vorgegangen werden mußte.

Der Verfasser ist der Meinung, daß die Ursache hierfür nicht so einfach zu Tage liegt, zum Beispiel das System der Prüfung für Steuerberater und Wirtschaftsprüfer, der kulturelle Hintergrund oder das Ausbildungsniveau. Für den Zweck des Erlasses von Gesetzen und Bestimmungen oder wenn wir das Recht in einen weiteren Rahmen stellen, zum Beispiel das Aktienrecht usw., macht es einen großen Unterschied, ob die bindenden Vorschriften in Form allgemeiner und kategorischer Sätze eindeutig in einem Gesetz verankert werden.

In den Vereinigten Staaten obliegt der Erlaß von Rechtsvorschriften über steuerberatende Berufe der Gesetzgebung der einzelnen Bundesstaaten. Einheitliche für das gesamte Gebiet der USA geltende Richtlinien sind enthalten in den Professional Standards, die vom American Institute of Certified Public Accountants (AICPA) formuliert wurden (Bemerkung: Ich beziehe mich hier auf die Ausgabe der Professional Standards durch das AICPA von 1976.). Diese Standards bestehen aus insgesamt drei Bänden mit über 2000 Seiten. In ihnen werden sehr detailliert Richtlinien für die Anwendung disziplinarischer Bestimmungen beschrieben. Die „Standards of Field Work“ sind in Band 1, S. 221–443, Abschnitt 300–338, mit weiteren Untergliederungen enthalten. Der Umfang dieser Standards ist so ungeheuer groß, daß der volle Wortlaut hier nicht übersetzt werden kann. Die zeitliche Festlegung von Prüfungsarbeiten wird in fünf Artikeln behandelt. Der Text jedes Artikels ist allerdings so lang, daß der Verfasser nur auf die wichtigsten Punkte hinweisen kann. Abschnitt 310.08 enthält folgende Formulierung: „Wird ein Zeitplan für die Anwendung der Prüfverfahren festgelegt, so gehört dazu die richtige zeitliche Abstimmung der Anwendung dieser Verfahren. Es ist möglicherweise erforderlich, zum Beispiel gleichzeitig Kasse und Bankguthaben, Wertpapierbestände, Bankdarlehen und ähnliche Posten zu prüfen. Dazu gehört vielleicht auch ein Überraschungselement, die Revisionskontrolle leicht veräußerbarer Vermögensgegenstände und ein anderer Abschlußzeitpunkt als der Bilanzstichtag. Dies alles ist zu beurteilen im Hinblick auf die Effizienz der internen Kontrolle in einer bestimmten Situation." Es wird also vorgeschrieben, daß eine Außenprüfung zu fast jeder Zeit des Jahres durchgeführt werden kann (Abschnitt 310.05). Abschnitt 310.09 behandelt ferner die Prüfung der Inventur, das Abrechnungsverfahren für den Warenausgang, den Endzeitpunkt für die Ermittlung von Käufen und Verkäufen, die Prüfung von Wertpapieren, die durch Umwandlung in flüssige Mittel veräußert werden können und außerdem ein Prüfungsprogramm, um zu ermitteln, ob im Falle großer Wertpapierbestände eine Korrektur erforderlich ist und deshalb eine entsprechende Prüfungszeit vorzusehen ist.

Was weiterhin die Durchführung und die Bewertung der internen Kontrolle angeht, so sieht der erste Teil von Abschnitt 320.38 bezüglich der ,,*Aufzeichnung von Geschäftsvorfällen*" vor: ,,Das Ziel der rechnungsmäßigen Kontrolle der Aufzeichnung von Geschäftsvorfällen verlangt, daß sie in tatsächlicher Höhe und für die tatsächliche Rechnungsperiode in sachlich richtigen Konten aufgezeichnet werden." Obgleich die Forderung der Richtigkeit bei der Aufzeichnung von Geschäftsvorfällen sich angesichts dieser Vorschriften von selbst versteht, so zeigt sich doch, daß die Vorschrift des ,,zeitgerecht" bei der Aufzeichnung von Geschäftsvorfällen in den Vereinigten Staaten nicht so streng gehandhabt wird wie in den Grundsätzen ordnungsmäßiger Buchführung in der Bundesrepublik Deutschland. Obgleich ferner in den Vereinigten Staaten die Außenprüfung als selbstverständlich gilt, so ist es nicht erforderlich, die Anzahl der Außenprüfungen, zum Beispiel einmal im Monat, festzusetzen, woraus man ersehen könnte, daß die Auswahl des Zeitpunktes und die Häufigkeit der Außenprüfung entsprechend der tatsächlichen Wirksamkeit der internen Kontrolle elastisch gehandhabt wird.

Die Professional Standards enthalten natürlich die ,,Generally Accepted Accounting Principles" (GAAP), die im Oktober 1970 vom American Institute of Certified Public Accountants (AICPA) und die gesamten ,,Generally Accepted Auditing Standards" (GAAS), die im November 1972 vom gleichen Institut eingeführt wurden. Die amerikanischen Professional Standards lassen sich in keiner Weise, weder ihrem ausführlichen Inhalt noch ihrem großen Umfang nach, mit den Recommendations on Accounting Principles vergleichen, die vom Institute of Chartered Accountants in England and Wales (I.C.A.) veröffentlicht wurden. Die letzte Auflage dieser Empfehlungen, die dem Verfasser vorliegt, ist die von 1975. Sie hat nur 151 Seiten. Die dem Verfasser zugängliche letzte Auflage der Professional Standards umfaßt mehr als 2000 Seiten. (Bemerkung: Danach wurde eine erweiterte Auflage am 1. Juni 1980 veröffentlicht.)

Die Professional Standards sind indes nicht nur nach Inhalt und Umfang bemerkenswert. Nach Abschnitt 92.01, Band 2, kann jedes Mitglied, das die Bestimmungen dieses amerikanischen Instituts oder die Verhaltensregeln verletzt, aufgrund einer Vernehmung vor dem ,,Trial Board" verwarnt und vorläufig oder endgültig ausgeschlossen werden. Die Verhaltensregeln für alle Mitglieder erstrecken sich auf sämtliche Dienstleistungen im Rahmen der Geschäfte von Steuerberatern einschließlich Steuerangelegenheiten und Unternehmensberatung (Abschnitt 92.02). Der Verfasser möchte sich deshalb sehr anerkennend zu der Tatsache äußern, daß diese Professional Standards für Steuerberater, die in Form allgemeiner und kategorischer Sätze festgelegt sind, in den Vereinigten Staaten existieren, nicht als Ergebnis gesetzgeberischen Zwanges, sondern durch den Beschluß einer unabhängigen Gruppe von Wirtschaftsprüfern. Was dies angeht, so hat Artikel 1 Absatz 3 des Wirtschaftsprüfergesetzes in Japan den Umfang der Geschäftstätigkeit einer Wirtschaftsprüfungsgesellschaft nur auf die Prüfungstätigkeit beschränkt, die sich aus Artikel 2 Absatz 1 des genannten Gesetzes ergibt. Es sollte nicht ungesagt bleiben, daß diese Begrenzung der Geschäftstätigkeit nicht nur einen Verstoß gegen Artikel 8 des ,,Friendship, Commerce and Navigation Treaty between Japan and the USA" darstellt, in dem eine nationale Regelung der Angelegenheiten der Wirtschaftsprüfer vorgesehen ist. Sie stellt auch einen offenkundigen Verstoß gegen Artikel 98 Absatz 2 der japanischen Verfassung dar, die die genaue Einhaltung aller von Japan geschlossenen völkerrechtlichen Verträge vorschreibt.

Der Verfasser hat diese Zusammenhänge nicht vollständig mit Yasuhiro Nakasone diskutiert. Er ist ein so prominenter Staatsmann, daß er wahrscheinlich von sich aus auf sie stoßen wird. Als der Verfasser darauf hinwies, wie unsachgemäß der Wortlaut des Steuerberatergesetzes verfaßt sei und wie schlecht die Qualität der steuerberatenden Berufe in Japan sei, bemerkte Nakasone, der aufmerksam zugehört hatte, folgendes: ,,Mein lieber Iizuka, was Sie sagen, gilt nicht nur für das Steuerberatergesetz. Wir beobachten hier eine Tendenz, die für die gesamte Gesetzgebung in der Nachkriegszeit in Japan typisch ist. Nehmen Sie zum Beispiel die japanische Verfassung. Es gibt dort kaum eine Bestimmung, in der die Verpflichtungen der Menschen in Japan eindeutig festgelegt sind. Das einzige Beispiel ist vielleicht der Artikel 30 der Verfassung, in dem die Verpflichtung zur Steuerzahlung festgelegt ist. Die japanischen Beamten, die einen Gesetzesentwurf vorzubereiten haben, werden unvermerkt von diesem Geist der Verfassung beeinflußt. Sie haben deshalb nicht mehr die Gewohnheit, Rechtsvorschriften festzulegen, mit denen den Menschen bestimmte Pflichten auferlegt werden. Dies hätte in der Präambel eines Gesetzesentwurfs zum Ausdruck zu kommen. Es hat den Anschein, daß es einem Beamten, der einen Gesetzesentwurf auszuarbeiten hat, an Mut oder Vertrauen fehlt." Mit Themen dieser Art endete das Gespräch des Verfassers mit Nakasone.

30 Jahre sind nunmehr vergangen, seit der Verfasser mit dem Studium der vergleichenden Steuerwissenschaft nach dem Kriege begann. Nur mit Mühe

wurde mir klar, wie von Nakasone richtig bemerkt, daß der Mangel einer Präambel in den verschiedenen Phasen der Gesetzgebung in Japan ein wichtiges unterscheidendes Merkmal der Nachkriegs-Gesetzgebung war. Der Verfasser schämt sich fast zu sagen, daß sich dieser Mangel nicht etwa nur auf das Steuerberatergesetz beschränkt.

Wie Merz in einem Buch „Das Recht als soziale Ordnungsmacht" (1964) und nun Dr. Heinrich Henkel von der Universität Hamburg in „Einführung in die Rechtsphilosophie" (2. Auflage, S. 38, 45, 467) bemerkten, ist das Recht die Lebensordnung des Menschen, es ist die Normenordnung selbst, und es ist mit Sicherheit eine bewegende Kraft der Gesellschaft als immanenter Faktor der Sozialgestaltung. In diesem Zusammenhang möchte der Verfasser wünschen, daß japanische Regierungsbeamte, die für die Ausarbeitung eines Gesetzesentwurfes zuständig sind, die Situation richtig erkennen und die von Nakasone so sehr empfohlene Präambel einführen, um so mutig in Form allgemeiner und kategorischer Sätze die verpflichtenden Bestimmungen in Geltung zu setzen, mit denen sich der Verfasser bisher befaßt hat. Für diejenigen Regierungsbeamten, die nach Lage der Dinge die übliche Praxis zu respektieren haben, mag es ernsthafte Schwierigkeiten geben, von denen der Verfasser keine Kenntnis hat. Dennoch gibt es ein Wort in KANPISHI (Buch der Ethik im alten China), das besagt, daß „jemand, der nur ein wenig Loyalität aufbringt (SHOCHU), in Wahrheit ein Verräter gegenüber denen ist, deren Loyalität keine Grenzen kennt (DAICHU). Möchten doch die Regierungsbeamten begreifen, daß ihr Leben als Diener des Staates nur dann wirklich wert ist, gelebt zu werden, wenn sie die gegenwärtige Taktik von Kompromiß und Harmonie (SHOCHU) aufgeben und sich ganz dem Ziel zuwenden, Eckpfeiler aufzurichten, die im Interesse des Staates und der Menschen 100 Jahre überdauern (DAICHU).

Zum Beispiel gibt es in einem japanischen Gesetz, in Artikel 498 Absatz 1 Nr. 19 des Handelsgesetzbuches, eine Bestimmung folgenden Wortlauts: „Wenn Posten der Bilanz und der Gewinn- und Verlustrechnung ... nicht in die Bücher eingetragen wurden oder wenn eine falsche Eintragung erfolgt ...". In dieser Rechtsvorschrift heißt es weiter: „Ist einer dieser Tatbestände erfüllt, dann ist eine Geldstrafe bis zu 300 000 Yen verwirkt" (Bemerkung: Dieser Betrag wurde 1981 auf 1 000 000 Yen erhöht.) Der Verfasser nimmt an, daß der Ausdruck „Posten wurden nicht eingetragen" bedeutet, daß die Aufzeichnungen von Geschäftsvorfällen nicht vollständig und umfassend waren und daß der Ausdruck „eine falsche Eintragung gemacht wurde" bedeutet, daß es den erwähnten Posten an Richtigkeit fehlte. Wenn dies so ist, dann handelt es sich lediglich um den Grundsatz der Vollständigkeit und den Grundsatz der Wahrheit, die Teil der Grundsätze ordnungsmäßiger Buchführung in der Bundesrepublik Deutschland sind. Der Verfasser hat den Eindruck, daß die japanischen Rechtsvorschriften eine versteckte Falle enthalten, um Strafen verhängen zu können. Die Grundsätze ordnungsmäßiger Buchführung sind in dieser Hinsicht eindeutig in die Bestimmungen des japanischen Handelsgesetzbuches eingegangen. Die Frage stellt sich aber, warum unser Gesetzgeber nicht den Versuch macht, diese beiden Grundsätze als allgemeine und kategorische Sätze in unser Handelsgesetzbuch aufzunehmen. Ist der Grund darin zu sehen, daß er eine Logik hat, nach der die Wirkung des Rechts die gleiche sein soll, gleichgültig ob er diese Grundsätze lediglich als eine auslegungsfähige Theorie übernimmt oder ob er die Grundsätze der Buchführungspflicht für Kaufleute als kategorische Sätze festlegt? Ist er der Auffassung, daß es richtig ist, wenn diese Zusammenhänge nur von Juristen und Richtern verstanden werden? Der Verfasser ist hier anderer Meinung. Wie Dr. Henkel von der Universität Hamburg feststellt, ist das Recht die Lebensordnung des Menschen, die Normenordnung selbst und offensichtlich bewegende Kraft als immanenter Faktor der Sozialgestaltung. Deshalb hat man diese Grundsätze in deutlicher und systematischer Form in Gesetzen niedergelegt. Die Auffassungsgabe der Menschen ist so unterschiedlich, daß solche Gesetze und Vorschriften, mit denen Sanktionen verbunden werden müssen, nicht wie „Kakushi Aji" im Japanischen behandelt werden sollten, was bedeutet „der besondere Gebrauch von Gewürzen" zur Steigerung des speziellen Aromas in der Kochkunst. Der Verfasser ist überzeugt, daß diese Strafbestimmungen im Wortlaut eines Gesetzes als grundlegende Bestimmung in Form eines kategorischen Satzes enthalten sein sollten.

Aufgrund einer mehr als 30jährigen Erfahrung als Wirtschaftsprüfer darf ich sagen, daß nicht mehr als ein Prozent aller Kaufleute in Japan Kenntnis davon haben, daß es für die Eintragung von Geschäftsvorfällen in Büchern eine Gesetzesnorm mit Strafbestimmungen gibt, wonach die Eintragungen richtig, vollständig und umfassend sein müssen. Es gibt andere, die wissen, daß Vollständigkeit und Richtigkeit wesentliche Elemente der rechtlichen Vorschrift für die Aufzeichnung in Büchern sind, aber keinesfalls wissen, daß sie sich strafbar machen können. Es ist ein wichtiger Tatbestand, daß höchstens ein Prozent aller Kaufleute in Japan, die der Anwendung einer Rechtsnorm unterliegen, nicht wissen, daß die Einhaltung dieser beiden Grundsätze eine rechtliche Verpflichtung ist. Dies bedeutet, daß die Norm als solche nicht verstanden worden ist und daß sie also im gesellschaftlichen Umfeld überhaupt nicht funktioniert. Es ist also so, als gäbe es im Bewußtsein der meisten Menschen in Japan keine Rechtsnorm dieser Art. Man muß es deshalb als einen großen Fehler des japanischen Gesetzgebers ansehen, der die Grundsätze der Vollständigkeit und Richtigkeit in Büchern und Aufzeichnungen in unserem Handelsgesetzbuch nur in dieser Form niedergelegt hat. Man sollte deshalb sagen dürfen, daß „es höchste Zeit ist, daß ein Angriff darauf unternommen wird mit der Begleitmusik militärischer Trommeln" („Rongo" – Die Analekten des Konfuzius). Da die Gesetzgebungsbefugnis ausschließlich beim Parlament liegt (Artikel 41 der japanischen Verfassung), läßt sich leicht feststellen, daß das Parlament hierfür verantwortlich sein sollte und daß die Mitglieder dieses Parlaments diese Angelegenheit ohne Sachkunde behandelt haben. Angesichts der gegenwärtigen organisatorischen Struktur der bezahlten Mitarbeiter von Parlamentsmitgliedern darf man sagen, daß es ungerecht wäre, die ganze Verantwortung für die Gesetzgebung den Mitgliedern des japanischen Parlaments in die Schuhe zu schieben. Schließlich müssen sich die Beamten des Justizministeriums, die beratende Funktion haben, über ihre besondere Verantwortung in diesem Bereich befragen lassen. Man wird dann in logisch vernünftiger Weise schließen, daß der Charakter, die Unterscheidungsgabe und der Mut verantwortlicher Beamter dazu beitragen können, daß dieser kolossale Fehler beseitigt wird.

Weiter oben stellte der Verfasser fest: ,,Was zweitens die Norm für die Erstellung von Buchungsunterlagen angeht, so kann der Verfasser nur mit größtem Erstaunen feststellen, daß es an Rechtsvorschriften fehlt, die dringend nötig wären. ... Was die Norm für die Erstellung von Buchungsunterlagen angeht, so möchte der Verfasser wünschen, daß die Ergebnisse der vergleichenden Rechtswissenschaft in größerem Umfang berücksichtigt würden." Der Grund war, daß der Entwurf des neugefaßten Handelsgesetzbuches, der Ende 1979 vom Councellor's Office, Civil Affairs Bureau, veröffentlicht wurde, in 2-(2) des ,,Standard for Preparing Calculation Documents" die folgende Frage enthielt:

,,Welches ist nach ihrer Meinung die Begründung für den Erlaß von Vorschriften, deren Inhalt der elementare Grundsatz für die Herstellung von Buchungsunterlagen durch die Aktiengesellschaft ist, nämlich Bilanz, Gewinn- und Verlustrechnung und der ausführliche Geschäftsbericht sind so abzufassen, daß Vermögen, Verbindlichkeiten, Kapital, Gewinne und Aufwendungen einer Gesellschaft *genau angegeben* werden?"

Da das Recht die Lebensordnung des Menschen und die Normenordnung selbst ist, können Normen und Ordnungen, die in allen Lebenslagen angefochten werden, der Kontrolle durch das Recht unterworfen werden, und sie lassen sich deshalb auch in das System der Logik des Rechtes einfügen. Hierauf möchte der Verfasser an dieser Stelle nicht eingehen. Was aber den richtigen Ausweis des Vermögens, der Verbindlichkeiten, des Kapitals, der Gewinne und der Aufwendungen eines Unternehmens angeht, so hat in der menschlichen Gesellschaft die Entwicklung dieses besonderen Wissensgebietes seinen Ausgang genommen von dem Italiener Luca Pacioli im Mittelalter. Es trägt die Bezeichnung ,,Rechnungswesen" und steht für die Methode der ,,richtigen Beschreibung der Geschäftslage". Daraus hat sich dann später die Betriebswirtschaftslehre entwikkelt. Betrachtet man das Recht vom Standpunkt der Entwicklungsgeschichte aus, so zeigt sich, daß es zu allen Zeiten der Entwicklung stets nachgefolgt ist. Mit anderen Worten: Es ist in der Kulturgeschichte der Menschheit eine unbestreitbare Tatsache, daß die wissenschaftliche Beschäftigung mit der richtigen Angabe der Umstände bezüglich des Vermögens, der Verbindlichkeiten, des Kapitals, der Gewinne und der Aufwendungen eines Unternehmens das Wesen der ,,Rechnungslegung" ausmacht. Bei der Neufassung des Handelsgesetzbuches, das ein Teil der Rechtsordnung ist, sollten sich die Beteiligten dem wirklichen Kern des Rechnungswesens zuwenden. SOHSI (Chuang Tzu – ein berühmter chinesischer Gelehrter) sagte einmal, daß ,,ein Heiliger sich selbst zunichte macht", und er verkündete ferner, daß ,,ein Meister kein ichbezogenes Bewußtsein hat". Wenn die mit der Arbeit der Neufassung betrauten Personen so weit wie möglich die Probleme des Rechnungswesens berücksichtigen, so müssen sie nach Meinung des Verfassers vor allem die Einstellung des Chuang Tzu haben, der gesagt hatte: ,,Ein Heiliger macht sich selbst zunichte".

Was war, abgesehen vom Problem der geistigen Einstellung, der Grund, warum der Verfasser ,,verblüfft war, daß Rechtsvorschriften fehlten, die eigentlich hätten vorhanden sein müssen"? Es war so, daß der Ausdruck ,,eine Rechtsvorschrift zu schaffen, die eine korrekte Angabe ermöglicht", mich zu der Einsicht gebracht hatte, daß der fatale Fehler des verstorbenen Dr. Kotaro Tanaka bezüglich der Grundsätze ordnungsmäßiger Buchführung noch bis in die Gegenwart hinein nachwirkt. Auf der Suche nach dem Konzept der Grundsätze ordnungsmäßiger Buchführung nach § 38 des deutschen Handelsgesetzbuches bemerkte Dr. Kotaro Tanaka, der ein großer japanischer Handelsrechtler war, nicht, daß es die von Enno Becker redigierte und 1919 in Kraft gesetzte Reichsabgabenordnung gab.

Außerdem wurde er in die Irre geführt durch Schmalenbachs Auffassungen, die auf S. 362 der 5. Auflage der ,,Dynamischen Bilanz" dargelegt waren. Trotz der Tatsache, daß 25 Jahre vor der Veröffentlichung des Buches ,,Die Logik der Bilanzierungsgrundsätze" durch Dr. Tanaka in Deutschland positives Recht bestand, das eine ausführliche Diskussion der Grundsätze ordnungsmäßiger Buchführung implizierte, machte Dr. Tanaka einen Fehler, als er bezüglich der Grundsätze ordnungsmäßiger Buchführung feststellte: ,,Kurz gesagt, der Gesetzgeber sollte sich klar darüber sein, daß die betroffenen Unternehmen gewohnheitsmäßig im allgemeinen praktische Grundsätze befolgen und daß, außer wenn die Rechtsordnung selbst zu Einzelfragen Rechtsvorschriften zur Verfügung stellt, diese nur einen allgemeinen Rahmen darstellen, der durch die wirtschaftliche Praxis ausgefüllt werden muß." (Vgl. Die Logik der Bilanzierungsgrundsätze, Nachdruck, 1946, S. 36). Der Verfasser hat bereits darauf hingewiesen, daß dieses Mißverständnis später eine Kettenreaktion bei allen japanischen Handelsrechtlern und Fachleuten des Rechnungswesens auslöste und daß diese Kette von Mißverständnissen weiter die Ursache für den großen geistigen Verlust war, der seit mehreren Jahrzehnten im japanischen Rechnungswesen spürbar ist. Dieser Verlust war eigentlich sogar die fundamentale Ursache für die ernsten Mängel im Rechnungslegungssystem des Landes, die nicht nur die japanischen Wirtschaftsprüfer berührten. Sollte der Leser der Meinung sein, daß Dr. Tanakas Mißverständnis sich heute nicht mehr wie ein Schneeball vergrößert, sollte er wissen, daß eine so extrem kurze und einfache Form der Darstellung des Problems ,,dahingehend, daß ein richtiger Ausweis erfolgt" nicht möglich gewesen wäre. Da das derzeit geltende Handelsgesetzbuch sich der ,,gemischten Methode" bedient, so bedeutet ,,richtiger Ausweis" in den Buchführungsunterlagen ebenfalls ,,richtiger Ausweis" in den Büchern. Der

Standard für die richtige Führung von Büchern und Aufzeichnungen in Deutschland ist genau das, was man die Grundsätze ordnungsmäßiger Buchführung nennt. Was den Standard für die richtige Führung von Büchern und Aufzeichnungen angeht, nämlich die Grundsätze ordnungsmäßiger Buchführung, so ist zu sagen, daß sie die verschiedensten Grundsätze einschließen und daß die GoB in Deutschland in zahlreichen Publikationen enthalten sind. Der Verfasser hat sich bis jetzt bemüht, dem Leser den gemeinsamen Kern dieser Grundsätze verständlich zu machen.

Daß der Ausdruck ,,richtiger Ausweis" vom Standpunkt des Handelsgesetzbuches, des Steuerrechts und des Rechnungswesens aus ein umfangreiches Thema ist, zeigt sich, wenn man den Steuerberaterkongreß-Report des deutschen wissenschaftlichen Instituts der Steuerberater und Steuerbevollmächtigten durchsieht. Dem Verfasser liegt ein solcher Bericht vor, der ihm vom Bundesfinanzminister als Anerkennung für seinen Vortrag im Bundesfinanzministerium am 3. Oktober 1978 überreicht wurde. Der Verfasser ist überrascht, wenn er zur Kenntnis nehmen muß, daß der Jahresbericht einer wissenschaftlichen Gesellschaft Jahr für Jahr das Thema der Grundsätze ordnungsmäßiger Buchführung aufgreift. Die GoB sind unter verschiedenen Gesichtspunkten in den einzelnen Jahren behandelt worden:

Jahresbericht	*Seite*	*Jahresbericht*	*Seite*
1963	118	1970	73
1964	75	1971	371
1965	178	1972	151
1966	177	1973	293
1967	197	1974	402
1968	56	1975	5 und 131
1969	265	1976	150
		1977	379

Das deutsche Rechtssystem ist so aufgebaut, daß die Beweiskraft von Büchern und Aufzeichnungen anerkannt wird, solange die verschiedenen Grundsätze beachtet werden. Deshalb wird streng auf die Einhaltung der dadurch gezogenen Grenzen geachtet.

5. Rechnungslegungs-Vorschriften in der Bundesrepublik Deutschland

(1) Die Einführung ausführlicher Bestimmungen zu den GoB

Dr. Kotaro Tanaka, Professor an der Universität von Tokio, der ein führender japanischer Handelsrechtler war, machte einen fatalen Fehler bei der Auslegung des Konzepts der GoB nach § 38 HGB. Dies mußte aber den Verfasser zu dem

Schluß führen, daß sein Fehler einen nicht wiedergutzumachenden Schaden für die spätere Entwicklung der Theorien und des Rechnungslegungssystems in diesem Lande angerichtet hat. Der Ausgangspunkt war die Reichsabgabenordnung, die Enno Becker ausgearbeitet hatte und die am 13. Dezember 1919 erlassen wurde. Mit diesem Gesetz hatte Deutschland zum ersten Mal ausführliche positiv-rechtliche Bestimmungen über die Grundsätze ordnungsmäßiger Buchführung erhalten. Dies hat der Verfasser bereits mehrere Male zum Ausdruck gebracht.

Leider ist der Verfasser nicht im Besitz einer Gesetzessammlung aus der damaligen Zeit. Ein fortlaufender Kommentar zur RAO wurde etwa Mitte November 1921 als erste Auflage von Enno Becker veröffentlicht. Zu diesem Kommentar konnte sich der Verfasser ebenfalls keinen Zugang verschaffen. Er konnte sich lediglich den Originaltext der 2. Auflage vom August 1922 beschaffen. Im Vorwort zu dieser 2. Auflage entschuldigte sich Enno Becker mit der Bemerkung: „Die zweite Auflage ist in der Art der rasch vergriffenen ersten Auflage gehalten." Obgleich er die umfangreichen Auseinandersetzungen der damaligen Zeit und die Verwendung von Präzedenzfällen erwähnte, sagte er mit keinem Wort, daß das Gesetz neu gefaßt worden war. Jeder Text des in dieser zweiten Auflage erwähnten Gesetzes wird deshalb behandelt, als sei er der Wortlaut der ursprünglichen Gesetzesfassung.

(2) Kritische Prüfung von § 162 Absatz 1 und 2 RAO

§ 162 RAO ist wie folgt aufgebaut:

„(1) Wer nach den Steuergesetzen Bücher zu führen oder Aufzeichnungen zu machen hat, soll die folgenden Vorschriften beachten."

Durch die Neufassung von Absatz 1 im August 1965 wurde der Ausdruck „nach den Vorschriften der §§ 160 und 161 oder sonst" nach dem Wort „Wer" eingefügt. In der seit Januar 1977 geltenden Abgabenordnung ist der gesamte Text dieses Absatzes 1 gestrichen worden. Dies geschah nur deshalb, um die Überschneidung mit anderen Bestimmungen zu vermeiden, in denen der Buchführungspflichtige genannt wird.

„(2) Die Eintragungen in die Bücher sollen fortlaufend, vollständig und richtig bewirkt werden. Der Steuerpflichtige soll sich einer lebenden Sprache und der Schriftzeichen einer solchen bedienen."

Dieser Absatz 2 wurde bis zum Inkrafttreten der neuen AO am 1. Januar 1977 nicht geändert. In der neuen AO wurde der erste Teil dieses Absatzes 2 Teil von Absatz 1, und außerdem wurde der bisherige Absatz 7 betreffend die Aufzeichnung der Kassenbewegungen dem zweiten Teil von Absatz 2 hinzugefügt, so daß die neue Formulierung von § 146 Absatz 1 entstand:

„Die Buchungen und sonst erforderlichen Aufzeichnungen sind vollständig, richtig, zeitgerecht und geordnet vorzunehmen. Kasseneinnahmen und Kassenausgaben sollen täglich festgehalten werden."

Wie bereits gesagt, besteht das erste Problem in der Bedeutung des Ausdrucks

,,zeitgerecht". Im DUDEN heißt es, daß zeitgerecht so viel wie rechtzeitig bedeutet (Band 10) und daß es auch pünktlich bedeutet (Band 8).

Da vorgeschrieben ist, daß Kassenbewegungen täglich festzuhalten sind, sind tägliche Aufzeichnungen von Einnahmen und Ausgaben und die Feststellung des Saldos unerläßlich. Das Problem führt uns auf die zeitgerechte Eintragung von Kreditgeschäften. Hierzu hat der Verfasser bereits festgestellt, daß § 29 EStR als Erklärung zu § 5 EStG Bestimmungen über die ordnungsmäßige Buchführung enthält. Absatz 2 beginnt wie folgt:

> ,,Sämtliche Geschäftsvorfälle sind zeitnah und der Zeitfolge nach in Grundbüchern zu erfassen. Die zeitnahe Erfassung der Geschäftsvorfälle erfordert – mit Ausnahme des baren Zahlungsverkehrs – keine tägliche Aufzeichnung. Es muß jedoch ein zeitlicher Zusammenhang zwischen den Vorgängen und ihrer buchmäßigen Erfassung bestehen."

Dies ist der Text der Richtlinie, die das Bundesfinanzministerium aufgrund der BFH-Entscheidung vom 5. März 1965 erließ. Die genannte Richtlinie schreibt also vor, daß Bargeschäfte täglich einzutragen sind, während Kreditgeschäfte nicht am gleichen Tage eingetragen werden müssen. Die Vorschrift des ,,zeitgerecht" gilt jedoch voll für die Zeitspanne zwischen einem Geschäftsvorfall und der buchmäßigen Erfassung. Die zeitliche Grenze, bis zu der man von zeitgerecht sprechen kann, ist der Abschluß der Eintragung in das Grundbuch bis zum Ablauf des Monats, der auf den Monat folgt, in dem das Kreditgeschäft stattfand. Die EStR formulieren dies in der Mitte von Absatz 2 wie folgt:

> ,,ist es nicht zu beanstanden, wenn die grundbuchmäßige Erfassung der Kreditgeschäfte eines Monats bis zum Ablauf des folgenden Monats erfolgt."

Diese Forderung nach ,,zeitgerecht" ist nicht nur beschränkt auf die Angabe der zeitlichen Grenze für die Eintragung von Geschäften, sondern hat auch die Aufgabe, die Grenze für die Anerkennung der ,,Ordentlichkeit" der Bücher und Aufzeichnungen festzulegen, ganz zu schweigen vom Zeitpunkt der Vorlage von Abschlüssen. Hierzu kann aus der Gerichtsentscheidung zitiert werden:

,,Die Ordnungsmäßigkeit einer kaufmännischen Buchführung setzt voraus, daß die Bilanz und die Gewinn- und Verlustrechnung in angemessener Zeit nach Ablauf des Wirtschaftsjahres aufgestellt werden. Eine später rekonstruierte Buchführung ist nicht ordnungsmäßig, auch wenn sie sachlich richtig ist." (Vgl. BFH VI 154/63 U; Urt. v. 5. 3. 1965; BStBl. III 1965. 285). Der Leser wird nun überzeugt sein, daß die Rechnungslegungs-Vorschriften nach deutschem Recht einen sehr strengen Maßstab an ,,zeitgerecht" anlegen.

(3) Der Begriff der Rechtzeitigkeit (Timeliness) im amerikanischen Rechnungswesen

Dieser Begriff verdient die besondere Aufmerksamkeit des Lesers, weil er im amerikanischen Rechnungswesen eine wesentlich andere als die übliche Bedeutung hat. Prof. Kaichiro Banba von der Universität Hitotsubashi zählt in seinem Buch ,,Ausführliche Erläuterungen der Corporate Accounting Principles" die Merkmale des Begriffs der Rechtzeitigkeit auf. Der Autor bemerkt außerdem, er habe die wesentlichen Elemente der amerikanischen Literatur entnommen

(Vgl. 1. Auflage, 1975, S. 11). Der Verfasser nimmt an, daß Prof. Banbas „Rechtzeitigkeit" in diesem Falle hinweisen könnte auf „20 0–5. Rechtzeitigkeit" in „AC Abschnitt 1024, Ziele der Finanzbuchhaltung und der Abschlüsse", die im Oktober 1970 als STATEMENT OF THE ACCOUNTING PRINCIPLES BOARD vom AICPA festgelegt wurden. Nach Meinung des Verfassers heißt dies lediglich, daß die Bereitstellung von Informationen über die finanzielle Lage der Gesellschaft für Aktionäre und Gläubiger *etwas früher als üblich* erfolgen soll und daß dies eines der sieben großen Ziele ist. (Vgl. AICPA Professional Standards, Band 3, 1. Juli 1976, S. 7226.) Der amerikanische Begriff der Rechtzeitigkeit geht also nicht vom Begriff der zeitlichen Grenze aus, die für die Eintragung usw. festgelegt ist. Es ist unmittelbar einsichtig und bedarf keines weiteren Beweises, daß die gesunde Weiterentwicklung der japanischen Wirtschaft es notwendig macht, zwischen der deutschen Vorstellung von „zeitgerecht" und der amerikanischen Vorstellung von „Rechtzeitigkeit" zu wählen. Dies wird zu einem Problem der Einsicht und Fähigkeit des Gesetzgebers, das heißt derjenigen, die ein Gesetz auszuarbeiten haben. Der Grund, warum es in der Bundesrepublik Deutschland eindeutige Rechtsvorschriften betreffend die zeitliche Begrenzung der Eintragungen usw. gibt, liegt darin, daß der Gesetzgeber eine innere und äußere Beziehung zur Rechtswissenschaft hergestellt hat, die den Buchbeweis der Bücher und Aufzeichnungen anerkennt. Dies wird durch Gerichtsurteile zweifelsfrei bestätigt. Der Verfasser wird auf diesen Punkt später zurückkommen.

(4) Kritische Prüfung der Auffassung von Herbert Brönner

Es wurde schon darauf hingewiesen, daß § 162 Absatz 7 RAO in den zweiten Teil von § 146 AO übernommen wurde. Wie lautete nun der Wortlaut des Gesetzes in der ursprünglichen Fassung? Gegenüber dem geltenden Gesetz gibt es einige Abweichungen: „Kasseneinnahmen und -ausgaben sollen im geschäftlichen Verkehr mindestens täglich aufgezeichnet werden". Der Leser sollte sich sorgfältig einprägen, daß schon im Gesetz von 1919 eine positivrechtliche Vorschrift dieser Art enthalten ist. Selbst nach 60 Jahren seit dem Erlaß der RAO ist der materielle Gehalt dieser Rechtsvorschrift unverändert, obgleich sie nun Teil von § 146 der neuen AO ist. Herbert Brönner, Wirtschaftsprüfer und Steuerberater in Berlin, stellt fest, eine Bedingung für die ordnungsmäßige Buchführung von Kaufleuten sei die Benutzung eines Kassenbuches zur Eintragung der Kassenbewegungen. (Vgl. Die Bilanz nach Handels- und Steuerrecht. 8. Auflage. 1971. S. 502).

Die Autorität für diese Behauptung muß nach Meinung des Verfassers die Entscheidung des BFH vom 6. März 1952 sein. Nach der „Steuerrechtsprechung in Karteiform" (Verlag Dr. Otto Schmidt KG Köln), die dem Verfasser vorliegt, ist der Kern dieser Entscheidung folgender: „Eine ordnungsmäßige kaufmännische Buchführung erfordert die Verbuchung der Bargeschäfte in einem Kassenbuche." Brönner sagt auf S. 502 in dem genannten Buch ferner: „Mit der Ordnungsmäßigkeit der Kassenführung befaßt sich nochmals das BFH-Urteil vom 1.10.1969 IR 73/66 BStBl II 1970 S. 45. Es verlangt für eine ordnungsmäßige Kassenführung ...". Er gibt allerdings nicht den Inhalt der Gerichtsentscheidung wieder. In seinem Buch „Die Bilanz nach Handels- und Steuerrecht" zitiert Brönner 1.543 Daten von Gerichtsentscheidungen, einschließlich der zugehörigen Fall-Nummern, und zwar für die letzten 50 Jahre von Januar 1921 bis Januar 1971 (S. 754–778). Der Verfasser bedauert, daß nicht klar wird, warum keine Begründung für die Kürze des Zitats aus einem Gerichtsurteil gegeben wird. Im Urteil vom 1. Oktober 1969 heißt es: „Bei Aufzeichnung jeder einzelnen Kasseneinnahme und -ausgabe umfaßt das Erfordernis einer Geschäftskasse i.d.R. nicht die Pflicht zu laufenden Kassenbestandsaufnahmen und ihrer buch- oder belegmäßigen Darstellung. Anders liegt es, wenn (wo es zulässig ist) die Tageslosung über einen Kassenbericht ermittelt wird." Diese Entscheidung macht klar, daß die Höhe des Kassenbestandes je nach Einnahme und Ausgabe schwankt. Es besteht aber nicht die Pflicht, jede Kasseneinnahme und -ausgabe aufzuzeichnen.

Das genannte Buch von Brönner ist erwartungsgemäß die Arbeit eines Wirtschaftspraktikers. Er widmet der Erörterung der Handelsbilanz 83 Seiten, während er auf die Steuerbilanz 281 Seiten verwendet. Auf 349 Seiten erörtert er ferner „einzelne Posten der Bilanz und der Gewinn- und Verlustrechnung", insbesondere die theoretischen Auffassungen zu jedem Posten, wobei in großem Umfange auf richterliche Entscheidungen verwiesen wird. Der Autor hat damit ein Buch vorgelegt, das andere Bücher ähnlicher Art weit überragt. Der einzige Mangel dürfte sein, daß aus richterlichen Entscheidungen nicht immer genau zitiert wird. Auch ein Buch „Abgabenordnung. Finanzgerichtsordnung. Nebengesetze" (12. Auflage, 1977), das verfaßt wurde von Dr. Rolf Kühn, Rechtsanwalt, Wirtschaftsprüfer und Steuerberater, sowie Heinz Kutter und Dr. Ruth Hormann, Richter am Finanzgericht, zitiert nicht vollständig aus den Gerichtsentscheidungen, aber es ist in dieser Hinsicht dem Buch von Brönner überlegen. Löst man den Kern der wichtigen Gerichtsentscheidungen aus der genannten Veröffentlichung „Steuerrechtsprechung in Karteiform" heraus, so lautet eine zusammenfassende richterliche Darstellung:

„Eine Kassenbuchführung, bei der die Bareinnahmen und -ausgaben erst am nächsten Geschäftstag aufgezeichnet werden, ist noch ordnungsmäßig, wenn zwingende geschäftliche Gründe einer Buchung noch am gleichen Tag entgegenstehen und aus den Buchungsunterlagen sicher entnommen werden kann, wie sich der sollmäßige Kassenbestand entwickelt hat." In der Ausführung der Rechnungslegungs-Vorschriften und der gesetzlichen Buchführungspflicht in der Bundesrepublik Deutschland kommen die Beteiligten mit der Einstellung in Berührung, mit der die Entscheidungen eines Gerichtes bei vielen Gelegenheiten ausführlich die Existenz oder Nichtexistenz von Ordnungsmäßigkeit beurteilt und nachgewiesen haben. Dies ist nichts weiter als die Tatsache, daß Deutschland Gesetze hat, nach denen die Rechnungslegung einer Gesellschaft ordnungsmäßig ist. Die Tatsache selbst hat nach deutschem Recht Beweiskraft. Diese Konzeption muß dem ungewöhnlich erscheinen, der in erster Linie nur mit dem amerikanischen Rechnungswesen und den amerikanischen Steuergesetzen vertraut ist.

Zweitens möchte der Verfasser die wesentlichen Punkte der Entscheidung wiedergeben, die auch in Brönners Buch ,,Die Bilanz" und in dem Buch ,,Abgabenordnung" von Kühn, Kutter und Hormann zitiert werden. Am 12. Mai 1966 ließ der Bundesfinanzhof folgende Entscheidung ergehen:

,,Aus den Grundsätzen ordnungsmäßiger Buchführung ergibt sich für Einzelhandelsunternehmer, die im allgemeinen Waren an ihnen der Person nach nicht bekannte Kunden über den Ladentisch gegen Barzahlung verkaufen, in der Regel nicht die Verpflichtung, die baren Betriebseinnahmen einzeln aufzuzeichnen." Die Buchführungspflicht, die als nahezu identisch mit dem Inhalt dieser Gerichtsentscheidung angesehen wird, ist in Japan ebenfalls gesetzlich festgelegt. Es ist die Klausel Nr. 11 der aufgeführten Posten in Büchern und Aufzeichnungen einer Körperschaft, die die Genehmigung zur Vorlage einer blauen Erklärung einholt (Tabelle Nr. 20 der Durchführungsbestimmung zum Körperschaftsteuergesetz):

,,Beim Barverkauf durch eine Körperschaft im Einzelhandel oder durch einzelhandelsähnliche Aktivitäten gilt für die Posten, auf die der Text dieser Bestimmung keine Anwendung findet, daß anstelle der täglichen Barverkäufe und der Personen, an die die Verkäufe erfolgten, die Häufigkeit der Geschäfte eingetragen werden kann, zum Beispiel Name eines Artikels, Gesamtsumme; die Posten, die nicht eingetragen werden können, dürfen ausgelassen werden."

In einer Spalte Bemerkungen (1) in dieser Durchführungsverordnung heißt es:

,,Für Barverkäufe durch eine Körperschaft im Einzelhandel oder durch einzelhandelsähnliche Aktivitäten, auf die die obigen Bestimmungen keine Anwendung finden, braucht nur der Gesamtbetrag der täglichen Barverkäufe eingetragen zu werden, wenn eine Genehmigung des zuständigen Leiters der Steuerbehörde vorliegt."

Diese japanische Vorschrift entspricht der gesetzlichen Buchführungspflicht in der Bundesrepublik. Wenn wir aufzählen, wie viele Länder es in der Welt gibt, die die Buchführungspflicht in bezug auf Barverkäufe gesetzlich geregelt haben, so wird der Leser verstehen, was der Verfasser mit seinen Ausführungen bezwecken will. Wichtig ist, daß die Gerichtsentscheidung in der Bundesrepublik Deutschland im Mai 1966 erging. 16 Jahre früher war die Buchführungspflicht in diesem speziellen Punkte in Japan bereits gesetzlich festgelegt worden. Was die spezielle gesetzliche Regelung der Buchführungspflicht bezüglich Barverkäufen angeht, so darf gesagt werden, daß Japan der Bundesrepublik eine Spur voraus ist.

(5) Persönliche Stellungnahme zu den Gerichtsentscheidungen

Was ferner das Kassenbuch angeht, so kann eine Entscheidung des Bundesfinanzhofs vom 13. Juli 1971* nicht übersehen werden, in der es heißt:

,,Die Aufbewahrung von Einnahme-Ursprungsaufzeichnungen ist nicht erforderlich, wenn deren Inhalt unmittelbar nach Auszählung der Tageskasse in das in Form aneinandergereihter Tageskassenberichte geführte Kassenbuch übertragen wird."

Die Beziehung zwischen der Aufbewahrung von Aufzeichnungen und der Bedingung der Führung eines Kassenbuches ist also durch diese richterliche Entscheidung eingeengt worden. Der Grund für diese Entscheidung ist die Tatsache, daß die Grundsätze ordnungsmäßiger Buchführung als allgemeiner kategorischer Satz offener und eindrucksvoller Bestandteil des positiven Rechts sind. Neben dieser Gerichtsentscheidung gibt es eine weitere Entscheidung, die nicht in dem genannten Buch von Brönner enthalten ist, die aber die Behandlung der Kasseneinnahmen betrifft. Sie erging vom Bundesfinanzhof am 20. Oktober 1971. Das Urteil, das vom Gerichtspräsidenten geschrieben wurde, enthält folgenden Satz:

,,Werden neben der Hauptkasse Sonderkassen geführt, erfordert die Ordnungsmäßigkeit der Buchführung das Vorliegen von Nebenkassenbüchern (Kladden) für jede einzelne Sonderkasse. Mit seiner Vereinnahmung in die Sonderkasse ist das Entgelt dem Unternehmer zugeflossen." (BFH IR 63/70; Urt. v. 20.10.71)

Falls mehrere Kassen benutzt werden, ist festzulegen, ob für jede Kasse ein Kassenbuch erforderlich ist. Das Kassenbuch selbst ist auf seine Ordnungsmäßigkeit zu prüfen. Dies ist zu bedenken, zusammen mit § 29 Absatz 2 Nr. 1 EStR, der den Begriff der ordnungsmäßigen Buchführung enthält: ,,Ein bestimmtes Buchführungssystem ist nicht vorgeschrieben. Das gewählte Buchführungssystem muß jedoch die Erfassung aller Geschäftsvorfälle und des Vermögens gewährleisten." Man versteht nun, warum die Erfassung aller Geschäftsvorfälle der Forderung nach Ordnungsmäßigkeit zu genügen hat. Die Eintragung in ein laufendes Kassenbuch entspricht der Verwendung eines Nebenkassenbuches.

(6) Feststellung der Beweiskraft durch Erlaß

Der Einführungserlaß zur AO vom Oktober 1976, der eine abgeleitete Rechtsvorschrift ist und im deutschen Rechtssystem folglich nur sekundäre Rechtsquelle ist, stellt in § 146 Absatz 1 unter der Bezeichnung ,,Ordnungsvorschriften für die Buchführung und für Aufzeichnungen" fest: ,,Nur der ordnungsmäßigen Buchführung kommt Beweiskraft zu (§ 158)." Nach § 158 gelten

* BStBl.II 1971, S. 729

also als Buchbeweis in der Bundesrepublik Deutschland nur die Bücher und Aufzeichnungen, die genau den GoB entsprechen. Es braucht nicht betont zu werden, wie Klaus Tipke, Professor an der Universität Köln, schreibt: „Die erhobenen Beweise sind zu würdigen. Beweiswürdigung vor Beweiserhebung ist unzulässig." (Vgl. Steuerrecht, 8. Auflage, S. 526) Interessierte Leser möchte der Verfasser noch hinweisen auf ein 180seitiges Buch mit dem Titel „Beweis und Beweiswürdigung im Steuerrecht", das 1973 von Wolfram Birkenfeld veröffentlicht wurde, der Richter am Finanzgericht in Berlin war. In diesem Buch hat der Autor diesen Punkt ausführlich erörtert. Es ist jedenfalls zu bemerken, daß der Begriff des Buchbeweises im Zusammenhang mit Büchern und Aufzeichnungen ein Begriff ist, der im amerikanischen und britischen Rechnungswesen und im amerikanischen und britischen Steuerrecht nicht vorkommt und daß die Rechtsvorschriften, die den Buchbeweis anerkennen, sogar in den japanischen Steuergesetzen enthalten sind.

(7) Kritische Prüfung von § 162 Absatz 3 und 4 RAO

Wir wollen zurückkehren zu der kritischen Prüfung des Textes von § 162 RAO. In Absatz 3 heißt es:

„Geschäftsbücher sollen keine Konten enthalten, die auf einen falschen oder erdichteten Namen lauten."

Dieser Satz ist in den 58 Jahren zwischen dem ersten Erlaß des Gesetzes im Jahre 1919 bis zum Januar 1977 nie geändert worden. In § 146 Absatz 2 der heutigen AO hat man aber folgende Neufassung aufgenommen:

„Bücher und die sonst erforderlichen Aufzeichnungen sind im Geltungsbereich dieses Gesetzes zu führen und aufzubewahren. Dies gilt nicht, soweit für Betriebsstätten außerhalb des Geltungsbereichs dieses Gesetzes nach dortigem Recht eine Verpflichtung besteht, Bücher und Aufzeichnungen zu führen, und diese Verpflichtung erfüllt wird. In diesem Falle sowie bei Organgesellschaften außerhalb des Geltungsbereichs dieses Gesetzes müssen die Ergebnisse der dortigen Buchführung in die Buchführung des hiesigen Unternehmens übernommen werden, soweit sie für die Besteuerung von Bedeutung sind. Dabei sind die erforderlichen Anpassungen an die steuerrechtlichen Vorschriften im Geltungsbereich dieses Gesetzes vorzunehmen und kenntlich zu machen." (Vgl. AO-Handbuch 1981, S. 50, Deutsches wissenschaftliches Institut der Steuerberater und Steuerbevollmächtigten.)

Wie später ausgeführt werden wird, steht diese Bestimmung nicht im Gegensatz zu § 162 Abs. 3 RAO.

Weiterhin enthält § 162 Abs. 4 folgenden Satz:

„Die Bücher sollen, soweit es geschäftsüblich ist, gebunden und Blatt für Blatt oder Seite für Seite mit fortlaufenden Zahlen versehen sein."

Diese Bestimmung ist zwischen 1919 und dem 1. Januar 1977 nie geändert worden. Dagegen fehlt diese Bestimmung im neuen Gesetz, das am 1. Januar 1977 in Kraft trat. Artikel 10 des französischen Handelsgesetzbuches schreibt vor, daß fortlaufende Zahlen und Anfangsbuchstaben von einem Handelsrichter, einem Amtsrichter, dem Bürgermeister oder dem stellvertretenden Bürgermeister in ein Journal oder ein Hauptbuch kostenlos einzutragen sind. (Vgl.

Code de Commerce, Art. 10) Eine solche Bestimmung gibt es dagegen nicht in den französischen Steuergesetzen. Es wäre kein Problem, die Eintragungspflicht als einen wesentlichen Faktor oder eine Bedingung für Bücher und Aufzeichnungen in das Handels- oder Steuerrecht aufzunehmen. Wichtig ist, ob der wesentliche Faktor oder die Bedingung Teil einer positiven Rechtsvorschrift sein soll. Problematisch ist dabei, daß der Staat den Lebensstandard der Bevölkerung rechtlich gesichert hat. Der Verfasser möchte mit Nachdruck darauf hinweisen, daß der Staat entsprechend der jeweils veränderten Situation entschlossen eingreifen muß. Diese Bestimmung des französischen Handelsgesetzbuches ist ein Hindernis für die Verbreitung der rechnergestützten Rechnungslegung. Daß Kaufleute vor der Benutzung von Büchern verpflichtet waren, fortlaufende Nummern und Anfangsbuchstaben durch amtliche Stellen eintragen zu lassen, bedeutet, daß alle Bücher und Aufzeichnungen, die in EDV-Anlagen bearbeitet werden, nur als Nebenbücher gelten dürften. So ist eine Situation entstanden, in der das wirkliche Journal und das wirkliche Inventar, die beide nach Art. 8 des französischen Handelsgesetzbuches für die Eintragung von Geschäftsvorfällen in zeitlicher Reihenfolge verlangt werden, zu vernichten sind, wenn die aktualisierten Aufzeichnungen monatlich von der EDV-Anlage ausgegeben werden. Hierzu gehören alle obengenannten Bücher, die bis zum Vormonat benutzt wurden. Geschieht dies nicht, dann wird der Aufbewahrungsraum der Bücher eines Kaufmanns wegen der großen Menge der EDV-Ausdrucke eher dem Magazin einer Bibliothek gleichen.

Dies hat M. Michel Bossard, Wirtschaftsprüfer und Präsident von CCMC, eines der größten Rechenzentren in Frankreich, dem Verfasser selbst bestätigt. Er besuchte die vom Verfasser geleitete TKC zusammen mit Herrn Heinz Sebiger, Präsident der DATEV, des größten Service-Rechenzentrums in der Bundesrepublik Deutschland. Sie besuchten Japan im Frühjahr 1980 mit dem Ziel der Gründung einer Vereinigung der größten Datenverarbeitungsorganisationen, die ausschließlich für die steuerberatenden Berufe in Japan, Deutschland und Frankreich bestehen. M. Bossard machte dem Verfasser die genannte Mitteilung auf der Fahrt im Elektrozug nach Kinugawa Hot Spring (31. März 1980).

(8) Situation in Frankreich und Italien

Der Verfasser möchte noch hinzufügen, daß die Notwendigkeit der Führung von Büchern und Aufzeichnungen eines Unternehmens in Italien, anders als in Frankreich, durch das bürgerliche Gesetzbuch geregelt ist. Alle Unternehmen bis auf Minderkaufleute müssen das ,,libro giornale" und das ,,libro degli inventari" führen. Und alle Unternehmen müssen jährlich die ,,bilancio" und die ,,conto dei profitti e delle perdite" erstellen (Vgl. Codice civile, art. 2214, 2217).

Insoweit enthalten diese Bestimmungen nichts Neues. Bemerkenswert ist, daß die vom Codice civile vorgeschriebenen kaufmännischen Bücher Seite für

Seite fortlaufend numeriert sein müssen und daß eine Eintragungsstelle jede Seite abstempeln muß. Wenn ein Sondergesetz dies vorschreibt, muß das Abstempeln der Seiten durch einen Notar geschehen (Vgl. Codice civile, art. 2215, 2421). Außerdem müssen die Bücher eines Kaufmanns jährlich von einer Eintragungsstelle oder von einem Notar geprüft werden (Vgl. Codice civile, art. 2216, 2421). Die Tatsache, daß ein Gericht, eine Eintragungsstelle oder ein Notar in Frankreich und Italien zur Sicherstellung der rechtmäßigen Führung von Büchern und Aufzeichnungen herangezogen werden, sollte selbst für uns Japaner in die Richtung unserer eigenen Konzeption weisen. Daß der italienische Codice civile nur Klarheit und Richtigkeit hinsichtlich der Beschreibung der finanziellen Lage eines Unternehmens in den Abschlüssen fordert, hinterläßt beim Verfasser den Eindruck, daß die von einem Unternehmen vorzulegenden oder zu veröffentlichenden Abschlüsse der allgemeinen Publizitätsforderung keineswegs genügen (Vgl. Codice civile, art. 2423). Wenn man bedenkt, daß vor allem der Buchbeweis in Italien nicht eingeführt ist, spricht einiges für den Eindruck des Verfassers (Vgl. Testo unico, art. 117, 118).

(9) Kritische Prüfung von § 162 Absatz 5 RAO

Dieser Absatz hat folgenden Wortlaut:

,,An Stellen, die der Regel nach zu beschreiben sind, sollen keine leeren Zwischenräume gelassen werden. Der ursprüngliche Inhalt einer Eintragung soll nicht mittels Durchstreichens oder auf andere Weise unleserlich gemacht, es soll nicht radiert, auch sollen solche Veränderungen nicht vorgenommen werden, deren Beschaffenheit es ungewiß läßt, ob sie bei der ursprünglichen Eintragung oder erst später vorgenommen sind."

Bei dieser Formulierung taucht für den Verfasser ein kleines Problem auf. Der ursprüngliche Text von § 162 Absatz 5 RAO wurde in die zweite Auflage (S. 204) eines 1922 von Enno Becker veröffentlichten Buches aufgenommen. Dagegen heißt es in § 162 Absatz 5, der sich in Band 2 einer schon erwähnten 24-bändigen Sammlung ,,Steuerrechtsprechung in Karteiform" (Verlag Dr. Otto Schmidt KG Köln) in Satz 1 findet: ,,An Stellen, die ,in' der Regel". Das Wort ,in' ist also hier eingefügt worden. Dieser Befund machte den Verfasser mißtrauisch. Er verglich deshalb diesen Satz mit dem vollen Wortlaut von § 162 Absatz 5 RAO in ,,Steuergesetze, Textsammlung mit Verweisungen und Sachverzeichnis", 24. Auflage, C. H. Beck'sche Verlagsbuchhandlung München 1972. Dieser Wortlaut von Absatz 5 ist völlig identisch mit der von Enno Becker wiedergegebenen Bestimmung. Angesichts der präzisen Regeln der deutschen Syntax glaubt der Verfasser, daß dies nicht passieren dürfte. Schließlich prüfte der Verfasser den Originaltext des § 162 RAO, der im WP-Handbuch 1973 (IdW-Verlag Düsseldorf) enthalten ist. Da dieses Buch vom Institut der Wirtschaftsprüfer in Deutschland herausgegeben wurde und deshalb als Autorität in diesem Punkte gelten darf, verglich der Verfasser weiter. Wie zu erwarten, beginnt aber Absatz 5 mit der Formulierung ,,An Stellen, die der Regel nach". Das Wörtchen ,in' taucht also nicht auf. Dem Verfasser wurde dann klar, daß solche Wissenschaftler ebenso wie ihre japanischen Kollegen nicht nur häufig Fehler in der Aufstellung ihrer Theorien machen, sondern selbst die Grammatik der deutschen Sprache falsch handhaben. In diesem Falle liegt ein eindeutiger Verstoß gegen die deutsche Grammatik vor, wenn das Wörtchen ‚in' eingefügt wird, weil dies eine Verdoppelung der Präposition ‚nach' sein würde. In der neuen Abgabenordnung fehlt diese Präposition.

(10) Kritische Prüfung von § 162 Absatz 6 und 7 RAO

Absatz 6 des § 162 RAO hatte folgenden Wortlaut:

„In Bücher soll, wo dies geschäftsüblich ist, mit Tinte eingetragen werden. Trägt der Steuerpflichtige nach vorläufigen Aufzeichnungen ein, so soll er diese aufbewahren. Belege sollen mit Nummern versehen und gleichfalls aufbewahrt werden."

Seit dem ersten Erlaß des Gesetzes im Jahre 1919 ist diese Bestimmung in keinem Punkte geändert worden. Sie wurde erst nach Ablauf von 58 Jahren aufgehoben, als am 1. Januar 1977 die neue AO in Kraft trat.

§ 162 Absatz 7 lautete zu Beginn und auch bei der Neufassung im Jahre 1965 wie folgt:

„Kasseneinnahmen und -ausgaben sollen im geschäftlichen Verkehr mindestens täglich aufgezeichnet werden."

In der neuen Abgabenordnung wurde diese Bestimmung in § 146 Absatz 1 übernommen, wie weiter oben bereits ausgeführt, und der Satz wurde wie folgt leicht geändert:

„sollen täglich festgehalten werden".

Das Wesen dieser Rechtsvorschrift hat sich dadurch nicht geändert. Der Grund hierfür ist, daß der Ausdruck „festgehalten" nicht nur ausgelegt werden kann als bloße Eintragung der Einnahmen und Ausgaben und des Saldos, sondern sogar auch den Vergleich mit dem tatsächlichen Kassenbestand bedeutet. Dagegen stellt Dr. Eberhard Littmann, Vorsitzender Richter am BFH a.D. München, in seinem Buch „Das Einkommensteuerrecht" fest: „Es muß möglich sein, zu jedem beliebigen Zeitpunkt aufgrund der Aufzeichnungen im Kassenbuch den buchmäßigen mit dem tatsächlichen Kassenbestand zu *vergleichen*, vgl. auch BFH v. 9.10.1952, BStBl 1954 III 71; 10.12.1953, BStBl 1954 III 82." (Vgl. Littmann, Das Einkommensteuerrecht. 12. Auflage. 1978 Neuester Stand. Band I. S. 321–321a.) Das heißt, die Bestimmung bezüglich der „Verpflichtung zur täglichen Aufzeichnung von Einnahmen und Ausgaben", die Teil des früheren Gesetzes war, ist durch die allgemeine Auslegung zu einer Norm erweitert worden, die auch die *Verpflichtung zum täglichen Vergleich* des tatsächlichen Kassenbestandes einschließt, und zwar durch Entscheidungen des Bundesfinanzhofes und sonstige amtliche Dokumente während der Geltung der früheren Abgabenordnung. Man darf also zu dem Schluß kommen, daß sich am Wesen dieser Rechtsvorschrift nichts geändert hat.

(11) Kritische Prüfung von § 162 Absatz 8 RAO

Im Jahre 1919 hatte § 162 Absatz 8 folgenden Wortlaut:

,,Die Bücher, Aufzeichnungen und, soweit sie für die Besteuerung von Bedeutung sind, auch die Geschäftspapiere sollen zehn Jahre aufbewahrt werden; die Frist läuft vom Schlusse des Kalenderjahres an, in dem die letzte Eintragung in die Bücher und Aufzeichnungen gemacht ist oder die Geschäftspapiere entstanden sind."

Diese Bestimmung wurde jedoch bei der Neufassung vom 2. August 1965 und dem Zeitpunkt des Inkrafttretens am 8. August 1965 erheblich geändert:

,,Bücher, Inventare, Bilanzen, Aufzeichnungen im Sinne des Absatzes 1, empfangene Handelsbriefe, Wiedergaben der abgesandten Handelsbriefe, Buchungsbelege und, soweit sie für die Besteuerung von Bedeutung sind, auch Geschäftspapiere und sonstige Unterlagen sind geordnet aufzubewahren, und zwar

1. Bücher, Inventare und Bilanzen zehn Jahre,
2. Aufzeichnungen, empfangene Handelsbriefe, Wiedergaben der abgesandten Handelsbriefe, Buchungsbelege und sonstige Unterlagen sieben Jahre, sofern nicht in anderen Steuergesetzen kürzere Aufbewahrungsfristen bestimmt sind.

Die Aufbewahrungsfrist beginnt mit dem Schluß des Kalenderjahres, in dem die letzte Eintragung in das Buch gemacht, das Inventar aufgestellt, die Bilanz festgestellt, der Handelsbrief empfangen oder abgesandt oder der Buchungsbeleg entstanden ist, ferner die Aufzeichnungen vorgenommen oder die sonstigen Unterlagen entstanden sind." (Vgl. Gesetz vom 2. 3. 1965, BGBl I 655.)

In der neuen Abgabenordnung, die am 1. Januar 1977 in Kraft trat, wurden die obigen neugefaßten Bestimmungen aus § 146 herausgenommen, in dem die Aufzeichnungspflicht erneut gesetzlich fixiert wurde, und diese Bestimmungen wurden in § 147 übernommen, der eine neue Überschrift erhielt: ,,Ordnungsvorschriften für die Aufbewahrung von Unterlagen". Formulierungen in diesen Bestimmungen sind erheblich geändert worden.

§ 147 Absatz 1 lautet nun:

,,(1) Die folgenden Unterlagen sind geordnet aufzubewahren:

1. Bücher und Aufzeichnungen, Inventare, Bilanzen sowie die zu ihrem Verständnis erforderlichen Arbeitsanweisungen und sonstigen Organisationsunterlagen,
2. die empfangenen Handels- oder Geschäftsbriefe,
3. Wiedergaben der abgesandten Handels- oder Geschäftsbriefe,
4. Buchungsbelege,
5. sonstige Unterlagen, soweit sie für die Besteuerung von Bedeutung sind."

§ 147 Absatz 2 lautet:

,,(2) Mit Ausnahme der Bilanz können die in Absatz 1 aufgeführten Unterlagen auch als Wiedergabe auf einem Bildträger oder auf anderen Datenträgern aufbewahrt werden, wenn dies den Grundsätzen ordnungsmäßiger Buchführung entspricht und sichergestellt ist, daß die Wiedergabe oder die Daten

1. mit den empfangenen Handels- oder Geschäftsbriefen und den Buchungsbelegen bildlich und mit den anderen Unterlagen inhaltlich übereinstimmen, wenn sie lesbar gemacht werden,
2. während der Dauer der Aufbewahrungsfrist verfügbar sind und jederzeit innerhalb angemessener Frist lesbar gemacht werden können.

Sind Unterlagen auf Grund des § 146 Abs. 5 auf Datenträgern hergestellt worden, können statt der Datenträger die Daten auch ausgedruckt aufbewahrt werden; die ausgedruckten Unterlagen können auch nach Satz 1 aufbewahrt werden."

Die Aufbewahrungsfrist und der Umfang der aufzubewahrenden Unterlagen wurden durch § 162 Absatz 3 vorgeschrieben, auf dessen ursprünglichen Wortlaut später zurückgekommen wird. Die in § 147 Absatz 1 Nr. 1 angegebene Aufbewahrungsfrist beträgt allerdings zehn Jahre, und der Umfang der aufzubewahrenden Unterlagen ist etwas erweitert worden. Die nicht in Nr. 1 genannten Unterlagen sind sechs Jahre aufzubewahren; an dieser Frist hat sich nichts geändert.

(12) Anpassung an das Zeitalter der EDV-Buchführung

Der Leser ist vielleicht überrascht, daß er plötzlich auf § 146 Absatz 5 stößt, obgleich er bisher über den Inhalt von § 146 Absatz 5 der neuen Abgabenordnung nichts erfahren hat. Es entsteht nach Meinung des Verfassers aber nur eine leichte Verwirrung durch die veränderte Anordnung der Bestimmungen des früheren Gesetzes zu einem Zeitpunkt, in dem das neue Gesetz in Kraft tritt. Der Übergang von einem alten zu einem neuen Gesetz ist zweifellos das Ergebnis einer plötzlichen Änderung in den Verhältnissen unserer Wirtschaftsgesellschaft, insbesondere angesichts der Tatsache, daß das rechnergestützte Rechnungswesen so rasch Verbreitung findet. Man hat oft gesagt, daß ,,der Beweis besser als ein Argument ist", und ich möchte diesen Beweis hier vorlegen. § 162 RAO von 1919 schloß mit dem folgenden Absatz 9: ,,Das Finanzamt kann prüfen, ob die Bücher und Aufzeichnungen fortlaufend, vollständig und formell und sachlich richtig geführt werden." Damals galt es als völlig ausreichend, daß eine Rechtsvorschrift dieser Art erlassen wurde. Niemand konnte zu jener Zeit auch nur von den wirtschaftlichen Umständen träumen, die die verbreitete Einführung der EDV-Buchführung erfordern. § 146 Absatz 5 der neuen Abgabenordnung hat nun folgenden Wortlaut:

,,(5) Die Bücher und die sonst erforderlichen Aufzeichnungen können auch in der geordneten Ablage von Belegen bestehen oder auf Datenträgern geführt werden, soweit diese Formen der Buchführung einschließlich des dabei angewandten Verfahrens den Grundsätzen ordnungsmäßiger Buchführung entsprechen; bei Aufzeichnungen, die allein nach den Steuergesetzen vorzunehmen sind, bestimmt sich die Zulässigkeit des angewendeten Verfahrens nach dem Zweck, den die Aufzeichnungen für die Besteuerung erfüllen sollen. Bei der Führung der Bücher und der sonst erforderlichen Aufzeichnungen auf Datenträgern muß insbesondere sichergestellt werden, daß die Daten während der Dauer der Aufbewahrungsfrist verfügbar sind und jederzeit innerhalb angemessener Frist lesbar gemacht werden können. Absätze 1 bis 4 gelten sinngemäß."

Der Leser wird sich leicht überzeugen, daß der Text dieser Rechtsvorschrift die moderne Neufassung der Grundsätze ordnungsmäßiger Buchführung ist, wenn er sich die heutige Entwicklung unserer Wirtschaftsgesellschaft vor Augen hält, in deren Mittelpunkt die Verbreitung des rechnergestützten Rechnungswesens steht. Die Grundsätze ordnungsmäßiger Buchführung als Teil des positiven Rechts haben sich langsam den jeweils veränderten Bedingungen angepaßt.

(13) Spätere Neufassung

In der bisherigen Darstellung hat der Verfasser die Erörterung des vollen Wortlauts von § 162 der RAO abgeschlossen, die von Enno Becker redigiert und 1919 erlassen wurde. Seither ist die RAO mehrere Male geändert worden. Die umfangreichste Neufassung erfolgte im August 1965. Obgleich diese Neufassung eine Übergangslösung zwischen dem ursprünglichen Gesetz und der heutigen Abgabenordnung darstellte, war sie immerhin 12 Jahre in Kraft, und sie ist der Kern des heute geltenden Gesetzes. Nach einem alten Sprichtwort, daß man „die Erkenntnis in neue Gebiete hineintragen müsse", ist es notwendig, den vollen Wortlaut von § 162 zu prüfen. Seit dem Erlaß des Gesetzes im Jahre 1919 ist die Nummer des § 162 unverändert geblieben, und zwar bis zum Inkrafttreten der neuen AO. In der neuen Fassung von 1965 wurde die folgende Bestimmung als Absatz 9 neu in den § 162 eingefügt:

„(9) Die Wiedergabe der abgesandten Handelsbriefe (Kopie, Abdruck, Abschrift oder sonstige dauerhafte Wiedergabe des Wortlauts auf einem Schrift- oder Bildträger) muß mit der Unterschrift übereinstimmen. Die übrigen in Absatz 8 Nr. 2 genannten Schriftstücke sind in Urschrift aufzubewahren; sie können statt dessen in Form einer verkleinerten Wiedergabe auf einem Bildträger aufbewahrt werden, wenn das Verfahren bei der Herstellung der Wiedergabe ordnungsmäßigen Grundsätzen entspricht und dabei gesichert ist, daß die Wiedergabe mit der Urschrift übereinstimmt; für Buchungsbelege gilt dies auch, soweit ihre geordnete Ablage in einem den Grundsätzen ordnungsmäßiger Buchführung entsprechenden Verfahren die Führung von Büchern und Konten ersetzt. Können hiernach Unterlagen nur in einer ohne Hilfsmittel nicht lesbaren Form vorgelegt werden, so hat der Betroffene auf Verlangen der Finanzbehörde oder der Gerichte auf seine Kosten die erforderliche Anzahl ohne Hilfsmittel lesbarer Reproduktionen vorzulegen; bei Ermittlungen oder Prüfungen in den Geschäftsräumen sind für verkleinerte Wiedergaben die erforderlichen Lesegeräte bereitzustellen."

Der Leser wird sich überzeugt haben, daß in der Bundesrepublik im August 1965 Rechtsvorschriften erlassen worden waren, die sich mit der Aufbewahrung von Buchungsunterlagen auf Mikrofilm und mit der EDV-Buchführung befaßten. Dieser Absatz 9 ist dann mit geringen Änderungen in § 147 der ab 1977 geltenden AO übernommen worden.

(14) Kritische Prüfung von § 146 Absatz 3 und 4 AO

§ 146 der jetzigen AO, der den Kern der Rechnungslegungs-Vorschriften im Steuerrecht der Bundesrepublik Deutschland enthält, sieht in Absatz 3 vor:

„(3) Die Buchungen und die sonst erforderlichen Aufzeichnungen sind in einer lebenden Sprache vorzunehmen. Wird eine andere als die deutsche Sprache verwendet, so kann die Finanzbehörde Übersetzungen verlangen. Werden Abkürzungen, Ziffern, Buchstaben oder Symbole verwendet, muß im Einzelfall deren Bedeutung eindeutig festliegen."

Der Verfasser hat bereits darauf hingewiesen, daß der Ausdruck „eine lebende Sprache" schon in § 32 des Allgemeinen Deutschen Handelsgesetzbuches auftaucht, das aus dem Jahre 1861 stammt. Die EDV-Buchführung hat die Verarbeitung mittels Symbolen oder Zeichen erheblich erweitert. Die Neufassung des

Gesetzes wird dieser Entwicklung gerecht. Der Verfasser kann indessen nur bedauern, daß die japanischen Rechtsvorschriften über das Rechnungswesen oder die Steuergesetze keine Bestimmungen enthalten, die den oben genannten deutschen Rechtsvorschriften entsprechen. Es ist auch besonders anzumerken, daß der Inhalt dieses dritten Absatzes nicht mit der richterlichen Entscheidung Nr. 36330 des Conseil d'Etat in Frankreich im Jahre 1958 übereinstimmt.

§ 146 Absatz 4 lautet:

„(4) Eine Buchung oder eine Aufzeichnung darf nicht in einer Weise verändert werden, daß der ursprüngliche Inhalt nicht mehr feststellbar ist. Auch solche Veränderungen dürfen nicht vorgenommen werden, deren Beschaffenheit es ungewiß läßt, ob sie ursprünglich oder erst später gemacht worden sind."

Die Änderung der Uraufzeichnungen im Rechnungswesen hat in diesem Lande so häufig zu Schwierigkeiten bei der Steuerprüfung usw. geführt. Eine der fundamentalen Aufgaben des Staates ist die Verwirklichung der Steuergerechtigkeit. Hier stehen wir vor einem schwerwiegenden Problem. Es dürfte selbst für Japan aufschlußreich sein, zu erfahren, wie der Gesetzgeber sich in diesem problematischen Bereich die Ausübung seiner gesetzlichen Kontrolle vorstellt.

Da § 146 Absatz 5 bereits besprochen wurde, soll hier Absatz 6 wiedergegeben werden, der der letzte Absatz von § 146 ist:

„(6) Die Ordnungsvorschriften gelten auch dann, wenn der Unternehmer Bücher und Aufzeichnungen, die für die Besteuerung von Bedeutung sind, führt, ohne hierzu verpflichtet zu sein."

Im Gegensatz zur derzeitigen Situation in Japan enthalten das HGB und die Steuergesetze in der Bundesrepublik strenge und realistische Rechtsvorschriften bezüglich der Abgrenzung der Buchführungspflichtigen. Einzelheiten hierzu werden später erörtert werden. Da diejenigen Unternehmer, die oberhalb oder unterhalb dieser Grenze liegen, unabhängig davon, ob sie juristische Personen sind, unsicher sind, ob auf sie § 283b StGB „Verletzung der Buchführungspflicht" Anwendung findet, wonach sie mit einer Gefängnisstrafe bis zu 2 Jahren oder einer Geldstrafe rechnen müssen, glaubt der Verfasser deshalb, daß diese vorsichtigen Rechtsbestimmungen notwendig sind. (Vgl. Klaus Franzen/Dr. Brigitte Gast-De Hann/Dr. Erich Samson: Steuerstrafrecht mit Steuerordnungswidrigkeiten. 2. Auflage. C. H. Beck'sche Verlagsbuchhandlung München 1978. S. 587.) Am Rande sei vermerkt, daß Dr. Erich Samson, einer der Verfasser dieses Buches, als Professor an der Universität Kiel mit dem Strafgesetzbuch und der Strafprozeßordnung befaßt ist. Über den Zusammenhang der steuerlichen Strafbestimmungen mit den Grundsätzen ordnungsmäßiger Buchführung wird noch zu sprechen sein.

(15) Kritische Prüfung von § 147 Absätze 3, 4 und 5 usw. AO

Der Verfasser sagte bereits, daß die Bestimmungen des § 162 der alten RAO von § 146 des neuen Gesetzes in § 147 übernommen wurden mit der zusätzlichen Überschrift „Ordnungsvorschriften für die Aufbewahrung von Unterlagen".

Der Inhalt von § 147 wurde jedoch nur bis einschließlich Absatz 2 besprochen. Dieser § 147 wurde im Hinblick auf die Aufbewahrungsfrist von Unterlagen erweitert, um der zunehmenden Verbreitung der EDV-Buchführung gerecht zu werden. Der Anwendungsbereich der Rechtsvorschriften reicht nach dem geltenden Gesetz bis Absatz 5 einschließlich. Absatz 3 lautet:

„(3) Die in Absatz 1 Nr. 1 aufgeführten Unterlagen sind zehn Jahre, die sonstigen in Absatz 1 aufgeführten Unterlagen sechs Jahre aufzubewahren, sofern nicht in anderen Steuergesetzen kürzere Aufbewahrungsfristen zugelassen sind. Die Aufbewahrungsfrist läuft jedoch nicht ab, soweit und solange die Unterlagen für Steuern von Bedeutung sind, für welche die Festsetzungsfrist noch nicht abgelaufen ist; § 169 Absatz 2 Satz 2 gilt nicht."

Der ursprüngliche Wortlaut des zweiten Satzes von Absatz 2 des § 169, der auf Absatz 3 folgt, lautet:

„Die Festsetzungsfrist beträgt zehn Jahre, soweit eine Steuer hinterzogen, und fünf Jahre, soweit sie leichtfertig verkürzt worden ist."

Der Ausdruck „Festsetzungsfrist" ist in Japan kaum bekannt. Die allgemeine Überschrift zu den §§ 169 bis 171 lautet allerdings „II. Festsetzungsverjährung". Diese Überschrift bezieht sich auf den Zeitraum, nach dessen Ablauf Steuerforderungen nicht mehr geltend gemacht werden können.

§ 147 Absatz 4 der neuen AO lautet:

„(4) Die Aufbewahrungsfrist beginnt mit dem Schluß des Kalenderjahres, in dem die letzte Eintragung in das Buch gemacht, das Inventar aufgestellt, die Bilanz festgestellt, der Handels- oder Geschäftsbrief empfangen oder abgesandt oder der Buchungsbeleg entstanden ist, ferner die Aufzeichnungen vorgenommen oder die sonstigen Unterlagen entstanden sind."

Das Kalenderjahr endet genau um 24 Uhr am 31. Dezember. In Japan würde man dagegen sagen, „am 1. Januar des folgenden Jahres". Dies ist eine viel einfachere Ausdrucksweise. Vielleicht darf man sagen, daß in dieser unterschiedlichen Ausdrucksweise ein Unterschied im Nationalcharakter dieser beiden Völker zum Ausdruck kommt.

Absatz 5 lautet:

„(5) Wer aufzubewahrende Unterlagen nur in der Form einer Wiedergabe auf einem Bildträger oder auf anderen Datenträgern vorlegen kann, ist verpflichtet, auf seine Kosten diejenigen Hilfsmittel zur Verfügung zu stellen, die erforderlich sind, um die Unterlagen lesbar zu machen; auf Verlangen der Finanzbehörde hat er auf seine Kosten die Unterlagen unverzüglich ganz oder teilweise auszudrucken oder ohne Hilfsmittel lesbare Reproduktionen beizubringen."

Die „Ordnungsvorschriften für die Aufbewahrung von Unterlagen" des § 147 AO sind mit diesem Absatz 5 beendet. Der Leser wird sich vielleicht erinnern, daß der Verfasser weiter oben das Sprichwort benutzt hatte: „The proof of the pudding is in the eating." In der Reichsabgabenordnung von 1919 endet § 162 mit Absatz 9. Dem Leser ist sicherlich aufgefallen, daß der Inhalt dieser Bestimmungen sich auch auf die Prüfung von Büchern und Aufzeichnungen durch das Finanzamt bezog und daß der Gegenstand der Prüfung von dem in Absatz 9 abweicht, der bei der Neufassung im Jahre 1965 neu eingefügt wurde. Aus den Absätzen 9 und 10 wurden bei der Neufassung von 1965 die Absätze 10 und 11.

Absatz 10 der Neufassung von 1965 hatte folgenden Wortlaut:

„(10) Das Finanzamt kann prüfen, ob die Bücher und Aufzeichnungen fortlaufend, vollständig und formell und sachlich richtig geführt werden. Die Prüfung ist auch insoweit zulässig, als es sich nicht um die Verhältnisse der Personen und Unternehmen, deren Bücher geprüft werden, sondern um die Aufklärung der Verhältnisse von Arbeitnehmern handelt, die im Dienst der Personen oder Unternehmen gestanden haben oder stehen."

Absatz 11 lautete:

„(11) Bei Großbetrieben soll mindestens alle drei Jahre eine ordentliche Betriebsprüfung durch entsprechend vorgebildete Beamte oder Sachverständige der Finanzverwaltung stattfinden. Die Prüfung soll jeweils den Zeitraum bis zu der zuletzt erfolgten Prüfung umfassen; bei Betrieben, bei denen zum ersten Mal eine Betriebsprüfung stattfindet, bestimmt die Finanzverwaltung den Zeitraum, auf den sich die Prüfung zu erstrecken hat."

Absatz 10 und 11 wurden durch Übernahme von § 193 Absatz 1 RAO in die neue Abgabenordnung eingefügt. Unter der Überschrift „Zulässigkeit einer Außenprüfung" schreibt § 193 vor:

„(1) Eine Außenprüfung ist zulässig bei Steuerpflichtigen, die einen gewerblichen oder land- und forstwirtschaftlichen Betrieb unterhalten oder die freiberuflich tätig sind.

(2) Bei anderen als den in Absatz 1 bezeichneten Steuerpflichtigen ist eine Außenprüfung zulässig, 1. soweit sie die Verpflichtung dieser Steuerpflichtigen betrifft, für Rechnung eines anderen Steuern zu entrichten oder Steuern einzubehalten oder abzuführen oder 2. wenn die für die Besteuerung erheblichen Verhältnisse der Aufklärung bedürfen und eine Prüfung an Amtsstelle nach Art und Umfang des zu prüfenden Sachverhaltes nicht zweckmäßig ist."

Ausgehend vom Wortlaut dieser Rechtsvorschrift ist der Verfasser der Meinung, daß die Absätze 10 und 11 in der Neufassung des Gesetzes von 1965 und § 193 des geltenden Gesetzes in ihrer begrifflichen Denotation und Konnotation nicht notwendig übereinstimmen, daß sie vielmehr in einer Beziehung wahrscheinlicher Korrelation stehen. Der Verfasser darf ferner hinweisen auf das „AO-Handbuch 1977", S. LXII (Schriften des wissenschaftlichen Instituts der Steuerberater und Steuerbevollmächtigten), in der Ausgabe von C. H. Beck München, Juni 1977. Darin sind als „Reichsabgabenordnung und ihre Nebengesetze im Vergleich mit der Abgabenordnung (AO)" auf S. 65 die Absätze 10 und 11 des § 162 RAO dem § 193 des neuen Gesetzes einfach gegenübergestellt.

Diese Anordnung ist ein wenig irreführend. Der Grund ist, daß zwischen beiden keine logische Beziehung besteht und daß vor allem § 193 des neuen Gesetzes so verändert worden ist, daß man von der Schaffung einer neuen Rechtsvorschrift sprechen kann.

(16) Kritik an Prof. L. Peez

Im übrigen stellt Prof. Dipl.-Kfm. Leonhard Peez, Verfasser des Buches „Grundsätze ordnungsmäßiger Datenverarbeitung im Rechnungswesen" (Wiesbaden 1975) fest: „Die deutlichsten Hinweise auf die GoB und eine wenn auch dürftige Fixierung von formellen Grundsätzen finden wir in folgenden Gesetzesvorschriften." Er nennt hierzu 7 Fundstellen:

1. §§ 38 bis 47 a HGB,
2. §§ 149 bis 161 AktG,
3. §§ 41 und 42 GmbHG,
4. §§ 33 bis 33 h GenG,
5. § 5 PublG,
6. §§ 160 bis 163 AO,
7. § 5 EStG (mit Abschn. 29 EStR).

Da das Buch 1975 erschien, werden natürlich die Bestimmungen der alten Reichsabgabenordnung zitiert, die die Vorgängerin der Abgabenordnung (AO) von 1977 ist. Leider ist festzustellen, daß es dem Buch sehr an Vollständigkeit fehlt, wenn man zum Vergleich die verschiedenen (oben genannten) Rechtsquellen heranzieht, die in dem vom deutschen Institut der Wirtschaftsprüfer (IdW) erstellten WP-Handbuch zitiert werden. Als erste Rechtsquelle werden zudem auf S. 58 des Buches die §§ 38 bis 47 a HGB in ihrer Eigenschaft als *formelle* Grundsätze genannt. Dennoch sind auf S. 54 die §§ 39, 40 HGB in die Grundsätze ordnungsmäßiger Buchführung einbezogen, die im § 38 HGB als *materielle* Grundsätze gelten. Diese Gegenüberstellung enthält einen Widerspruch. Dennoch handelt es sich nach Meinung des Verfassers um ein außerordentlich brauchbares Nachschlagewerk. Obzwar die Veröffentlichung von Prof. Peez aus dem Jahre 1975 stammt, ist in einem Anhang der volle Text eines Auszuges aus dem ,,Entwurf einer Neufassung" zum ,,Handelsgesetzbuch" aus dem Jahr 1975 abgedruckt. Dieser Entwurf einer Neufassung wurde als ,,Drucksache 7/261 Deutscher Bundestag – 7. Wahlperiode" veröffentlicht. Besonderen Hinweis verdient die Tatsache, daß die ,,Grundsätze ordnungsmäßiger Buchführung" im deutschen Rechnungswesen als elastisches Konzept des positiven Rechts verankert sind, nicht nur in der AO und im HGB, sondern auch in anderen verstreuten Rechtsquellen. Ursächlich hierfür ist, daß die Grundsätze ordnungsmäßiger Buchführung zwar als Einzelbegriff verwendet werden, dieser Begriff aber dennoch eine allgemeine und zentrale Stellung im positiven Recht hat – dies deshalb, weil er der Forderung nach Formulierung spezifischer sozialer Normen genügt, was eine Eigentümlichkeit jeder Rechtsquelle ist.

VI. Kapitel. Inhalt des Begriffs „Buchführungspflicht"

1. Ursprung der „Buchführungspflicht"

Der Verfasser hat zur Zeit einen Kommentar zum deutschen Handelsgesetzbuch zur Hand, der in der Bundesrepublik Deutschland der größte seiner Art ist. Es handelt sich um ein sechsbändiges Werk mit mehr als 4500 Seiten, herausgegeben vom Verlag Walter de Gruyter & Co., Berlin, mit dem Titel: „Handelsgesetzbuch, Großkommentar. Begründet von Hermann Staub, weitergeführt von Mitgliedern des Reichsgerichts. Dritte Auflage, neubearbeitet von Oberlandesgerichtsrat Dr. Dieter Brüggemann, Celle / Senatspräsident beim Bundesgerichtshof Dr. Robert Fischer / Oberlandesgerichtsrat i. R. Dr. Paul Ratz, München / Rechtsanwalt Dr. Wolfgang Schilling, Mannheim / Professor Dr. Hans Würdinger, Hamburg." Der Abschnitt in Band 1, S. 439–463 beschäftigt sich vor allem mit der Erläuterung des § 38 des HGB. So findet sich auf S. 442 die folgende bemerkenswerte Beschreibung:

„Schutzgesetz im Sinne des § 823 Abs. 2 BGB (siehe Bemerkung des Verfassers unter „A" unten) sind die §§ 38 ff. nicht. Mit der handelsrechtlichen, sozusagen standesrechtlichen Verpflichtung des Kaufmanns zur Buchführung konkurriert hiernach möglicherweise eine solche aus dem bürgerlichen Recht, immer aber eine solche aus Steuergesetzen. Die Zielsetzung ist jedesmal eine andere; das bestimmt entscheidend den Inhalt der Pflichten im einzelnen. a) Die Verpflichtung zur Buchführung kraft bürgerlichen Rechts beruht auf Vertrag – Gesellschaftsvertrag, Gewinnbeteiligungsabrede –, seltener auf Gesetz: subsidiär in den Fällen der §§ 713 (siehe Bemerkung des Verfassers unter „B") (716 Abs. 1!), (siehe Bemerkung des Verfassers unter „C") 740 Abs. 2, (siehe Bemerkung des Verfassers unter „D") 1413 BGB (siehe Bemerkung „E")."

Bemerkungen des Verfassers:

„A" Diese Rechtsvorschrift regelt die Verpflichtung zum Schadenersatz aus unerlaubten Handlungen und entspricht den Art. 709 und 710 des Japanischen Bürgerlichen Gesetzbuches.

„B" Hier geht es um die Rechte und Pflichten von Mitgliedern, die die geschäftlichen Angelegenheiten einer Gesellschaft leiten.

„C" Diese Rechtsvorschrift betrifft die Auskunfts- und Prüfungsrechte von Gesellschaftern. Es ist besonders darauf zu achten, daß der Ausdruck „die Geschäftsbücher und die Papiere der Gesellschaft" in den Text dieses Paragraphen aufgenommen wurde.

„D" Dieser Abschnitt bestätigt die Beteiligung eines Gesellschafters an den Ergebnissen noch nicht abgeschlossener Geschäfte. Die Vorschrift entspricht Art. 681 Abschn. 3 des Bürgerlichen Gesetzbuches Japans.

„E“ Dieser Text betrifft die Beziehung zwischen der Haftung der Ehefrau und dem eingebrachten Gut.

Weiter heißt es auf S. 443: „(b) Die steuerliche Buchführungspflicht ist, anders als die fallweise gegebene nach bürgerlichem Recht, nicht eigenständig formiert.“

Der Verfasser vertritt die Auffassung, daß das Bürgerliche Gesetzbuch als allgemeines Gesetz, das die Lebensverhältnisse der Bürger regelt, die Verantwortung für die Standardisierung „ordentlicher Buchführung“ trägt, um den unterschiedlichen Lebensverhältnissen Rechnung zu tragen. Da das Bürgerliche Gesetzbuch das geltende Recht für Bürger ist, regelt es vertragliche Beziehungen zwischen diesen. Dagegen hat das Steuerrecht die Aufgabe, die systematische, einheitliche und ausführliche Buchführung zu regeln, deren Hauptziel die angemessene Entscheidung über die Steuerkraft in der Beziehung zwischen „Herrscher“ und „Regierten“ ist. Es darf daher in diesem Sinne als wirklich weitsichtig gelten, daß diese Erläuterungen zu § 38 HGB die Buchführungspflicht des Kaufmanns in ständiger Konkurrenz zum BGB und zum Steuerrecht sehen.

2. Die Buchführungspflicht von Nicht-Kaufleuten

Es wurde bereits darauf hingewiesen, daß die Buchführungspflicht auf der Grundlage der in § 38 Abs. 1 HGB genannten Grundsätze ordnungsmäßiger Buchführung die Geltung von öffentlichem Recht hat. Im Falle eines Verstoßes gegen diese Rechtsvorschrift findet in bestimmten Fällen § 283 b StGB Anwendung, der eine Gefängnisstrafe bis zu 2 Jahren oder eine Geldstrafe vorsieht. Aus Raumgründen wird davon abgesehen, den vollen Text dieser Bestimmung des StGB zu zitieren; dies soll später geschehen.

Außerdem fürchtet der Verfasser, § 38 Abs. 1 HGB könne so mißverstanden werden, als seien Nicht-Kaufleute, zum Beispiel Land- und Forstwirte, nicht zur Führung von Büchern verpflichtet, weil dieser Absatz 1 nur vorschreibt „Jeder Kaufmann“. § 19 des Einführungsgesetzes zur Abgabenordnung, das am 14. 12. 1976 erlassen wurde, sieht die Buchführungspflicht für Land- und Forstwirte vor. Danach verpflichtet ein Jahresgewinn von DM 12000 und darüber zur Führung von Büchern und zu regelmäßigen Abschlüssen.

Die japanische Regierung hat dagegen lange Zeit keine eindeutige Stellung zur Buchführungspflicht und zur Besteuerung der Land- und Forstwirte usw. bezogen. Der Verfasser ist indes der Meinung, daß die japanische Regierung in diesem Punkte sich einer baldigen Entscheidung nicht entziehen kann. Sollte sie aber immer noch glauben, daß sie sich aus sozialen Erwägungen weiterhin einer eindeutigen Entscheidung entziehen kann, so kann diese Einstellung nur verurteilt werden.

§ 38 Abs. 2 HGB enthält die verpflichtende Bestimmung über die ordentliche

Aufbewahrung der Handelsbriefe. Im Entwurf der Neufassung ergab sich die Verdeutlichung und Erweiterung der aufzubewahrenden Gegenstände durch Hinzufügungen wie „Abschrift" und „andere Datenträger".

In § 41 führte die Neufassung lediglich zur Streichung des Ausdrucks „das Inventar" (d. h. eine Aufzeichnung von Vermögensgegenständen). § 42 ist offenbar nicht geändert worden. Umfangreiche Änderungen wurden dagegen in den §§ 43 und 44 vorgenommen.

3. Abschnitte 1 und 2 des § 43 HGB

§ 43 ist eine Rechtsvorschrift mit der Überschrift „Führung der Handelsbücher". Der Abschnitt 1 ist in seinem Kern nicht verändert worden. Er lautet nach wie vor:

„Bei der Führung der Handelsbücher und bei den sonst erforderlichen Aufzeichnungen hat sich der Kaufmann einer lebenden Sprache zu bedienen."

Lediglich die Wendung „und der Schriftzeichen einer solchen" wurde gestrichen. Der folgende zweite Satz wurde neu eingefügt:

„Werden Abkürzungen, Ziffern, Buchstaben oder Symbole verwendet, muß im Einzelfall deren Bedeutung eindeutig festliegen."

Ohne Zweifel soll dieser neue Einschub dem EDV-Zeitalter gerecht werden. Der folgende Satz ist eine Neufassung von 1976 und wurde als Abs. 2 in § 43 eingefügt:

„(2) Die Eintragungen in Büchern und die sonst erforderlichen Aufzeichnungen müssen vollständig, richtig, zeitgerecht und geordnet vorgenommen werden."

Diese Bestimmung überschneidet sich mit Abschn. 1 § 146 der Reichsabgabenordnung. Durch die Einfügung einer Bestimmung, die eine Übereinstimmung zwischen Steuerrecht und Handelsgesetzbuch herstellt, soll der Grundsatz der „Ordentlichkeit" ein Bindeglied zwischen Steuerrecht und Handelsrecht herstellen. Es sei darauf hingewiesen, daß es eine solche Regelung in Japan nicht gibt. Der Verfasser hatte bereits die Wendung „zeitgerecht" in diesem besonderen Fall erörtert, der im amerikanischen Rechnungswesen völlig anders gelöst wird. Wenn diese Bestimmung nicht zwingend in unser Handelsgesetzbuch eingeführt wird, dann werden die Handelsrechtler Japans, das Justizministerium und die Mitglieder des Parlaments auf lange Zeit sich den Vorwurf gefallen lassen müssen, daß es ihnen an Sachverstand und Ehrlichkeit fehlt.

Der Grund ist, daß eine Rechtsnorm nicht einfach dadurch zustande kommt, daß man sich auf die mehr oder minder überzeugenden Äußerungen eines Dritten verläßt, wie dies in der Massenpsychologie der Fall ist. So wie der Arzt, der die volle Verantwortung für die Behandlung eines Patienten übernimmt und ihm die Angst nimmt, die ihn zeitweilig überkommt, so sollte der Gesetzgeber entschlossen und unnachgiebig die Verantwortung für die Schaffung und Erhaltung der „Gesundheit" unserer Gesellschaft übernehmen. Seit den Tagen Platos ist diese Einstellung zweifellos das Hauptziel der Rechtsphilosophie. Da dem Verfasser nur beschränkter Raum zur Verfügung steht, soll die Neufassung der weiteren Bestimmungen des § 43 HGB bei anderer Gelegenheit besprochen werden. An dieser Stelle sei der Leser aber darauf aufmerksam gemacht, daß das geltende japanische Handelsgesetzbuch gravierende Mängel aufweist, auf die hier im einzelnen nicht einzugehen ist.

4. Was bedeutet die Entleerung des Begriffs Minderkaufmann?

Art. 3 des neugefaßten Durchführungs-Gesetzes im japanischen Handelsgesetzbuch legt den Umfang des Begriffs Minderkaufmann fest. „Minderkaufmann“ ist nach Art. 8 des neuen Gesetzes ein Kaufmann mit einem Kapital unter 2000 Yen und dessen Rechtsform nicht die der Gesellschaft ist. (Bemerkung: Durch die Neufassung von 1981 wurde dieser Betrag auf 500 000 Yen erhöht.) Dieser Artikel ist, offen gesagt, der schamhaft verhüllte Kern des japanischen Handelsgesetzbuches. Als Wirtschaftsprüfer weiß ich sehr genau, wovon ich rede. Wegen dieser Rechtsvorschrift ist der Begriff des kleinen Kaufmanns, der nach Art. 8 des japanischen Handelsgesetzbuches von der Buchführungspflicht befreit ist, weitgehend entleert, und außerdem ist die Verpflichtung zur Führung von Büchern nach Art. 32 des japanischen Handelsgesetzbuches in der Praxis nichtssagend, einfach weil es zu diesem Artikel keine entsprechenden Strafbestimmungen gibt, wie etwa Art. 12 und 19 des British Companies Act von 1976, Art. 24 des U.S. Securities Law von 1933, Art. 32 des U.S. Securities & Exchange Law von 1934, § 379 der deutschen Abgabenordnung und § 283 b des deutschen Strafgesetzbuches. Lassen wir die Größenordnungen beiseite, so stehen wir grundsätzlich vor einem zu großen Ermessensspielraum im Rechnungswesen japanischer Unternehmen. Dies bedeutet, daß das bürgerliche Gesetzbuch zum Instrument geworden ist, das zahllose Steuerhinterzieher produziert. Dieser Trend hat den Weg freigemacht zum Zusammenbruch der Finanzwirtschaft des Landes. Man vergleiche hiermit den Begriff des Minderkaufmanns, der in § 4 des deutschen Handelsgesetzbuches definiert ist.

5. Häufigkeit und Besonderheit von Neufassungen des HGB

Unmittelbar vor der Niederschrift dieses Abschnitts erhielt der Verfasser ein vom C. H. Beck-Verlag veröffentlichtes Buch mit dem Titel: „Beck'sche Textausgaben HGB. 63. neu bearbeitete Auflage. Stand: 1. Januar 1980.“ Beim Durchblättern stellte sich heraus, daß der Teil „Handelsgesetzbuch. Entwurf einer Neufassung“, der vom Deutschen Bundestag erlassen wurde, und im Buch von Prof. Peez „Grundsätze ordnungsmäßiger Datenverarbeitung im Rechnungswesen. 1975. S. 166 ff.“ abgedruckt ist, bereits rechtskräftig ist und nach zweimaliger Änderung inzwischen Teil des geltenden deutschen Handelsgesetzbuches ist. Ich möchte deshalb an dieser Stelle meine frühere Feststellung korrigieren und mich entschuldigen. Das geltende HGB, das am 10. Mai 1897 erlassen wurde, ist bis heute 50mal geändert worden. Der Verfasser bewundert den Mut des deutschen Gesetzgebers, der in der Häufigkeit dieser Änderungen zum Ausdruck kommt.

Der Verfasser steht allerdings völlig verständnislos vor der Tatsache, daß die Änderungen so häufig auch mit anderen Gesetzesbezeichnungen durchgeführt wurden.* So wurde zum Beispiel am 29. Juli 1976, als die Bestimmungen des § 41 Satz 1 HGB in Kraft traten, auch der ursprüngliche Entwurf der vom Deutschen Bundestag veröffentlichten Bestimmungen einer weiteren Änderung unterzogen. Das neugefaßte Gesetz erhielt die Bezeichnung „Erstes Gesetz zur Bekämpfung der Wirtschaftskriminalität". Im Rahmen dieses Gesetzes wurden die genannten Bestimmungen des HGB geändert und im BGBl I 2034 veröffentlicht. Dies gilt auch für die Änderungen von § 38 Abschn. 2, § 43, § 44 und § 47 a, die Einfügung von Abschnitt 2 a in § 39, Abschn. 2 sowie die Streichung von § 44 a und § 44 b HGB – alle diese Änderungen wurden in die Neufassung des Einführungsgesetzes zur Abgabenordnung aufgenommen, das am 14. Dezember 1976 erlassen und im BGBl I 3341 veröffentlicht wurde. (Siehe: Beck'sche Textausgaben HGB. 63. Auflage. S. 1135.)

Nach Überprüfung der 50 Änderungen des HGB zeigt sich, daß es nur 13 Fälle gibt, in denen in den Bezeichnungen der betreffenden Gesetze zum Ausdruck kommt, daß es sich um Änderungen des Handelsgesetzbuches handelt. Z. B. wird eine umfangreiche Änderung des HGB im Jahre 1972, von der mehr als 100 Paragraphen betroffen waren, am 21. Juni 1972 unter der Bezeichnung „Gesetz zur Änderung des HGB und anderer Gesetze (Seerechtsänderungsgesetz)" angekündigt (BGBl I 1972, S. 966). Jedoch wird das Inkrafttreten dieser Änderung am 6. April 1973 in einer „Bekanntmachung über das Inkrafttreten des Seerechtsänderungsgesetzes" vom 21. März 1973 im Bundesgesetzblatt am 7. April 1973 mitgeteilt. Der Verfasser kann hierüber nur sein Erstaunen zum Ausdruck bringen. Wenn diese Fälle zutreffen, dann müssen wir ständig und konzentriert das Bundesgesetzblatt lesen. Dies könnte heißen, daß wir den Satz gelten lassen müssen: „So viel Länder, so viel Sitten".

6. Änderung des deutschen Handelsgesetzbuches im Jahre 1980

Die vorliegende Erörterung hat nun den Punkt erreicht, an dem auf den vollen Wortlaut des genannten Entwurfs einer Änderung des HGB einzugehen ist, der Gesetzeskraft hat. Während der Arbeiten an den Bestimmungen der Neufassung, die in Drucksache 7/261 – 7. Wahlperiode des Deutschen Bundestages enthalten ist, wurden jedoch mehrere Änderungen und Einfügungen vorgenommen. Deshalb sind zuvor eine Reihe von Komplikationen zu klären. So

* Leider ist der Verfasser erst nach Veröffentlichung seines Buches in Japan auf die in der Bundesrepublik Deutschland übliche Besonderheit von Gesetzesänderungen durch sogenannte Artikelgesetze aufmerksam geworden. Ein Artikelgesetz beinhaltet jeweils Änderungen verschiedener Gesetze, und seine Bezeichnung richtet sich meist nach dem sachlichen Anliegen, das mit diesen Gesetzesänderungen bezweckt werden soll.

wurde weiter oben gesagt, daß „in § 41 lediglich der Ausdruck ‚das Inventar‘ gestrichen wurde“. Der Grund hierfür war lediglich, daß der genannte geänderte Entwurf diese Formulierung enthielt. Dagegen wurde beim Vergleich mit dem Text der Bestimmungen des Handelsgesetzbuches per 1. Januar 1980 festgestellt, daß in den ersten Satz des § 41 die vier Wörter „unter Angabe des Datums“ neu eingefügt worden waren. Satz 1 heißt seit 1976: „Die Bilanz ist von dem Kaufmann *unter Angabe des Datums* zu unterzeichnen.“

Das heißt, mit der neuen Einfügung in Satz 1 wurde die Verpflichtung zur Unterzeichnung „des Inventars“ aufgehoben, dagegen die Pflicht zur Angabe des Zeitpunkts neu eingeführt.

Außerdem wurde in § 39 Absatz 2a neu eingefügt. Im Entwurf der Neufassung war dieser Paragraph unverändert geblieben. § 39 Abs. 1 und 2 waren vor dem Ersten Weltkrieg nie geändert worden. Der Leser mag sich sagen, dies wisse er bereits. Aber zum Nutzen der jüngeren Generation möchte der Verfasser die Texte an dieser Stelle einführen.

Absatz 1 hat folgenden Wortlaut:

„Jeder Kaufmann hat bei dem Beginne seines Handelsgewerbes seine Grundstücke, seine Forderungen und Schulden, den Betrag seines baren Geldes und seine sonstigen Vermögensgegenstände genau zu verzeichnen, dabei den Wert der einzelnen Vermögensgegenstände anzugeben und einen das Verhältnis des Vermögens und der Schulden darstellenden Abschluß zu machen.“

Absatz 2 hat folgenden Wortlaut:

„Er hat demnächst für den Schluß eines jeden Geschäftsjahrs ein solches Inventar und eine solche Bilanz aufzustellen; die Dauer des Geschäftsjahrs darf zwölf Monate nicht überschreiten. Die Aufstellung des Inventars und der Bilanz ist innerhalb der einem ordnungsmäßigen Geschäftsgang entsprechenden Zeit zu bewirken.“

Der folgende Absatz 2a wurde dann eingefügt:

„(2a) Bei der Aufstellung des Inventars darf der Bestand der Vermögensgegenstände nach Art, Menge und Wert auch mit Hilfe anerkannter mathematisch-statistischer Methoden auf Grund von Stichproben ermittelt werden. Das Verfahren muß den Grundsätzen ordnungsmäßiger Buchführung entsprechen. Der Aussagewert des auf diese Weise aufgestellten Inventars muß dem Aussagewert eines auf Grund einer körperlichen Bestandsaufnahme aufgestellten Inventars gleichkommen.“

Dem Leser ist bei der Lektüre des Abs. 2a möglicherweise zweierlei aufgefallen. Die Bundesrepublik hat sich, wenn auch schrittweise, bemüht, die Grundsätze der Rechnungslegung so weit wie möglich zu präzisieren. Damit liegen die deutschen Bemühungen in der Tradition der Denkweise von Eugen Schmalenbach, der einmal schrieb: „Das Fachgerechte ist gesetzlich Norm.“ (Dynamische Bilanz von E. Schmalenbach. Fünfte Auflage. S. 362.)

Nun könnten die zuständigen japanischen Behörden sich in diesem Punkte damit herauszureden suchen, diese deutsche Denkweise und die unvermeidlich aus ihr entspringende Gesetzgebung seien eben eine Eigenart der Deutschen oder der germanischen Rasse und man könne sie keinesfalls den rassischen Eigenarten der Japaner überstülpen. Der Verfasser hingegen möchte die Gelegenheit nutzen und die zuständigen Behörden drängen, sich durch Gesetzgebung und Gesetzesänderung darauf zu konzentrieren, wie die Fortentwicklung Japans nicht nur dem Staat, sondern auch dem japanischen Volk wahrhaft nutzen kann. Sie könnten dies erreichen, indem sie die Phase einer irrelevanten Denkweise hinter sich ließen, denn zum Wesen des Rechts gehört begriffsnotwendig die Sozialgestaltungsmacht.

Der Leser weiß nun, daß man in der Bundesrepublik Deutschland mindestens schrittweise versucht, die Grundsätze der Rechnungslegung so weit wie möglich dadurch zu präzisieren, daß man diese Grundsätze der raschen Entwicklung anpaßt.

Zweitens: Im Wortlaut des Abs. 2a heißt es, ,,das Verfahren muß den Grundsätzen ordnungsmäßiger Buchführung entsprechen." Was aber den genauen Inhalt des Verfahrens angeht, so verweist der Begriff der Grundsätze ordnungsmäßiger Buchführung in diesem Fall auf keinerlei spezifische Bestimmungen des positiven Rechts. Dies besagt, daß dieser Begriff in der vollständigen Intension und Extension dieser Theorie nicht Bestandteil des Gesetzesrechts geworden ist. Dies besagt ferner, daß die Theorie der dreifachen Strukturen dieses Begriffs, die der Verfasser von Beginn an vertreten hat, objektiv angemessen ist.

Was § 39 Abs. 3 und 4 angeht, so gab es nach einem Forschungsbericht über das deutsche Handelsgesetzbuch, der als Band 1 einer nachgedruckten Auflage (1. Neuauflage) am 20. Februar 1956 von der Forschungsgruppe für Ausländisches Recht an der Universität von Kobe (von ,,Yuhi-Kaku". Bd. 1, S. 105) veröffentlicht wurde, folgenden Wortlaut von Abs. 3:

,,Hat der Kaufmann ein Warenlager, bei dem nach der Beschaffenheit des Geschäfts die Aufnahme des Inventars nicht füglich in jedem Jahre geschehen kann, so genügt es, wenn sie alle zwei Jahre erfolgt. Die Verpflichtung zur jährlichen Aufstellung der Bilanz wird hierdurch nicht berührt."

Dieser Wortlaut wurde jedoch durch die Neufassung vom 2. August 1965 völlig ersetzt. Damals wurden die Abs. 3 und 4 neu gefaßt. Sie blieben am 1. Januar 1980 unverändert.

Der heute geltende Abs. 3 hat folgenden Wortlaut:

,,Bei der Aufstellung des Inventars für den Schluß eines Geschäftsjahres bedarf es einer körperlichen Bestandsaufnahme der Vermögensgegenstände für diesen Zeitpunkt nicht, soweit durch Anwendung eines den Grundsätzen ordnungsmäßiger Buchführung entsprechenden anderen Verfahrens gesichert ist, daß der Bestand der Vermögensgegenstände nach Art, Menge und Wert auch ohne die körperliche Bestandsaufnahme für diesen Zeitpunkt festgestellt werden kann."

Der heute geltende Abs. 4 hat folgenden Wortlaut:

,,In dem Inventar für den Schluß eines Geschäftsjahrs brauchen Vermögensgegenstände nicht verzeichnet zu werden, wenn

1. der Kaufmann ihren Bestand auf Grund einer körperlichen Bestandsaufnahme oder auf Grund eines nach Absatz 3 zulässigen anderen Verfahrens nach Art, Menge und Wert in einem besonderen Inventar verzeichnet hat, das für einen Tag innerhalb der letzten drei Monate vor oder der beiden ersten Monate nach dem Schluß des Geschäftsjahres aufgestellt ist, und
2. auf Grund des besonderen Inventars durch Anwendung eines den Grundsätzen ordnungsmäßiger Buchführung entsprechenden Fortschreibungs- oder Rückrechnungs-

verfahrens gesichert ist, daß der am Schluß des Geschäftsjahrs vorhandene Bestand der Vermögensgegenstände für diesen Zeitpunkt ordnungsgemäß bewertet werden kann."

Den Verfasser stört ein wenig, daß in dem Werk ,,Handelsgesetzbuch, Großkommentar. W. de Gruyter & Co., Berlin 1967. Erster Band. S. 463" in der Textwiedergabe von § 39 Abs. 4 ein Fehler unterlaufen ist. Aus ,,Vermögensgegenstände" wird dort ,,Vermögensgegengegenstände". Ferner wird aus der Wendung in Nr. 1 ,,der beiden ersten Monate" die Wendung ,,der ersten beiden Monate". Der Sinn der beiden Ausdrücke wird davon nicht berührt. Da wir es mit der Bedeutung von Rechtstexten zu tun haben, sollen die häufigen Fehler dieser Art nicht mehr erwähnt werden.

Was den Verfasser dagegen sehr beeindruckt hat, ist die Tatsache, daß die modernsten Verfahren des heutigen Rechnungswesens, wie Fortschreibungs- und Rückrechnungsverfahren, in das deutsche Handelsgesetzbuch Eingang gefunden haben. Er kann deshalb einen Vergleich des bundesrepublikanischen Gesetzgebers mit der Einstellung von Josui Kuroda (1546–1604) nicht unterdrücken, der ein feudaler Daimyo war und 1583 Christ wurde. Er schrieb ein berühmtes Buch über die Ethik mit dem Titel: ,,Fünf Prinzipien des Wassers." Über das Wesen des Wassers rief er aus: ,,Stets war es das Wasser, das allzeit seinen Weg nach vorn sich suchte."

Es ist nun auf § 40 einzugehen. Abs. 1 bis 3 sind vor dem Ersten Weltkrieg nie geändert worden. Abs. 1 schreibt vor:

,,Die Bilanz ist in *Reichswährung* aufzustellen.

Abs. 2 lautet:

,,Bei der Aufstellung des Inventars und der Bilanz sind sämtliche Vermögensgegenstände und Schulden nach dem Werte anzusetzen, der ihnen in dem Zeitpunkte beizulegen ist, für welchen die Aufstellung stattfindet."

Abs. 3 hat den Wortlaut:

,,Zweifelhafte Forderungen sind nach ihrem wahrscheinlichen Werte anzusetzen, uneinbringliche Forderungen abzuschreiben."

Bei der Neufassung am 2. August 1965 wurde der heutige Absatz 4 angefügt. Er lautet:

,,(4) Soweit dies den Grundsätzen ordnungsmäßiger Buchführung entspricht, können bei der Aufstellung des Inventars und der Bilanz

1. annähernd gleichwertige oder solche gleichartigen Vermögensgegenstände, bei denen nach der Art des Bestandes oder auf Grund sonstiger Umstände ein Durchschnittswert bekannt ist, zu einer Gruppe zusammengefaßt werden,
2. Gegenstände des Anlagevermögens sowie Roh-, Hilfs- und Betriebsstoffe des Vorratsvermögens mit einer gleichbleibenden Menge und mit einem gleichbleibenden Wert angesetzt werden, wenn ihr Bestand in seiner Größe, seinem Wert und seiner Zusammensetzung nur geringen Veränderungen unterliegt. Jedoch ist in der Regel alle drei Jahre eine körperliche Bestandsaufnahme durchzuführen."

Mit diesem Absatz 4 endet der § 40.

Der Verfasser hat sich bereits mit der Neufassung von § 41 befaßt. Was § 42 angeht, so könnte zu einem bestimmten Zeitpunkt nach dem Zweiten Weltkrieg der Ausdruck ,,eines Landes" ersetzt worden sein durch den Ausdruck ,,eines Bundesstaates". Der Verfasser findet es sehr merkwürdig, daß die ,,Beck'schen

Textausgaben, HGB, 63. Aufl., S. 1132 ff. Tabellen der Änderungen des Handelsgesetzbuches" diesen Zeitpunkt irrtümlich nicht angeben. Das gleiche ist festzustellen für den erwähnten Kommentar, und zwar im Kapitel „Geschichte des Handelsrechts, S. 2 ff., Handelsgesetzbuch, Großkommentar". Der Text dieses Paragraphen dürfte schon vor dem Ersten Weltkrieg in Geltung gewesen sein und ist bis auf die Änderung eines bestimmten Ausdrucks unverändert in Kraft geblieben. § 42 hat folgenden Wortlaut:

„Unberührt bleibt bei einem Unternehmen des *Reichs,* eines *Bundesstaates* oder eines inländischen Kommunalverbandes die Befugnis der Verwaltung, die Rechnungsabschlüsse in einer von den Vorschriften der §§ 39 bis 41 abweichenden Weise vorzunehmen."

Kurz gesagt, dieser Paragraph schreibt nur vor, daß nur der Rechnungsabschluß nicht allein vom HGB geregelt wird und daß deshalb auch andere Bestimmungen, etwa über die Buchführungspflicht, für diese öffentlichen Körperschaften maßgebend sind. Der Verfasser ist der Meinung, daß diese Vorschrift in dieser oder jener Form in die japanische Gesetzgebung Eingang finden sollte. Wie später ausführlich erläutert wird, ist deshalb zu verstehen, daß die Strafe für die Verletzung der Buchführungspflicht, die in § 283 b StGB vorgesehen ist, natürlich anzuwenden ist. Außerdem ist die Bundesrepublik Deutschland der Staat, der, anders als Japan, streng den Grundsatz der Gesetzmäßigkeit der Verwaltung beachtet. So gibt es ausführliche Bestimmungen über die Form des Rechnungsabschlusses für öffentliche Betriebe in der Eigenbetriebsverordnung vom 21. November 1938 (§ 18 Abs. 2 der obigen Gesetze und Verordnungen). Da dies nicht das Hauptthema des Verfassers ist, kann hierauf leider nicht näher eingegangen werden. Siehe hierzu: „Handelsgesetzbuch. Großkommentar. Erster Band. S. 484 ff."

Weiter oben wurde gesagt, daß die §§ 43 und 44 neu gefaßt wurden. § 43 wurde hier aber nur bis zu Abs. 2 eingeführt. Es sollte aber der vollständige Text bekannt sein. Abs. 3 hat folgenden Wortlaut:

„Eine Eintragung oder Aufzeichnung darf nicht in einer Weise verändert werden, daß der ursprüngliche Inhalt nicht mehr feststellbar ist. Auch solche Veränderungen dürfen nicht vorgenommen werden, deren Beschaffenheit es ungewiß läßt, ob sie ursprünglich oder erst später gemacht worden sind."

Diese Vorschrift hat es zuvor nicht gegeben. Urteilt man aber nach der logischen Abfolge dieses Absatzes, so ist klar, daß die Behauptung, eine solche Sondervorschrift sei im japanischen Handelsgesetzbuch nicht notwendig, nicht zu halten ist.

Abs. 4 hat folgenden Wortlaut:

„Die Handelsbücher und die sonst erforderlichen Aufzeichnungen können auch in der geordneten Ablage von Belegen bestehen oder auf Datenträgern geführt werden, soweit diese Formen der Buchführung einschließlich des dabei angewandten Verfahrens den Grundsätzen ordnungsmäßiger Buchführung entsprechen. Bei der Führung der Handelsbücher und der sonst erforderlichen Aufzeichnungen auf Datenträgern muß insbesondere sichergestellt sein, daß die Daten während der Dauer der Aufbewahrungsfrist verfügbar sind und jederzeit innerhalb angemessener Frist lesbar gemacht werden können. Absatz 1 Satz 2 und die Absätze 2 und 3 gelten sinngemäß."

Die Notwendigkeit, Aufzeichnungen auf Datenträgern aufzubewahren, muß als unverzichtbar gelten. Sie wird binnen kurzem für Unternehmen selbstverständlich sein, die ausgezeichnete kleine bis mittlere Datentechnik installiert haben, die in Japan in Zukunft wahrscheinlich sehr weite Anwendung finden wird.

In den Vereinigten Staaten wurde am 24. Februar 1964 der ,,Standard On the Operation of Computer-aided Accounting“ (Einheitliche Vorschrift über das rechnergestützte Rechnungswesen) auf Grund von Art. 6001 des U.S. Internal Revenue Code in Gesetzesform verabschiedet mit der Bezeichnung: ,,Revenue Procedure“. Was ist nun mit den Japanern, die in den geistigen Genuß des Wohlstandes (,AMAE‘) der Masse dieses Volkes oder bestimmter Gruppen des Landes kommen und deren Lebensweise popularisiert oder sogar gefestigt worden ist, oder mit denen, die die Quelle der Vitalität unseres Volkes in der gegenwärtigen Mehrdeutigkeit der japanischen Rechtsvorschriften finden – wie nehmen sie die Forderung nach Übernahme der Rechnungslegungs-Normen auf, die in fortschrittlichen Ländern üblich sind und die nacheinander vom ,,International Accounting Standards Committee“ (IASC) erarbeitet wurden? Dieses Committee wurde von 9 Ländern errichtet, und ihm gehört auch Japan an. Wollen diese Japaner unter den fortgeschrittenen Ländern die Rolle eines Waisen spielen und Augen und Ohren vor diesen Forderungen verschließen? Der Verfasser möchte mit Nachdruck darauf hinweisen, daß dies eine Sache von größter Bedeutung für unser Land und unser Volk ist.

Die Neufassung von § 44 Abs. 1 lautet:

,,(1) Jeder Kaufmann ist verpflichtet, die folgenden Unterlagen geordnet aufzubewahren:
1. Handelsbücher, Inventare, Bilanzen sowie die zu ihrem Verständnis erforderlichen Arbeitsanweisungen und sonstigen Organisationsunterlagen,
2. die empfangenen Handelsbriefe,
3. Wiedergaben der abgesandten Handelsbriefe,
4. Belege für Buchungen in den von ihm nach § 38 Abs. 1 zu führenden Büchern (Buchungsbelege).“

Diese Vorschriften sind in der Tat angebracht.

Abs. 2 besteht aus folgendem Satz:

,,(2) Handelsbriefe sind nur Schriftstücke, die ein Handelsgeschäft betreffen.“

Abs. 3 ist ein langer Satz und hat folgenden Wortlaut:

,,(3) Mit Ausnahme der Bilanz können die in Absatz 1 aufgeführten Unterlagen auch als Wiedergabe auf einem Bildträger oder auf anderen Datenträgern aufbewahrt werden, wenn dies den Grundsätzen ordnungsmäßiger Buchführung entspricht und sichergestellt ist, daß die Wiedergabe oder die Daten
1. mit den empfangenen Handelsbriefen und den Buchungsbelegen bildlich und mit den anderen Unterlagen inhaltlich übereinstimmen, wenn sie lesbar gemacht werden,
2. während der Dauer der Aufbewahrungsfrist verfügbar sind und jederzeit innerhalb angemessener Frist lesbar gemacht werden können.

Sind Unterlagen auf Grund des § 43 Abs. 4 Satz 1 auf Datenträgern hergestellt worden, können statt des Datenträgers die Daten auch ausgedruckt aufbewahrt werden; die ausgedruckten Unterlagen können auch nach Satz 1 aufbewahrt werden.“

Das oben erwähnte ,,Revenue Procedure", das einen Standard für die rechnergestützte Rechnungslegung in den USA enthält, macht es in Art. 2 zur Pflicht, einen Belegverweis zu erstellen, und in Art. 4, ,,sichtbare und lesbare Aufzeichnungen" herzustellen. Natürlich gibt es in den USA keine Bestimmungen über die Aufbewahrung von Unterlagen des Rechnungswesens und von Geschäftsbriefen. Es darf aber angenommen werden, daß die Nichtexistenz solcher Bestimmungen den US-Rechtsvorschriften entspricht, wonach es keine bestimmte Verjährungsfrist bezüglich ,,falscher Erklärungen" oder ,,Nichterklärung" in den USA gibt. (Siehe: IRC-Reg. § 301. 6501 (c)-1. Standard Federal Tax Reports 1980.5446 A.)

§ 44 Abs. 4 lautet:

,,(4) Die in Absatz 1 Nr. 1 aufgeführten Unterlagen sind zehn Jahre . . . aufzubewahren."

§ 44 Abs. 5 lautet:

,,(5) Die Aufbewahrungsfrist beginnt mit dem Schluß des Kalenderjahres, in dem die letzte Eintragung in das Handelsbuch gemacht, das Inventar aufgestellt, die Bilanz festgestellt, der Handelsbrief empfangen oder abgesandt oder der Buchungsbeleg entstanden ist."

Damit endet der § 44. Die früheren §§ 44 a und 44 b wurden bei der Neufassung mit Gesetz vom 14. Dezember 1976 aufgehoben. Das obengenannte Buch von Prof. Dipl.-Kfm. L. Peez ,,Grundsätze ordnungsmäßiger Datenverarbeitung im Rechnungswesen", das 1975 veröffentlicht wurde, enthält auf S. 166 ff. den Entwurf einer Neufassung des HGB, der vom Deutschen Bundestag verabschiedet wurde. Auf S. 168 heißt es eindeutig: ,,Die §§ 44 a, 44 b werden aufgehoben." Trotz des gesetzlichen Aufhebungsvermerks, den dieses Buch enthält, wird dies von anderen nicht zur Kenntnis genommen. So wurde vom Betriebswirtschaftlichen Verlag Dr. Th. Gabler, Wiesbaden, ein 10bändiges Werk mit dem Titel ,,Industrielles Rechnungswesen in programmierter Form" veröffentlicht. Für den Text zeichneten verantwortlich die Prof. Dr. K. F. Bussmann in München, Prof. Dr. Jörg Bottler in Gießen, Prof. Dr. Peter Horváth in Darmstadt und Prof. Dr. Herbert Kargl in Mainz. Band 9 des Werkes mit dem Titel ,,Handelsbilanz und Steuerbilanz. Band 9" wurde ein Jahr nach der Neufassung veröffentlicht. Dennoch wird ohne jeden Hinweis der volle Text der §§ 44 a und 44 b abgedruckt (S. 297), den der Deutsche Bundestag mit Veröffentlichung des Entwurfs der Neufassung zur Aufhebung vorgesehen hatte. Der Verfasser darf also zu dem Schluß kommen, daß das Unterlassen genauer Nachprüfung nicht nur eine Neigung der Universitätsprofessoren in Japan ist.

7. *Bemerkung zu zwei Beispielen von Ministerialerlassen*

Aus Raumgründen kann an dieser Stelle nicht der Inhalt zweier Beispiele von Erlassen durch Kabinettsminister wiedergegeben werden, die thematisch relevant sind. Es wurde bereits darauf hingewiesen, daß Ministerialerlasse nach deutschem Recht sekundäre Rechtsquelle sind. Einer dieser Ministerialerlasse ist der BMWF-Erlaß vom 21. 12. 1971. (Anmerkung des Verfassers: Im damaligen Zeitpunkt wurden Wirtschafts- und Finanzministerium in Personalunion geleitet.) Der Erlaß betraf die Verwendung von Mikrofilmaufnahmen. Der zweite Erlaß ist der BMF-Erlaß vom 26. 1. 1973 über den „Begriff des Speicherns von Daten“ im Sinne von Abschn. 29 Abs. 6 EStR 1969 mit der Bezeichnung „Ordnungsmäßigkeit der Buchführung“. Der vollständige Wortlaut dieser beiden Ministerialerlasse ist auf den Seiten 163 ff. und auf Seite 166 des Buches „Grundsätze ordnungsmäßiger Datenverarbeitung im Rechnungswesen“ von Prof. Dipl.-Kfm. L. Peez abgedruckt.

8. Handelsbücher und ihre Beweiskraft

Bis jetzt hat der Verfasser selten das deutsche Aktiengesetz herangezogen. In Japan darf als bekannt vorausgesetzt werden, daß das fünfte Kapital des Aktiengesetzes die Bezeichnung trägt: „Fünfter Teil. Rechnungslegung. Gewinnverwendung“. Der 1. Abschnitt heißt: „Aufstellung des Jahresabschlusses und des Geschäftsberichts §§ 148–161“. Eine eingehende Erörterung erübrigt sich an dieser Stelle bis auf einen Punkt. Da es bei japanischen Gelehrten bis heute eine Reihe von Mißverständnissen gibt, sei hier kurz auf sie eingegangen.

Zum Beispiel schreibt Prof. Minoru Emura, Universität von Tokio, auf S. 133 seines Buches „Einführung in das Rechnungswesen von Aktiengesellschaften“ (Auflage von 1979), „das japanische Handelsgesetzbuch hat in der Neufassung von 1974 zum ersten Mal die Verpflichtung von Kaufleuten zur Führung von Büchern festgelegt.“ In Wirklichkeit verhält es sich anders, weil der Ausdruck „Bücher“ ein anderer als der Ausdruck „Handelsbücher“ ist. Hierin liegt ein Mißverstehen der wirklichen Rechtslage. Im japanischen Handelsgesetzbuch, das durch Gesetz Nr. 32 am 27. März 1890 verkündet wurde, gab es bereits die bindende Vorschrift über die Führung von Handelsbüchern. Dieses Handelsgesetzbuch wurde dann durch Gesetz Nr. 9 am 4. März 1893 geändert. Kapitel 4 „Handelsbücher“ enthielt Bestimmungen, die ausführlicher waren als das geltende Recht – insgesamt 11 Artikel (Art. 31–41). Bemerkenswert ist in diesem Zusammenhang Artikel 31, der vorschrieb:

„Jeder Kaufmann . . . *hat vollständige Handelsbücher zu führen.*“ Dies zeigt, daß die Rechtsvorschrift, die Vollständigkeit der Bücher fordert, damals in Japan bereits in Geltung war. Der Verfasser vermutet, daß die Bestimmung in Artikel 31 durch § 28 des Allgemeinen Deutschen Handelsgesetzbuches von 1861 beeinflußt wurde, das *Vollständigkeit* der Handelsbücher vorschrieb, die deutsche Kaufleute zu führen hatten.

Außerdem hatte die Neufassung des japanischen Handelsgesetzbuches von 1893 in Artikel 39 *„Beweiskraft“* der Handelsbücher vorgeschrieben. Wie früher ausgeführt, war dieser Begriff der Rechtsbegriff, der bereits in §§ 34 und 36 des obengenannten deutschen Handelsgesetzbuches enthalten war und der bereits auf das Jahr 1794 zurückgeht. Es war das 6. Jahr des Kansei unter der Herrschaft von Kaiser KOKAKU, gleichzeitig das 7. Jahr der Herrschaft von „Ienari Tokugawa", der der 11. SHOGUN der Familie Tokugawa war. In diesem Jahr 1794 wurde das „Preußische Allgemeine Landrecht" erlassen. Dieser Rechtsbegriff der „Beweiskraft" war bereits aufgenommen worden in die Art. 566, 569 und 605, die die Buchführungsvorschriften für Kaufleute enthielten.

9. Mißverständnisse japanischer Fachleute des Rechnungswesens

In die Theorie eines japanischen Experten für Rechnungswesen, dessen Artikel in der Juli-Ausgabe, Band CXVIII, von „ACCOUNTING", dem Organ der „JAPAN SOCIETY OF ACCOUNTING" in Japan erschien, hat sich ein vermeidbarer Fehler eingeschlichen. Unter Hinweis auf § 149 Abs. 1 des deutschen AktG mit dem Wortlaut: „Der Jahresabschluß hat den Grundsätzen ordnungsmäßiger Buchführung *zu entsprechen*", stellte er fest, diese Rechtsvorschrift sehe aus wie die Wiederholung der Grundsätze ordnungsmäßiger Buchführung nach § 38 des deutschen Handelsgesetzbuches und kam zu dem vorläufigen Schluß, dies sei eine sehr ungeschickte Art, Rechtsvorschriften zu erlassen. Er stellte ferner fest, diese Bestimmung mache auf ihn den Eindruck, als sei sie durch den historischen Begriff der GoB beeinflußt, der seit 1898 zur Tradition des deutschen Handelsgesetzbuches gehöre. Die Bücher seien nur der interne Nachweis für den Abschluß eines bestimmten Geschäftsjahres. Er behauptete außerdem, die Grundsätze ordnungsmäßiger Buchführung seien auch in Art. 147 des British Companies Act von 1948 vorgeschrieben, und diese Grundsätze seien nicht zu trennen von der Vorschrift „true and fair view" des britischen Rechnungswesens. Der Verfasser möchte dem jedoch folgendes entgegenhalten:

Zunächst wurde Art. 147 des British Companies Act von 1948 durch Art. 12 Abs. 12 des Companies Act von 1976 aufgehoben und hat also keine Rechtskraft mehr. (Vgl. Companies Act 1976. Sect. 12 (12).) Zweitens ist der Begriff der GoB nicht der gleiche, der seit 1898 Teil des deutschen Handelsgesetzbuches ist. Er taucht bereits drei Jahre früher in Art. 19 des Hessischen Allgemeinen Einkommensteuer-Gesetzes auf. (Vgl. Kuno Barth, Die Entwicklung des deutschen Bilanzrechts. Band II. Anhang, S. 102.) Drittens ist der Eindruck der Wiederholung sehr zweifelhaft. Der Verfasser möchte darauf hinweisen, daß der obige Ausdruck „zu entsprechen" nicht nur in § 149 AktG zu finden ist, sondern auch in § 26 Bundesbankgesetz sowie in §§ 141, 146, 147 der AO 1977.

Dagegen wird in § 41 GmbHG der Ausdruck „zu sorgen" im Zusammenhang mit den Grundsätzen ordnungsmäßiger Buchführung verwendet. In § 33 b GenG wird der Ausdruck „zur Anwendung" benutzt, in § 5 PublG der Ausdruck „gelten", usw. usf. Kurzum, der Verfasser möchte auf das legislative Faktum hinweisen, daß die Grundsätze ordnungsmäßiger Buchführung als „Sammelbegriff" mit dreifacher Struktur in allen Bereichen der Gesellschaft, die überhaupt der Buchführungspflicht bedürfen, als zentrale Konzeption fungieren.

Schließlich behauptete der genannte Wissenschaftler, die Bücher selbst seien nur der interne Nachweis für den Abschluß in einem Geschäftsjahr. Der Verfasser hätte indessen schon früher die Auffassung von Dr. Klaus Bierle, Akademischer Rat an der Universität des Saarlandes, Saarbrücken, der den Artikel „Grundsätze ordnungsmäßiger Buchführung“ im Handwörterbuch des Steuerrechts schrieb, zitieren sollen, oder die Auffassung von Prof. Ulrich Leffson, Universität Münster, der den Artikel „Grundsätze ordnungsmäßiger Buchführung“ im deutschen Wörterbuch der Betriebswirtschaft verfaßte. Diese beiden Artikel zeigen, daß das Belegprinzip Merkmal des Begriffs der GoB ist und daß die Beurteilung dieser Wissenschaftler auch in dem Satz zum Ausdruck kommt: „Keine Buchung ohne Beleg.“

Der Verfasser möchte außerdem feststellen, daß die Wiedergabe des Begriffs „true and fair view“ nach dem British Companies Act 1948 als „Shinjitsu Katsu Koseina Gaikan“ zunächst eine Fehlübersetzung und ein Mißverständnis mehrerer japanischer Wissenschaftler ist. (Bemerkung A: Siehe Chuokeizaisha-Ausgabe, S. 11, Neuauflage, Wörterbuch des Rechnungswesens, 1. Auflage. Zusammengestellt vom Accounting Research Office, Universität Kobe. 3. Auflage, Wörterbuch des Rechnungswesens, S. 119). Dies gilt auch für die Übersetzung „Shinjitsu Katsu Koseina Hokoku“. (Bemerkung B: Veröffentlicht von Seirin Shoin Shinsha, 1. Auflage 1965, Wörterbuch des Rechnungswesens, S. 84). Auf diesen Punkt wird später noch ausführlicher eingegangen werden.

10. Der Begriff des Minderkaufmanns und „die Bekanntgabe der Mitteilung“ nach § 141 AO

Es wurde weiter oben bereits gesagt, daß der Umfang des Begriffs Minderkaufmann nach Art. 3 des Durchführungs-Gesetzes der Neufassung des japanischen Handelsgesetzbuches zu den schamhaft verhüllten Teilen dieses Gesetzbuches gehört. Sehen wir von der Meiji- oder der Taisho-Periode ab, so gibt es in Japan nicht einen Minderkaufmann mit einem Kapital unter 2000 Yen. (Anmerkung: Dieser Betrag wurde 1981 auf 500 000 Yen erhöht.) Die Existenz dieser Rechtsvorschrift macht es unmöglich, den Kreis der Buchführungspflichtigen zu definieren, und damit ist die Verpflichtung zur Führung von Büchern nach dem japanischen Handelsgesetzbuch nichtssagend. Art. 8 der Neufassung des Handelsgesetzbuches (nach Gesetz Nr. 49 vom 7. März 1899) hatte den Minderkaufmann wie folgt definiert: „Die Vorschriften betreffend Eintragung in das Handelsregister, Handelsname und Handelsbücher finden nicht Anwendung auf Personen, die einen Artikel oder Gegenstand von Tür zu Tür oder auf der Straße kaufen oder verkaufen und auf *andere Minderkaufleute.*“ Bezüglich des Umfangs des Begriffs „und andere Minderkaufleute“ hieß es, „dieser ist durch Kaiserliche Verordnung festzulegen“, und zwar in Art. 7 des genannten Durchführungs-Gesetzes, das gleichzeitig mit der Neufassung des Handelsgesetzbuches in Kraft trat.

Der Verfasser möchte dem Leser das Urteil darüber überlassen, welches dieser beiden Gesetze logischer und praktischer ist. In der Bundesrepublik Deutschland ist der Kreis der Buchführungspflichtigen sowohl im Handelsgesetzbuch als auch in der Abgabenordnung festgelegt. Um es kurz zu machen: Wenn jemand vom Standpunkt des HGB nicht buchführungspflichtig ist, gilt er nach § 4 Abs. 1 HGB als „Minderkaufmann". In der Neufassung vom März 1958 ist diese Bestimmung jedoch wie folgt geändert worden:

„(1) Die Vorschriften über die Firmen, die Handelsbücher und die Prokura finden keine Anwendung auf Personen, deren Gewerbebetrieb nach Art oder Umfang einen in kaufmännischer Weise eingerichteten Geschäftsbetrieb nicht erfordert."

Das heißt, Ausdrücke des früheren Gesetzeswortlauts wie Handwerker oder Kleingewerbetreibender wurden gestrichen. Außerdem bestimmt § 141 Abs. 1 der Abgabenordnung von 1977 unter der Bezeichnung „Buchführungspflicht bestimmter Steuerpflichtiger":

„(1) Gewerbliche Unternehmer sowie Land- und Forstwirte, die nach den Feststellungen der Finanzbehörde für den einzelnen Betrieb . . . gehabt haben, sind auch dann verpflichtet, für diesen Betrieb Bücher zu führen und auf Grund jährlicher Bestandsaufnahmen Abschlüsse zu machen, wenn sich eine Buchführungspflicht nicht aus § 140 ergibt."

Wichtig ist hier, daß das Bestehen oder Nichtbestehen der Buchführungspflicht entscheidend ist für *die Bekanntgabe* der Finanzbehörde nach § 141 Abs. 2 AO. Zu den hier genannten Wertgrenzen ist anzumerken:

1. Einschließlich der steuerfreien Umsätze; ausgenommen die Umsätze nach § 4 Nr. 8 und 9 des Umsatzsteuergesetzes (Anmerkung: § 4 UStG behandelt die Steuerbefreiung bei Lieferungen, sonstigen Leistungen und Eigenverbrauch bis einschließlich Nr. 27). Falls die übrigen Umsätze in einem Kalenderjahr 360 000 Deutsche Mark übersteigen, besteht Buchführungspflicht.
2. Bei einem Betriebsvermögen von mehr als 100 000 Deutsche Mark besteht Buchführungspflicht. Wird dieser Betrag nicht erreicht, sind Bücher nicht zu führen.
3. Bei einem land- und forstwirtschaftlichen Vermögen von mehr als 100 000 Deutsche Mark besteht Buchführungspflicht. Wird dieser Betrag nicht erreicht, sind Bücher nicht zu führen.
4. Bei einem Gewinn (Anmerkung: nicht „Reingewinn") aus Gewerbebetrieb von mehr als 24 000 Deutsche Mark im Wirtschaftsjahr besteht Buchführungspflicht. Wird dieser Betrag nicht erreicht, sind Bücher nicht zu führen.
5. Bei einem Gewinn aus Land- und Forstwirtschaft von mehr als 15 000 Deutsche Mark im Kalenderjahr besteht Buchführungspflicht. Wird dieser Betrag nicht erreicht, sind Bücher nicht zu führen.

Daher läßt sich das Bestehen oder Nichtbestehen der Buchführungspflicht danach feststellen, ob im Einzelfall eine der fünf genannten unterschiedlichen Wertgrenzen erreicht wird. Später wurde dieser Katalog wie folgt geändert:

Nr. 1 und 2: Unverändert.
Nr. 3: Der wirtschaftliche Wert von land- und forstwirtschaftlichen Flächen (zu

ermitteln nach § 46 des Bewertungsgesetzes), der 40 000 Deutsche Mark im Wirtschaftsjahr übersteigt.

Nr. 4: Der Gewinn aus Gewerbebetrieb von mehr als 36 000 Deutsche Mark im Wirtschaftsjahr.

Nr. 5: Der Gewinn aus Land- und Forstwirtschaft von mehr als 36 000 Deutsche Mark im Kalenderjahr.

(Vgl. Abgabenordnung. 9. Auflage. Stand 15. 2. 1982. dtv. S. 64.)

Wichtig ist hier, daß nach dem Ende eines Wirtschafts- oder Kalenderjahres die Gewinne nach Nr. 4 und 5 nicht dem Zugriff unterliegen. Das heißt, entscheidend ist die Bekanntgabe der Mitteilung durch die Finanzbehörde. Bei Niederschrift dieses Buches gibt es im Einkommensteuerrecht Japans kein Handeln der Finanzbehörde in der Art einer „Bekanntgabe der Mitteilung“. Im Falle Japans darf ohne weiteres gesagt werden, daß es der Staat selbst ist, der in großem Umfang Steuerhinterzieher produziert.

Die genannten fünf Wertgrenzen für die Buchführungspflicht lassen die unnachgiebige Entschlossenheit des Staates erkennen, den Bürgern der Bundesrepublik Deutschland gegenüber den Grundsatz der Steuergerechtigkeit durchzusetzen.

In diesem Zusammenhang möchte der Verfasser darauf hinweisen, daß diejenigen, die sich in Japan der vollen Durchsetzung des Grundsatzes der Steuergerechtigkeit entziehen, dies aufgrund einer mysteriösen Theorie des Nationalcharakters tun. Diese besagt, daß wir ungeachtet unseres hohen Bildungsstandes, dessen wir uns in der Welt rühmen, eine Nation sind, die nach dem Prinzip lebt, „einer Forderung mit schmeichelnder Überredungskunst nachzukommen“.

Es sind die gleichen Personen, die die Beibehaltung eines ungerechten Steuersystems deshalb schätzen, weil es ihnen Vorteile bringt.

11. Zum Problem der Steuerhinterziehung

Was nun die Maßnahmen zur Durchsetzung der Rechnungslegungs-Vorschriften angeht, so sind an dieser Stelle die „Steuerstraftaten“ zu erörtern. Die Abgabenordnung von 1977 enthält mit den §§ 369 bis 412 insgesamt 44 entsprechende Rechtsvorschriften. § 369 definiert in erster Linie die Steuerstraftaten. Auffallend ist aber, daß Absatz 2 dieses Paragraphen lautet:

„Für Steuerstraftaten gelten die allgemeinen Gesetze über das Strafrecht, soweit die Strafvorschriften der Steuergesetze nichts anderes bestimmen.“

§ 369 bringt damit Steuerstraftaten in Verbindung mit dem deutschen Strafgesetzbuch. Und § 370 schreibt vor, daß Steuerhinterziehung „mit Freiheitsstrafe bis zu 5 Jahren oder mit Geldstrafe bestraft wird“, und zwar bei

1. unrichtigen oder unvollständigen Angaben,
2. pflichtwidrigem Verschweigen steuerlich erheblicher Tatsachen,

3. pflichtwidriger Unterlassung der Verwendung von Steuerzeichen oder Steuerstemplern.

Absatz 2 schreibt vor:
„Der Versuch ist strafbar".

Absatz 3 schreibt vor:
„In besonders schweren Fällen ist die Strafe Freiheitsstrafe von sechs Monaten bis zu zehn Jahren".

Abs. 3 nennt weiterhin die folgenden vier Fälle, die als besonders schwer gelten:

1. In großem Ausmaß werden Steuern aus grobem Eigennutz verkürzt.
2. Steuern werden hinterzogen durch Mißbrauch der Befugnisse eines Amtsträgers.
3. Steuerhinterziehung durch Ausnutzung der Mithilfe eines Amtsträgers, der seine Befugnisse oder seine Stellung mißbraucht.
4. Fortgesetzte Verkürzung von Steuern unter Verwendung nachgemachter oder verfälschter Belege.

§ 378 Abs. 2 sieht weiterhin vor, daß eine Ordnungswidrigkeit mit einer Geldbuße bis zu hunderttausend Deutsche Mark geahndet werden kann. Ordnungswidrig handelt, wer eine der in § 370 bezeichneten Taten leichtfertig begeht. § 379 regelt den Tatbestand der Steuergefährdung, die mit einer Geldbuße bis zu zehntausend Deutsche Mark geahndet werden kann. Ordnungswidrig handelt, wer:

1. Belege ausstellt, die in tatsächlicher Hinsicht unrichtig sind,
2. nach Gesetz buchungs- oder aufzeichnungspflichtige Geschäftsvorfälle oder Betriebsvorgänge nicht oder in tatsächlicher Hinsicht unrichtig verbucht oder verbuchen läßt.

Abs. 2 und 3 enthalten Bestimmungen über Vorsatz und Fahrlässigkeit bei der Vorlage verschiedener Arten von Unterlagen. Sie werden hier übergangen, da sie für den Gang der Untersuchung nicht relevant sind. Wichtig ist, daß der Begriff der Steuergefährdung nicht nur von bereits hinterzogenen Steuern oder von bereits gewährten unrechtmäßigen Steuersenkungen oder Steuerbefreiungen ausgeht. Es genügt schon die Möglichkeit, Steuern zu verkürzen. Damit impliziert dieser Begriff die Möglichkeit der Strafverschärfung. Daraus folgt, daß der Wille des Staates, den Grundsatz der Gerechtigkeit der Besteuerung durchzusetzen, gleichzeitig auch zur Anerkennung der Sozialgestaltungsmacht führt.

12. Verletzung der Buchführungspflicht und Steuerstrafrecht

Der Verfasser wies bereits früher kurz darauf hin, daß § 283 b des Strafgesetzbuches der Bundesrepublik Deutschland die „Verletzung der Buchführungspflicht" regelt.

Abs. 1 Nr. 1 lautet:

„(1) Mit Freiheitsstrafe bis zu zwei Jahren oder mit Geldstrafe wird bestraft, wer 1. Handelsbücher, zu deren Führung er gesetzlich verpflichtet ist, zu führen unterläßt oder so führt oder verändert, daß die Übersicht über seinen Vermögensstand erschwert wird."

Nr. 2 lautet:

„(2) Handelsbücher oder sonstige Unterlagen, zu deren Aufbewahrung er nach Handelsrecht verpflichtet ist, vor Ablauf der gesetzlichen Aufbewahrungsfristen beiseite schafft, verheimlicht, zerstört oder beschädigt und dadurch die Übersicht über seinen Vermögensstand erschwert."

Nr. 3 lautet:

„(3) entgegen dem Handelsrecht

a) Bilanzen so aufstellt, daß die Übersicht über seinen Vermögensstand erschwert wird, oder

b) es unterläßt, die Bilanz seines Vermögens oder das Inventar in der vorgeschriebenen Zeit aufzustellen."

Dies ist der vollständige Wortlaut von § 283 b Abs. 1 StGB. In diesem Falle ist das wesentliche Problem der Zeitfaktor: „innerhalb der vorgeschriebenen Frist". § 148 AktG schreibt vor „in den ersten drei Monaten des Geschäftsjahrs". In § 41 Abs. 2 GenG findet sich eine ähnliche Zeitbestimmung, ebenso wie in § 240 Abs. 1 Nr. 4 der Konkursordnung. Der Leser könnte nun fragen, ob die „vorgeschriebene Frist" für alle Kaufleute in Deutschland gilt und ob es eine Frist für die Aufstellung der Bilanz gibt. Immerhin heißt es in § 39 Abs. 2 des deutschen Handelsgesetzbuches nur, „ist innerhalb der einem ordnungsmäßigen Geschäftsgang entsprechenden Zeit zu bewirken". Das Handelsgesetzbuch überläßt also grundsätzlich den Zeitpunkt dem vernünftigen Ermessen, legt also keine genaue Frist fest. Gleichzeitig ist interessant, daß es einen Präzedenzfall gibt: „nach Ablauf von 7 Monaten kann man nicht mehr von einer angemessenen Frist sprechen." (Siehe hierzu: BGHSt. BetrBer. 1955, 109)

Der volle Wortlaut von Abs. 2 ist:

„(2) Wer in den Fällen des Absatzes 1 Nr. 1 oder 3 fahrlässig handelt, wird mit Freiheitsstrafe bis zu einem Jahr oder mit Geldstrafe bestraft."

Abs. 3 lautet kurz:

„(3) § 283 Abs. 6 gilt entsprechend".

§ 283 StGB ist die Vorschrift über Konkursstraftaten. Abs. 6 besagt, daß eine Tat strafbar ist, wenn der Täter seine Zahlungen eingestellt hat, das Konkursverfahren eröffnet oder der Eröffnungsantrag mangels Masse abgewiesen worden ist.

Mit dieser Bemerkung endet die Diskussion des § 283 b StGB.

Diese Bestimmungen wurden bei der teilweisen Neufassung des StGB am 2. Januar 1975 eingefügt. (Vgl. Franzen/Gast/Samson, Steuerstrafrecht. 2. Auflage. 978. S. 584 ff. Verlag C. H. Beck.) Der Verfasser vermutet den Grund für die Neufassung darin, daß man in der Bundesrepublik Deutschland sehr deutlich die Notwendigkeit empfindet, die objektive Genauigkeit und Wahrheit der Unterlagen des Rechnungs- und Finanzwesens durch strafrechtliche Bestimmungen zu sichern – dies angesichts der raschen Fortschritte enger und weitgefächerter Beziehungen des internationalen Handels und auch deshalb, weil man das internationale Ansehen von Unternehmen sichern will, die ihren Standort in der Bundesrepublik Deutschland haben. Diese Neufassung in der Bundesrepublik Deutschland erfolgte in dem gleichen Jahr, in dem auch England seine gesetzlichen Vorschriften änderte. Die deutsche Gesetzesänderung erfolgte gegenüber den USA mit einer Verzögerung von 42 Jahren. Wie dem auch sei, der Verfasser möchte seine hohe Bewunderung zum Ausdruck bringen, daß die USA, die Bundesrepublik Deutschland, Großbritannien und Frankreich diese Rechtsvorschriften für alle Kaufleute erlassen haben, ohne Rücksicht auf die jeweilige Unternehmensgröße. Der japanische Gesetzgeber wird zwar von den fortschrittlichen Ländern der Welt gedrängt, die japanischen Gesetze und Vorschriften den heutigen Bedingungen anzupassen. Der Verfasser befürchtet indes, daß man sich in Japan diesem Drängen aus Mangel an Einsicht, Vertrauen und Mut entziehen könnte, indem man die strengen Grundsätze der Rechnungslegung nur auf japanische Großunternehmen anwendet.

Im gegenwärtigen Rechtssystem schämt sich keiner, die Verantwortung für falsche Angaben, Fehler und Unterlassungen im Rechnungs- und Steuerwesen dem wirtschaftsprüfenden Berufsstand aufzubürden. Gelegentlich hätte der Verfasser nicht übel Lust, sich auf die Straße zu stellen und laut hinauszuschreien: „Welcher Japaner ist denn überhaupt noch bereit, unter Einsatz seines Lebens die Verantwortung für das Geschick des Staates und der Nation zu tragen?"

Aber es geziemt sich wohl, das Thema zu wechseln und zu einer genauen Prüfung der Grundsätze der Rechnungslegung in den USA und in Großbritannien überzugehen.

Zuvor noch ein kleines Problem. Nach dem Handwörterbuch des Steuerrechts soll das Steuerstrafrecht, das in der Bundesrepublik in Geltung ist, zu Beginn des 19. Jahrhunderts erlassen worden sein. Es heißt auch, das Steuerstrafrecht sei ein besonderer Teil des allgemeinen Strafrechts. (Vgl. Handwörterbuch des Steuerrechts und der Steuerwissenschaften. 2. Auflage. Band 2, S. 1350).

Die dem Verfasser zugängliche Literatur zum Steuerstrafrecht beschränkt sich auf folgende Titel:

1. Reichssteuerstrafrecht und Reichssteuerstrafverfahren. Von Regierungsrat Dr. Römer. 1927.

2. Reichssteuerstrafrecht und Reichssteuerstrafverfahren. Von Dr. Hans Cattien, Landgerichtsrat. 2. Auflage. 1929.
3. Klaus Kottke, Steuereinsparung – Steuerumgehung – Steuerhinterziehung. 2. Auflage. 1962.
4. Suhr/Naumann, Steuerstrafrecht – Kommentar. 3. Auflage. 1977.
5. Carola Seckel, Die Steuerhinterziehung. 2. Auflage. 1979.
6. Peter Spörlein, Der Steuerzahler und das Steuerstrafrecht. 1979.
7. Jürgen Danzer, Die Steuerumgehung. 1981.
8. Günter Kohlmann, Steuerstrafrecht. 3. Auflage. 1982.
9. Franz Konz, Handbuch der Steuerhinterziehung. Band 1, Band 2. 1982.
10. Franzen/Gast/Samson, Steuerstrafrecht. 2. Auflage. 1978.

In Japan ist dieses Gebiet bis jetzt noch nicht in dieser Breite bearbeitet worden.

VII. Kapitel. Die Grundsätze der Rechnungslegung in Großbritannien und in den USA

1. Allgemeine Lage

Das englische Companies Act 1948 umfaßte insgesamt 462 Artikel mit den beigefügten Tabellen 1 bis 8. Seit dem Erlaß des Companies Act 1862 (zuvor hatte es seit dem Chartered Company Act von 1837 fünf solcher Gesetze gegeben), war das Companies Act 1948 von den etwa zwanzig Gesetzen dieser Art das umfangreichste. Mit dem Companies Act 1976 wurden die Art. 127, 147, 148 und 331 usw., die die Rechnungslegung behandelten, aufgehoben und verloren ihre Rechtskraft. Das Companies Act 1976 besteht nur aus 45 Artikeln, neben dem Schedule 1 bis 3. Der Text hat zwei Teile:

Unterabschnitt 1: Rechnungslegung, Geschäftsbücher, Prüfer.

Unterabschnitt 2: Verschiedenes und Zusätze.

In Unterabschnitt 1, dem wichtigsten, behandeln Art. 12 „Geschäftsbücher" und die Art. 13 bis 20 „Prüfer". Es ist nach Meinung des Verfassers nichts Neues, daß die genannten Artikel die Bestimmung enthalten, daß eine Gefängnisstrafe bis zu 2 Jahren oder eine Geldstrafe oder auch eine Verdoppelung dieser Strafen verhängt werden kann. Dies ist ein ausgezeichnetes Gesetz. Insbesondere ist zu bemerken, daß schon in Art. 1 der Ausdruck „jede Gesellschaft" verwendet wird und daß es keine Einschränkung gibt, etwa in Form der Kapitalhöhe, und auch keinen Unterschied zwischen „börsennotiert" und „nicht börsennotiert".

Der wichtigste Punkt im Unterabschnitt ist nach Auffassung des Verfassers die „Offenlegung der Aktienbeteiligung" nach Art. 24 bis Art. 27.

Nach dem Erlaß der 4. EG-Richtlinie über den Jahresabschluß von Gesellschaften vom 25. Juli 1978 haben diese Companies Acts jedoch eine große Veränderung erreicht. Hauptziel des Companies Act 1980 ist die Änderung bereits bestehender Rechtsvorschriften. Es gibt allerdings keinerlei Bestimmungen, ausgenommen Art. 59 („Pflichten von Prüfern"), die unmittelbar das Rechnungswesen betreffen. Der Verfasser kann sich nur wundern über die entschlossene Absicht des Staates, die in Schedule 2 zum Ausdruck kommt. Der Verweis hierauf findet sich in Art. 80 des Companies Act 1980. Dort werden nicht weniger als 235 strafbare Verstöße gegen das Gesetz genannt.

In dem am 30. Oktober 1981 erlassenen Companies Act 1981 ist folgendes sehr bemerkenswert:

(1) Art. 8 teilt die Gesellschaften in drei Gruppen ein: groß, mittelgroß und klein. Für die Einteilung ist maßgebend, daß eine Gesellschaft mehr als zwei der folgenden Kriterien erfüllt:

(a) Höhe der Umsatzerlöse
(b) Bilanzsumme
(c) Frühere Bewertungen. Auf diese Weise macht das Companies Act 1981 einen Unterschied in der Schärfe der auf die Rechnungslegung anzuwendenden Bestimmungen.

(2) Schedule 1 schreibt die Form der Bilanz, der Gewinn- und Verlustrechnung und der Fußnoten vor.
(3) Zusammen mit Schedule 2 führt das Companies Act 1981 seit 1948 zu einer stärkeren Präzisierung und breiteren Anwendung der Grundsätze des Rechnungswesens.
(4) Außerdem heißt es in Art. 119 des Companies Act 1981, daß in diesem Gesetz sämtliche Companies Acts von 1948 bis 1981 einschließlich aller Nebengesetze zusammengefaßt seien. (Art. 119 Abs. 2.)
(Vgl. Tolley's Companies Act 1980. Companies Act 1981.)

Nach Meinung des Verfassers beruhen die Grundsätze der Rechnungslegung in den USA im Kern auf dem Securities Act von 1933, dem Securities Exchange Act von 1934 und dem Small Business Act von 1958. Durch die beiden erstgenannten Gesetze wurde eine Kommission errichtet, die quasi-legislative Kompetenzen hat. Man darf ohne Übertreibung sagen, daß die von der Kommission erlassenen Vorschriften und Verordnungen einen gewaltigen Umfang erreicht haben.

Es wäre eine Sisyphusarbeit, sie vollständig, im Detail und genau zu verfolgen. Da sie nicht zum Hauptgegenstand der Arbeit gehören, sollen sie nur so weit wie möglich herangezogen werden.

Hervorzuheben ist aber, daß diese Vorschriften und Verordnungen weit stärker soziale Gerechtigkeit oder Steuergerechtigkeit verwirklichen, als dies in Japan der Fall ist. Insbesondere spielt die Unternehmensgröße bei der Anwendung der Grundsätze der Rechnungslegung in den USA keine Rolle. Außerdem ist zu bemerken, daß die Originalunterlagen über Handelsgeschäfte angefordert und überprüft werden dürfen.

Was die Vollständigkeit und Wahrheit der Buchungsunterlagen angeht, so enthalten diese US-Gesetze Bestimmungen über Gefängnis- oder Geldstrafen für die Fälschung oder Änderung der Originalunterlagen oder für unrichtige Eintragungen in Geschäftsbücher oder Abschlüsse usw. Vor allem ist erstaunlich, daß bereits im Jahre 1933 das Securities Act eine Bestimmung über die Verhängung der Gefängnisstrafe bis zu 5 Jahren oder einer Geldstrafe bis zu 5000 Dollar oder die Verhängung beider Strafen für irreführende Rechnungslegung enthielt. (Vgl. ,,Laws Relating to Securities Commission Exchanges and Holding Companies." Compiled by Gilman G. Udell, Superintendent Document Room House of Representatives. U.S. Government Printing Office Washington. 1976. p. 16, Sec. 24).

2. *Art. 12 des British Companies Act 1976*

Der hier darzustellende Art. 12 des British Companies Act 1976 hat 12 Absätze. Insgesamt ist dieser Artikel recht lang.

Abs. 1 lautet:

„(1) Jede Gesellschaft führt Aufzeichnungen entsprechend den Vorschriften dieses Abschnitts."

Abs. 2 lautet:

„(2) Die Aufzeichnungen geben hinreichenden Aufschluß über die Geschäfte der Gesellschaft."

Abs. 3 lautet:

„(3) Die Aufzeichnungen werden so geführt, daß sie

(a) jederzeit mit angemessener Genauigkeit Aufschluß über die finanzielle Lage der Gesellschaft zu diesem Zeitpunkt geben; und

(b) daß der Vorstand sicherstellen kann, daß die von ihm nach Abschnitt 1 erstellte Bilanz oder Gewinn- und Verlustrechnung den Anforderungen nach Abschn. 149 des Gesetzes entspricht (die Bilanz und die Gewinn- und Verlustrechnung sollen ein den tatsächlichen Verhältnissen entsprechendes Bild der Vermögens- und Ertragslage der Gesellschaft ergeben)."

Abs. 4 lautet:

„(4) Die Aufzeichnungen enthalten insbesondere

(a) tägliche Eintragungen über die von der Gesellschaft eingenommenen und ausgegebenen Beträge sowie den Hinweis auf die zugrunde liegenden Geschäfte;

(b) eine Aufstellung der Aktiva und Passiva der Gesellschaft; und

(c) wenn zu den Geschäften der Gesellschaft der Handel mit Gütern gehört, die in (5) unten genannten Nachweise."

Abs. 5 lautet:

„(5) Bei den in (4) (c) oben erwähnten Nachweisen handelt es sich um:

(a) Aufzeichnungen der Bestände der Gesellschaft am Ende jedes Geschäftsjahrs der Gesellschaft;

(b) alle Inventur-Aufzeichnungen, die der Erstellung der Aufzeichnungen nach Abschn. (a) dienen oder zu dienen haben; und

(c) ausgenommen den Fall des Warenverkaufs durch gewöhnlichen Einzelhandel, Aufstellungen aller gekauften und verkauften Güter; dabei sind die Güter sowie die Käufer und Verkäufer so ausführlich zu beschreiben, daß sie identifiziert werden können."

In diesem Falle wird die Bedeutung des Ausdrucks „Aufzeichnungen" gesetzlich fixiert. Das gleiche gilt für das Inventar am Ende eines Geschäftsjahres, für sämtliche Uraufzeichnungen, die für die Aufstellung des Inventars verwendet werden und schließlich noch die Aufstellungen, die den Nachweis der Güter und der an Kauf und Verkauf beteiligten Parteien ermöglichen. Diese Aufzeichnungen und Aufstellungen werden den materiell-rechtlichen Teilen des Companies Act vorausgeschickt. Der Verfasser kann auch dieses Vorgehen des Gesetzgebers nur bewundern. Sehen wir weiter.

Abs. 6 lautet:

„(6) Vorbehaltlich Absatz (7) unten werden die Aufzeichnungen am eingetragenen Sitz der Gesellschaft oder an einem vom Vorstand der Gesellschaft für angemessen gehaltenen Ort geführt, und sie dürfen jederzeit von den Mitgliedern der Unternehmensleitung eingesehen werden."

Der Verfasser hat den Eindruck, daß die britische Regelung in diesem Punkte im Vergleich zur Regelung des geltenden japanischen Handelsgesetzbuches, das die Führung der Aufzeichnungen nur „am Sitz der Hauptverwaltung" zuläßt (Art. 143 und 429), realistischer und praktischer ist.

Abs. 7 lautet:

„(7) Werden Aufzeichnungen an einem Ort außerhalb Großbritanniens geführt, so werden die Abschlüsse aufgrund dieser Aufzeichnungen an einen Ort in Großbritannien geschickt und dort aufbewahrt, und sie dürfen jederzeit von den Mitgliedern der Unternehmensleitung eingesehen werden."

Gäbe es eine solche Bestimmung auch in Japan, so wäre der berühmte Ataka-Fall nach Meinung des Verfassers von vornherein unmöglich gewesen.

Abs. 8 lautet:

„(8) Die gemäß (7) oben nach Großbritannien zu schickenden Abschlüsse

(a) geben mit angemessener Genauigkeit Aufschluß über die finanzielle Lage des fraglichen Geschäfts, und zwar in Abständen von höchstens sechs Monaten, und

(b) ermöglichen es dem Vorstand, sicherzustellen, daß alle nach Abschnitt I oben erstellten Bilanzen sowie Gewinn- und Verlustrechnungen den Anforderungen nach Art. 149 des Gesetzes von 1948 entsprechen."

Abs. 9 lautet:

„(9) Vorbehaltlich einer Anweisung über die Verwendung von Aufzeichnungen einer Gesellschaft nach den Vorschriften von Art. 365 (1) des Gesetzes von 1948 (Siehe Anmerkung unten) (Vorschriften zur Liquidation), müssen alle Aufzeichnungen, die eine Gesellschaft gemäß diesem Artikel zu führen hat, von ihr aufbewahrt werden

(a) im Falle einer Gesellschaft mit beschränkter Haftung über einen Zeitraum von drei Jahren vom Zeitpunkt ihrer Erstellung an; und

(b) in jedem anderen Falle über einen Zeitraum von sechs Jahren vom Zeitpunkt ihrer Erstellung an."

Bei Art. 365 (1) des Gesetzes von 1948 handelt es sich um eine Rechtsvorschrift, die deutlich macht, daß in England der „Lordkanzler" mit Zustimmung des Präsidenten des Handelsministeriums die Befugnis hat, allgemeine Vorschriften zu erlassen, die notwendig sind, um die Ziele des Companies Act hinsichtlich der Abwicklung zu erreichen. In Schottland bestehen diese Befugnisse im Rahmen des Act of Sederunt. (Anmerkung: Dieses Gesetz regelt das Verfahren im Court of Sessions, dem Obersten Gericht für Zivilsachen. Dieses Gericht erläßt für seinen Jurisdiktionsbereich die Vorschriften, die die Abwicklung nach dem Companies Act betreffen. Gleich anderen Gesetzen enthält auch das britische Companies Act ausführliche Durchführungsbestimmungen.)

Art. 12 Abs. 10 des Companies Act 1976 sieht folgendes vor:

„(10) Wenn eine Gesellschaft sich nicht an die Bestimmungen von Abs. (1) bis (7) oben hält, ist jeder leitende Angestellte der Gesellschaft, der dies zu verantworten hat, nur dann nicht einer strafbaren Handlung schuldig, wenn er nachweist, daß er in gutem Glauben handelte und die Unterlassung im normalen Geschäftsablauf der Gesellschaft entschuldbar war; und wenn ein leitender Angestellter der Gesellschaft nicht alle zumutbaren Schritte unternimmt, um die Einhaltung von Abs. (9) oben durch die Gesellschaft zu gewährleisten oder wenn er vorsätzlich eine Unterlassung der Gesellschaft verursacht hat, ist er einer strafbaren Handlung schuldig."

Der Leser wird nach Kenntnisnahme dieser Rechtsvorschrift zugeben müssen, daß seit dem amerikanischen Securities Act von 1933 die Strafverfolgung verantwortlicher Personen für eine rechtswidrige Rechnungslegung in den fortschrittlichen Ländern der Welt fest verankert ist. Man wird sich vielleicht erinnern, daß in der Vergangenheit der Exportausschuß der OECD darauf hingewiesen hat, in den Kulturwissenschaften fehle es den Japanern an Originalität. Der Verfasser kommt zu dem Schluß: wer eigensinnig darauf besteht, seinen Horizont nur auf die innerjapanischen Angelegenheiten zu beschränken und nicht an ,,Japan in der Welt" denkt, der beschwört die Gefahr herauf, daß die Geschicke Japans in die falsche Richtung gelenkt werden.

Der nächste Abschnitt, Abs. 11, hat folgenden Wortlaut:

,,(11) Wer sich im Rahmen dieses Abschnitts einer strafbaren Handlung schuldig macht,

(a) erhält bei Verurteilung aufgrund formeller Anklage eine Gefängnisstrafe bis zu zwei Jahren oder eine Geldstrafe oder beide; oder

(b) erhält bei Verurteilung im summarischen Verfahren eine Gefängnisstrafe bis zu sechs Monaten oder eine Geldstrafe bis zu £ 400 oder beide."

Eine Bestimmung in Abs. 12 lautet:

,,(12) Art. 147 des Gesetzes von 1948 (der durch diesen Artikel aufgehoben wird) sowie Art. 331 des gleichen Gesetzes (Haftung für die nicht ordnungsmäßige Führung von Büchern in der Zeit vor der Abwicklung) treten außer Kraft."

Hiermit wurde also Art. 147 des Gesetzes von 1948, der von japanischen Fachleuten des Rechnungswesens bisher als Bestimmung über die Grundsätze ordnungsmäßiger Buchführung angesehen wurde, aufgehoben und durch diesen Artikel 12 ersetzt.

3. Artikel 19 des britischen Companies Act 1976

Die folgenden Art. 13 bis 20 befassen sich mit den ,,Prüfern". Von diesen Artikeln ist es Art. 19, der keine Entsprechung in den entsprechenden Rechtsvorschriften der USA und der Bundesrepublik Deutschland hat. Wegen des begrenzten Raumes möchte der Verfasser diesen Art. 19 einführen und kurz kommentieren und damit die Erörterung des British Companies Act 1976 abschließen. Art. 19 ist überschrieben ,,Falsche Angaben usw. gegenüber Prüfern". Der Text ist in 3 Abschnitte unterteilt.

Art. 19 Abs. 1 schreibt folgendes vor:

,,(1) Ein leitender Angestellter einer Gesellschaft, der wissentlich oder fahrlässig Angaben macht, die

(a) in einem bestimmten Punkt irreführend oder falsch sind, und

(b) Angaben sind, auf die dieser Artikel zutrifft, macht sich einer strafbaren Handlung schuldig."

Abs. 2 lautet:

,,(2) Dieser Artikel findet Anwendung auf alle Angaben gegenüber den Prüfern der Gesellschaft (gleichgültig, ob sie in mündlicher oder schriftlicher Form gemacht werden), die Auskünfte oder Erklärungen enthalten, die diese als Prüfer der Gesellschaft benötigen oder auf deren Vorlage sie Anspruch haben."

Das Präjudizienrecht und die Rechtslehre in diesem Lande haben den Begriff des ,,dolus eventualis" übernommen. Es ist aber zu beachten, daß diese Rechtsvorschrift – wonach nicht erst der äußere Wille, sondern schon die innere Absicht der Person, die die Angaben macht, zur Bestrafung führt – in engem Zusammenhang mit der Theorie des Strafrechts steht. Sie sieht den ,,dolus eventualis" als eine Art ,,Absicht", als Bedingung für eine vorsätzlich begangene Straftat an. Abs. 3 lautet:

,,(3) Wer sich im Rahmen dieses Abschnitts einer strafbaren Handlung schuldig macht,
(a) erhält bei Verurteilung aufgrund formeller Anklage eine Gefängnisstrafe bis zu zwei Jahren oder eine Geldstrafe oder beide; oder
(b) erhält bei Verurteilung im summarischen Verfahren eine Gefängnisstrafe bis zu sechs Monaten oder eine Geldstrafe bis zu £ 400 oder beide."

Ich kenne kein anderes Land, das in seinem Rechtssystem die strafrechtliche Bestrafung eines leitenden Angestellten einer Gesellschaft vorschreibt, der schriftlich oder mündlich Wirtschafts- oder Steuerprüfern gegenüber eine falsche Angabe macht. Ich kann deshalb die Mitglieder des britischen Parlaments und die englischen Behörden, die für die Ausarbeitung von Gesetzen und Verordnungen zuständig sind, wegen ihres Rechtssinns und ihres Mutes nur beglückwünschen. Die gewählten Mitglieder des japanischen Parlaments könnten sich ein Beispiel hieran nehmen, denn schließlich haben sie unter Eid versprochen, alles zum Wohle des Staates und des Volkes zu tun. Die Mitglieder der Bürokratie, die eine so hohe Meinung von sich haben, daß sie sich für das Schicksal Japans und des Volkes zuständig fühlen, sollten alles tun, um von der Gestaltung solcher Gesetze zu lernen und das japanische Parlament entsprechend überzeugen. Dies ist der Grund, warum der Verfasser sich gedrängt fühlt, einen Appell auszusprechen. Die beiden genannten Bestimmungen des Companies Act 1981 sind bis heute unverändert geblieben.

4. Die Führung von Büchern und Aufzeichnungen in den USA

Es gibt in den Vereinigten Staaten natürlich kein Gesetz wie das ,,Lag om bokföring" in Schweden. Der U.S. Internal Revenue Code (IRC) Sec. 6001 benutzt die Wendung ,,hat Aufzeichnungen dieser Art zu führen" usw., aber Inhalt, Umstände oder auch nur die Aufbewahrungsfrist für diese Aufzeichnungen sind Gegenstand von Rechtsverordnungen. Eines der auffallenden Merkmale des IRC ist darin zu sehen, daß die Verpflichtung zur Aufbewahrung ,,dauerhafter Bücher oder Aufzeichnungen" allen Steuerzahlern obliegt, ausgenommen den Beziehern von Einkünften aus unselbständiger Tätigkeit (Vgl. Regulations, § 1. 6001–1). Diese Maßnahme entspricht der Tatsache, daß es kein Verjährungssystem für Steuerhinterziehung und Nichteinreichen von Steuererklärungen gibt. (Vgl. Regulations, § 301. 6501 (c)–1). Außerdem gibt es keine gesetzlich vorgeschriebenen Form von Aufzeichnungen. (Vgl. Regulations § 31.6001–1.) Außerdem besteht die allgemeine Regelung, daß jedem die Wahl der Buchungsmethode freisteht, wie Einnahmen-Ausgaben-Rechnung, Periodenrechnung, Methode der leistungsproportionalen Abschreibung oder die gemischte Methode, die Einnahmen-Ausgaben-Rechnung und Periodenrechnung kombiniert. (Vgl. IRC Sec. 446(c).)

Eine einmal gewählte Buchungsmethode kann nach amerikanischem Recht nur mit Zustimmung des Generaldirektors des Tax Administration Bureau oder seines Vertreters geändert werden. (Vgl. Regs. § 1. 446–1(e).) In Japan scheinen Fachleute des Rechnungs- und Steuerwesens der Auffassung zu sein, daß der „Grundsatz des betrieblichen Rechnungswesens, der als angemessen gilt" (Bestätigungsvermerk, Ministerialerlaß zu Art. 4 Abs. 3) oder der „Grundsatz der Rechnungslegung, der allgemein als angemessen gilt" (Art. 22 Abs. 4 des Körperschaftsteuergesetzes) eine japanische Version des in den USA üblichen Ausdrucks „generally accepted principles of accounting" ist. Sie scheinen indes nicht den Unterschied zwischen dem genannten Begriff und den „Grundsätzen ordnungsmäßiger Buchführung" (Art. 57 Abs. 1 der Durchführungsbestimmungen zum Einkommensteuergesetz) zu bemerken, daß nämlich die amerikanische Praxis in jedem erdenklichen Sinn von den Grundsätzen ordnungsmäßiger Buchführung abweicht. Dies gilt vor allem für die Anerkennung der gemischten Methode in den USA. Der Grund ist, daß es in Japan keine Gesetze und Verordnungen gibt, die diese Begriffe verbindlich erläutern.

Wenn in den USA jedoch die Buchungsmethode des Steuerzahlers „nicht eindeutig den Gewinn ermittelt", dann kann der Generaldirektor der National Tax Administration Agency oder sein Vertreter die Anwendung einer anderen Methode vorschreiben. (Vgl. IRC Sec. 446(b).) Außerdem gibt es in den amerikanischen Steuergesetzen Strafbestimmungen über widerrechtliche Handlungen des Steuerzahlers in 12 Artikeln, die nachstehend besprochen werden.

Bei versuchter Steuerhinterziehung: Es gibt eine Rechtsvorschrift, nach der eine Geldstrafe bis zu 10 000 Dollar oder eine Gefängnisstrafe bis zu fünf Jahren oder beide zu verhängen sind. (Artikel 7201). Bezüglich der Nichtführung von Büchern, ihrer Zerstörung, Beschädigung, Fälschung oder der unrichtigen Eintragungen gibt es eine Bestimmung (Artikel 7206), nach der eine Geldstrafe bis zu 5000 Dollar oder eine Gefängnisstrafe bis zu drei Jahren oder beide zu verhängen sind. Für das Nichterscheinen vor einer Behörde und die Nichtvorlage von Büchern usw. ist eine Geldstrafe bis zu 1000 Dollar oder eine Gefängnisstrafe bis zu einem Jahr zu verhängen (Artikel 7210).

Der Verfasser hält dies für eine hervorragende Gesetzgebung, aber die Strafbestimmungen enden hier noch nicht. Gleichzeitig bestehen auch Rechtsvorschriften zum Schutz des Steuerzahlers. Artikel 7214 des U.S. Internal Revenue Code führt unter dem Titel „Strafbare Handlungen von Beamten und öffentlichen Bediensteten der USA" Verstöße gegen Verordnungen in 9 Fällen auf und schreibt eine Geldstrafe bis zu 10 000 Dollar oder eine Gefängnisstrafe bis zu fünf Jahren oder beide vor, und zwar über die Entlassung aus dem Amt hinaus. Aus Raumgründen kann der volle Wortlaut des Artikel 7214 hier nicht wiedergegeben werden. Nr. 1 von Artikel 7214 schreibt aber „im Zusammenhang mit einem Steuergesetz der Vereinigten Staaten" vor:

„(1) wer unter dem Schein des Gesetzes der Erpressung oder des vorsätzlichen Mißbrauchs seiner Amtsstellung schuldig ist; oder ..."

Solche Fälle lassen sich im Zuständigkeitsbereich unserer örtlichen Finanzämter in Japan oft beobachten. Da aber ein Gesetzesentwurf in Japan von Regierungsbeamten auszuarbeiten ist und alle Politiker von diesen öffentlichen Bediensteten abhängig sind, gibt es leider kaum eine Möglichkeit, daß Bestimmungen dieser Art erlassen werden.

Nr. 2 schreibt folgendes vor:

,,(2) Wer wissentlich andere oder größere Beträge einfordert, als vom Gesetz festgelegt, oder wer für die Erfüllung einer Obliegenheit Gebühren oder Vergütungen über die gesetzlich festgelegte Höhe hinaus entgegennimmt; oder . . ."

Dieses Verhalten läßt sich fast kaum bei denen beobachten, die zur sog. KYARIYA-GUMI (Karriere-Klasse) gehören, wohl aber gelegentlich bei solchen, die das Gefühl ihrer Niederlage im Konkurrenzkampf des Lebens im Herzen tragen.

Es gibt des weiteren eine Reihe von Bestimmungen, wie ,,Begünstigung der Steuerhinterziehung" oder die Annahme von Geldgeschenken oder Gegenständen. Auf sie soll hier nicht weiter eingegangen werden. Es ist aber ganz offensichtlich, daß es in den japanischen Gesetzen und Verordnungen einschließlich der Steuergesetze keine Bestimmungen zum Schutze des Steuerzahlers gibt. So ist der § 88 der Abgabenordnung 1977 der Bundesrepublik Deutschland überschrieben: ,,Untersuchungsgrundsatz". Absatz 2 hat folgenden Wortlaut:

,,(2) Die Finanzbehörde hat alle für den Einzelfall bedeutsamen, auch die für die Beteiligten günstigen Umstände zu berücksichtigen."

(Bemerkung: Mit Beteiligten sind die Steuerzahler gemeint.) Was besonders diesen Punkt angeht, so wird die Bestimmung in Klein/Orlopp, Abgabenordnung. Kommentar. 2. Auflage. Verlag C. H. Beck München 1979, S. 191 mit dem kurzen Satz abgetan: ,,Der Abs. 2 sagt an sich etwas Selbstverständliches."

Dies wird nicht zum Spaß hierher gesetzt. Im japanischen Steuerrecht gibt es nicht die Spur einer solchen Bestimmung!

Vielleicht sollte noch gesagt werden, daß die beiden Verfasser dieses Buches hohe Beamte des Finanzministeriums der Bundesrepublik Deutschland sind. Der Verfasser ist der Meinung, daß die Rechtsvorschriften zum Schutze des Steuerzahlers bei gleichzeitiger Wahrung der Interessen des Finanzministeriums so schnell wie möglich in Japan eingeführt werden sollten.

5. Kritik an Prof. Earl A. Spiller, Jr.

Prof. Earl A. Spiller, Jr. von der Indiana Universität in den USA irrt sich, wenn er in seinem Lehrbuch über die Securities & Exchange Commission (SEC) folgende Bemerkung macht: ,,Nach den Wertpapiergesetzen von 1933 und 1934 bildete der Kongreß diese Behörde in dem Versuch, die Wertpapiermärkte des Landes zu regulieren und sicherzustellen, daß Anleger ausreichende Informationen für ihre Entscheidungen hatten." (Vgl. Financial Accounting: Basic Concepts. Third Edition 1977, Richard D. Irwin, Inc., S. 11)

In Wirklichkeit verhält es sich wie folgt:

Die Kommission, die in Art. 2 Abs. 5 des Securities Act von 1933 (erlassen am 26. Mai 1933) genannt wird, ist die Federal Trade Commission. Diese wurde aber vom Kongreß bereits im Jahre 1914 durch den Federal Trade Commission Act geschaffen. Nach den Definitionen des Artikel 2 des Securities Act von 1933 hat diese Kommission einen gewaltigen Zuständigkeitsbereich, der nicht nur die Wertpapiermärkte, sondern selbst politische Parteien und die staatliche Verwaltung erfaßt. Es handelt sich also nicht um die Securities & Exchange Commission. Die SEC wurde vielmehr durch Artikel 4 (a) des Securities Exchange Act von 1934 (erlassen am 6. Juni 1934) geschaffen. Das eine Gesetz trägt die Bezeichnung ,,Securities Act", das andere ,,Securities Exchange Act".

Obzwar sich die Bezeichnungen gleichen, handelt es sich doch um völlig verschiedene Gesetze.

Der Inhalt beider Gesetze ist sehr ähnlich, doch unterscheiden sie sich in ihren Zielen. Auffallend ist, daß Artikel 4 des Securities Exchange Act unterschiedliche und detaillierte Vorschriften enthält. So sieht Art. 4 vor, daß die SEC eine feste Mitgliederzahl von fünf hat, die nach Beratung und Bestätigung des Senats vom Präsidenten ernannt werden; daß nicht mehr als drei Mitglieder der Kommission der gleichen politischen Partei angehören dürfen; daß Kommissionsmitglieder keine Nebentätigkeit ausüben dürfen; daß für die Mitglieder eine jährliche Vergütung festzulegen ist; daß die Amtszeit der Mitglieder grundsätzlich fünf Jahre beträgt usw.

Dagegen enthält das ein Jahr zuvor erlassene Securities Act keine Bestimmungen, die dem Inhalt des Artikels 4 des Securities Exchange Act entsprechen. Der Grund ist, daß man einfach versuchte, pragmatischen Gebrauch von der Kommission zu machen, die durch das Federal Trade Commission Act von 1914 geschaffen wurde. Da das Securities Act von 1933 die Bezeichnung ,,Federal Trade Commission" verwendet, dürfen wir annehmen, daß die Kommission offenbar als solche nicht arbeiten kann. Nach der Erklärung von John L. Carey, der sich nach Übernahme des Amtes des Vizepräsidenten der AICPA aus dem aktiven Dienst zurückgezogen hatte, war der SEC die Aufgabe zugewiesen worden, das Gesetz von 1933 durchzuführen. (Bemerkung: Unter Gesetz ist hier das Securities Act von 1933 zu verstehen.) (Vgl. The Rise of the Accounting Profession, von John L. Carey, 1969. Vol. 1, S. 193.)

Da beide Kommissionen gleichermaßen durch Gesetz begründet wurden und ihnen die Durchführung der Gesetze übertragen wurde, ist eine genaue Prüfung notwendig für den Fall, daß diese Übertragung durch einen Artikel eines der genannten Gesetze erfolgte. Dieses Buch enthält indessen keinen entsprechenden Hinweis. Der Verfasser hat gelegentlich den Eindruck, daß die von einem Engländer oder Amerikaner geschriebenen Bücher – im Gegensatz zu deutschen Veröffentlichungen – nicht das grundlegende Material angeben, dem sie Tatsachen und Beurteilungen entnehmen. Dies ist für den Nichtfachmann oft ärgerlich. Der vorliegende Fall ist keine Ausnahme. So mußte der Verfasser eine 446 Seiten starke Sammlung von Texten genau durcharbeiten. Es waren ,,Gesetze über die Securities Exchange Commission und Holdinggesellschaften", die 1976 vom U.S. Government Printing Office, Washington, D.C. veröffentlicht wurden. Warum dies?

Der Verfasser war erleichtert, nur den Artikel 210 des Securities Exchange Act zu finden, der vorschreibt: „Alle Befugnisse, Obliegenheiten und Funktionen der Federal Trade Commission nach dem Securities Act von 1933 werden auf diese Kommission übertragen ..." Dies war mir bisher leider entgangen.

Es steht also fest, daß die vollständigen Befugnisse für die Durchführung des Securities Act von 1933 und des Securities Exchange Act von 1934 beide in die Zuständigkeit der SEC fallen. Vom Standpunkt des Gesetzgebers aus ist der Umfang der Zuständigkeit der Securities Exchange Commission erstaunlich genug. Der Grund ist, daß die die Befugnisse der Kommission festlegenden Gesetze und Verordnungen nicht auf die beiden vorgenannten Gesetze beschränkt sind.

So hat die Kommission eine feste Rechtsgrundlage für ihre Befugnisse in einem weiten Zuständigkeitsbereich erhalten durch das Public Utility Act von 1935, die Investment Company and Investment Advisers Acts von 1940 oder das Federal Water Power Act. Der Verfasser kann sich nur bewundernd darüber äußern, daß der Zuständigkeitsbereich aufgrund der genannten Gesetze so groß und vielfältig ist. Wie steht es dagegen mit dem Wertpapierbörsen-Rat Japans? Artikel 165 des japanischen Wertpapier- und Börsengesetzes legt als seine Aufgabe fest: „Um in wichtigen Fragen der Begebung, des Verkaufs und Ankaufs von handelsfähigen Wertpapieren und sonstiger Transaktionen Untersuchungen und Beratungen durchzuführen, wird hiermit der Wertpapierbörsen-Rat (im folgenden der „Rat" genannt) begründet, der dem Finanzministerium zugeordnet ist." Würde man glauben wollen, daß hier ein schwerer Mangel der staatlichen Struktur Japans liegt? Die Vorschrift besagt lediglich, daß die Befugnis nur ausgeübt werden kann, um bestimmte Fragen zu prüfen und zu beraten. Ob die Ergebnisse angenommen werden, ist in der Wirklichkeit dem Ermessen der japanischen Bürokratie überlassen. In Japan gibt es viele hervorragende Beamte, denen wir unseren Respekt nicht versagen können. Der Verfasser fürchtet aber, daß die meisten japanischen Beamten Gefangene ihres Strebens nach Verwirklichung ihrer Eigeninteressen und nach Aufstieg geworden sind.

Wenn fast die gesamte staatliche Verwaltung in den Händen einer Gruppe von Bürokraten ist, so dürfte nach Meinung des Verfassers die elementare Bedingung für das Glück des Staates und der Nation in den nächsten 1000 Jahren darin bestehen, daß Gruppen von Bürokraten lernen, recht und billig zu handeln, und daß sie das besitzen, was Hegel so eindringlich „die reine Einsicht" nannte. (Vgl. G. W. F. Hegel, Phänomenologie des Geistes. 6. Auflage. 1952. Verlag Felix Meiner Hamburg. S. 412 ff.) Hegel hatte definiert: „Die reine Einsicht ist also selbst wahres Wissen." Wie viele Menschen gibt es aber in der japanischen Bürokratie, die im Besitz dieser fundamentalen Erfahrung sind?

Vergleicht man das System der Wirtschaftsprüfer in Japan mit dem in den

USA, so geht es nicht um den Unterschied zwischen ,,Mond und Sternen", sondern eher um den Unterschied zwischen ,,dem Mond und einer schnappenden Schildkröte". (Diese Antwort gab ein Direktor der Wertpapierabteilung des Finanzministeriums dem japanischen Parlamentsmitglied Yokoyama.) Wir haben in diesem Punkte oft die Illusion, daß das japanische System der Wirtschaftsprüfung im Dienste der Wertpapierabteilung des Finanzministeriums steht.

Dagegen ist festzustellen, daß die Amtsgewalt der U.S. Securities and Exchange Commission sich sogar auf den gesamten Bereich der Wertpapierverwaltung erstreckt. Von den Befugnissen der Kommission seien nachstehend nur einige genannt:

- die Befugnis, Verordnungen zu erlassen,
- die Befugnis, Anweisungen zu geben,
- die Befugnis, die Vorlage von Büchern und Aufzeichnungen zu verlangen,
- die Befugnis, an Ort und Stelle Prüfungen vorzunehmen,
- die Befugnis, zu entscheiden über die Form von Abschlüssen, das Ausmaß der Offenlegung von Informationen, die Buchungsmethode usw.

Der Verfasser hat vor sich den 1000seitigen Band 44 mit dem Titel ,,Securities and Exchange Commission Decisions and Reports", veröffentlicht vom U.S. Government Printing Office. Als diese Kommission geschaffen wurde, war die Gelegenheit günstig, daß ihre Aufforderung zur Zusammenarbeit und ihre Initiative mit dem Ziel des Vorschlags von Grundsätzen der Rechnungslegung usw. vom AICPA aufgegriffen wurden. Diese Faktoren ergaben zusammen die Möglichkeit, den heute geltenden umfangreichen ,,Verhaltenskodex" auszuarbeiten und zu vollenden.

In den USA gibt es allerdings einen Gelehrten, der diese Situation kritisiert. Es ist Prof. Homer Kripke, Faculty of Law, New York University, der früher Rechtsberater der U.S. Securities and Exchange Commission war. Er stellt fest: ,,Wertpapier-Entscheidungen sind für den Laien zu kompliziert." Außerdem stellt er die Frage: ,,Aufgrund welcher Vollmacht hat die SEC ihren gesetzlichen Auftrag an den FASB abgetreten, damit diese Entscheidungen gemäß dem Bundesverwaltungsverfahrensgesetz zustande kommen?" (Vgl. The SEC and Corporate Disclosure von Homer Kripke. 1979. By Law & Business, Inc., S. 285, S. 152.)

VIII. Kapitel. Die Praxis angemessener Rechnungslegung nach dem japanischen Handelsgesetzbuch

1. Kritische Prüfung der Argumente von Wissenschaftlern der Universitäten von Tokio, Tohoku und Kyoto

Die Neufassung des japanischen Handelsgesetzbuches aus dem Jahre 1974 enthält zum ersten Mal in der Geschichte dieser Kodifikation den Ausdruck „Praxis angemessener Rechnungslegung“. (Art. 32 (2) des japanischen Handelsgesetzbuches.) Er taucht plötzlich auf, ist auch nicht in den bisherigen Publikationen japanischer Fachleute des Rechnungswesens zu finden. Vermutlich haben die Mitglieder der Arbeitsgruppe Handelsgesetzbuch des Gesetzgebungs-Rates beim Justizministerium bei der Arbeit an Kapitel 5 „Führung von Büchern“ berücksichtigt, daß der Text von § 38 HGB (Buchführungspflicht), mit dem der Vierte Abschnitt (Handelsbücher) des deutschen Handelsgesetzbuches eingeleitet wird, die Generalklausel „nach den Grundsätzen ordnungsmäßiger Buchführung“ enthält. Vielleicht waren sie auch der Meinung, vom Standpunkt der Theorie der Gesetzgebung aus sei es durchaus angebracht, sich dem Stil des deutschen Handelsgesetzbuches anzupassen, dem das japanische Handelsgesetzbuch nachgebildet ist.

Dennoch sei die Frage erlaubt, warum man nicht entschlossen die Wendung „nach den Grundsätzen ordnungsmäßger Buchführung“ unverändert aus § 38 HGB übernommen hat. Als Praktiker hat der Verfasser keine Möglichkeit, den wahren Grund hierfür zu erfahren. Da aber die meisten Ausschußmitglieder Juristen waren, ist anzunehmen, daß diese außerstande waren, die weitsichtigen Ziele japanischer Wissenschaftler auf dem Gebiet des Rechnungswesens zu begreifen, und auch nicht bemerkten, daß die in der Literatur verstreuten Ausdrücke eine Tendenz zur Vereinheitlichung haben. Einige Beispiele hierfür sind:

„Der Standard betrieblichen Rechnungswesens, der allgemein als richtig und angemessen gilt“ (Art. 4 des Ministerialerlasses über den Bestätigungsvermerk); „Der Standard des Rechnungswesens, der allgemein als richtig und angemessen gilt“ (Art. 22 des Körperschaftsteuer-Gesetzes); oder „gemäß dem Grundsatz doppelter Buchführung“ (Art. 53 der Durchführungsverordnung zum Körperschaftsteuer-Gesetz); oder schließlich „gemäß dem Grundsatz regelmäßiger Buchführung“ (Art. 57 der Durchführungsverordnung zum Einkommensteuergesetz). Da außerdem die sogenannten „Corporate Accounting Principles“ allgemein als Grundsätze der Rechnungslegung in Aktiengesellschaften verstanden werden, könnten die Ausschußmitglieder entschieden haben, daß der Ausdruck „Corporate Accounting Principles“ nicht in einer allgemeinen und umfassenden Verordnung zu verwenden sei, die für alle Kaufleute gelte. Aus diesem Grunde glaubt der Verfasser, daß man als Verlegenheitslösung den neu geprägten Ausdruck ,,Praxis angemessener Rechnungslegung" eingeführt hat.

Wie beurteilen nun aber die japanischen Wissenschaftler den Ausdruck ,,Praxis angemessener Rechnungslegung" für den Zweck des Handelsgesetzbuches? So schreibt Prof. Tsuneo Ohtori, Universität von Tokio: ,,Wann man in üblicher Praxis von ,angemessener Rechnungslegung' sprechen kann, richtet sich danach, ob diese Praxis dem Ziel der Führung von Büchern dient, d. h. dem Ziel der eindeutigen Darlegung der Vermögens- und Ertragslage eines Kaufmanns." Er bemerkt weiterhin, die ,,Corporate Accounting Principles" seien das Ergebnis der Zusammenfassung dessen, was in der gewöhnlichen Praxis der Rechnungslegung allgemein als richtig und angemessen gilt und was in der ,,Praxis angemessener Rechnungslegung" nach Artikel 32, Absatz 2 des Handelsgesetzbuches als solches bezeichnet wird." (Seite 237, Kobundo-Ausgabe, März 1979, ,,Die Allgemeinen Regelungen des Handelsgesetzbuches".)

Prof. Eizo Hattori, Universität Tohoku, stellt fest, ,,eine angemessene Praxis der Rechnungslegung" nach Art. 32 Abs. 2 sei die Praxis, die im Hinblick auf die Führung von Büchern mit dem Ziele der Ermittlung der finanziellen Lage oder der Betriebsergebnisse eines Unternehmens als angemessen und vernünftig zu beurteilen sei. In diesem Zusammenhang versteht man die ,,Corporate Accounting Principles" – in der Hauptsache auf Aktiengesellschaften anzuwenden – als ,,Zusammenfassung dessen, was in der Entwicklung gewohnheitsmäßiger Praxis des Rechnungswesens einer Aktiengesellschaft allgemein als richtig und angemessen gilt." Soweit jedenfalls die Aktiengesellschaft betroffen ist, bedeutet die Einhaltung der Corporate Accounting Principles gleichzeitig die Praxis angemessener Rechnungslegung. Er weist ferner darauf hin: ,,Was Nicht-Aktiengesellschaften angeht, so sind viele Fälle denkbar, in denen solche Unternehmen kaum Schwierigkeiten haben werden, die Corporate Accounting Principles entsprechend anzuwenden." (2. Auflage, ,,Allgemeine Regelungen des Handelsgesetzbuches", 1975. Ausgabe Seirin Shoin Shinsha, S. 351.)

Kenichiro Osumi, Honorarprofessor der Universität Kyoto, stellt fest: ,,Die Regelungen des Art. 32 Abs. 2 haben den Zweck der Anpassung des Handelsgesetzbuches an das Wertpapier- und Börsenrecht." Nach seiner Meinung ist Vorbedingung, daß die Corporate Accounting Principles, die die Grundlage für die Erstellung von Abschlüssen nach dem Wertpapier- und Börsenrecht sind, vorläufig als Praxis angemessener Rechnungslegung anerkannt werden. Er fährt fort: ,,Die Corporate Accounting Principles ergeben sich ,aus den Grundsätzen, die sich routinemäßig in der tatsächlichen Praxis des betrieblichen Rechnungswesens entwickelt haben'; die Corporate Accounting Principles sind die Zusammenfassung dessen, was allgemein als richtig und angemessen gilt. Daraus ist auch zu entnehmen, daß die sog. Praxis angemessener Rechnungslegung nach Art. 32 Abs. 2 des Handelsgesetzbuches die Corporate Accounting Principles einschließt . . . Was die Rechnungslegung und die Führung von Büchern in der menschlichen Gesellschaft angeht, so sind in vielerlei Hinsicht die Regeln einer

Praxis angemessener Rechnungslegung maßgebend, ohne daß die Corporate Accounting Principles ins Spiel zu kommen brauchen." (Neuauflage der Allgemeinen Regelungen des Handelsgesetzbuches, 1978. Yuhikaku-Ausgabe, S. 219.)

Der Verfasser hat keinerlei Zweifel an der Tatsache, daß die Corporate Accounting Principles heute als Prüfungsnorm für Wirtschaftsprüfer tiefe Wurzeln geschlagen haben und als dauerhaft gelten dürfen. Die drei genannten Wissenschaftler haben aber nun einstimmig festgestellt, daß die Corporate Accounting Principles den genauen Inhalt der „Praxis angemessener Rechnungslegung" nach Art. 32 Abs. 2 des japanischen Handelsgesetzbuches darstellen. Der Verfasser möchte allerdings der Auffassung der drei Wissenschaftler widersprechen, daß „die Corporate Accounting Principles sich aus den Grundsätzen ergeben, die sich routinemäßig in der Praxis des Rechnungswesens entwickelt haben und daß sie die Zusammenfassung dessen sind, was allgemein als richtig und angemessen gilt." Diese Behauptung ist aber nichts weiter als die *unkritische Übertragung* der Behauptung, die sich in Satz Nr. 2 findet, der in dem Bericht über die „Aufstellung von Corporate Accounting Principles" nachzulesen ist. Dieser wurde gleichzeitig mit der Veröffentlichung der Corporate Accounting Principles als Zwischenbericht des Untersuchungsausschusses des Economic Stabilization Board über das betriebliche Rechnungswesen im Juli 1949 veröffentlicht. Es ist einfach *erdichtet,* wenn gesagt wird, die Corporate Accounting Principles seien die Zusammenfassung dessen, was in der Praxis des Rechnungswesens allgemein als richtig und angemessen gelte. Der erste Beweis liegt in Satz Nr. 1, der Satz Nr. 2 vorausgeht. Es heißt dort:

„Da das Rechnungswesen von Gesellschaften in diesem Lande, verglichen mit dem in Europa und Amerika, sehr verbesserungsfähig ist und sehr zersplittert ist . . . ist es dringend erforderlich, das japanische System der Rechnungslegung zu verbessern und zu vereinheitlichen. Es ist deshalb beabsichtigt, die Corporate Accounting Principles *aufzustellen* und durchzusetzen, um eine wissenschaftliche Grundlage für die demokratische und gesunde Entwicklung der Wirtschaft dieses Landes zu schaffen." Das heißt also, die Corporate Accounting Principles wurden durch den politischen Willen erst *geschaffen,* und durch sie sollte zum Zwecke der Verbesserung und der Vereinheitlichung des bestehenden Systems der Rechnungslegung der Standard des Rechnungswesens bereitgestellt werden, der die Grundvoraussetzung für die gesunde Entwicklung unserer Volkswirtschaft ist. Der zweite Beweis ist zu finden in den wiederholt veröffentlichten Berichten mit dem Titel „Teilüberarbeitung der Corporate Accounting Principles", die vom Rat für das Rechnungswesen von Gesellschaften erarbeitet wurden. Der im November 1963 veröffentlichte Bericht – in dem zu lesen war, daß „die Teilüberarbeitung der Corporate Accounting Principles . . . in erster Linie eine Anpassung an die Neufassung der Grundsätze der Rechnungslegung im überarbeiteten Handelsgesetzbuch darstelle" – ist also das Eingeständnis, daß diese Teilüberarbeitung überhaupt nichts mit der Zusammenfassung der tatsächlichen Praxis des Rechnungswesens zu tun hatte. Ferner ist klar, daß aufgrund der Neufassung des Handelsgesetzbuches, die vor der Ankündigung erfolgte, die Bestimmung ,,die angemessene Praxis der Rechnungslegung sollte berücksichtigt werden" neu in Art. 32 Abs. 2 des Handelsgesetzbuches aufgenommen wurde. Da in Großunternehmen die Revision durch Wirtschaftsprüfer durchgeführt wird, heißt es im veröffentlichten Bericht von August 1974, daß ,,als Vorbereitung auf den Eintritt solcher Umstände . . ., die getrennt aufgeführt werden, entschieden wird, eine Teilüberarbeitung der Corporate Accounting Principles durchzuführen."

Als dritter Beweis genügt ein Blick auf die Veröffentlichung von Dr. Kurosawa, der persönlich an der Erarbeitung der Corporate Accounting Principles beteiligt war. Er schrieb in Nr. 12 seiner Veröffentlichung ,,Historisches Material: Das System des Rechnungswesens in Japan" folgendes: ,,Was hier die Empfehlung der Kommission genannt wird, bezeichnet die ,Corporate Accounting Principles', die sechs Wochen vor dem ,Bericht über die japanische Besteuerung' der Shoup-Gruppe veröffentlicht wurden. . . . Zu Beginn gab es zu unserer *Absicht,* die Corporate Accounting Principles *aufzustellen,* von allen Seiten gegnerische Stimmen, und Erfolg oder Mißerfolg war eine Sache des bloßen Zufalls." (,,Accounting", Dezember-Ausgabe, 1979, S. 99.)

Nach Meinung des Verfassers ist es eine schlechte japanische Sitte, in einem amtlichen Dokument einer Regierungsstelle Fakten durch frei Erfundenes zu verschleiern. Es ist deshalb unwissenschaftlich, dies wissentlich oder unwissentlich in ein Lehrbuch für eine Universität aufzunehmen.

2. Die Durchführung der US-amerikanischen Grundsätze der Rechnungslegung

Im Vergleich zu dem genannten japanischen Beispiel scheinen die vom AICPA (American Institute of Certified Public Accountants) veröffentlichten Grundsätze offen und durchsichtig zu sein. Die Corporate Accounting Principles tragen in den USA die Bezeichnung ,,Generally Accepted Accounting Principles" (GAAP). Sie wurden im Oktober 1970 veröffentlicht. Zu Beginn dieser Grundsätze heißt es: ,,Die Bilanzierungsgrundsätze *verkörpern den Konsens zu einem bestimmten Zeitpunkt* darüber, welche Wirtschaftsgüter und Verbindlichkeiten durch die Finanzbuchhaltung als Aktiva und Passiva zu verbuchen sind, welche Veränderungen der Aktiva und Passiva aufzuzeichnen sind, wann diese Veränderungen aufzuzeichnen sind, wie die Aktiva und Passiva und ihre Veränderungen zu bewerten sind, welche Informationen veröffentlicht werden sollen und auf welche Weise, und welche Abschlüsse angefertigt werden sollen." (Vgl. AICPA Professional Standards. Vol. 3. Accounting, 1. Juli 1976, S. 7261.) Der Verfasser glaubt, daß dies die Essenz von Grundsätzen der Rechnungslegung ist.

Es ist besonders zu beachten, daß die Bilanzierungsgrundsätze der AICPA durch die ,,Accounting Series Release No. 4" der SEC gebilligt wurden und daß sie dem Grundsatz der Ordentlichkeit genügen. In der genannten No. 4 heißt es:

„Der AICPA-Sonderausschuß zur Begutachtung der Stellungnahmen des ‚Accounting Principles Board' definiert die GAAP als „verbindlich für die amerikanische Bilanzierungspraxis" („having substantial authoritative support"). Die Securities and Exchange Commission (SEC) in den Vereinigten Staaten besitzt nach Art. 19 des Securities Law von 1933 und nach Art. 11 des Securities and Exchange Law von 1934 und – hinsichtlich der Führung von Büchern und Abschlüssen – nach Art. 17 des Securities and Exchange Law von 1934 sehr weitgehende Vollmachten: Wer die genannten Gesetze und Vorschriften verletzt, erhält nach Art. 24 des Securities Law eine Gefängnisstrafe bis zu fünf Jahren oder eine Geldstrafe bis zu 5000 Dollar oder beides und nach Art. 32 des Securities and Exchange Law eine Gefängnisstrafe bis zu zwei Jahren und eine Geldstrafe von 10000 Dollar oder beides, und im Falle von Kursmaklern an der Wertpapierbörse wird eine Geldstrafe bis zu 500000 Dollar verhängt. Der Leser wird bereits wissen, daß die SEC sehr strenge Strafbestimmungen hat.

Der Grund für diese weitgehenden Vollmachten und den Erlaß des Securities Law und des Securities and Exchange Law mit ihren strengen Strafandrohungen liegt nach Prof. Henry Winthrop Ballantine, University of California, in dem bodenlosen Verfall der Wertpapierkurse von Oktober 1929 bis 1933. Das Anlagepublikum erlitt damals Verluste, die sich wegen widerrechtlicher Rechnungslegung und verbotener Manipulationen in Wertpapiergeschäften auf die erstaunliche Gesamtsumme von 25 Mrd. Dollar beliefen. (Vgl. Ballantine: „On Corporations", Überarbeitete Auflage 1946. S. 874.)

Nach den bisherigen Ausführungen könnte der Leser überzeugt sein, daß die vom AICPA festgelegten GAAP den allgemeinen Konsensus zum Ausdruck bringen und daß die GAAP zivilrechtlich abgesichert sind durch die „Accounting Series Release Nr. 4" der SEC. Allgemein ist man der Auffassung, daß die Grundsätze ordnungsmäßiger Rechnungslegung besonders in den Ländern des Common Law bindende normative Kraft haben, wenngleich es einen Wissenschaftler, Prof. Homer Kripke, gibt, der dies grundsätzlich bezweifelt.

Es soll hier nicht behauptet werden, daß der allgemeine Konsens das Ergebnis einer einfachen Entscheidung durch Mehrheitsbeschluß ist, wie dies heute oft in der Vereinigung steuerberatender Berufe in Japan zu beobachten ist. So stellt Dr. Carl S. Shoup bei der Behandlung der Corporate Accounting Principles in Japan in seinem „Bericht über die japanische Besteuerung durch die Shoup-Gruppe" fest, „ihre Stärke liegt in der Qualität des Personals der Finanzbehörden und in der Qualität seiner Arbeit". (Vgl. Anhang zu Band IV D52.)

Er war der Meinung, daß die Wirksamkeit der japanischen Grundsätze ordnungsmäßiger Rechnungslegung von der Qualität eines einzelnen Ausschußmitgliedes abhängt, das an der Ausarbeitung dieser Grundsätze beteiligt war, und von der Qualität seiner bisherigen Leistungen auf dem wissenschaftlichen Gebiet des Rechnungswesens.

Es bedarf keines Hinweises, daß die Corporate Accounting Principles in Japan nicht den Charakter von Gesetzen oder Verfügungen haben. Sie sind daher auch formell nicht als Rechtsquelle anzusehen. Erst Art. 4 des Ministerialerlasses über den Bestätigungsvermerk begann auf die Einhaltung des ,,Standards betrieblichen Rechnungswesens zu dringen, der allgemein als richtig und angemessen gilt". Sodann hatte eine Regierungsstelle, der ,,Corporate Accounting System Countermeasure Council" des damaligen Economic Stabilization Board, dessen Funktionen später auf den ,,Corporate Accounting Council" des Finanzministeriums übergingen, die Corporate Accounting Principles als ,,die Zusammenfassung dessen vorgeschrieben, was allgemein als richtig und angemessen gilt." Die Grundsätze ordnungsmäßiger Rechnungslegung in Japan hätten nach Meinung des Verfassers zu einer quasi-gesetzlichen Norm und damit zu einer sekundären Rechtsquelle werden können.

Der Verfasser führte soeben aus, daß die Corporate Accounting Principles in Japan keine Gesetze und Verordnungen sind und daß sie formal nicht den Charakter einer Rechtsquelle haben. Unter diesem Gesichtspunkt darf gesagt werden, daß die japanischen Grundsätze ordnungsmäßiger Rechnungslegung deshalb, weil die amerikanischen GAAP zivilrechtlich gestützt werden durch die ,,Accounting Series Release" der SEC, die in eigener Selbständigkeit verbindliche Bestimmungen erlassen kann, den amerikanischen Grundsätzen im Hinblick auf das Postulat der ,,Ordentlichkeit" unterlegen sind. Der Verfasser möchte hinzufügen, daß der ,,Bericht über das japanische Steuersystem durch die Shoup-Gruppe" empfohlen hatte, aus dem Review Council eine unabhängige Kommission zu machen, die dem Finanzministerium unterstehen würde. In diesem Bericht heißt es weiter: ,,Wir empfehlen weiterhin, daß die Securities Exchange Commission ihre weitreichenden Vollmachten energisch einsetzt, um eine Verbesserung des betrieblichen Rechnungswesens durchzusetzen." (Bericht der Shoup-Kommission. Vol. II, S. 224.) Gegenwärtig ist der Review Council lediglich eine untergeordnete Stelle des Finanzministeriums. Seine einzige Aufgabe ist die Durchführung von Untersuchungen und die Abhaltung von Examen von Wirtschaftsprüfern in Japan. (,,Das Recht der Wirtschaftsprüfer": Art. 35–42) Aus der Securities Exchange Commission wurde dann der Securities and Exchange Council. Er wurde noch stärker an das Finanzministerium angeschlossen, und seine einzige Aufgabe besteht in Beratungen und Prüfungen auf dem Gebiet der marktfähigen Wertpapiere. (Börsengesetz: Art. 165–170.) Es ist daher sehr zu bedauern, daß es nicht zu einer von der Arbeit der Shoup-Gruppe erhofften positiven Änderung gekommen ist. Verantwortlich für die falsche Behandlung eines großen nationalen Problems ist das von der japanischen Bürokratie eingeführte Konzept, das die Entwicklung eines Wirtschaftsprüfer-Systems und die Verbesserung des betrieblichen Rechnungswesens bisher verhindert hat. Beschränken wir uns auf den Aspekt des Rechnungswesens und verweisen wir auf die Fälle wie Fuji Sash Co., KDD: Kokusai Denshin-Denwa Co., Ltd (International Telegraph & Telephone Co., Ltd.) oder DEN-DEN KOSHA (Nippon Telegraph & Telephone Public Corporation). Wenn die Wertpapier- und Börsen-Kommission in Japan umfassende Vollmachten gehabt hätte und die ursprünglich von der Shoup-Gruppe vorgeschlagene Richtung eingeschlagen worden wäre, dann ist es nicht schwer sich vorzustellen, daß es zu diesen Fällen überhaupt nicht gekommen wäre. Mindestens wären die Umstände der einzelnen Fälle wesentlich anders gewesen.

Die Vollmacht zum Erlaß von Bestimmungen über das Rechnungswesen erstreckt sich im Falle der amerikanischen SEC nicht nur auf die politischen Parteien, sondern sogar auf die Behörden der US-Bundesstaaten. Die Grundsätze ordnungsmäßiger Buchführung in der Bundesrepublik Deutschland gelten wie in den USA auch für die Methoden der Rechnungslegung durch die Bundesbehörden. Hierüber wurde bereits referiert, so daß sich eine Wiederholung erübrigt.

3. Grundsätze der Rechnungslegung in Großbritannien

Sieht man vom Postulat der „Ordentlichkeit" ab, so haben die Corporate Accounting Principles in Japan Ähnlichkeit mit den vom „Institute of Chartered Accountants in England and Wales" festgelegten „Recommendations on Accounting Principles" (Empfehlungen zu den Grundsätzen der Rechnungslegung). Dem Verfasser liegen die Empfehlungen in der Auflage von 1975 vor, deren voller Wortlaut 151 Seiten umfaßt. Ähnlich den japanischen Grundsätzen gibt es in den englischen Empfehlungen kaum Vorschriften über die Führung von Büchern. Fast alle Vorschriften beschränken sich auf die Anforderungen, die an Abschlüsse zu stellen sind, die Methode der Darstellung und Form und Umfang der Informationen, die der allgemeinen Öffentlichkeit zugänglich zu machen sind, usw. Was an den englischen Empfehlungen besonders auffällt ist folgendes: §§ 151 und 157 des deutschen Aktiengesetzes schreiben die Gliederung der Jahresbilanz und der Gewinn- und Verlustrechnung bindend vor. Auch in Japan ist die Gliederung der Bilanz in Nr. 1 und die der Gewinn- und Verlustrechnung in Nr. 2 der „Standardgliederungen" in der „Verordnung über Abschlüsse" vorgeschrieben. Dagegen kommen die britischen „Recommendations on Accounting Principles" zu dem Schluß, „Gliederungen dieser Art sind nicht erwünscht". Die logische Begründung: „Es gibt so viele unterschiedliche Unternehmungen, daß ein Spielraum in der Darstellungsart der Abschlußzahlen bestehen muß. Eine Standardgliederung für jedes gewerbliche Unternehmen ist weder praktikabel noch wünschenswert. Dies wird schon im Companies Act 1948 zum Ausdruck gebracht." (Vgl. Recommendations on Accounting Principles. 18. Gliederung der Bilanz und der Gewinn- und Verlustrechnung. S. 49.) Unter Hinweis auf „true and fair view" nach Art. 149 des Companies Act 1949 heißt es, daß zu keiner Zeit eine gesetzliche Gliederung vorgeschrieben worden sei. Art. 149 Abs. 2 schreibt lediglich vor, daß Bilanz und Gewinn- und Verlustrechnung im wesentlichen dem „Schedule And Attached Table 8" des Companies Act 1948 entsprechen müssen. Dieser Schedule wurde vom Companies Act 1967 in „Schedule 2" geändert, ohne daß dort eine gesetzliche Gliederung festgelegt worden wäre. Ferner ist darauf hinzuweisen, daß die sieben Stellen in Schedule 2, die in Klammern eingeschlossen waren, im Companies Act 1976 nicht mehr erscheinen.

Dagegen wurden die Bestimmungen des Companies Act 1981, das die 4. EG-Richtlinie zu berücksichtigen hatte, erheblich geändert. Das Gesetz selbst schrieb nun im Detail die Grundsätze der Rechnungslegung vor, und es wurde die Gliederung der Abschlüsse angegeben, wobei man dem Beispiel des deutschen Aktiengesetzes folgte.

4. Das Wesen einer angemessenen Praxis der Rechnungslegung

Das Konzept einer angemessenen Praxis der Rechnungslegung, wie sie in Art. 32 Abs. 2 des japanischen Handelsgesetzbuches vorgeschrieben ist, ist im Gegensatz zu den folgenden Beispielen einfach eine umfassende Verordnung für den Kaufmann in einem weiten Sinne:

- Das Postulat der ,,Ordnungsmäßigkeit" in dem Begriff der angemessenen Rechnungslegung nach § 38 des deutschen Handelsgesetzbuches gilt für alle Bereiche in der Bundesrepublik, in denen Bücher und Aufzeichnungen zu führen sind.
- Das amerikanische Securities Law von 1933 hat unabhängig von der Unternehmensgröße, dem Unterschied zwischen einer Kapitalgesellschaft und einer Einzelfirma und dem Unterschied zwischen einer politischen Partei und einer staatlichen Behörde den rechtlichen Grundsatz der ,,Vollständigkeit und Wahrheit" der Bücher festgelegt.

Die Corporate Accounting Principles, die man für einen Teil der Praxis angemessener Rechnungslegung hält, sind die Grundsätze, die sich in ihrer normativen Kraft im wesentlichen auf die Aktiengesellschaft beziehen, insbesondere auf eine große Aktiengesellschaft, während die Grundsätze der Rechnungslegung im Handelsgesetzbuch (genau gesagt: die Vorschriften über die Bilanz, die Gewinn- und Verlustrechnung und den Geschäftsbericht) sich auf die Aktiengesellschaft und auf die Gesellschaft mit beschränkter Haftung beziehen (Art. 43 und 146 des Gesetzes über Gesellschaften mit beschränkter Haftung.) Man könnte nun fragen, welcher Standard der Rechnungslegung ist in der Praxis auf die Unternehmen anzuwenden, die weder Aktiengesellschaft noch Gesellschaft mit beschränkter Haftung sind. Nach dem Wortlaut des Gesetzes läßt sich natürlich die einfache Auskunft geben: ,,Es ist die Praxis angemessener Rechnungslegung." Der Verfasser möchte gern wissen, wie der Councelor des Civil Affairs Bureau im japanischen Justizministerium die Frage beantworten würde, was denn das Wesen dieser Praxis sei. Wie würde diese Frage von den Teilnehmern an den Sektions-Sitzungen über das Handelsgesetzbuch, vom Rat für das Rechtssystem, beim Justizministerium beantwortet werden? Wahrscheinlich gerieten sie in Verlegenheit. Der Grund ist, daß der Begriff der ,,angemessenen

Praxis der Rechnungslegung" nach Art. 32 Abs. 2 des japanischen Handelsgesetzbuches dem Begriff der ,,Grundsätze ordnungsmäßiger Buchführung" nach § 38 des deutschen HGB in der vor 1919 geltenden Fassung entspricht. In Deutschland hatte Enno Becker 1919 den Entwurf der ,,Reichsabgabenordnung" ausgearbeitet. Aber bis zu diesem Jahr war das Wesen der Grundsätze ordnungsmäßiger Buchführung unbestimmt geblieben. Die GoB wurden dann zum ersten Mal im Jahre 1919 in § 162 RAO festgeschrieben. Bis dahin hatten Kaufleute lange Zeit ordentlich Bücher und Aufzeichnungen geführt, und der Staat hatte hierzu nur in summarischer Weise seine Zustimmung gegeben. Man ging also allgemein davon aus, daß die Grundsätze ordnungsmäßiger Buchführung nach § 38 HGB lediglich Rechtsvorschriften waren, mit denen der Staat nur seine allgemeine Zustimmung nach Art eines Freibriefs bezüglich der richtigen und angemessenen Praxis der Rechnungslegung zum Ausdruck brachte. Die Grundsätze selbst waren inhaltsarm.

Daraus folgt, daß die japanischen Fachleute für das Handelsgesetzbuch sich mit einer begriffsleeren, verschwommenen und abstrakten Regelung begnügen mußten, indem sie erklärten, eine ,,angemessene Praxis der Rechnungslegung" bedeute, daß es sich angesichts der Ziele der Buchführung, die finanzielle Lage oder das Unternehmensergebnis zu ermitteln, um die Rechnungslegung handele, die man für richtig und angemessen halte. (2. Auflage der ,,Allgemeinen Regelungen des Handelsgesetzbuches" von Prof. Eizo Hattori, S. 351.) Das heißt, die Ausschußmitglieder der Sektions-Sitzungen, die sich mit dem Handelsgesetzbuch befaßten, hielten immer noch Reste der Freibrief-Theorie von Prof. Kotaro Tanaka für richtig, der seinerzeit Dekan der Juristischen Fakultät an der Universität Tokio war. Mit anderen Worten: Kein Ausschußmitglied wußte 1919, daß es unter den deutschen Steuergesetzen ausführliche Rechtsvorschriften gab, aus denen hervorging, daß es die Substanz der GoB bereits gab. Außerdem war ihnen nicht bekannt, daß diese rechtliche Regelung 1976 in Abschnitt 4 ,,Handelsbücher" des deutschen HGB eingeführt wurde. Es gibt in der Tat den § 43, dessen Absatz 2 lautet: ,,Die Eintragungen in Büchern und die sonst erforderlichen Aufzeichnungen müssen vollständig, richtig, zeitgerecht und geordnet vorgenommen werden." Sie wußten dies nicht. Hätten sie es gewußt, dann hätten sie diesen Satz zitieren und damit feststellen müssen, daß diese deutschen Rechtsvorschriften die Quelle des japanischen Handelsgesetzbuches sind.

Der Verfasser konnte sich nun nicht vorstellen, daß dieser Sachverhalt den ausgezeichneten japanischen Handelsrechtlern unbekannt war. Neben den drei genannten Büchern sah er deshalb folgende Veröffentlichungen durch:

- ,,Neu durchgesehene Ausführliche Diskussion der Allgemeinen Regelungen des Handelsgesetzbuches", von *Seiji Tanaka,* Honorar-Professor der Universität Hitotsubashi, 1978, Keiso-Shobo-Ausgabe.
- ,,Neuauflage des Handelsgesetzbuches". Von *Takeo Suzuki,* Honorar-Professor der Universität Tokio, 1978, Keiso-Shobo-Ausgabe.

- Zusammengestellt von: *Yoshinori Hasui*
  ,,Allgemeine Regelungen des Handelsgesetzbuches" und ,,Gesetz betreffend Handelsgeschäfte", 1980, Horitsu-Bunkasha-Ausgabe.
- Verfaßt von: *Seiji Tanaka*
  ,,Neuauflage des Handelsgesetzbuches" Vollständige Zusammenstellung. 4. völlig neubearbeitete Auflage, 1978, Chikura-Shobo-Ausgabe.
- Von *Masao Takashima,* Professor der Universität Keio-Gijuki
  ,,Allgemeine Regelungen des Handelsgesetzbuches. Das Gesetz betreffend Handelsgeschäfte", 1976, Keio-Tsushin-Ausgabe.
- Gemeinsam verfaßt von: *Seiji Tanaka* und *Ryosuke Kita*
  ,,Kommentar, Allgemeine Regelungen des Handelsgesetzbuches", Völlige Neubearbeitung, 1975, Keiso-Shobo-Ausgabe.
- Zusammengestellt von: *Kenji Sanekata* und *Jushiro Shima*
  ,,Allgemeine Regelungen des Handelsgesetzbuches", 1980, Seirin-Shoin Shinsha-Ausgabe.
- Von *Shuzo Toda,* Professor der Universität Chuo
  ,,Allgemeine Regelungen des Handelsgesetzbuches", 1980, Bunkyu-Shorin-Ausgabe.
- Von *Teruhisa Ishii*
  ,,Neuauflage der Allgemeinen Regelungen des Handelsgesetzbuches", 1979, Kobundo-Ausgabe.
- Zusammengestellt von: *Yoshinori Hasui, Toshio Sakamaki* und *Haruyoshi Shimura*
  ,,Vorlesung über die Allgemeinen Regelungen des Handelsgesetzbuches", 1980, Seirin-Shoin Shinsha-Ausgabe.
- Zusammengestellt von: *Setsu Tatsuta,* Professor der Kyoto-Universität
  ,,Kurzkommentar zum Handelsgesetzbuch", 1980, Yuhikaku-Ausgabe.
- Zusammengestellt von: *Katsuro Ueyanagi, Masahiro Kitazawa, Tsuneo Ohtori* und *Akio Takeuchi*
  ,,Allgemeine Regelungen des Handelsgesetzbuches. Das Gesetz betreffend Handelsgeschäfte", 1980, Yuhikaku-Ausgabe.
- Zusammengestellt von: *Tsuneo Ohtori, Ichiro Kawamoto, Masahiro Kitazawa, Isao Sato* und *Shuzo Toda*
  ,,Übungen zum Handelsgesetzbuch (Allgemeine Regelungen, Handelsgeschäfte), überarb. Auflage, 1976, Seirin-Shoin Shinsha-Ausgabe.
- Zusammengestellt von: *Chohshichi Hoshikawa, Kohgoro Yamaguchi, Wataru Horiguchi* und *Toshio Sakamaki*
  ,,Allgemeine Regelungen des Handelsgesetzbuches. Gesetz betreffend Handelsgeschäfte", überarb. Auflage, 1979, Hogaku-Shoin-Ausgabe.

Nach Durchsicht der vorgenannten Bücher war der Verfasser tief enttäuscht. Oft traute er seinen Augen nicht. Was sollte man davon halten, daß keiner dieser Wissenschaftler das Wesentliche bemerkt hatte? Die ,,Grundsätze ordnungsmäßiger Buchführung" nach § 38 des deutschen Handelsgesetzbuches sind nach Meinung des Verfassers dem japanischen Konzept der ,,angemessenen Praxis der Rechnungslegung" gleichzusetzen – nicht als leerer und abstrakter Begriff, sondern als Begriff des positiven Rechts mit ausführlicher Erläuterung, wie er seit mehr als 60 Jahren im deutschen Steuerrecht besteht. Sie hatten auch nicht bemerkt, daß die ,,Grundsätze ordnungsmäßiger Buchführung" vor fünf Jahren in § 43 des deutschen HGB aufgenommen wurden.

Wie beurteilen diese japanischen Wissenschaftler die Situation, in der in Japan in den letzten Jahren in dichter Folge beklagenswerte Mißstände im Rechnungswesen aufgetreten sind? Da japanische Politiker sich umfangreich als Geschäftsleute betätigen, haben sie vielleicht die Fähigkeit verloren, ernsthaft über das Schicksal des Staates und des Volkes nachzudenken. Nein, vielleicht haben sie vor ihrem Auftreten auf der politischen Bühne bereits die wesentlichen Eigenschaften hinter sich gelassen, die sie eigentlich besitzen sollten.

Der Leser möge sich hierüber seine eigenen Gedanken machen. Es ist der Manager, nicht der Fachmann des Rechnungswesens, der die ursprünglichen Aufzeichnungen zu Gesicht bekommt. Letzterer, sei er Steuerpraktiker oder zugelassener Steuerberater, hat später jederzeit Zugang zu den Unterlagen des Rechnungswesens. Ob Vollständigkeit und Wahrheit der Bücher und Aufzeichnungen zu erreichen sind, ist ausschließlich Sache der Unternehmensleitung. Wenn dies so ist, warum sind diese beiden Postulate dann in die Vorschriften des Handels- und Steuerrechts eingegangen? Was befürchtet man? Welche Schwierigkeiten fürchtet man? Was steht im Wege? Der Verfasser ist überzeugt, daß der Leser zu denen gehört, die in Japan voll Vertrauen und gerecht leben möchten.

Dann sollte aber auch eine Bewegung entstehen, die auf den Erlaß eines Gesetzes drängt, nach dem nicht nur alle Kaufleute, sondern alle für die Bücher und Aufzeichnungen Verantwortlichen, wie in Europa und den USA, Vollständigkeit und Wahrheit zu sichern haben. Artikel 53 der Durchführungsbestimmungen des Körperschaftsteuer-Gesetzes enthält die Formulierung ,,*betreffend alle Geschäfte,* die Vermögen, Verbindlichkeiten und Kapital berühren.“ Dies steht aber nur in den Durchführungsbestimmungen, nicht im Gesetz selbst. Artikel 32 des Handelsgesetzbuches enthielt vor der Neufassung im Jahre 1974 die Wendung ,,*alle Angelegenheiten,* die das Vermögen berühren.“ Allerdings sind aus unbekanntem Grunde die fünf Buchstaben: ,,Its-Sai No-Ji-Ko“ (alle Angelegenheiten) aus der Neufassung des Handelsgesetzbuches bereits verschwunden. Hielt man es für unnötig, ein wesentliches Element des Rechnungswesens, das auf Vollständigkeit der Aufzeichnungen zielt, beizubehalten, weil dieses Element in der ,,angemessenen Praxis der Rechnungslegung“ verankert ist? Dieser Schluß ist unsinnig! Es ist höchste Zeit, daß wir mit den Mitteln des Staates den ständigen Mißbräuchen im Rechnungswesen ein Ende machen.

Artikel 34 des französischen Handelsgesetzbuches enthält folgende Vorschrift: ,,Est puni d'un emprisonnement de un à cinque ans et d'une amende de 240 000 à 480 000 francs, ou de l'une de ces deux peines seulement, tout commissaire qui a sciemment donné ou confirmé des informations mensongères sur la situation de la société, ou qui n'a pas révélé au procureur de la République les faits délictueux dont il a eu connaissance.“

Im Aktiengesetz der Bundesrepublik Deutschland gibt es den § 400 mit der Überschrift ,,Unrichtige Darstellung“ (falsche Angaben zu Abschlüssen) sowie den § 403 mit der Überschrift ,,Verletzung der Berichtspflicht“ (falsche Angaben in Prüfungsberichten). In beiden Fällen wird eine Freiheitsstrafe bis zu fünf Jahren oder eine Geldstrafe angedroht. Wir sollten in Japan dafür kämpfen, daß der Staat ähnliche Vorschriften durchsetzt. Im 19. Jahrhundert schrieb der deutsche Rechtsgelehrte R. v. Jhering: ,,Das Ziel des Rechts ist der Friede, das Mittel dazu ist der Kampf." Dieser Schlachtruf sollte möglichst bald in die Wirklichkeit umgesetzt werden.

Als die Neufassung der Grundsätze der Rechnungslegung unseres Handelsgesetzbuches in Arbeit war (im Jahre 1981), hatte der Verfasser ein Gespräch mit dem Justizminister und dem zuständigen Berater. Er bat ohne Umschweife um die gesetzliche Verankerung angemessener Bilanzierungsgrundsätze als oberste theoretische Norm des betrieblichen Rechnungswesens, und ferner um den Erlaß von Strafbestimmungen, die denen in England, USA, Deutschland und Frankreich entsprechen sollten. Es sollte dann nicht nur heißen ,,Eintragungen sollten geordnet und eindeutig vorgenommen werden", sondern: ,,In Büchern und Aufzeichnungen sollten die folgenden Angelegenheiten vollständig, richtig, zeitgerecht, geordnet und deutlich eingetragen werden." Er war der festen Überzeugung, nur so könne der fortgesetzte schamlose Mißbrauch des Rechnungswesens eingedämmt werden.

IX. Kapitel. Die Entstehung „einer besonderen inneren Verbindung“ zwischen bürgerlichem Recht und Steuerrecht

1. Was ist aus § 140 der neuen Abgabenordnung (AO) der Bundesrepublik zu lernen?

Der Leser wird sich erinnern, daß in einem früheren Teil des Buches Gerhard Spangemacher, Vorsitzender Richter am Finanzgericht, vorgestellt wurde. Er hatte in seinem Buch: „Allgemeines Recht“, 5. Auflage, 1978, Enno Becker hohes Lob gezollt für seine historischen Leistungen bei der Abfassung und Fertigstellung der Reichsabgabenordnung und dafür, daß er es war, der 1919 „eine besondere innere Verbindung“ zwischen dem bürgerlichen Recht und dem Steuerrecht in Deutschland hergestellt hatte. Der Verfasser hatte an anderer Stelle gesagt, daß die zentralen Bestimmungen für „eine besondere innere Verbindung“ § 160 Abs. 1 der früheren RAO und § 140 der neuen AO seien. Wegen des umfangreichen Inhalts dieses Paragraphen sollte die Erörterung später stattfinden. Dies mag nun hier geschehen.

§ 140 der neugefaßten AO 1977 hat folgenden Wortlaut:

„§ 140 Buchführungs- und Aufzeichnungspflichten nach anderen Gesetzen. – Wer nach anderen Gesetzen als den Steuergesetzen Bücher und Aufzeichnungen zu führen hat, die für die Besteuerung von Bedeutung sind, hat die Verpflichtung, die ihm nach den anderen Gesetzen obliegen, auch für die Besteuerung zu erfüllen.“

Es wurde oben festgestellt, daß der Vorgänger von § 140 AO der § 160 Abs. 1 der früheren RAO sei. Beide Vorschriften sind jedoch nicht wortgleich formuliert. Es gibt auch einige Unterschiede im Wortlaut zwischen § 160 Abs. 1 und dem ursprünglichen Text dieser Bestimmung zur Zeit der Verabschiedung des Gesetzes im Jahre 1919. Es mag trivial erscheinen, doch möchte der Verfasser aus Respekt vor den Tatsachen nachfolgend den Unterschied darlegen:

Am Ende des jetzigen § 140 heißt es „auch für die Besteuerung“, während am Ende von § 160 Abs. 1 der RAO zu lesen war: „auch im Interesse der Besteuerung“. Im Jahre 1919 war dies § 163. Dieser Paragraph hatte nicht nur den gleichen Wortlaut wie § 160 Abs. 1, an ihn schloß sich ein kurzer Hauptsatz an: „§ 162 gilt entsprechend“. § 162 bezog sich auf „Allgemeine Vorschriften“ über Bücher; er umfaßte die Absätze 1 bis 9, die bereits erörtert wurden. Auf sie braucht hier deshalb nicht eingegangen zu werden.

Was insbesondere diesen § 140 (oder den alten § 160 Abs. 1) angeht, so wird in einem Buch die nachfolgende Erklärung versucht. (Es handelt sich um „Reichsabgabenordnung, Taschenkommentar. Verlag Dr. Otto Schmidt KG, Köln 1961“, zusammen verfaßt von Dr. Heinrich Wilhelm Kruse, Universität Köln, und Dr. Klaus Tipke, Universität Würzburg. Obgleich als Taschenkommentar bezeichnet, handelt es sich um ein zweibändiges Werk mit über 1600 Seiten.)

„§ 160 I macht die nach anderen als den StGes[1] bestehenden Buchführungs- und Aufzeichnungspflichten auch zu steuerlichen Pflichten (abgeleitete Buchführungspflichten); das bedeutet, daß die einschlägigen außersteuerlichen Vorschriften für das StRecht[2] nutzbar gemacht werden und daß Verstöße gegen die außersteuerlichen Vorschriften die gleichen Folgen haben wie Verstöße gegen solche Vorschriften, die in StGes enthalten sind." (Vgl. Band 1, S. 465). Dies dürfte der Grund sein, warum Gerd Spangemacher zu dem Schluß kam, diese Bestimmung stelle „eine besondere innere Verbindung zwischen dem bürgerlichen und dem Steuerrecht her. Er ist der gleichen Auffassung wie die beiden genannten Autoren K. Tipke und H. Kruse.

Diesem § 140 ist ein Dokument beigefügt: „Schreiben betr. Einführungserlaß zur AO" vom 1. Oktober 1976. Der Inhalt dieser Bestimmung läßt sich nur dann voll aufklären, wenn das genannte Dokument genau geprüft wird. Glücklicherweise ist der Verfasser im Besitz eines Buches mit dem Titel „Kompendium Abgabenordnung" Verlag C. H. Beck München 1980. 40. Auflage vom 1. 1. 1980. Dieses Buch, ein Widmungsexemplar, ist herausgegeben von Walter Ludwig Eckert, Präsident der Steuerberaterkammer Nordbaden, Heidelberg. Es handelt sich um ein umfangreiches Werk mit 1063 Seiten.

S. 232 enthält die Durchführungsbestimmungen mit dem Titel „Buchführungs- und Aufzeichnungspflichten nach anderen Gesetzen nach § 140":

> (Zu § 140) „Durch die Vorschrift werden die sog. außersteuerlichen Buchführungs- und Aufzeichnungspflichten, die auch für die Besteuerung von Bedeutung sind, für das Steuerrecht nutzbar gemacht. In Betracht kommen einmal die allgemeinen Buchführungs- und Aufzeichnungsvorschriften des Handels-, Gesellschafts- und Genossenschaftsrechts. Zum anderen fallen hierunter die Buchführungs- und Aufzeichnungspflichten für bestimmte Betriebe und Berufe, die sich aus einer Vielzahl von Gesetzen und Verordnungen ergeben (z. B. sind folgende Bücher zu führen bzw. Aufzeichnungen zu machen)".

Der Verfasser möchte, auch auf die Gefahr der Wiederholung hin, noch einmal den Leser auf folgendes aufmerksam machen. Es handelt sich darum, daß die in dieser Bestimmung zum Ausdruck kommende Methode weder in den japanischen Unternehmungen noch an den japanischen Universitäten gegenwärtig üblich ist. Der Verfasser muß deshalb zu dem Schluß kommen, daß Enno Becker vor etwa 60 Jahren die Einsicht hatte, er müsse bei der Ausarbeitung der Abgabenordnung die flexible Wendung „eine besondere innere Verbindung" zwischen dem bürgerlichen und dem Steuerrecht einführen. Andernfalls sprächen für diese Konzeption lediglich der allgemeine Grundsatz der Steuergerechtigkeit und eine bestimmte Ideologie der gerechten Besteuerung. Beide hätten jedoch nicht viel hergegeben.

[1] Steuergesetze.
[2] Steuerrecht.

Der Verfasser hat an anderer Stelle bereits darauf hingewiesen, daß „dieser § 140 einen ungewöhnlich umfangreichen Inhalt" aufweist. Der Grund ist nichts weniger als die Tatsache, daß beim gegenwärtigen Stande der Gesetzgebung die verschiedenen Veröffentlichungen, die in der Durchführungsverordnung zu § 140 als „folgende Bücher" aufgeführt sind, sich auf 70 verschiedene Rechtsgebiete beziehen. Das Ergebnis ist ein spektakulärer Überblick. Während der Abfassung des vorliegenden Buches wurde die japanische Regierung von der OECD darauf hingewiesen, daß es keine Gesetze und Verordnungen über den Schutz der Privatsphäre usw. gebe. Daraufhin unternahm die japanische Regierung in aller Eile Schritte zur Ausarbeitung dieser Gesetze. Es wurde ein Forschungsausschuß mit nur wenigen Mitgliedern eingesetzt, dessen Vorsitzender Prof. Ichiro Kato, Ex-Präsident der Universität von Tokio, sein sollte. Der Verfasser war ebenfalls gebeten worden, Mitglied dieses Sonderausschusses zu werden. Der Grund, warum Japan mit seiner weltweiten Überlegenheit als ökonomischer Musterschüler gilt, liegt nach Meinung des Verfassers darin, daß diese Vorzugsstellung im Bereich der Gütererzeugung besteht. Wir befinden uns dagegen in einem völlig anderen Bereich, wenn es um Japans Position in den Sozialwissenschaften geht, um die Frage nach der gesellschaftlichen Funktion des Menschen, um die Gesamtorientierung, zum Beispiel um die Konsolidierung der Gesetzgebung. Die führenden Persönlichkeiten der japanischen Regierung müssen diesen Zusammenhängen deshalb genau Beachtung schenken. Denn es ist in der Tat erstaunlich, daß die Grundsätze ordnungsmäßiger Buchführung in der Bundesrepublik Deutschland durch den § 140 eine enge Verbindung mit der gesamten Gesetzgebung des Landes erhalten haben.

Der Einführungserlaß zu § 140 AO hat 70 Positionen. Hier sei im folgenden der Wortlaut der einzelnen Rechtsbereiche wiedergegeben:

Zum ersten Rechtsbereich heißt es:

„1. von Einsammlern oder Beförderern von Abfällen sowie von Abfallbeseitigern Nachweisbücher nach § 2 Abs. 2 und 3 der Abfallnachweis-VO (vom 29. 7. 1974, BGBl. I 1574)."

Der Wortlaut der Durchführungsbestimmungen zum zweiten Rechtsbereich ist:

„2. von Unternehmen, in denen Altöle in einem gewissen Umfange anfallen oder die Altöle in einem gewissen Umfange übernehmen, Nachweisbücher über Art, Menge und Verbleib der Altöle nach § 6 Abs. 1 des Altölgesetzes (vom 23. 12. 1968, BGBl. I 1419) i. V. mit §§ 1–3 der 2. VO zur Durchführung des Altölgesetzes (vom 2. 12. 1971, BGBl. I 1939)."

Zum dritten Rechtsbereich heißt es in den Durchführungsbestimmungen:

„3. von Apotheken Herstellungsbücher und Prüfungsbücher nach §§ 6 Abs. 4 und 7 Abs. 6 der Apothekenbetriebsordnung (vom 7. 8. 1968, BGBl. I 939)."

Zum vierten Rechtsbereich heißt es in den Durchführungsbestimmungen:

„4. von Auskunfteien und Detekteien Aufzeichnungen über die erteilten Aufträge nach von einzelnen Ländern erlassenen Landesverordnungen, so z. B. nach § 1 Abs. 1 der bayer. Auskunftei- und Detekteiverordnung (vom 19. 10. 1964, GVBl. Bayern, 188)."

Zum fünften Rechtsbereich heißt es in den Durchführungsbestimmungen:

„5. von Baugewerbetreibenden und Baugeldempfängern, die die Herstellung eines Neubaues unternehmen, Baubücher nach § 2 des Gesetzes über Sicherung von Bauforderungen (vom 1. 6. 1909, RGBl., 449)."

Das Gesetz über die Sicherung von Bauforderungen wurde etwa zehn Jahre vor dem Erlaß der RAO beschlossen und verkündet, zu einer Zeit also, als das Deutsche Reich bestand. Der Leser sollte zu würdigen wissen, daß zu dieser Zeit, als Enno Becker im Rahmen des § 140 „eine besondere innere Verbindung" zwischen dem bürgerlichen Recht und dem Steuerrecht herstellte, er davon ausgehen konnte, daß das System der Buchführungspflicht in dieser Intensität noch stärker in die Volkswirtschaft integriert war.

Zum sechsten Rechtsbereich heißt es in den Durchführungsbestimmungen:

„6. bei öffentlichen Aufträgen für Bauleistungen von dem Auftragnehmer für jeden Bauauftrag ein besonderes Baukonto nach § 16 Abs. 1 der BaupreisVO (VO PR Nr. 1/72 über die Preise bei öffentlichen Aufträgen für Bauleistungen, BGBl. 1972 I 293)."

Zum siebten Rechtsbereich heißt es in den Durchführungsbestimmungen:

„7. von Inhabern von Beherbergungsstätten Fremdenverzeichnisse nach Landesrecht, so z. B. nach § 18 Abs. 1 des Meldegesetzes des Landes Nordrhein-Westfalen (vom 28. 4. 1950, GVBl. NW, 117)."

In der Bundesrepublik Deutschland hat eine Landesregierung die Gesetzgebungskompetenz nur für den eigenen Geltungsbereich. Die Länder haben das „Mitteilungsgesetz" erlassen, wonach die Gebietsansässigen verpflichtet sind, verschiedene Arten von Angaben zu machen. Was die Gesetzgebungskompetenz der Länder angeht, so findet sich eine ausdrückliche Bestätigung hierfür in Art. 70 Abs. 1 des geltenden Grundgesetzes:

„Die Länder haben das Recht der Gesetzgebung, soweit dieses Grundgesetz nicht dem Bunde Gesetzgebungsbefugnisse verleiht."

Zum achten Rechtsbereich heißt es in den Durchführungsbestimmungen:

„8. von Betrieben, die eine Besamungsstation betreiben, Aufzeichnungen u. a. über die Gewinnung, Abgabe und Verwendung des Samens nach § 18 Abs. 3 des Tierzuchtgesetzes (vom 20. 4. 1976, BGBl. I, 1045)."

Zum neunten Rechtsbereich heißt es in den Durchführungsbestimmungen:

„9. von Unternehmen, die unter das Betäubungsmittelgesetz fallende Stoffe einführen, ausführen, anbauen, gewinnen, gewerbsmäßig herstellen und verarbeiten, mit ihnen handeln, sie erwerben, abgeben und veräußern, Lagerbücher über den Eingang und Ausgang sowie die Verarbeitung der Betäubungsmittel nach § 5 Abs. 1 des Betäubungsmittelgesetzes (i. d. F. vom 10. 1. 1972, BGBl. I 1)."

Zum zehnten Rechtsbereich heißt es in den Durchführungsbestimmungen:

„10. von Apotheken, ärztlichen und tierärztlichen Hausapotheken, Praxen und Kliniken Bücher oder Karteikarten über den Verbleib der Betäubungsmittel (Betäubungsmittelbücher) nach § 15 der Betäubungsmittel-Verschreibungs-Verordnung (vom 24. 1. 1974, BGBl. I, 110)."

Zum elften Rechtsbereich heißt es in den Durchführungsbestimmungen:

„11. von Unternehmen des Bewachungsgewerbes Aufzeichnungen über die Bewachungsverträge nach § 11 Abs. 1 der VO über das Bewachungsgewerbe (vom 1. 6. 1976, BGBl. I 1341)."

Zum zwölften Rechtsbereich heißt es in den Durchführungsbestimmungen:

„12. von Bezirksschornsteinfegermeistern Kehrbücher nach § 14 Abs. 1 der VO über das Schornsteinfegerwesen (vom 19. 12. 1969, BGBl. I 2363)."

Wenn der Leser bis hierher aufmerksam gefolgt ist, wird er langsam ein Gefühl der Bewunderung dafür bekommen, wie breit der Geltungsbereich des Begriffs ist, den G. Spangemacher das „bürgerliche Recht" nennt. Er sagte einmal: „Enno Becker hatte ... die Rechtsverhältnisse zwischen dem Staat als Steuergläubiger und dem Bürger als Steuerschuldner zu gestalten." Der Verfasser möchte hier wiederholen: die „Rechtsverhältnisse", die G. Spangemacher nennt, stellen diese „Verbindung" dar. Japans Wirtschaftsprüfer, Wissenschaftler und Politiker – ihnen allen scheint ein solches Konzept der Gesetzgebung völlig unbekannt zu sein. Wenn wir in Japan aber die Verwirklichung der Steuergerechtigkeit in einem wahren Sinne wünschen, dann sollten wir von dieser Konzeption lernen, die Enno Becker vor mehr als 60 Jahren geschaffen hat. In jüngster Zeit nimmt die Zahl der Personen zu, die offen ihrer Meinung Ausdruck geben, es stünde wahrscheinlich besser um das Land, wenn es die vielen unangenehmen Probleme mit viel mehr Energie angehe. Nach Meinung des Verfassers sind dies jedoch spitzbübische Argumente. Jedenfalls haben die Durchführungsbestimmungen zum § 140 AO, wonach die Aufzeichnungspflichten im bürgerlichen Recht gleichzusetzen sind mit den steuerlichen Buchführungs- und Aufzeichnungspflichten, heute in 70 verschiedenen Rechtsgebieten Geltung. Da diese Bestimmungen so umfangreich sind, zögert der Verfasser, sie vollständig dem Leser vorzuführen. Immerhin möchte er dies auf dem verfügbaren Raum versuchen.

Zum 13. Rechtsbereich heißt es:

„13. von Inhabern und Leitern von Blindenwerkstätten Aufzeichnungen über die Menge und den Erlös der verkauften Blindenwaren und Zusatzwaren nach § 3 Abs. 1 der VO zur Durchführung des Blindenwarenvertriebsgesetzes (i. d. F. der Änd. VO vom 25. 3. 1969, BGBl. I 283)."

Zum 14. Rechtsbereich heißt es:

„14. von Buchmachern Durchschriften der Wettscheine oder Wettbücher, Aufstellungen und Abrechnungen mit den Buchmachergehilfen und Geschäftsbücher nach § 4 Abs. 1 Rennw-LottG (vom 8. 4. 1922 RGBl. I 335, 393), §§ 10 bis 13 ABRennw-LottG (Ausführungsbestimmungen zum Rennwett- und Lotteriegesetz vom 16. 6. 1922, Zentralblatt für das Deutsche Reich, 351)."

In der Bundesrepublik Deutschland sind diese Aufzeichnungen gleichzeitig Aufzeichnungen für steuerliche Zwecke, weshalb auch für sie „Vollständigkeit" und „Wahrheit" verlangt werden. Wer hiergegen verstößt, gilt als Steuerstraftäter im Sinne des § 369 AO, so daß auf ihn die Strafbestimmungen Anwendung finden (§ 283 b StGB). Man sieht, daß der finanzwissenschaftliche Grundsatz des „gleichen Opfers" und der Grundsatz der Steuergerechtigkeit nach dem Willen des Staates fest verankert sind. Der Verfasser sieht hierin die überlegene Qualität der Politiker und Beamten der Bundesrepublik Deutschland am Werk.

Zum 15. Rechtsbereich heißt es:

„15. von Betrieben, die Butter verarbeiten, besondere Aufzeichnungen nach § 7 der Milchfettverbilligungs-VO-Verarbeitung und Ausfuhr (vom 26. 3. 1974, BGBl. I 785)."

Zum 16. Rechtsbereich heißt es:

„16. von Denaturierungsbetrieben (Denaturierung von Weichweizen) Aufzeichnungen u. a. über Herkunft und Verbleib des Weichweizens sowie über die täglich denaturierten Mengen an Weichweizen nach §§ 12 Abs. 1 Nr. 1, 12, Abs. 2 Nr. 1 der VO Denaturierungsprämie Getreide (vom 19. 11. 1971, BGBl. I 1831)."

Zum 17. Rechtsbereich heißt es:

„17. von Effektenverwahrern Verwahrungsbücher für die verwahrten Wertpapiere nach § 14 Abs. 1 des Gesetzes über die Verwahrung und Anschaffung von Wertpapieren (Depotgesetz) (vom 4. 2. 1937, RGBl. I 171)."

Zum 18. Rechtsbereich heißt es:

„18. von Betrieben, die Eiprodukte vorbehandeln, Aufzeichnungen u. a. über die ein- und ausgehenden Eiprodukte nach § 5 Abs. 2 Nr. 2 der Eiprodukten-VO (vom 19. 2. 1975, BGBl. I 537)."

Zum 19. Rechtsbereich heißt es:

„19. von Inhabern von Fahrschulen Aufzeichnungen über die Ausbildung eines jeden Fahrschülers sowie über das erhobene Entgelt nach § 18 Abs. 1 und 2 des Fahrlehrergesetzes (vom 25. 8. 1969, BGBl. I 1336, geändert durch Art. 1 Nr. 9 des Gesetzes vom 3. 2. 1976, BGBl. I 257)."

Zum 20. Rechtsbereich heißt es:

„20. von den verantwortlichen Leitern der amtlich anerkannten Fahrlehrerausbildungsstätten Aufzeichnungen über die Ausbildung eines jeden Fahrlehreranwärters nach § 28 Abs. 1 des Fahrlehrergesetzes."

Zum 21. Rechtsbereich heißt es:

„21. von den Haltern der mit Fahrtschreibern oder Kontrollgeräten auszurüstenden Kraftfahrzeuge Schaublätter nach § 57a StVZO (vom 15. 11. 1974, BGBl. I 3193)."

Zum 22. Rechtsbereich heißt es:

„22. von Forstsamen- und Forstpflanzenbetrieben Kontrollbücher über alle Vorräte, Eingänge, Vorratsveränderungen und Ausgänge von Saat- und Pflanzengut nach § 12 Abs. 1 des Gesetzes über forstliches Saat- und Pflanzengut (i. d. F. vom 29. 10. 1969, BGBl. I 2057)."

Zum 23. Rechtsbereich heißt es:

„23. von Gasöl-Beihilfeberechtigten Verwendungsbücher für Gasöl nach § 9 Abs. 1 Gasöl-Betriebsbeihilfe-VO-Werkfernverkehr (vom 20. 3. 1961 BGBl. I 260), § 8 Abs. 1 Gasöl-Betriebsbeihilfe-VO-Werkfernverkehr (vom 20. 3. 1961, BGBl. I 264), § 8 Abs. 2 Gasöl-Betriebsbeihilfe-VO-Schienenverkehr (vom 11. 12. 1973, BGBl. I 1900) und § 8 Gasöl-Betriebsbeihilfe-VO-Straßenverkehr (vom 21. 12. 1973, BGBl. I 1962)."

Der Verfasser glaubt, daß der Leser nun noch stärker davon beeindruckt ist, wie in der Bundesrepublik Deutschland jede Gesellschaftsgruppe so nachhaltig von den Grundsätzen ordnungsmäßiger Buchführung berührt wird und wie sehr man sich bemüht hat, für die Idee des „gleichen Opfers" als Besteuerungsgrundsatz der öffentlichen Finanzwissenschaft und die Idee des „Grundsatzes der Gerechtigkeit der Besteuerung" als Besteuerungsgrundsatz der Steuerwissenschaften vertieftes Verständnis zu gewinnen.

Obgleich wir, die Japaner, in mehreren Bereichen der Gütererzeugung Weltrang genießen, haben wir dennoch keinen Anlaß, arrogant zu sein. Der Leser sollte auch bedenken, daß bisher erst etwa ein Drittel der Rechtsbereiche erwähnt wurde, die von den Durchführungsbestimmungen betroffen sind.

Kehren wir also zu unserem Gegenstand zurück. Zum 24. Rechtsbereich heißt es:

,,24. von Betrieben, die gewerbsmäßig mit Geflügel handeln, Kontrollbücher über Bestand, Zu- und Abgang von Geflügel nach § 2 der Geflügelpest-VO (vom 19. 2. 1972, BGBl. I 2509)."

Zum 25. Rechtsbereich heißt es:

,,25. von Landwirten, die frisches Geflügelfleisch abgeben oder liefern, besondere Aufzeichnungen über Abgabe oder Lieferung nach § 3 Abs. 2 der Geflügelfleischausnahme-VO (vom 19. 7. 1976, BGBl. I 1857)."

Zum 26. Rechtsbereich heißt es:

,,26. von Bearbeitungs- und Verarbeitungsbetrieben der Getreide- und Futtermittelwirtschaft unter bestimmten Voraussetzungen Bücher über sämtliche Geschäftsvorfälle, insbesondere über Einzelheiten des Erwerbs, der Lagerung, der Be- und Verarbeitung, der Veräußerung sowie der Vermittlung der Waren nach § 16 Abs. 1 des Getreidegesetzes (vom 24. 11. 1951, BGBl. I 901)."

Zum 27. Rechtsbereich heißt es:

,,27. von Gebrauchtwaren- und Edelmetallhändlern über ihre Geschäfte Gebrauchtwarenbücher nach ,,Landesrecht", so z. B. nach §§ 1, 2 Abs. 1 der Gebrauchtwaren-VO des Landes Nordrhein-Westfalen (vom 19. 3. 1958, GVBl. NRW, 79)."

Es gibt auch in Japan zahlreiche Fälle, in denen die Buchführungs- und Aufzeichnungspflicht für bestimmte Berufe gesetzlich festgelegt ist. Zitiert seien Artikel 14 des ,,Gesetzes über das Pfandleihgeschäft", Artikel 34–2 des ,,Gesetzes über Steinbrüche", sowie Artikel 24 des ,,Gesetzes über praktische Ärzte". Allerdings fehlen in Japan gesetzliche Bestimmungen, die die Buchführungs- und Aufzeichnungspflicht nach bürgerlichem Recht und gleichzeitig nach Steuerrecht vorschreiben, um ,,eine besondere innere Verbindung" zwischen beiden Rechtsgebieten herzustellen. Der Erlaß solcher Gesetze in der Bundesrepublik hat, wie bereits gesagt, eine Geschichte von mehr als 60 Jahren. Ob eine solche Konzeption heute zur Erprobung übernommen werden sollte, ist ein anderes Problem. Aber es darf doch gefragt werden, warum es in diesem Lande keine Literatur hierüber und noch weniger entsprechende Gesetze gibt. In diesem Zusammenhang spürt der Verfasser sehr schmerzhaft das Ungenügen unserer Bemühungen um die vergleichende Rechtswissenschaft, und er ist sich bewußt, daß die Verwirklichung des ,,Grundsatzes der Gerechtigkeit der Besteuerung" in Japan ein wirklich ernstes Problem ist. Es ist ein gesellschaftliches Phänomen. Es kommt auf den Patriotismus, die Unterscheidungsgabe und den Mut derjenigen an, die in einem Staat die Verantwortung für die Gesetzgebung haben.

Zum 28. Rechtsbereich heißt es:

,,28. von Unternehmen des Güterfernverkehrs Fahrtenbücher, Bücher über den Güterfernverkehr, Beförderungs- und Begleitpapiere und Bücher über die Vermittlung von Ladegut oder Laderaum nach §§ 28 Abs. 1 und 2, 29 Satz 1 und 32 Abs. 2 des Güterkraftverkehrsgesetzes (vom 6. 8. 1975, BGBl. I 2132) i. V. mit §§ 1–3a der VO über die Tarifüberwachung im Güterfernverkehr und grenzüberschreitenden Güterkraftverkehr (i. d. F. vom 30. 9. 1974, BGBl. I 2428)."

Zum 29. Rechtsbereich heißt es:

,,29. von Hebammen Rechnungsbücher über ihre Berufstätigkeit nach § 10 der 2. VO zur Durchführung des Hebammengesetzes (vom 13. 9. 1939, RGBl. I 1764)."

Zum 30. Rechtsbereich heißt es:

,,30. von Unternehmen, die Heimarbeit ausgeben, weitergeben oder abnehmen, Beschäftigtenlisten, Entgeltverzeichnisse und Entgeltbücher nach §§ 6 Satz 1 und 8 Abs. 1 des Heimarbeitsgesetzes (vom 14. 3. 1951, BGBl. I 191) i. V. mit §§ 9 ff. der 1. VO zur Durchführung des Heimarbeitsgesetzes (vom 27. 1. 1976, BGBl. I 222).“

Die Durchführungsbestimmungen haben sogar die verschiedenen Aufzeichnungen für Heimarbeit als steuerrechtliche Aufzeichnungen bezeichnet. Gleichzeitig ist festzuhalten, daß die genannte Aufzeichnungspflicht auch der Ausnahmeregelung für den Minderkaufmann nach § 4 Abs. 1 des deutschen Handelsgesetzbuches unterliegt. Andernfalls wäre dies ein Verstoß gegen Art. 20 Abs. 3 des Grundgesetzes, in dem es heißt: ,,Die vollziehende Gewalt und die Rechtsprechung sind an Gesetz und Recht gebunden.“ Handlungen dieser Art würden die Aushöhlung des ,,Grundsatzes der Gesetzmäßigkeit der Verwaltung“ bedeuten.

Zum 31. Rechtsbereich heißt es:

,,31. von Herstellern, Vermischern, Einführern oder Großverteilern von leichtem Heizöl oder Dieselkraftstoff Tankbelegungsbücher, aus denen sich die Lieferanten ergeben, nach § 5 Abs. 1 der 3. BlmSchV (vom 15. 1. 1975, BGBl. I 264).“

Zum 32. Rechtsbereich heißt es:

,,32. von Hopfenerzeugern Aufzeichnungen über den verkauften und gelieferten Hopfen nach § 6 der VO flächenbezogene Hopfenbeihilfe (vom 18. 12. 1975, BGBl. I 3135).“

Zum 33. Rechtsbereich heißt es:

,,33. von Unternehmern, die Kriegswaffen herstellen, befördern lassen oder selbst befördern oder die tatsächliche Gewalt über Kriegswaffen von einem anderen erwerben oder einem anderen überlassen, Kriegswaffenbücher zum Nachweis des Verbleibs der Kriegswaffen nach § 12 Abs. 2 des Gesetzes über die Kontrolle von Kriegswaffen (vom 20. 4. 1961, BGBl. I 444).“

Zum 34. Rechtsbereich heißt es:

,,34. von Kursmaklern Tagebücher nach § 33 Abs. 1 des Börsengesetzes (i. d. F. vom 27. 5. 1908, RGBl. 215).“

Zum 35. Rechtsbereich heißt es:

,,35. von Lagerhaltern Lagerscheinregister und Lagerbücher nach §§ 37 Abs. 1 und 38 Abs. 3 Nr. 1 der VO über Orderlagerscheine (vom 16. 12. 1931, RGBl. I 763).“

Mit dieser Aufzählung verwandter Rechtsbereiche ist erst knapp die Hälfte der Bestimmungen erreicht. Der Verfasser nimmt an, daß der Leser jetzt einen Seufzer der Erleichterung ausstößt. Dies tut auch der Verfasser. Er möchte den Leser aber dennoch bitten, noch ein wenig Geduld zu haben. Immerhin ist dergleichen nicht in der japanischen Literatur über das Rechnungswesen und das Steuerrecht zu finden, und noch weniger in der handelsrechtlichen oder betriebswirtschaftlichen Literatur. Vom Standpunkt der gesunden Weiterentwicklung unserer Volkswirtschaft ist dieses Problemfeld von erheblicher Bedeutung.

Zum 36. Rechtsbereich heißt es:

,,36. von Lohnsteuerhilfevereinen besondere Aufzeichnungen u. a. über die Einnahmen, Ausgaben und Vermögenswerte nach § 21 des StBerG (vom 4. 11. 1975, BGBl. I 2735).“

§ 21 Abs. 1 des deutschen Steuerberatungsgesetzes enthält folgende Bestimmungen:

„(1) Der Lohnsteuerhilfeverein hat sämtliche Einnahmen und Ausgaben fortlaufend und vollständig aufzuzeichnen. Die Aufzeichnungen sind unverzüglich und in deutscher Sprache vorzunehmen."

Das Buch „Steuerberatungsgesetz, Handkommentar 1975", das von einem meiner Freunde, Karl-Heinz Mittelsteiner, Präsident der Steuerberaterkammer, Hamburg, zusammen mit Dr. Horst Gehre geschrieben und veröffentlicht wurde, enthält auf S. 37 den Satz: „Die LStHV werden im allgemeinen nicht unter die Buchführungsvorschriften nach §§ 161 ff. AO fallen." Der Verfasser ist der gleichen Meinung. Die Aufzeichnungspflicht, die im allgemeinen nicht unter die Mitwirkungspflichten der AO fällt, hat über § 140 AO Eingang in die Steuergesetze gefunden.

Das Steuerberatungsgesetz der Bundesrepublik ist seither zweimal neu gefaßt worden, in 1976 und 1980, doch ist § 21 Abs. 1 unverändert geblieben. Nur einmal ist seither, im April 1981, ein Kommentar zum Steuerberatungsgesetz von Dr. Horst Gehre erschienen. Dieses Buch wurde nach der gründlichen Überarbeitung der AO veröffentlicht. Deshalb wurde der Ausdruck „§ 161 ff. AO", der in dem oben angeführten Satz benutzt wurde, geändert in „§ 141 ff. AO". (Vgl. Steuerberatungsgesetz Kommentar, von Dr. Horst Gehre. 1981, S. 113.)

Im Begriff des „bürgerlichen Rechts", wie er von Gerd Spangemacher in seinem Buch „Allgemeines Recht, 5. Auflage, 1978", verwendet wird, ist das Berufsrecht, in diesem Falle das „Steuerberatungsgesetz", natürlich enthalten.

Fahren wir fort. Zum 37. Rechtsbereich heißt es:

„37. von Herstellern von Luftfahrtgeräten Aufzeichnungen über die ordnungsmäßige Durchführung der Stückprüfung nach § 23 der Prüfordnung für Luftfahrtgerät (vom 16. 5. 1968, BGBl. I 416)."

Zum 38. Rechtsbereich heißt es:

„38. von luftfahrttechnischen Betrieben Aufzeichnungen über die Durchführung der Nachprüfung von Luftfahrtgeräten nach § 38 der Prüfordnung für Luftfahrtgerät."

Zum 39. Rechtsbereich heißt es:

„39. von Haltern von Luftfahrzeugen Aufzeichnungen bei den genehmigungspflichtigen Selbstkostenflügen über Flugstrecke, Flugzeug und Kosten je Flugstunde nach § 72 der Luftverkehrs-Zulassungsordnung (i. d. F. vom 28. 11. 1968, BGBl. I 1263)."

Zum 40. Rechtsbereich heißt es:

„40. von Betrieben, die Magermilchpulver verarbeiten, besondere Aufzeichnungen u. a. über Zugang, Abgang und Bestand an Magermilchpulver nach § 7 der Magermilch-Verbilligungs-VO (vom 19. 2. 1976, BGBl. I 346)."

Zum 41. Rechtsbereich heißt es:

„41. von Maklern, Darlehens- und Anlagevermittlern, Bauträgern und Baubetreuern Angaben über die Aufträge bzw. Bauvorhaben nach § 10 der Makler- und Bauträger-VO (vom 11. 6. 1975, BGBl. I 1351)."

Dem Leser muß nach der Lektüre dieser Bestimmung die deutsche Einstellung klar geworden sein, die es auch in diesem Berufszweig gibt, während in Japan hier die größten Betrügereien an der Tagesordnung sind. Die Bundesrepublik besteht dagegen streng auf der Einhaltung dieser Gesetze. Dies ist nach der Meinung des Verfassers eine sehr wünschenswerte Grundbedingung für die soziale Gestaltungsmacht des Rechts. Nur dann läßt es sich auch in solchen Bereichen durchsetzen, weil der Mensch weder Gott noch Teufel ist.

Zum 42. Rechtsbereich heißt es:

,,42. von Metallhändlern Geschäftsbücher (Metallbücher) über ihre Erwerbungen nach § 6 Abs. 1 des Gesetzes über den Verkehr mit unedlen Metallen (vom 23. 7. 1926, RGBl. I 415) sowie den hierzu ergangenen Landesverordnungen, so z. B. nach § 4 der VO des Landes Nordrhein-Westfalen über den Handel mit unedlen Metallen und über den Leinhandel mit Schrott (vom 19. 3. 1958, GVBl. NRW, 82).“

Zum 43. Rechtsbereich heißt es:

,,43. von Betrieben der Milch- und Fettwirtschaft Bücher über sämtliche Geschäftsvorfälle, insbesondere über Einzelheiten des Erwerbs, der Lagerung, der Be- und Verarbeitung, der Veräußerung sowie der Vermittlung bestimmter Erzeugnisse nach § 23 Abs. 1 des Milch- und Fettgesetzes (vom 28. 2. 1951, BGBl. I 135).“

Zum 44. Rechtsbereich heißt es:

,,44. von Betrieben, die Mischfuttermittel, Zusatzstoffe oder Vormischungen herstellen oder in den Verkehr bringen, Bücher über die Herstellung, Bestände, Eingänge und Ausgänge nach § 17 Abs. 3 des Futtermittelgesetzes (vom 2. 7. 1975, BGBl. I 1745 i. V. mit § 31 der Futtermittel-VO vom 16. 6. 1976, BGBl. I 1497).“

Zum 45. Rechtsbereich heißt es:

,,45. von Züchtern und Händlern von Papageien und Sittichen Bücher u. a. über Art und Zahl der Tiere nach § 7 der Papageien-Einfuhr-VO (vom 3. 3. 1975, BGBl. I 653); Bücher nach § 4 der Psittakose-VO (vom 18. 6. 1975, BGBl. I 1429).“

(Bemerkung: Die Psittakose ist eine ansteckende Krankheit bei Vögeln, die auf Menschen übertragbar ist.)

Zum 46. Rechtsbereich heißt es:

,,46. von Pfandleihern Aufzeichnungen über jedes Pfandleihgeschäft und seine Abwicklung nach § 3 Abs. 1 der VO über den Geschäftsbetrieb der gewerblichen Pfandleiher (vom 1. 6. 1976, BGBl. I 1334).“

Die in Art. 14 des japanischen Gesetzes über das Pfandleihgeschäft genannten Bücher gelten nur für den zuständigen Leiter einer Polizeistation (Art. 15); diese Bücher stehen in keiner rechtlichen Beziehung zu den Steuergesetzen.

Zum 47. Rechtsbereich heißt es:

,,47. von Prüfstellen für die Beglaubigung von Meßgeräten für Elektrizität, Gas, Wasser oder Wärme nachprüfbare Unterlagen über die von ihnen durchgeführten Beglaubigungen, Befundprüfungen und Sonderprüfungen nach § 17 der Prüfstellenverordnung (vom 18. 6. 1970, BGBl. I 795).“

Zum 48. Rechtsbereich heißt es:

,,48. von Reisebüros und Unterkunftsvermittlern besondere Aufzeichnungen nach *Landesrecht* (GVBl. Rheinl.-Pfalz 1958, 173; GVBl. Hessen 1958, 188; GVBl. Bayern 1959, 53; GVBl. Nieders. 1959, 1; GVBl. Hamburg 1964, 99).“

Zum 49. Rechtsbereich heißt es:

,,49. von Betrieben, die bestimmtes Saatgut erzeugen oder vertreiben, Aufzeichnungen über Gewicht oder Stückzahl des von ihnen abgegebenen, im eigenen Betrieb verwendeten oder vertriebenen Saatguts nach §§ 13, 19 Abs. 2 und 21 Abs. 2 des Saatgutverkehrsgesetzes (vom 23. 6. 1975, BGBl. I 1453).“

Zum 50. Rechtsbereich heißt es:

,,50. von Betrieben, die Saatgut vertreiben, gewerbsmäßig abfüllen oder für andere bearbeiten, Kontrollbücher über den Eingang und Vertrieb von Saatgut nach § 35 Abs. 2 des Saatgutverkehrsgesetzes (vom 23. 6. 1975 a. a. O.).“

An dieser Stelle erinnert sich der Verfasser an ein Werk mit dem Titel ,,Die

Besteuerung in der Bundesrepublik Deutschland", das von Henry J. Gumpel und Boettcher (Harvard Law School) veröffentlicht wurde. Im Abschnitt ,,Das gegenwärtige Rechtssystem" lesen wir:

,,Der derzeitige deutsche Ansatz ist gekennzeichnet durch einen auffallenden Legalismus, der alle Bereiche des materiellen und formellen Rechts durchzieht. Es herrscht eine ausgeprägte Tendenz, eine größtmögliche Anzahl von Situationen rechtlich zu normieren. Offenkundig ist auch das Bestreben, ein praktisch vollständiges System der richterlichen Überprüfung für jeden denkbaren Anspruch oder jede Rechtsverletzung zu schaffen. In offensichtlicher Reaktion auf die völlige Gesetzlosigkeit der Hitler-Zeit und in verständlicher Skepsis gegenüber der Arbeit der gesetzgebenden Versammlungen wandte sich die Bevölkerung den neutralen Gerichtshöfen zu als der einen Instanz des Staates, von der sachliche Entscheidungen und gerechte Behandlung zu erwarten waren." (Ibid. 1963, S. 74–75). Der Leser versteht nun vielleicht, daß die gegenwärtigen komplizierten gesetzgeberischen Aktivitäten in der Bundesrepublik Deutschland grundsätzlich das eine große Ziel haben: die Schwächen der Weimarer Verfassung und die Rechtlosigkeit der Hitler-Zeit vollständig zu überwinden. Obgleich der Verfasser also durchaus die heroischen Anstrengungen des Deutschen Bundestages zu würdigen weiß, erscheinen uns seine Aktivitäten doch etwas ungewöhnlich.

Der Verfasser hält es für sehr bedeutsam, daß die Weimarer Verfassung und die Reichsabgabenordnung im gleichen Jahr 1919 geschaffen wurden, daß aber fast der gesamte Inhalt der RAO in die neue AO aufgenommen wurde, während vom Wortlaut der Weimarer Verfassung nur fünf Bestimmungen in das heutige Grundgesetz der Bundesrepublik Deutschland eingingen (Vgl. Artikel 140 GG).

Zum 51. Rechtsbereich heißt es:

,,51. von Personen, die die Schädlingsbekämpfung mit hochgiftigen Stoffen verantwortlich leiten, Niederschriften über ausgeführte Durchgasungen nach § 12 der VO zur Ausführung der VO über die Schädlingsbekämpfung mit hochgiftigen Stoffen (vom 25. 3. 1931, RGBl. I 83)."

Zum 52. Rechtsbereich heißt es:

,,52. von Erzeugern von Schlachtrindern sowie von Schlachtbetrieben Schlachtkarten nach §§ 6 und 11 der VO Erzeugerprämie Schlachtrinder (vom 28. 4. 1975, BGBl. I 999)."

Zum 53. Rechtsbereich heißt es:

,,53. von Verkäufern von Schlachtvieh und Agenturen auf den Großviehmärkten über jeden Verkauf auszustellende Marktschlußscheine nach § 10 Abs. 1 des Vieh- und Fleischgesetzes (vom 25. 4. 1951, BGBl. I 272)."

Zum 54. Rechtsbereich heißt es:

,,54. von gewerbsmäßigen Herstellern von Schußwaffen Waffenherstellungsbücher, von Unternehmen, die gewerbsmäßig Schußwaffen erwerben, vertreiben oder anderen überlassen, Waffenhandelsbücher."

Zum 55. Rechtsbereich heißt es:

,,55. und von Unternehmen, die gewerbsmäßig Munition herstellen, erwerben, vertreiben oder anderen überlassen Munitionshandelsbücher nach § 12 Abs. 1–3 des Waffengesetzes (vom 8. 3. 1976, BGBl. I 432) i. V. mit §§ 14–18 der 1. VO zum Waffengesetz (vom 24. 5. 1976, BGBl. I 1285)."

In dieser Hinsicht hat die Bundesrepublik eine von Japan ganz unterschiedliche Regelung. Artikel 26 des „Grundgesetzes für die Bundesrepublik Deutschland" trägt die Überschrift „Angriffskrieg". Art. 26 Abs. 1 stellt die Verfassungswidrigkeit von vorbereitenden Handlungen für einen Angriffskrieg und ihre Strafbarkeit fest. Absatz 2 schreibt folgendes vor:

„(2) Zur Kriegführung bestimmte Waffen dürfen nur mit Genehmigung der Bundesregierung hergestellt, befördert und in Verkehr gebracht werden. Das Nähere regelt ein Bundesgesetz." Dies ist das genannte Waffengesetz. In der Brockhaus Enzyklopädie, 19. Band, 1974, S. 771 heißt es: „Einzelheiten sind in dem Gesetz über die Kontrolle von Kriegswaffen v. 20. 4. 1961 geregelt."

Danach gab es mehrere Neufassungen. Da diese aber nicht zu unserem Gegenstand gehören, soll an dieser Stelle nicht weiter auf sie eingegangen werden.

Zum 56. Rechtsbereich heißt es:

„56. von Betrieben, in denen mindestens 1250 Schweine gehalten werden können, Kontrollbücher über Zu- und Abgänge von Schweinen nach § 13 Abs. 1 der Massentierhaltungs-VO-Schweine (vom 9. 4. 1975, BGBl. I 885)."

Zum 57. Rechtsbereich heißt es:

„57. von Herstellern eines Serums oder Impfstoffes (§ 17c des Viehseuchengesetzes i. d. F. vom 19. 12. 1973, BGBl. 1974, I 1) Bücher über u. a. Datum der Herstellung, die Nummer und Menge jeder einzelnen Charge nach § 15 der VO über Sera und Impfstoffe (vom 27. 2. 1973, BGBl. I 134)."

Zum 58. Rechtsbereich heißt es:

„58. von Unternehmen, die die Erlaubnis für den Umgang und Verkehr mit Sprengstoffen haben, Verzeichnisse über die Menge der hergestellten, wiedergewonnenen, erworbenen, eingeführten oder sonst in den Geltungsbereich des Gesetzes verbrachten, überlassenen, verwendeten oder vernichteten Sprengstoffen nach § 15 Abs. 1 des Sprengstoffgesetzes (vom 25. 8. 1969, BGBl. I 1358) i. V. mit §§ 52 und 53 der 2. DV Sprengstoffgesetz (vom 24. 4. 1972, BGBl. I 633, geändert durch VO vom 28. 6. 1976, BGBl. I 1713)."

Zum 59. Rechtsbereich heißt es:

„59. von Tierärzten, die eine Hausapotheke betreiben, Aufzeichnungen (Nachweise) über den Erwerb, die Herstellung, die Aufbewahrung und die Abgabe von Arzneimitteln nach § 5 Abs. 2 bis 4 und § 13 der VO über tierärztliche Hausapotheken (vom 31. 7. 1975, BGBl. I 2115)."

Zum 60. Rechtsbereich heißt es:

„60. von Inhabern von Tierkörperbeseitigungsanstalten Aufzeichnungen u. a. über die Menge des angelieferten Materials nach § 12 Tierkörperbeseitigungsanstalten-VO (vom 1. 9. 1976, BGBl. I 2587)."

Zum 61. Rechtsbereich heißt es:

„61. von Versicherungsunternehmen eine besondere Rechnungslegung nach der Externen RechVUVO[1] (vom 11. 7. 1973, BGBl. I 1209), geändert durch VO vom 16. 8. 1976, BGBl. I 2388) und nach der Internen RechVUVO (vom 17. 10. 1974, BGBl. I 2453, geändert durch VO vom 11. 5. 1976, BGBl. I 1252)."

Nach dem Beck'schen Kurzkommentar „Versicherungsvertragsgesetz", Auflage 1980, gibt es zur Überraschung des Verfassers nur 193 Paragraphen des eigentlichen Versicherungsvertragsgesetzes neben den 16 Paragraphen des „Einführungsgesetzes zum VVG". Aber es gibt 36 Arten von Rechtsvorschriften,

[1] Verordnung über die Rechnungslegung von Versicherungsunternehmen.

die man ,,Zusatzartikel" nennen sollte und die die einzelnen Teile des Gesetzes vervollständigen.

Dies ist wiederum ein klarer Beleg dafür, wie hoch der Deutsche Bundestag den ,,Grundsatz der Gesetzmäßigkeit der Verwaltung" nach Artikel 20 Absatz 3 des Grundgesetzes einschätzt. Japan hat in diesem Punkte eine völlig andere Regelung.

Am Abend des 26. Februar 1981 hatte der Verfasser Gelegenheit, mit Ritsuo Isobe, früher Generaldirektor der Nationalen Steuerverwaltung, ein 2½stündiges Gespräch zu führen. Er stellte fest, in Japan gebe es zu viele gesetzliche Vorschriften.

Der Verfasser war überrascht, denn er hatte folgendes geäußert:

,,Ich wurde vom stellv. parlamentarischen Minister des japanischen Finanzministeriums gebeten, ihm die Umsatzsteuer (Mehrwertsteuer) der Bundesrepublik Deutschland zu erklären. Zu diesem Zweck suchte ich das Finanzministerium auf. Der Umfang der Bestimmungen des Umsatzsteuergesetzes und der Umsatzsteuer-Durchführungsverordnung belief sich nach der Gesetzessammlung auf 630 Seiten. Ich machte deshalb auf folgendes aufmerksam: Die Regierung der Bundesrepublik Deutschland hat das Umsatzsteuergesetz erst nach umfangreichen und gründlichen Vorbereitungen erlassen. Dagegen wird in Japan eine Gesetzesvorlage von einer Regierungsstelle, wie der Untersuchungskommission für das Steuersystem, ausgearbeitet, und das Finanzministerium bringt die Vorlage plötzlich etwa zwei Monate vor dem Ende eines Haushaltsjahres ein.

Die Parlamentarier der Oppositionspartei, die ohne umfassende Sachkenntnis sind, lassen die Vorlage nach den üblichen oberflächlichen Einwänden ohne weiteres passieren. Unter den gegenwärtigen Umständen wäre das Ergebnis wohl kaum befriedigend, nicht wahr? In Wirklichkeit würde die Zahl der gesetzlichen Bestimmungen in Japan ungewöhnlich gering sein."

Über meine Erklärungen war Mr. Isobe, der frühere Generaldirektor, offenbar sehr erstaunt. Ich verabschiedete mich von Mr. Isobe und kehrte nach Hause zurück. Dort nahm ich ein Buch mit dem Titel ,,Handbuch der Steuerveranlagung 1979" zur Hand. Da das Buch vom ,,Deutschen wissenschaftlichen Steuerinstitut der Steuerberater und Steuerbevollmächtigten e. V." herausgegeben worden war, war es sehr zuverlässig. Nach dieser Auflage von 1979 war der Text der Bestimmungen zum Umsatzsteuergesetz auf ganze 791 Seiten ausgedehnt worden. Der Verfasser bemerkte, daß das Gesetz noch gründlicher und vertiefter behandelt worden war. Wenn nun die Meinung von Herrn Isobe wirklich die Meinung des ganzen Finanzministeriums war, dann würde es sehr schwer sein, das Ministerium zu überzeugen.

Zum 62. Rechtsbereich heißt es:

,,62. von kleineren Versicherungsvereinen auf Gegenseitigkeit eine besondere Rechnungslegung nach der RechbkVVO (vom 18. 10. 1974, BGBl. I 2909, geändert durch VO vom 24. 3. 1975, BGBl. I 847)."

Der Verfasser hat den Eindruck, daß das Konzept der Gegenseitigkeit einer kleinen Versicherungsgruppe im japanischen Versicherungs-System nicht einführbar wäre. In der Bundesrepublik gibt es zum Beispiel entsprechend § 189 des genannten Versicherungsvertragsgesetzes ein solches System, wie die Kleine VVaG. Volksversicherung. Dieses Thema soll an dieser Stelle jedoch nicht weiter vertieft werden.

Zum 63. Rechtsbereich heißt es:

„63. von Versteigerern Aufzeichnungen über die Versteigerungsaufträge nach § 21 Abs. 1 der VO über gewerbsmäßige Versteigerungen (vom 1. 6. 1976, BGBl. I 1345)."

Das japanische Versteigerungsgesetz sieht vor, daß im Falle der Versteigerung beweglicher Gegenstände das ausführende Organ der „Vollstreckungsbeamte des Bezirksgerichts ist, das für den Versteigerungsort zuständig ist" (Art. 3 des Versteigerungsgesetzes). Sind unbewegliche Gegenstände öffentlich zu versteigern, dann ist das ausführende Organ „das Bezirksgericht, das für den Ort zuständig ist, in dem das zu versteigernde Grundstück zu belegen ist" (Art. 22 des Versteigerungsgesetzes). Es gibt deshalb für die sog. Händler keine Möglichkeit, sich einzuschalten. Die Auktion durch Versteigerer unterliegt Vorschriften, die über den Geltungsbereich des Versteigerungsgesetzes in Japan hinausgehen. Der Verfasser hält es für absolut notwendig, daß wir verstehen, in welcher Hinsicht die Aufzeichnungen dieser Versteigerer steuerrechtlich und nach ihrer Vollständigkeit, Wahrheit, Zeitgerechtigkeit und Klarheit zu bewerten sind. Rechtlich wird auch verlangt, daß sonstige Bedingungen im Zusammenhang mit Strafbestimmungen erfüllt werden.

Zum 64. Rechtsbereich heißt es:

„64. von Verwaltern des gemeinschaftlichen Eigentums der Wohnungseigentümer Wirtschaftspläne, Abrechnungen und Rechnungslegungen nach § 28 Abs. 1, 3 und 4 des Wohnungseigentumsgesetzes (vom 15. 3. 1951, BGBl. I 175)."

Zum 65. Rechtsbereich heißt es:

„65. von Viehhändlern Kontrollbücher über die in ihrem Besitze befindlichen Pferde, Rinder und Schweine nach § 20 der Ausführungsvorschriften des Bundesrates zum Viehseuchengesetz (vom 7. 12. 1911, RGBl. 1912, 3)."

Der Leser mag nun denken, das Jahr 1911 liege doch noch vor dem Ersten Weltkrieg. Die Reichsabgabenordnung sei aber erst im Rahmen des Verfassungssystems von Weimar im Jahre 1919 erlassen worden. Obgleich in die Reichsabgabenordnung die Gesetze und Verordnungen aufgenommen wurden, die 1911 erlassen worden waren, hat das Grundgesetz für die Bundesrepublik Deutschland nur fünf Artikel der Weimarer Verfassung übernommen, nämlich die Art. 136–141. Diese Übernahme erstreckt sich überdies nur auf religiöse Probleme. Der Verfasser fragte sich nun, ob die Ausführungsbestimmungen des Bundesrates usw. aus der Zeit um 1911 heute noch gültig seien. In der Tat hat das Grundgesetz von 1949 Übergangsbestimmungen, dessen § 123 Abs. 1 vorschreibt: „Recht aus der Zeit vor dem Zusammentritt des Bundestages gilt fort, soweit es dem Grundgesetz nicht widerspricht." Solche Übergangsbestimmungen fehlen in der japanischen Verfassung.

Der Verfasser vermutet den Grund hierfür darin, daß die gegenwärtige japanische Verfassung das Ergebnis einer revolutionären Neugestaltung des gesamten Textes der ,,Verfassung des Kaiserreiches Japan" ist. Dennoch wurde in der Neuen Verfassung darauf bestanden, daß es sich um die Neufassung der Kaiserlichen Verfassung nach Artikel 73 handele.

Stimmt der Leser der allgemeinen Feststellung zu, daß das japanische Volk bereit ist, in ruhiger Verfassungstreue eine frei erfundene Geschichte selbst in den öffentlichen Angelegenheiten hinzunehmen?

Zum 66. Rechtsbereich heißt es:

,,66. von Inhabern öffentlicher Waagen Unterlagen über die beurkundeten öffentlichen Wägungen nach § 8 Abs. 3 der Wägeordnung (vom 18. 6. 1970, BGBl. I 799)."

Zum 67. Rechtsbereich heißt es:

,,67. von Unternehmen, die Erzeugnisse i. S. des Weingesetzes (vom 14. 7. 1971, BGBl. I 893) herstellen, in Verkehr bringen, ins Inland und aus dem Inland verbringen, Weinbücher nach § 57 Abs. 1 Nr. 1 des Weingesetzes i. V. mit § 1 der Wein-Überwachungs-VO (i. d. F. vom 30. 3. 1973, BGBl. I 245); über analytische Untersuchungen von Erzeugnissen i. S. des Weingesetzes für andere Betriebe Analysenbücher nach § 57 Abs. 1 Nr. 3 des Weingesetzes i. V. mit § 2 der Wein-Überwachungs-VO."

Zum 68. Rechtsbereich heißt es:

,,68. von Inhabern von Betrieben, die gewerbsmäßig Wildbret verkaufen, ankaufen, tauschen, verarbeiten oder verbrauchen, Wildhandelsbücher nach § 36 des Bundesjagdgesetzes (i. d. F. vom 30. 3.1961, BGBl. I 304)."

Zum 69. Rechtsbereich heißt es:

,,69. von Wohnungsunternehmen Bücher (Geschäftsberichte) gemäß den Richtlinien des Spitzenverbandes nach § 23 Abs. 1 und 2 der VO zur Durchführung des Wohnungsgemeinnützigkeitsgesetzes (i. d. F. vom 24. 11. 1969, BGBl. I 2141)."

Schließlich der letzte Text der Durchführungsbestimmungen zum 70. Rechtsbereich:

,,70. von den Be- und Verarbeitungsbetrieben und Handelsbetrieben der Zuckerwirtschaft und den Lager- und Beförderungsbetrieben, die Zucker einlagern und befördern, Bücher über sämtliche Geschäftsvorfälle (insbesondere über Erwerb, Lagerung, Be- und Verarbeitung, Veräußerung, Vermittlung) nach § 12 Abs. 1 und 3 des Zuckergesetzes (vom 5. 1. 1951, BGBl. I 47)."

Die Durchführungsbestimmungen, die eine Verwaltungsvorschrift zu § 140 AO sind, sind damit zu Ende. Ihr letzter Satz lautet:

,,Verstöße gegen diese außersteuerlichen Buchführungs- und Aufzeichnungspflichten stehen den Verstößen gegen steuerrechtliche Buchführungs- und Aufzeichnungsvorschriften gleich. Hinweis auf § 162 Abs. 2 (Schätzung), § 379 Abs. 1 (Steuergefährdung)."

Auf diese Weise haben die steuerlichen Buchführungs- und Aufzeichnungspflichten in der Bundesrepublik Deutschland in 70 Rechtsgebieten ,,eine besondere innere Verbindung" zwischen dem bürgerlichen Recht und dem Steuerrecht hergestellt und sind im Leben der Bürger in vielfältiger Weise wirksam. Der Leser wird nun verstehen, wie weit der Geltungsbereich der Grundsätze ordnungsmäßiger Buchführung ist. Die für die Gesetzgebung in Japan Verantwortlichen sollten deshalb im Lichte der bundesdeutschen Normen das im wirklichen Sinne des Wortes ungerechte Steuersystem Japans durch ein anderes ersetzen.

2. Die Unterschiede zwischen Erlassen, Richtlinien und Rechtsverordnungen

An dieser Stelle hat der Verfasser erneut auf den Unterschied zwischen Rechtsverordnungen und Verwaltungsvorschriften aufmerksam zu machen. Rechtsverordnungen, die nach Art. 80 GG erlassen werden, sind Rechtsnormen, also primäre Rechtsquelle. Durch Rechtsverordnungen können die Bestimmungen eines Gesetzes ergänzt werden, soweit dafür im Gesetz eine Ermächtigung vorgesehen ist.

Bei den Verwaltungsvorschriften, die den Charakter einer sekundären Rechtsquelle haben, unterscheidet man zwischen Richtlinien und Erlassen oder Verfügungen. Sie sind nur für die Verwaltungsbehörden bindend. Der Unterschied zwischen beiden liegt darin, daß Richtlinien Anwendungsvorschriften sind, die sich auf ganze Gesetze beziehen, während Erlasse oder Verfügungen Gesetzesinterpretationen sind, die sich jeweils auf Einzelfälle beziehen und die sich meist auch nur auf einen jeweils relevanten Teil der Gesetze erstrecken. Verwaltungsvorschriften werden vom Finanzministerium amtlich veröffentlicht, sind aber für die Gerichte nicht bindend und werden für ungültig erklärt, wenn sie von der herrschenden Rechtsprechung abweichen.

Durchführungsverordnungen, DVO oder DV, sind jedoch Rechtsverordnungen. Artikel 80 Abs. 1 des Grundgesetzes stellt ausdrücklich die Bedingungen fest, unter denen die Regierung oder ein Minister befugt ist, Rechtsverordnungen zu erlassen. Man beachte die Formulierung: „Dabei müssen Inhalt, Zweck und Ausmaß der erteilten Ermächtigung im Gesetze bestimmt werden." Eine Abweichung von dieser Begrenzung ist ungültig, weil sie die Verfassung verletzt.

Im Lichte der Rechtsphilosophie leuchtet dieser Punkt besonders ein. Der Verfasser glaubt, daß sich eine weitere Erörterung des Problems erübrigt. Art. 41 der japanischen Verfassung schreibt vor: „Das Parlament ist das höchste Organ staatlicher Macht und das einzige gesetzgebende Organ des Staates." Wenn daher zum Beispiel die Ermächtigung zum Erlaß einer Verordnung auf nichtparlamentarische Organe übertragen wird, dann ist es nur folgerichtig, daß Inhalt, Zweck und Umfang dieser Ermächtigung in dem betreffenden Gesetz festzulegen sind. Gehen wir von dieser Rechtsphilosophie aus, dann darf mit Sicherheit gesagt werden, daß sowohl Art. 68 des Einkommensteuergesetzes und Art. 65 des Körperschaftsteuergesetzes in Japan gesetzliche Bestimmungen sind, die der Verfassung weitgehend widersprechen.

In Art. 68 des japanischen Einkommensteuergesetzes heißt es:

> „Abgesehen von den in diesem Artikel besonders aufgeführten Fällen sind durch Regierungsverordnung der Umfang der verschiedenen Einkommensarten sowie die Ermittlung des Gewinns aus verschiedenen Einkommensarten festzulegen."

Außerdem schreibt Art. 65 des Körperschaftsteuergesetzes vor:

> „Ausgenommen die Punkte, die ausdrücklich in diesem Abschnitt 2 und dem vorherigen Abschnitt geregelt sind (Ermittlung des Gewinns aus Einkommen), ist die Ermittlung des Gewinns für jedes Geschäftsjahr durch Regierungsverordnung festzulegen."

Es ist schwer zu sagen, ob diese Rechtsvorschriften Inhalt, Zweck und Umfang der Ermächtigung beschreiben, die durch die Regierungsverordnung ausgeübt wird.

Es ist festzustellen, daß die Mehrdeutigkeit dieser Bestimmungen zu den Runderlassen betreffend das Einkommen- und Körperschaftsteuergesetz geführt hat. Beide Gesetze enthalten in großem Umfang „notwendige Angelegenheiten im Zusammenhang mit der Ermittlung des Gewinns aus dem Einkommen". Das japanische Parlament hat umfassende Befugnisse zum Erlaß von Steuergesetzen auf den Generaldirektor der Nationalen Steuerverwaltung übertragen. Der Verfasser ist der Meinung, daß um des Ansehens der Gesetzgebung Japans willen, das inzwischen zu den fortschrittlichen Ländern gehört, vor allem dieser Punkt mutig reformiert werden muß.

3. Die Ermächtigung zur Ausfüllung von Gesetzeslücken und zur Besserung von Gesetzesmängeln

Die Frage lautet: ist der Finanzminister oder der Generaldirektor der Nationalen Steuerverwaltung ermächtigt, durch entsprechende Verwaltungsverordnungen Gesetzeslücken zu füllen oder Gesetzesmängel zu beseitigen?

Die Nationale Steuerverwaltung in Japan hatte einmal die Befugnis, über die Funktion des Erklärens des Wortlauts von Steuergesetzen hinaus durch Runderlaß die Lücken von Steuergesetzen zu füllen und Mängel von Steuergesetzen zu beseitigen. Nein, diese Befugnis besteht noch. Diese Auffassung ist nach Meinung des Verfassers nahezu identisch mit der Auffassung, die vor dem Zweiten Weltkrieg im deutschen Steuerrecht herrschte. Dies folgt aus § 6 der Reichsabgabenordnung von 1919, der vorsah: „*Wo im Sinne des Gesetzes* die Behörden die Entscheidung nach ihrem Ermessen zu treffen haben, hat sie nach Recht und Billigkeit zu erfolgen." (Vgl. Die Reichsabgabenordnung vom 13. Dezember 1919, von Enno Becker, Zweite Auflage, 1922, S. 27.)

Es ist kein Zweifel, daß diese Auffassung später in § 12 AO einging, wonach der Finanzminister die Ermächtigung besaß, durch Verwaltungsakt steuerliche Vorschriften zu erlassen und sie zu ändern. (Vgl. Taxation in the Federal Republic of Germany, Harvard Law School, 1963. S. 88; Tipke-Kruse, Reichsabgabenordnung, Verlag Dr. Otto Schmidt KG, Köln 1961, S. 58).

Diese Auffassung wurde jedoch nach dem Zweiten Weltkrieg in der Bundesrepublik Deutschland eindeutig verneint und für unwirksam erklärt. Der erste Grundstein wurde gelegt mit Artikel 129 des Grundgesetzes. Unter dem Titel „Fortgeltung von Ermächtigungen" schreibt Art. 129 Abs. 3 vor:

„(3) Soweit Rechtsvorschriften im Sinne der Absätze 1 und 2 zu ihrer Änderung oder Ergänzung oder zum Erlaß von Rechtsvorschriften anstelle von Gesetzen ermächtigen, sind diese Ermächtigungen erloschen."

Die Bedeutung der „Rechtsvorschriften im Sinne der Absätze 1 und 2" liegt darin, daß Abs. 1 die Rechtsvorschriften des Bundes und Abs. 2 die der Länder meint. Damit wurde in beiden Fällen verkündet, daß in Zukunft solche Handlungen nicht mehr möglich sind, daß also Rechtsvorschriften, die den Charakter von Verwaltungsverordnungen haben, nicht mehr an die Stelle von Gesetzen treten und diese auch nicht ändern und ergänzen können. Dies wurde erneut bestätigt durch eine BFH-Entscheidung vom 22. November 1951 – zwei Jahre nach der Verkündung des Grundgesetzes. (Vgl. BStBl. 1952. III. S. 6). Außerdem wurde zwei Jahre später, durch die Neufassung der Abgabenordnung vom 11. Juli 1953, die Aufhebung dieser Ermächtigung im Rahmen einer steuerrechtlichen Bestimmung formal verkündet. (Vgl. BGBl. 1953, I. S. 511).

Dem Leser sollte nun klar sein, daß die Ermächtigung der Nationalen Steuerverwaltung in Japan, aufgrund derer der Generaldirektor sich nicht nur verbindlich über die übliche Auslegung der Gesetze äußern kann, sondern auch Gesetzeslücken ausfüllen und Gesetzesmängel beseitigen darf, im gegenwärtigen deutschen Steuerrecht keine Entsprechung mehr hat. In diesem Sinne darf gesagt werden, daß die japanischen Steuergesetze und die japanische Steuerverwaltung im Vergleich zu den Verhältnissen in der Bundesrepublik Deutschland unter einem Time Lag von mehreren Jahrzehnten leiden.

X. Kapitel. Probleme der Grundsätze ordnungsmäßiger Buchführung

Der Verfasser hat bereits mehrere Male darauf hingewiesen, daß die Grundsätze ordnungsmäßiger Buchführung eine dreifache Struktur haben. Eine Reihe von Problemen, die sehr eng mit den Grundsätzen ordnungsmäßiger Buchführung verbunden sind, konnten bisher jedoch nicht behandelt werden. Es sind dies folgende:

Ein Problem ergibt sich aus der 4. EG-Richtlinie und der 7. EG-Richtlinie. Das zweite Problem hat zu tun mit der ,,Union Européenne des Experts Comptables, Economiques et Financiers (U.E.C.)". Das dritte Problem ist das der Vollständigkeitserklärung gegenüber dem Abschlußprüfer. Das vierte Problem ergibt sich aus den ,,Grundsätzen ordnungsmäßiger Buchführung bei der Bilanzierung mit EDV" usw. Da der Verfasser kein Wissenschaftler im Elfenbeinturm ist, sondern Praktiker mit einem dichten Terminplan, möge es ihm erlaubt sein, diese Probleme in aller Kürze zu behandeln.

1. Die Probleme der 4. EG-Richtlinie und der 7. EG-Richtlinie

(1) Rechtsquelle der 4. EG-Richtlinie und ursprünglicher Geltungsbereich

Unter EG oder Europäische Gemeinschaften versteht man

1. EWG, Europäische Wirtschaftsgemeinschaft
2. EGKS, Europäische Gemeinschaft für Kohle und Stahl (Montanunion), und
3. EURATOM, Europäische Atomgemeinschaft.

Dem Verfasser liegt die 10. Auflage von Gablers Wirtschaftslexikon, 1979, vor. In Spalte 1116 des 1. Bandes heißt es:

,,Die EG wurden in den fünfziger Jahren vor allem aus politischen Gründen geschaffen (Montanunion 1952, EWG und EURATOM 1958), um durch den Zusammenschluß europäischer Staaten in wirtschaftlichen und technologischen Bereichen die Grundlagen für die politische Union Europas zu legen."

Die Wendung ,,in den fünfziger Jahren" ist nach Meinung des Verfassers eine etwas oberflächliche Erklärung. Nach der ENCYCLOPAEDIA BRITANNICA, 1965 Edition, Volume 7. S. 944 war ,,die ursprüngliche Form einer kooperativen Organisation in Europa das Konzept der ,,Zollunion" nach den Napoleonischen Kriegen (1792–1815), und der Zollverein in Deutschland, der 1834 zustande kam, war vor dem Zweiten Weltkrieg die wichtigste Zollunion, die oft als Modell angesehen wurde."

Die ersten Ansätze zur Entstehung einer kooperativen Organisation hatten in Europa Anfang des 19. Jahrhunderts begonnen. Und in der Zeit zwischen den beiden Weltkriegen gab es mehrere Versuche, Zollunionen auf regionaler Basis zu gründen. Alle diese Versuche waren jedoch bis auf einen zum Scheitern verurteilt. Erfolgreich war nur ,,Benelux", die Zollunion, die 1944 in London von den Regierungen Belgiens, der Niederlande und Luxemburgs gegründet wurde. Sie konnte ihre Tätigkeit allerdings erst im Januar 1948 aufnehmen. Dann scheiterten auch die Verhandlungen über eine Verbindung zwischen Frankreich und Italien. In diesem Zusammenhang begannen dann Frankreich, Italien, Belgien, die Niederlande, Luxemburg und die Bundesrepublik Deutschland ihre Arbeit als Europäische Gemeinschaften aufzunehmen. Vom 1. Januar 1973 an traten Großbritannien, Dänemark und Irland der EG bei. Mit dem Beitritt von Griechenland 1979 beläuft sich die Zahl der Mitgliedsländer auf zehn. Außerdem wird zur Zeit die Aufnahme von Spanien und Portugal geprüft.

Man darf also sagen, daß die Zahl der Mitgliedsländer weiter zunehmen wird. Die Initiative zur Gründung der Europäischen Gemeinschaften wurde 1950 von Robert Schuman, dem damaligen französischen Außenminister, ergriffen, der einen entsprechenden Plan vorlegte. Dann fand die Konferenz von Messina statt, der alten Hauptstadt Siziliens. Schließlich wurde am 25. März 1957 in Rom der ,,Vertrag betreffend die EWG und EURATOM" unterzeichnet, der am 1. Januar 1958 in Kraft trat. Man spricht heute von den ,,Römischen Verträgen".

Die Europäische Wirtschaftsgemeinschaft hat gemeinsame Organe, nämlich: (1) das Europäische Parlament; (2) den Ministerrat; (diese beiden Organe sind die Hauptentscheidungsträger); (3) die Kommission; (4) den Europäischen Gerichtshof.

Das genannte Gablersche Wirtschafts-Lexikon führt nur diese vier Organe auf (Vgl. Band 1, Sp. 1118). Dagegen nennt die ENCYCLOPAEDIA BRITANNICA, 1965, als (5) noch den Wirtschafts- und Sozialausschuß. Nach der Brockhaus Enzyklopädie, 1968, 5. Band, S. 786, wurde der Vertrag über die Europäischen Gemeinschaften nach dem amtlichen Zusammenschluß der EG neu gefaßt. In der Präambel zur 4. EG-Richtlinie findet sich dagegen der Ausdruck: ,,nach Stellungnahme des Wirtschafts- und Sozialausschusses." Daraus darf geschlossen werden, daß die ENCYCLOPAEDIA BRITANNICA in diesem Punkte genauer ist als Gablers Wirtschafts-Lexikon.

Die 4. EG-Richtlinie besteht aus einer langen Präambel und insgesamt 62 Artikeln. Es handelt sich um eine großformatige Textausgabe mit engem Kleindruck auf insgesamt 20 Seiten mit einem erstaunlichen Umfang.

Der amtliche Titel der 4. EG-Richtlinie lautet:

,,VIERTE RICHTLINIE DES RATES vom 25. Juli 1978 aufgrund von Artikel 54 Absatz 3 Buchstabe g) des Vertrages über den Jahresabschluß von Gesellschaften bestimmter Rechtsformen (78/660/EWG)." Der Entwurf dieser 4. EG-

Richtlinie wurde mehrere Male umgearbeitet. Der erste Entwurf wurde am 10. November 1971 veröffentlicht, der zweite Entwurf im Februar 1974 fertiggestellt.

Der Bericht des Ausschusses über die inflationsneutrale Rechnungslegung mit dem Titel „Inflation Accounting" wurde dem Parlament im September 1975 vorgelegt, und zwar im Auftrage Ihrer Majestät, des Schatzkanzlers und des britischen Handelsministers. In diesem Bericht findet sich die Bemerkung: „Dieser zweite Entwurf war die Grundlage unserer Überlegungen." (Vgl. Inflation Accounting; Report of the Inflation Accounting Committee, Chairman FEP Sandilands Esq. CBE, Presented to Parliament by the Chancellor of the Exchequer and the Secretary of State for Trade by Command of her Majesty, September 1975. p. 230). Dieser Bericht wurde dem Parlament vom Schatzkanzler und dem Handelsminister mit dem Antrag vorgelegt, die inflationsneutrale Rechnungslegung gesetzlich vorzuschreiben. Der Zweck der Vorlage dieses Berichts und die in ihm vorgebrachten Bedenken werden verständlich durch den folgenden Satz am Ende von Kapitel I:

„Wir sind der Auffassung, daß die Rechnungslegung mit Bewertung zum unternehmenstypischen Wert (current cost accounting) deutlicher als die bisherigen Methoden die Wirkung der Inflation auf die Angelegenheiten eines Unternehmens aufzeigt und daß es dringend ist, sie so bald wie möglich einzuführen. (Bemerkung des Verfassers: Hierunter sind gesetzgeberische Maßnahmen zu verstehen.) Es sollte jedoch nicht angenommen werden, daß die inflationsneutrale Rechnungslegung an sich schon ein Allheilmittel für die Schwierigkeiten eines Unternehmens in einer Zeit der Inflation ist." (Vgl. S. 7 des genannten Buches.)

Wenn der Leser die abschließende Feststellung des „Inflation Accounting Report", den die britische Regierung nach dem Modell des zweiten Entwurfs erstellte, zur Kenntnis genommen hat, wird er verstehen, daß diese 4. EG-Richtlinie, besonders der Rat, die Absicht verfolgt, die Ordentlichkeit der Rechnungslegung in den 9 EG-Mitgliedsstaaten durchzusetzen. In diesem Zusammenhang hatte die 4. EG-Richtlinie zunächst zu entscheiden, auf welche Unternehmungsformen jedes einzelnen Mitgliedstaates sie Anwendung finden sollte, weil das Gesellschaftsrecht jedes Mitglieds einen anderen historischen Hintergrund hatte.

Art. 1 Abs. 1 der 4. EG-Richtlinie schreibt in diesem Zusammenhang vor:

„Artikel 1 (1) Die durch diese Richtlinie vorgeschriebenen Maßnahmen der Koordinierung gelten für die Rechts- und Verwaltungsvorschriften der Mitgliedstaaten für Gesellschaften folgender Rechtsformen:"

Dies bedeutet, daß die 4. EG-Richtlinie zunächst die Unternehmensformen festlegt, auf die sie Anwendung findet. Wegen der gesellschaftsrechtlichen Besonderheiten jedes Landes werden anschließend an Abs. 1 alle 9 Mitgliedstaaten mit den entsprechenden Unternehmensformen aufgeführt. Zum Beispiel im Falle der Bundesrepublik Deutschland nur 3 Arten von Gesellschaften: die Aktiengesellschaft, die Kommanditgesellschaft auf Aktien und die Gesellschaft mit beschränkter Haftung. Im Falle des Vereinigten Königreichs sind es zwei Arten von Gesellschaften: ,,public companies limited by shares on by guarantee" und ,,private companies limited by shares or by guarantee".

Die gesellschaftsrechtlichen Formen der übrigen Länder sollen hier übergangen werden.

(2) Mindestkapital und Bestätigungsvermerk

Die nächste Frage richtet sich auf den materiellen Inhalt der 4. EG-Richtlinie und welche Beziehung zu den Grundsätzen ordnungsmäßiger Buchführung besteht. Ehe hierauf im einzelnen eingegangen wird, sollen zunächst die legislativen Probleme aufgegriffen werden, die der Leser auf jeden Fall kennen sollte. Diese Probleme haben scheinbar keinerlei Beziehung zu den Grundsätzen ordnungsmäßiger Buchführung.

Wir sollten sie aber nicht übersehen, weil sie Auskunft geben über die Kehrseite der tatsächlichen Rechnungslegung einer Gesellschaft, und zwar im Blick auf die Grundsätze ordnungsmäßiger Buchführung. Es handelt sich um das Mindestkapital und um die Erteilung des Bestätigungsvermerks durch Wirtschaftsprüfer.

Das Companies Act 1980 in Großbritannien ist ein weitgehend neu gefaßtes Gesetz. Die Zahl der Artikel beträgt 90; ihnen sind Schedule 1 bis 4 beigefügt, und der volle Text umfaßt 151 Seiten. Durch Artikel 2 dieses Gesetzes wurde zum erstenmal in der legislativen Geschichte Englands die Mindestzahl der Mitglieder einer Aktiengesellschaft von 7 Personen (vorgeschrieben durch Art. 1 des Companies Act 1948) auf 2 Personen herabgesetzt. (Vgl. Companies Act 1980. London, Her Majesty's Stationery Office, p. 10).

In § 2 des deutschen Aktiengesetzes vom 6. September 1965, in dem die Gründerzahl vorgeschrieben wird, heißt es: ,,müssen sich mindestens fünf Personen beteiligen." Dagegen schreibt Art. 165 des japanischen Handelsgesetzbuches vor: ,,Für die Gründung einer Aktiengesellschaft sind mehr als 7 Gründungsmitglieder erforderlich."

Der Verfasser, der von der gesellschaftlichen Notwendigkeit überzeugt ist, die breite Öffentlichkeit zu informieren, ist der Meinung, daß das Ergebnis um so besser ist, je kleiner die Zahl der Gründer ist. Eine schädliche Wirkung auf die Gesellschaft muß aber nicht von der Zahl der Gründer ausgehen, seien es 2, 5 oder 7 Personen. Wichtiger als die Zahl der Gründer ist die Höhe des Kapitals.

In der Neufassung aus dem Jahre 1950 schrieb das Japanische Handelsgesetzbuch den Mindestpreis einer Aktie mit 500 Yen vor (Art. 202 Abs. 2 des japanischen Handelsgesetzbuches). Und in Art. 174 heißt es: ,,Wenn die Gründer bei Errichtung einer Gesellschaft nicht alle auszugebenden Aktien zeichnen können, dann müssen Aktionäre zur Zeichnung aufgefordert werden." Da das japanische Handelsgesetzbuch aber keine gesetzliche Zahl von aufzufordernden Aktionären festlegt, würde es genügen, wenn nur ein einziger Aktionär aufgefordert würde. Das heißt, daß eine Aktiengesellschaft mit einem Kapital von 4000 Yen von 8 Personen gegründet werden kann, die jeweils einen Anteil von 500 Yen haben. Da die Eintragungs- und Konzessionsgebühren, die derzeit für die Errichtung einer Aktiengesellschaft zu zahlen sind, mindestens 150 000 Yen betragen, kann also eine Aktiengesellschaft mit einem Kapital errichtet werden, das 1/37,5 dieser Eintragungs- und Konzessions-Gebühren ausmacht.

Aufgrund der Neufassung des GmbH-Gesetzes in Japan im Jahre 1951 wurde bezüglich Artikel 9 (Begrenzung des Gesamtkapitals) festgelegt, daß das Mindestkapital von 10 000 Yen, das in Art. 9 des GmbH-Gesetzes, in Japan zum erstenmal erlassen im Jahre 1938 durch Gesetz Nr. 74, vorgeschrieben war, auf 100 000 Yen zu erhöhen ist. Gegenwärtig kann also eine Aktiengesellschaft mit einem Kapital, das $\frac{1}{25}$ des Mindestkapitals einer GmbH beträgt, errichtet werden. Selbst wenn ein Gesetzesentwurf mit dem Titel: ,,Gesetzesentwurf betreffend eine teilweise Neufassung des Handelsgesetzbuches und anderer", der dem Parlament (im Mai 1981) vorliegt, beschlossen würde, könnte eine Aktiengesellschaft mit einem Kapital von 400 000 Yen errichtet werden, weil dieser Gesetzesentwurf, der dem Parlament vorliegt, für Art. 166 Abs. 2 des japanischen Handelsgesetzbuches nur den Mindestbetrag einer Aktie mit 50 000 Yen vorschreibt und der Entwurf nicht die Höhe des Mindestkapitals festlegt. Dies bedeutet, daß dieser Betrag von 400 000 Yen kaum viermal so hoch ist wie das Mindestkapital einer heutigen GmbH. Artikel 85 des British Companies Act 1980 schreibt ein ,,genehmigtes Minimum" des Kapitals von ,,public companies limited by shares or by guarantee" von £ 50 000 vor. (Bemerkung des Verfassers: Bei einem Wechselkurs von 500 Yen je £ 1 werden aus £ 50 000 in Japan 25 000 000 Yen.) (Vgl. das Companies Act 1980, Abschnitt 85).

Das ,,Einführungsgesetz zum Aktiengesetz", das in der Bundesrepublik geltendes Recht ist, hat in § 2 eine Bestimmung über ,,Mindestnennbetrag des Grundkapitals". Ende 1981 beläuft sich dieser Betrag auf ,,mindestens einhunderttausend Deutsche Mark". 1 DM ist etwa gleich 100 Yen, so daß 100 000 DM in japanischer Währung 10 000 000 Yen sind. Der Verfasser hat den Eindruck, daß dieser § 2 Unterscheidungsgabe und Mut beweist, was die Absicht der Zweckerreichung im Falle der AG angeht. Der § 2 hat folgenden Wortlaut:

,,1) Aktiengesellschaften, deren Grundkapital infolge der Neufestsetzung nach dem für sie geltenden D-Markbilanzgesetz (siehe Bemerkung unten) weniger als einhunderttausend Deutsche Mark beträgt, sind mit Ablauf des 16. Dezember 1981 aufgelöst, wenn der Vorstand nicht bis zu diesem Tage einen Beschluß über die Erhöhung des Grundkapitals auf mindestens einhunderttausend Deutsche Mark oder einen Beschluß über die Umwandlung der Gesellschaft nach den Vorschriften des Aktiengesetzes oder des Umwandlungsgesetzes zur Eintragung in das Handelsregister angemeldet hat. Ist der Beschluß über die Erhöhung des Grundkapitals oder über die Umwandlung angefochten, so tritt an die Stelle dieses Tages der drei Monate nach dem Tage der Rechtskraft der Entscheidung liegende Tag."

(Bemerkung: Dies ist die Abkürzung des ,,Gesetzes vom 21. August 1949, betreffend eine Eröffnungsbilanz in Deutsche Mark und des Gesetzes betreffend die Festlegung von Neukapital.") Aus diesem Paragraphen geht eindeutig die Absicht hervor, die Wirksamkeit einer Aktiengesellschaft um jeden Preis zu schützen. Der Staat ist entschlossen, die Gesellschaften rechtlich aufzulösen, die bestimmte angemessene Kriterien nicht erfüllen. Der Verfasser ist der Meinung, daß der größere Teil der Aktiengesellschaften in Japan die rechtlichen Bestimmungen über Aktien selten einhält und daß dies zu einem Mangel an Urteilsvermögen und Mut der für die Gesetzgebung Japans zuständigen Personen geführt hat.

An dieser Stelle sollen mehrere Auffassungen der Handelsrechtler dieses Landes genau untersucht werden. Takeo Suzuki, der Vorsitzender der Sektion Handelsrecht ist, eine der Unterorganisationen des Gesetzgebungs-Rates des Justizministeriums, und außerdem Honorarprofessor an der Universität Tokio, stellt folgendes fest:

„Ferner gibt es, was den oben genannten Kapitalbetrag angeht, nicht nur keine besonderen Beschränkungen des Höchstbetrages, sondern auch des Mindestkapitals. Angesichts der gegenwärtigen Umstände, unter denen zu viele Aktiengesellschaften mit extrem niedrigem Kapital bisher errichtet wurden, halten sich nicht wenige von ihnen in keiner Weise genau an das Aktiengesetz in Japan. Es ist zu wünschen, die Rechtsform der Aktiengesellschaft auf große Unternehmen zu beschränken, während kleine bis mittlere Unternehmen von der GmbH Gebrauch machen sollten. Da dies aber derzeit schwer zu erreichen ist, sollte der Gesetzgeber je nach dem Umfang der Geschäftstätigkeit eines Unternehmens eine Einteilung in kleine und große Aktiengesellschaften vornehmen." (Vgl. Neuauflage des Company Law, veröffentlicht am 10. Februar 1981, völlig neubearbeitete Auflage, S. 25).

Dieses Zitat enthält allerdings keine Begründung dafür, warum „dies derzeit schwer zu erreichen ist". Hierzu bemerkt ein anderer Wissenschaftler:

„Es gibt sehr viele Fälle, in denen Gesellschaften, die im wesentlichen einfach private Unternehmen sind, sich in die Rechtsform der Aktiengesellschaft gekleidet haben. Außerdem haben nicht wenige von ihnen die gesetzlichen Vorschriften über die Aktiengesellschaft nicht beachtet. Angesichts dieses Zustandes haben die Gesetzgebungs-Theorien in der Gegenwart immer wieder vorgeschlagen, das Mindestkapital der Aktiengesellschaft gesetzlich vorzuschreiben, so daß die Rechtsform der Aktiengesellschaft auf große Unternehmen zu beschränken wäre. Oder es sollten Gesellschaften in zwei Gruppen eingeteilt werden: groß und klein. Außerdem sollten rechtliche Kontrollen für jede Art Gesellschaft mit beschränkter Haftung eingeführt werden. Schließlich wird es sehr schwer sein, eine Einigung über das Kriterium zur Größeneinteilung von Gesellschaften herbeizuführen. Weil auch das Problem fortbesteht, das Mindestkapital einer Aktiengesellschaft festzulegen, konnte unter den Umständen nur eine teilweise Neufassung vorgeschlagen werden, um die Zweiteilung von Gesellschaften in groß und klein zu erreichen." (Vgl. 1. Auflage, veröffentlicht am 20. April 1981, zusammengestellt von Masao Takashima: „Grundvorlesung über das Recht, Handelsgesetzbuch II" (Recht der Gesellschaften), Hogakushoin-Ausgabe, S. 44).

Diese Argumentation zeigt nach Meinung des Verfassers, wie schlecht es in Japan um die Rechtsphilosophie bestellt ist. Nach Hans Kelsen, der die Entwicklung der ,,Reinen Rechtslehre" forderte, indem er eindeutig das positive Recht von Gerechtigkeit trennte, um so die Rechtswissenschaft als reine Wissenschaft zu behandeln, muß es heißen: ,,Was *recht und billig* ist, ist gerade das, was sich nicht durch vernünftiges Nachdenken ermitteln läßt. Die Lösung läßt sich nur durch die Interessenordnung erreichen." (Vgl. Kelsen's Reine Rechtslehre, übersetzt von Kisaburo Yokota, herausgegeben von Iwanami Shoten. Veröffentlicht am 10. August 1973, S. 32).

Das heißt, ,,nach welchem Kriterium ist es ,angemessen', Gesellschaften in große oder kleine einzuteilen?" Was ,,richtig" ist, läßt sich nicht durch vernünftiges Nachdenken ermitteln – das versteht sich von selbst. Zwar wurde gesagt: ,,Es besteht immer noch das Problem, wie man das Mindestkapital der Aktiengesellschaft festlegen soll", doch ist darauf hinzuweisen, daß es in der Bundesrepublik Deutschland, in England und der Schweiz Beispiele für eine entsprechende Gesetzgebung gibt. Das wirkliche Problem liegt doch darin, ob wir den gegenwärtigen Zustand fortbestehen lassen sollen, daß nämlich die meisten japanischen Aktiengesellschaften sich in keiner Weise an das Aktiengesetz halten. Oder als Paradox ausgedrückt: das Handelsgesetzbuch, das das Fundamentalgesetz für das Leben des Bürgers sein soll, hat schädliche Wirkungen erzeugt, weil es die Menschen in Japan allgemein zum Gesetzes-Ungehorsam ermutigt hat.

Das nächste Problem ist die Erteilung des Bestätigungsvermerks durch sachverständige Prüfer. Das deutsche Aktiengesetz enthält hierzu folgende Vorschrift: ,,§ 162. Gegenstand und Umfang der Prüfung. (1) Der Jahresabschluß ist unter Einbeziehung der Buchführung und des Geschäftsberichts durch einen oder mehrere sachverständige Prüfer (Abschlußprüfer) zu prüfen. Hat keine Prüfung stattgefunden, so kann der Jahresabschluß nicht festgestellt werden."

§ 164 Abs. 1 AktG lautet:

,,§ 164. Auswahl der Abschlußprüfer. (1) Nur Wirtschaftsprüfer und Wirtschaftsprüfungsgesellschaften können Abschlußprüfer sein."

Für das Aktiengesetz ist typisch, daß es viele strenge Offenlegungs-Vorschriften besitzt. Wenn diese allgemeine Feststellung zutrifft, dann leuchtet ein, daß dieses Gesetz der Bundesrepublik sich eindeutig dafür ausspricht, allen Aktiengesellschaften und Kommanditgesellschaften auf Aktien die gleiche Verpflichtung aufzuerlegen, sich der Abschlußprüfung durch Wirtschaftsprüfer oder Wirtschaftsprüfungsgesellschaften zu unterziehen. Wenn eine solche Prüfung nicht stattfindet, dann gilt der Abschluß für ein bestimmtes Geschäftsjahr als nicht festgestellt.

Art. 51 Abs. 1 (a) der 4. EG-Richtlinie schreibt vor:

,,Die Gesellschaften sind verpflichtet, ihren Jahresabschluß durch eine oder mehrere Personen prüfen zu lassen, die nach einzelstaatlichem Recht zur Prüfung des Jahresabschlusses zugelassen sind."

Dr. Heinrich H. Jonas erklärt hierzu: „Die Gesellschaften, die in die Grenzen dieser Größenordnung fallen, sind prüfungspflichtig. Von der Möglichkeit, den bisher nicht prüfungspflichtigen GmbH's eine auf 5 Jahre verlängerte Anpassungsfrist zu geben, wird im Vorentwurf kein Gebrauch gemacht. Hieraus ergibt sich die Frage nach der Praktikabilität dieser Regelung.“ (Vgl. Die EG-Bilanzrichtlinie. Grundlagen und Anwendung in der Praxis. Von H. H. Jonas, Rudolf Haufe Verlag, 1980, S. 275).

Da dem Verfasser nicht der vollständige Text dieses Entwurfs vorliegt, kann zu dieser Aussage nichts gesagt werden. Der japanische Leser wird sich die Grundstruktur des Gesetzes klarmachen müssen, weil nach dem obigen Zitat die Existenz zweier Arten von Gesellschaften mit beschränkter Haftung anzunehmen ist: eine Gesellschaft, die der Prüfungspflicht unterliegt, und eine andere, die diese Pflicht im Rechtssystem der Bundesrepublik nicht hat.

Das Gesetz betreffend die Gesellschaften mit beschränkter Haftung (GmbHG), das in der Bundesrepublik gilt, wurde am 4. Juli 1980 weitgehend geändert. § 42a des Gesetzes, der damals unverändert blieb, hat folgenden Wortlaut: „§ 42a. Abschlußprüfung. Der *Reichsminister der Justiz* kann im Einvernehmen mit dem *Reichswirtschaftsminister* bestimmen, daß der Jahresabschluß (die Jahresbilanz und die Gewinn- und Verlustrechnung) zu prüfen ist. Er kann die Vorschriften erlassen, die zur Durchführung dieser Prüfung und im Zusammenhang mit ihr nötig sind.“

In Deutschland hat also unter der notwendigen Bedingung des Einvernehmens zwischen dem Bundesminister der Justiz und dem Bundesminister für Wirtschaft der erstere die Vollmacht, die Grenze zu ziehen zwischen den Gesellschaften mit beschränkter Haftung, die prüfungspflichtig sind und solchen, für die die Prüfungspflicht überhaupt entfällt.

In Japan wurde die Rechtsform der Kommanditgesellschaft auf Aktien („Kabushiki-Goshi-Kaisha“) durch Gesetz Nr. 167 im Jahre 1950 aus dem Gesellschaftsrecht gestrichen. In der Bundesrepublik Deutschland dagegen sind die Bestimmungen über die KGaG im Zweiten Buch des Aktiengesetzes (§§ 278 bis 290) erhalten geblieben.

§ 278 Abs. 3 des AktG bestimmt: „Im übrigen gelten für die Kommanditgesellschaft auf Aktien . . . die Vorschriften des Ersten Buchs über die Aktiengesellschaft sinngemäß.“ Es ist deshalb selbstverständlich, eine Abschlußprüfung durch einen Wirtschaftsprüfer oder eine Wirtschaftsprüfungsgesellschaft durchführen zu lassen. Angesichts dieser Sachlage ist der Verfasser überzeugt, daß die Pflichtprüfung aller Aktiengesellschaften und Kommanditgesellschaften auf Aktien sowie ein großer Teil der Gesellschaften mit beschränkter Haftung durch Fremdorgane, wie Wirtschaftsprüfer und Wirtschaftsprüfungsgesellschaften, in Japan gegenwärtig erwogen werden sollte, zu einer Zeit, in der man nach einer Reform des ungerechten Steuersystems ruft und die Gesundung der öffentlichen Finanzen Japans als dringendes nationales Problem ansieht.

Vom Standpunkt eines Praktikers, der in der Wirtschaft tätig ist, wäre dies nicht mehr als ein Tropfen auf den heißen Stein („Kyugyu-No-Ichimo"), wenn wir an den Umfang der Steuerhinterziehung und die Zahl der Steuerhinterzieher denken, die alljährlich von der Nationalen Steuerverwaltung in Japan veröffentlicht werden. Selbst wenn es einige Politiker gäbe, die törichterweise behaupteten, daß das Streben nach Verwirklichung von mehr Steuergerechtigkeit unsere nationale Wirtschaft schwächen würde, so sollte man sie nicht wählen und in das Parlament entsenden, weil sie als Politiker für dieses Land in keiner Weise geeignet wären. Dies liefe nach Meinung des Verfassers darauf hinaus, daß wir uns mit eigenen Händen erwürgten. Es geht hierbei auch darum, daß diejenigen, die einen Gesetzesentwurf ausarbeiten, Weitsicht im Interesse der Nation und unbezwinglichen Mut besitzen. Der Verfasser möchte brennend gern glauben, daß die japanischen Mitglieder der Bürokratie ebenso ausgezeichnet sind wie ihre Kollegen in der Bundesrepublik Deutschland. Dies deshalb, weil in Japan der Schlüssel für die Einbringung einer Vorlage in das Parlament ausschließlich in den Händen der japanischen Bürokratie liegt.

Übrigens wurde bei der Neufassung des japanischen Handelsgesetzbuches im Jahre 1981 die Wendung „ein Abschlußprüfer wird durch Beschluß des Vorstandes bestellt" ersetzt durch „Bestellung von Abschlußprüfern durch die Hauptversammlung" (Art. 3 des „Gesetzes betreffend eine Ausnahme vom Handelsgesetzbuch bezüglich der Abschlußprüfung von Aktiengesellschaften, usw.").

§ 163 Abs. 1 des deutschen Aktiengesetzes von 1965 schreibt unter der Überschrift „Bestellung der Abschlußprüfer" vor: „Die Abschlußprüfer werden von der Hauptversammlung gewählt." In England dagegen hatte das Companies Act 1948 in Art. 159 es zur allgemeinen Regel gemacht, Abschlußprüfer auf der Jahreshauptversammlung zu bestellen. (Vgl. Palmer's Company Law, Volume 1. S. 762.) Dieser Artikel wurde jedoch durch Art. 14 des Companies Act 1976 mit mehreren Änderungen ersetzt.

Sieht man von dieser Änderung ab, so schreibt Absatz 1 dieses Artikels vor: „Jede Gesellschaft hat auf jeder Hauptversammlung . . . für einen Zeitraum . . . einen oder mehrere Abschlußprüfer zu bestellen." Der Verfasser möchte in der Hauptsache auf folgendes hinaus: Sieht man vom Handels- und Steuerrecht ab und betrachtet die Gesetzgebung im gesamten gesellschaftlichen Bereich, so ist leicht erkennbar, daß Japan mit seiner Gesetzgebung vor allem Europa und Amerika nachgeahmt hat. Die Frage wäre angebracht gewesen, ob dies für uns alle in Japan von Nutzen ist.

In den Vereinigten Staaten wurde die SEC durch Artikel 4 des Securities & Exchange Law von 1934 ins Leben gerufen mit der Befugnis, bindende Vorschriften zu erlassen (Artikel 11). Die „Änderungen hinsichtlich des unabhängigen Prüfers des Antragstellers" nach Artikel 6 sind in Nr. 4 von „Form 8-K" behandelt, und die genannte Kommission hat die Verpflichtung, darauf zu achten, daß „der Zeitpunkt des Rücktritts oder der Entlassung oder der Bestellung des neuen Prüfers" und die folgenden Angelegenheiten in fünf Punkten als „periodische Berichte" der SEC mitgeteilt werden. (Vgl. Accountants' Handbook, Volume 1, Sixth Edition, Edited by Lee J. Seidler und D. R. Carmichael, 1981, S. 5–13.) Auf die Einzelheiten braucht an dieser Stelle nicht eingegangen zu werden.

(3) Der Inhalt der 4. EG-Richtlinie

Den wesentlichen Inhalt der 4. EG-Richtlinie hatte der Verfasser bereits an früherer Stelle erwähnt. Vermutlich ist diese Frage in der 10. Auflage des erwähnten „Gablers Wirtschafts-Lexikon" am besten zusammengefaßt. Unter dem Stichwort „Begriff der 4. EG-Richtlinie" heißt es dort (Band 2, Sp. 1987):

„Die Vierte Richtlinie (verabschiedet am 25. Juli 1978) soll die nationalen Vorschriften über den Jahresabschluß einschl. der Vorschriften über die Bewertung der Vermögensgegenstände und den Lagebericht sowie deren Prüfung und Offenlegung für AG, KGaA und GmbH (mit Ausnahme von Versicherungsunternehmen und Kreditinstituten) in den Mitgliedstaaten der Gemeinschaft harmonisieren. Die Bedeutung liegt neben der Fortentwicklung der Rechnungslegungsvorschriften vor allem in der Einbeziehung der GmbH in die aktienrechtlichen Bestimmungen (für kleinere Unternehmen jedoch eingeschränkte Publizitätspflicht). Die Unternehmen müssen die geänderten nationalen Vorschriften spätestens ab 1. Februar 1982 anwenden, die Pflichtprüfung von GmbHs ist ab 1. August 1985 einzuführen."

Diese Erläuterung ist kurz und bündig. Es wurde bereits erwähnt, daß aufgrund der Neufassung im Juli 1980 das Mindestkapital für die „Gesellschaften mit beschränkter Haftung" in der Bundesrepublik Deutschland auf 50 000 DM festgesetzt wurde. Allerdings spricht § 12 des „Gesetzes zur Änderung des Gesetzes betreffend die Gesellschaften mit beschränkter Haftung" als Übergangsbestimmung von einem „angemessenen Zeitraum". Das Gesetz enthält eine Bestimmung, daß diejenigen GmbHs, die bis zum 31. Dezember 1985 ihr Stammkapital nicht auf 50 000 DM erhöhen oder bis dahin ihre Rechtsform nicht ändern, von Rechts wegen aufzulösen sind. Dies ist die gleiche Regelung wie im Falle des Aktiengesetzes. Beide Neufassungen zeugen nach Meinung des Verfassers von Mut und Weitsicht.

Was außerdem die Zahl der Gesellschafter im Zeitpunkt der Errichtung einer Gesellschaft mit beschränkter Haftung angeht, so schreibt Artikel 8 des japanischen GmbH-Gesetzes nur die Höchstzahl vor: „Die Gesamtzahl der Gründer der Gesellschaft darf nicht über 50 Personen hinausgehen." Eine Untergrenze wird nicht angegeben. Dagegen heißt es in § 1 des deutschen GmbH-Gesetzes in der Fassung vom 4. Juli 1980: „. . . können . . . durch eine oder mehrere Personen errichtet werden". Die Untergrenze für die Zahl der Gesellschafter ist also eine Person, während es eine Höchstgrenze nicht gibt. Dies ist in der Tat eine bemerkenswerte Änderung.

Gablers Wirtschafts-Lexikon teilt unter der Überschrift „Inhalt der 4. EG-Richtlinie" mit:

„Grundsätzlich stark am deutschen Aktienrecht orientiert, jedoch mit wesentlichen Neuerungen. a) Nationale Wahlrechte; die 4. R. enthält zahlreiche an die Mitgliedstaaten gerichtete Wahlrechte (insgesamt 41), die wahlweise in die Gesetzgebung der Bundesrepublik eingehen werden. Die wichtigsten Wahlrechte: (1) Gliederung: Für die Bilanz Kontoform und/oder Staffelform gestattet; dgl. für die Gewinn- und Verlustrechnung, wobei hier jede Form auf der Basis des Gesamtkostenverfahrens und/oder des Umsatzkostenverfahrens ausgeführt werden kann (4 Variationen). (2) Ansatz: Wahlrecht v. a. beim Ansatz immaterieller Anlagewerte. Aktivierung von „Aufwendungen für die Errichtung und Erweiterung des Unternehmens" und von „Forschungs- und Entwicklungskosten", die innerhalb von 5 Jahren abzuschreiben und währenddessen mit einer „Ausschüttungssperre" belegt sind, es sei denn, die freien Rücklagen sind mindestens so hoch wie der noch nicht abgeschriebene Teil dieser Aufwendungen. Aktivierung solcher immaterieller Anlagewerte, die von den Unternehmen selbst erstellt wurden. Auf der Passivseite Zulässigkeit von Aufwandrückstellungen. (3) Bewertung: Mitgliedstaaten können bis zu einer späteren Koordinierung Abweichung vom Anschaffungswertprinzip gestatten, d. h. bestimmte Positionen dürfen z. B. auf der Grundlage des Wiederbeschaffungswertes bilanziert werden. Die Differenz zwischen Anschaffungs- und Wiederbeschaffungskosten muß in eine Neubewertungsrücklage eingestellt werden, deren Verwendung genau geregelt ist."

§ 157 des deutschen Aktiengesetzes unterscheidet sich von der 4. EG-Richtlinie nur darin, daß er für die Gewinn- und Verlustrechnung die Staffelform vorschreibt. Dieser Paragraph verstößt in keiner Weise gegen die Richtlinie. Die 4. EG-Richtlinie läßt aber mehrere Gliederungen zu (Art. 22–26). Mitgliedstaaten, die mehrere Gliederungen vorsehen, können nach Art. 22 ein Wahlrecht zwischen diesen Gliederungen einräumen. Anders verhält es sich mit § 153 Abs. 4 AktG: „Die Aufwendungen für die Gründung und Kapitalbeschaffung dürfen nicht als Aktivposten eingesetzt werden." Dies steht im Gegensatz zu Art. 9 der 4. EG-Richtlinie. Es ist zu erwarten, daß die §§ 153–161 AktG und viele andere Paragraphen bei der Transformation der 4. EG-Richtlinie in das deutsche Recht aufgehoben oder geändert werden. Dies zeigt, daß die 4. EG-Richtlinie Besonderheiten der Mitgliedstaaten durchaus noch entgegensteht.

Unter der Überschrift „Verbindliche Vorschriften der 4. EG-Richtlinie" lesen wir in Gablers Wirtschafts-Lexikon: „Zu den wichtigen Neuerungen im Rahmen der 4. Richtlinie, die bei der Anpassung des deutschen Rechts berücksichtigt werden müssen, gehören insbesondere ..." Der erste Punkt lautet: „(1) Der Jahresabschluß besteht neben der Bilanz und der Gewinn- und Verlustrechnung aus dem Anhang. Dieser steht gleichwertig neben den übrigen Bestandteilen und kann Daten über Bilanz und Gewinn- und Verlustrechnung übernehmen. Außerdem enthält er zusätzliche Angaben, wie z. B. den Gesamtbetrag der finanziellen Verpflichtungen, die Aufgliederung der Umsatzerlöse nach Tätigkeitsbereichen und geographisch bestimmten Märkten."

Unter der Bezeichnung ,,Inhalt des Geschäftsberichts" enthält § 160 des deutschen Aktiengesetzes ausführliche Bestimmungen in 5 Absätzen. Vor allem ist auf den ersten Satz von Abs. 4 aufmerksam zu machen: ,,Der Bericht hat den Grundsätzen einer gewissenhaften und getreuen Rechenschaft zu entsprechen." Abs. 4 fordert aber nicht einmal das Beifügen eines ,,Anhangs" mit ,,Aufgliederung der Umsatzerlöse nach Tätigkeitsbereichen und geographisch bestimmten Märkten" wie Artikel 43 1.(8) der 4. EG-Richtlinie.

Hierbei ist der gegenwärtige Fortschritt der Forderung nach Offenlegung von Abschlußdaten gegenüber der Öffentlichkeit zu bedenken. § 160 des deutschen Aktiengesetzes blieb von den Änderungen in den Jahren 1982 und 1983 unberührt.

Der zweite Punkt lautet:

,,(2) Der Jahresabschluß wird ergänzt durch den Lagebericht, v. a.[1] über die voraussichtliche Entwicklung der Gesellschaft und den Forschungs- und Entwicklungsbereich."

Die Verpflichtung, über die künftige finanzielle Lage eine Voraussage zu treffen, scheint den britischen Grundsätzen der Rechnungslegung entnommen zu sein, die bereits gesetzlich fixiert waren. Besonders diese Verpflichtung steht im Gegensatz zu den Bilanzierungsgrundsätzen der SEC in den Vereinigten Staaten. Louis H. Rappaport, ein amerikanischer Wirtschaftsprüfer, stellt fest: ,,Die Einstellung der SEC hinsichtlich der Verwendung von Voraussagen steht in interessantem Gegensatz zu der Praxis im Vereinigten Königreich." (Vgl. SEC Accounting Practice and Procedure. Third Edition. 7. 3.) William J. Casey, Präsident der SEC, bemerkte vor der Anwaltsvereinigung in New York, er habe eine Änderung dieser Politik empfohlen. (Vgl. auch 7.4. des vorgenannten Buches.)

§ 160 Abs. 2 AktG verwendet den Ausdruck ,,möglichst sicheren Einblicks", der jedoch nur den wesentlichen Ausdruck modifiziert: ,, . . . sind die Bewertungs- und Abschreibungsmethoden so vollständig anzugeben . . .". Die Pflicht, sich über die voraussichtliche Entwicklung zu äußern, ist nicht gesetzlich fixiert. Diese Praxis hat sich so entwickelt.

Der Verfasser ist sich bewußt, daß bei der Ausarbeitung der 4. EG-Richtlinie der Ansatz des deutschen Aktiengesetzes und der Grundsatz des ,,true and fair view" als typisch britischer Generalklausel für die Rechnungslegung kollidierten und daß man am Ende einen Kompromiß erreicht hat. Dieses Ergebnis ist aber noch nicht in die Änderungen des deutschen Aktiengesetzes von 1982 und 1983 eingegangen.

Der dritte Punkt lautet:

,,(3) Auch die 4. Richtlinie verweist auf die Grundsätze ordnungsmäßiger Bilanzierung, verlangt aber darüber hinaus vom Jahresabschluß die Vermittlung eines den tatsächlichen Verhältnissen entsprechenden Bildes der Vermögens-,

[1] v. a. = vor allem.

Finanz- und Ertragslage der Gesellschaft („Generalnorm", orientiert am angelsächsischen Gedanken des „true and fair view"). In der Bilanz wird neben der Beachtung des Grundsatzes der Stetigkeit und der Angabe von Vorjahreszahlen eine stärkere Aufgliederung von Forderungen und Verbindlichkeiten nach ihrer Fristigkeit gefordert, in der Gewinn- und Verlustrechnung der gesonderte Ausweis von außerordentlichen Aufwendungen und außerordentlichen Erträgen; Steuern auf das Ergebnis der normalen Geschäftstätigkeit sind gesondert von den Steuern auf das außerordentliche Ergebnis aufzuführen."

Was „aus der Jahresbilanz nicht ersichtliche Haftungsverhältnisse einschließlich der Bestellung von Sicherheiten für eigene Verbindlichkeiten" nach § 160 Abs. 3 Nr. 7 AktG angeht, so sieht § 160 Abs. 4 AktG die Schutzklausel „nach vernünftiger kaufmännischer Beurteilung" vor. Auf Einzelheiten ist hier nicht einzugehen. Diese Bestimmungen widersprechen aber nach Meinung des Verfassers der 4. EG-Richtlinie.

Der vierte Punkt lautet:

„(4) Den Bewertungsvorschriften stellt die 4. Richtlinie die wichtigsten Grundsätze ordnungsmäßiger Bilanzierung voran. Im einzelnen gegenüber dem Aktiengesetz insb. folgende Änderungen: Der niedrigere beizulegende Wert am Abschlußstichtag darf nur noch für Finanzanlagen und Beteiligungen angesetzt werden. Beim Anlage- und Umlaufvermögen darf ein niedrigerer Wertansatz nach Wegfall der Gründe nicht mehr beibehalten werden (Gebot der Wertaufholung, Zwangszuschreibung, Wegfall des Beibehaltungswahlrechts)."

Damit endet die zusammenfassende Einführung der 4. EG-Richtlinie der Europäischen Gemeinschaften in „Gablers Wirtschafts-Lexikon". Nach Durchsicht des vollständigen Wortlauts der 62 Artikel der Richtlinie hält der Verfasser diese Zusammenfassung für kurz, treffend und richtig. Obwohl Gablers Wirtschafts-Lexikon die folgenden Punkte nicht erwähnt, sei dennoch auf sie aufmerksam gemacht:

Artikel 33 Absatz 5 der 4. EG-Richtlinie räumt das Recht auf Vorschlag zur Änderung der Bestimmungen dieser Richtlinie ein. Vorschläge dieser Art sind innerhalb von 7 Jahren nach Veröffentlichung der 4. EG-Richtlinie der Kommission vorzulegen. Außerdem sind in Artikel 55 Absatz 1 und 2 für jeden Mitgliedstaat unterschiedliche Termine für die verbindliche Einführung der 4. EG-Richtlinie festgelegt.

Besonders Artikel 55 Absatz 3 verpflichtet jeden Mitgliedstaat, den Entwurf der Richtlinie in dem Zeitpunkt zu veröffentlichen, in dem die Richtlinie rechtskräftig wird.

Ferner verpflichtet Artikel 51 Absatz 1 (b) den Abschlußprüfer, die Übereinstimmung des Lageberichts mit dem Jahresabschluß des betreffenden Geschäftsjahres zu prüfen.

Nach der Ausgabe des „Official Journal of the European Communities" der Europäischen Gemeinschaft vom 14. August 1978 lautet die englische Fassung von Artikel 51 Absatz 1 (b):

,,(b) The person or persons responsible for auditing the accounts must also verify that the annual report is consistent with the annual accounts for the same financial year."

Die deutsche Fassung dieser englischen Bestimmung lautet hingegen:

,,(b) Die mit der Abschlußprüfung beauftragte Person hat auch zu prüfen, ob der Lagebericht mit dem Jahresabschluß des betreffenden Geschäftsjahres in Einklang steht."

An dieser Stelle wird dem Verfasser das Ungenügen des ,,Übersetzens" deutlich. Es gibt einen feinen Unterschied zwischen der Ausdrucksweise und dem Problem selbst. Dies ist auch der Grund, warum der Verfasser häufig den Originaltext zusammen mit der Übersetzung zitiert.

(4) ,,Shinjitsu-Katsu-Koseina-Gaikan" (True and Fair View) ist eine Fehlübersetzung

Der Ausdruck ,,true and fair view" findet sich in der 4. EG-Richtlinie sechsmal. Es ist allgemein bekannt, daß er ursprünglich im Companies Act 1948 zu finden ist. Art. 149 Abs. 1 des Companies Act 1948 schreibt vor, daß alle Bilanzen ,,a true and fair view" hinsichtlich der ,,Lage der Gesellschaft" am Ende des Geschäftsjahres ermöglichen sollen. Ferner schreibt er vor, daß alle Gewinn- und Verlustrechnungen ,,a true and fair view" hinsichtlich des Gewinns und Verlustes der Gesellschaft in diesem Geschäftsjahr ermöglichen sollen. Im gleichen Artikel dieses Gesetzes wird also der gleiche Ausdruck zweimal benutzt. Was den wesentlichen Inhalt von ,,true and fair view" angeht, so hat das Gesetz die ausführlichen Bestimmungen hierüber in den 8. Schedule in Absatz 2 verwiesen. Der 8. Schedule ist im Companies Act 1967 zum 2. Schedule geworden, und dies ist bis heute unverändert geblieben. Der 2. Schedule erstreckt sich von Teil I bis Teil III, die Gesamtzahl der Artikel ist 31. Der Inhalt des 2. Schedule ist jedoch so ungewöhnlich ausführlich, daß es keinen größeren Unterschied zwischen dem 2. Schedule und den Grundsätzen der Rechnungslegung im Handelsgesetzbuch Japans geben könnte. Teil I des 2. Schedule hat die Überschrift ,,Allgemeine Vorschriften zur Bilanz und zur Gewinn- und Verlustrechnung". In ihm werden die einzelnen Positionen aufgeführt und die Bedingungen ihrer Anwendung genannt. Der Inhalt von Teil I übertrifft in seiner Ausführlichkeit sogar die Paragraphen des deutschen Handelsgesetzbuches und des deutschen Aktiengesetzes.

In Japan ist der Ausdruck ,,true und fair view" bisher übersetzt worden mit ,,Shinjitsu Katsu Koseina Gaikan". Der Verfasser ist aus Gründen der Bequemlichkeit gelegentlich dem japanischen Brauch gefolgt, als Übersetzung ,,äquivalente Wörter" zu benutzen. Um aber diesen besonderen englischen Terminus richtig in die japanische Sprache zu übersetzen, sollte er lauten ,,Shinjitsu Katsu Koseina Byosha" (Horizont) oder ,,Shinjitsu Katsu Koseina Kenshiki" (Einsicht, Weitsicht). Hier die Begründung:

,,Palmer's Company Law", 22. Auflage, Band 1, S. 737, erörtert diese Frage wie folgt:

,,Daher ist ,true and fair view' ein Kriterium höherer Ordnung als die Erfordernisse üblicher Praxis der Rechnungslegung und die besonderen Erfordernisse der Companies Acts."

Dieses Problem wird seit 1971 vom „Accounting Standards Steering Committee" geprüft, einem Ausschuß, der aus 5 Gruppen gebildet wurde, die mit der Rechnungslegung von Gesellschaften in England zu tun haben, und dieser Ausschuß hat die Aufgabe, praktische Grundsätze der Rechnungslegung zu entwickeln.

Die Mitglieder des Ausschusses gaben einmal zu, die Abweichung von der durchschnittlichen Praxis der Rechnungslegung sei gelegentlich verträglich mit „true and fair field of vision", während andererseits das Festhalten an dieser durchschnittlichen Praxis der Rechnungslegung gegen den Grundsatz des „true and fair field of vision" verstoßen könne.

Dies wird vielleicht verständlich, wenn man die „Recommendations on Accounting Principles", Ausgabe 1975, liest, die vom Institute of Chartered Accountants in England und Wales veröffentlicht wurden. Diese Empfehlungen befassen sich mit dem Grundsatz des „true and fair view" in 5 Abschnitten, Seite 77–86, und am Ende des ersten Abschnitts auf Seite 77 heißt es: „Die Notwendigkeit des ‚true and fair view' ist unter allen Umständen der beherrschende Gesichtspunkt."

Der Verfasser glaubt daher, daß das Übersehen der hohen Wertigkeit dieses englischen Grundsatzes zu dem japanischen Ausdruck „Shinjitsu Katsu Koseina *Gaikan*" geführt hat. Er versteht das Wort „Gaikan" richtig als die „allgemeine Art und Weise, Dinge zu sehen".

(5) Die besondere Qualität der 4. EG-Richtlinie

Wegen des auf dem europäischen Kontinent hochentwickelten Rechnungswesens konnte Heinrich H. Jonas in seinem zuvor zitierten Buch „Die EG-Bilanzrichtlinie" (1980), vor allem in seinem Vorwort, vielleicht den Satz formulieren: „Die 4. EG-Richtlinie ist ein Kompromiß". (S. 3)

Was vor allem in Kapitel 8 der 4. EG-Richtlinie auffällt – in dem der „Inhalt des Anhangs" festgelegt wird – sind die Bestimmungen, wonach dem Gläubigerschutz besondere Beachtung zu schenken ist. Es ist anzugeben „der Gesamtbetrag der finanziellen Verpflichtungen, die nicht in der Bilanz erscheinen". Ferner Artikel 43 Absatz 7 und Kapitel 9, Artikel 46 der 4. EG-Richtlinie bezüglich der Voraussage der künftigen Entwicklung. Hierbei geht es um den Inhalt des Lageberichts.

Artikel 46 Absatz 1 schreibt vor:

„Der Lagebericht muß mindestens ein den tatsächlichen Verhältnissen entsprechendes Bild der Entwicklung der Geschäfte der Gesellschaft und ihrer Lage geben."

In Absatz 2 wird gesagt:

„Der Bericht enthält ferner Angaben über: (a) alle wichtigen Ereignisse seit dem Ende des Geschäftsjahres;

(b) die vermutliche künftige Entwicklung;
(c) Aktivitäten auf dem Gebiet von Forschung und Entwicklung;
(d) den Erwerb eigener Aktien nach Artikel 22 (2) der Richtlinie 77/91/EWG."

Der Verfasser ist der Meinung, daß die drei Punkte (a), (b) und (c) in Absatz 2 die Bestimmungen sind, die unmittelbar den Grundsatz „true and fair field of vision" (Weitsicht) verwirklichen.

In dem genannten Werk „Die EG-Bilanzrichtlinie" (1980) legt Heinrich H. Jonas eine ausführliche vergleichende Liste mit dem Titel vor „Bewertungsgrundsätze nach der 4. EG-Richtlinie/Vergleich mit Aktienrecht, Handelsrecht, GoB" (S. 300–306). Vor allem im Zusammenhang mit den Grundsätzen ordnungsmäßiger Buchführung führt er 21 Punkte auf und äußert sich über die Anpassung an die Bestimmungen der 4. EG-Richtlinie.

So ist vor allem die Bestimmung, daß „Anlagegegenstände entweder zum Anschaffungs- oder Herstellungspreis zu bewerten sind", die in Artikel 35 Absatz I der 4. EG-Richtlinie enthalten ist, an die Grundsätze ordnungsmäßiger Buchführung angeglichen worden. Ferner wird die „Equity Method" nach Artikel 59 der 4. EG-Richtlinie unter dem Gesichtspunkt der Grundsätze ordnungsmäßiger Buchführung nicht gebilligt, und so weiter. Im gegenwärtigen Zeitpunkt (Juli 1981) scheint es nicht sinnvoll, die gesamte Liste hier wiederzugeben und ausführlich zu besprechen. Der Grund ist, daß schon am 5. Februar 1980 der Änderungsentwurf einer großen Zahl von Paragraphen des RefEHGB, RefEAktG und RefEGmbHG vorlag und möglicherweise vom Bundesjustizministerium veröffentlicht wurde.

(6) Entwürfe verschiedener Gesetzes-Neufassungen

Die Zeitschrift „Die Betriebs-Wirtschaft" wird vom C. E. Poeschel Verlag Stuttgart veröffentlicht und von 6 bekannten Universitäts-Professoren unter Leitung von Klaus Chmielewicz, Ruhr-Universität Bochum, herausgegeben. Dem Herausgeber-Ausschuß gehören 12 bekannte Wissenschaftler an. In der Ausgabe vom 4. Dezember 1980, S. 589–597, ist ein Artikel mit dem Titel „Stellungnahme zum Vorentwurf eines Bilanzrichtlinie-Gesetzes vom 5. 2. 1980" abgedruckt, der von der Kommission Rechnungswesen des Verbandes der Hochschullehrer für Betriebswirtschaft e. V. geschrieben wurde. In diesem Artikel wird berichtet, in der Bundesrepublik gebe es bereits eine GoB-Kommission, die eine Reihe von Vorschlägen vorgelegt hätte. Durch die dargelegten Auffassungen reduzieren sich die Probleme auf etwa 70 Punkte. Allerdings sind die vom Bundesjustizministerium veröffentlichten Gesetzesentwürfe entgegen unseren früheren Erwartungen außerordentlich kompliziert und umfangreich. Es ist also wenig angebracht, hierauf im einzelnen einzugehen oder diese Stellungnahme zu kommentieren.

Außerdem liefert Hans Havermann, Düsseldorf, früher Geschäftsführer des Instituts der Wirtschaftsprüfer, einen Artikel „Vorentwurf eines Transformationsgesetzes zur EG-Richtlinie liegt vor" für die Ausgabe vom 1. April 1980 der Zeitschrift ,,Die Wirtschaftsprüfung". In diesem Artikel gibt er einen Überblick über sämtliche Änderungsentwürfe und nimmt außerdem zu mehreren Grundproblemen Stellung. Schließlich weist er darauf hin, daß der Umfang der Entwürfe nach Menge und Inhalt entgegen den Erwartungen so groß ist. Der Grund hierfür liegt darin, daß zum Beispiel die rechtliche Kontrolle nach Art. 1 der 4. EG-Richtlinie in bezug auf die Bundesrepublik Deutschland beschränkt wurde auf die Aktiengesellschaft, die Kommanditgesellschaft auf Aktien und die Gesellschaft mit beschränkter Haftung. Dagegen hatten die Änderungsentwürfe, die vom Bundesjustizministerium veröffentlicht wurden, neben den drei genannten Rechtsformen auch die Kommanditgesellschaft & Co. (Nebenbemerkung des Verfassers: Gemäß § 1 Abs. 1 des deutschen KStG 1980 werden vermutlich neben den genannten Rechtsformen AG, KGaA und GmbH noch die Kolonialgesellschaften und bergrechtliche Gewerkschaften eingeschlossen), die Unternehmen öffentlicher Körperschaften, die eingetragene Genossenschaft, die Unternehmen, die nach dem Publizitätsgesetz zur Rechnungslegung verpflichtet sind, die Banken und Versicherungen und andere Unternehmen behandelt.

(Bemerkung: ,,Publizitätsgesetz" ist eine Abkürzung. Die volle Bezeichnung ist ,,Gesetz über die Rechnungslegung von bestimmten Unternehmen und Konzernen".) Dieses Gesetz umfaßt insgesamt nur 25 Paragraphen. § 1 dieses Gesetzes vom 1. Februar 1981 stellt unter dem Titel ,,zur Rechnungslegung verpflichtete Unternehmen" in Abs. 1 folgendes fest:

> ,,Ein Unternehmen hat nach diesem Abschnitt Rechnung zu legen, wenn für den Tag des Ablaufs eines Geschäftsjahres (Abschlußstichtag) und für die zwei darauf folgenden Abschlußstichtage jeweils mindestens zwei der drei nachstehenden Merkmale zutreffen."

Es mag sein, daß man in der Bundesrepublik nach dem Zweiten Weltkrieg so großen Wert auf rechtliche Regelungen legte. Vom japanischen Standpunkt aus kann man sich des Gefühls einer gewissen Kompliziertheit in diesen Fragen nicht erwehren, selbst wenn man die folgenden Vorschriften des deutschen Rechts als unterschiedliche Begrenzung des Umfangs der Buchführungspflicht versteht.

§ 141 AO definiert die Gruppe der Steuerzahler, die der Buchführungspflicht unterliegen. § 43 HGB schreibt ebenfalls die Buchführungspflicht eines Kaufmanns in Verbindung mit § 38 vor. Außerdem kennt noch § 5 EStG die gesetzliche Buchführungspflicht.

Schließlich geht auch aus § 1 Publizitätsgesetz die Buchführungspflicht in dieser Weise hervor. Das erste der drei Kriterien lautet:

> ,,1. Die Bilanzsumme einer auf den Abschlußstichtag aufgestellten Jahresbilanz übersteigt einhundertfünfundzwanzig Millionen Deutsche Mark."

Das zweite Kriterium lautet:

„2. Die Umsatzerlöse des Unternehmens in den zwölf Monaten vor dem Abschlußstichtag übersteigen zweihundertfünfzig Millionen Deutsche Mark."

Das dritte Kriterium lautet:

„3. Das Unternehmen hat in den zwölf Monaten vor dem Abschlußstichtag durchschnittlich mehr als fünftausend Arbeitnehmer beschäftigt."

Daraus folgt, daß ein Unternehmen, das zwei der genannten drei Kriterien erfüllt, verpflichtet ist, seine Bücher und Unterlagen nach dem „Gesetz über die Rechnungslegung von bestimmten Unternehmen und Konzernen" zu führen.

Hierzu stellt Hans Havermann fest: „Der Vorentwurf geht jedoch über ‚diesen Kreis von Unternehmen' hinaus und verpflichtet alle Unternehmen, wenn auch in unterschiedlichem Umfang." (Bemerkung: „Kreis von Unternehmen" bedeutet die drei oben genannten Arten von Unternehmen.) (Vgl. S. 183 des genannten Artikels.)

Aller Wahrscheinlichkeit nach hat tatsächlich das Bundesjustizministerium gemäß der Anweisung der 4. EG-Richtlinie den Änderungsentwurf der Gesetze veröffentlicht, wonach alle Unternehmen in der Bundesrepublik Deutschland den gesetzlichen Beschränkungen zu unterwerfen sind. Die Zeitschrift „Die Betriebs-Wirtschaft" gab im März 1979 eine Sondernummer zur 4. EG-Richtlinie heraus, in der im Namen der Kommission Rechnungswesen des Verbandes der Hochschullehrer für Betriebswirtschaft e. V. Reformvorschläge zur handelsrechtlichen Rechnungslegung gemacht wurden. Zu Beginn wurde festgestellt: „Die Reform der handelsrechtlichen Rechnungslegung stellt ein Kernproblem der Betriebswirtschaftslehre dar."

Der Verfasser glaubt, es sei angemessen, daß Professoren der Betriebswirtschaftslehre einen solchen Satz aufstellen, der unseren Kampfgeist und unsere Begeisterung weckt. Wäre dies objektiv richtig, dann wüßte der Verfasser gern, wie diese Professoren es sich erklären, daß in dem führenden Werk „Grundlagen der Betriebswirtschaftslehre" von Dr. Erich Gutenberg, o. Professor der Betriebswirtschaftslehre an der Universität zu Köln, an keiner Stelle der 3 Bände mit insgesamt 1570 Seiten die Rechnungslegung zur Sprache kommt. Vielleicht würden diese Professoren im Stillen denken, Dr. Gutenberg sei kein Hochschullehrer für Betriebswirtschaft im wirklichen Sinne des Wortes. Zu Beginn der Seite 2 dieser vom Verband der Hochschullehrer für Betriebswirtschaft e. V. gemachten Reformvorschläge heißt es: „Die wichtigsten Reformvorschläge lassen sich in folgenden Thesen zusammenfassen:" In der ersten Hälfte der ersten These wird festgestellt: „1. Die heute nach Rechtsformen zersplitterte Rechnungslegung sollte zumindest für Großunternehmungen durch ein einheitliches handelsrechtliches Rechnungslegungsgesetz ersetzt werden, das die einschlägigen Vorschriften aus HGB, GmbHG, GenG, PublG und AktG ablöst." Wie bereits gesagt, der erste Punkt, der als wichtigster Änderungsvorschlag bezeichnet worden war, wurde vom Bundesjustizministerium abgelehnt. Er wurde unterteilt in RefEHGB, RefEAktG und RefEGmbHG und schließlich in Gesetzesform mit einer ungewöhnlich großen Zahl von Bestimmungen veröffentlicht. Was den Änderungsvorschlag des Verbandes der Hochschullehrer für Betriebswirtschaft e. V. angeht, so ist der größte Teil im Wege der Übersetzung von Prof. Yasuo Morikawa von der Meiji Universität in Japan zugänglich gemacht worden. Ein weiterer Kommentar des Verfassers erübrigt sich daher.

Es soll nur noch auf folgendes hingewiesen werden:

Ein „einheitliches handelsrechtliches Rechnungslegungsgesetz" oder dergleichen ist nicht nur von der Kommission Rechnungswesen des Verbandes der Hochschullehrer für Betriebswirtschaft e. V. gefordert worden. Es wird auch genannt auf Seite 2 der Einführung zu einem Buch „Rechnungslegung nach neuem Recht" (1980). Es ist ein Werk mit mehr als 400 Seiten, mit dem Ziel „der Formulierung des Anpassungsgesetzes". Das Buch wurde zusammengestellt aufgrund eines Symposiums, von Referaten und Diskussionen zur 4. und 7. EG-Richtlinie. Hieran hat unter anderem auch die Schmalenbach-Gesellschaft teilgenommen. Bearbeiter des Bandes waren Dr. Dr. h. c. Marcus Bierich, Prof. Dr. Walther Busse von Colbe, Prof. Dr. Gert Laßmann und Prof. Dr. Marcus Lutter. Obzwar andere Formulierungen verwendet wurden, darf angenommen werden, daß die führenden Betriebswirtschaftler sich Gedanken darüber machten, wie mit der 4. EG-Richtlinie zu leben sei.

(7) 4. EG-Richtlinie und die Grundsätze ordnungsmäßiger Buchführung

Wie in der Präambel der 4. EG-Richtlinie festgestellt wird, gilt fast die gesamte Richtlinie der „Koordinierung nationaler Vorschriften über die Gliederung und den Inhalt der Jahresabschlüsse und der Lageberichte". Man darf deshalb als sicher annehmen, daß die Richtlinie sich zum größten Teil auf die Grundsätze ordnungsmäßiger Buchführung bezieht.

Der Verfasser hält es für notwendig, an dieser Stelle kurz darauf hinzuweisen, daß der Änderungsvorschlag zum handelsrechtlichen Rechnungslegungsgesetz, der im März 1979 von der Kommission Rechnungswesen des Verbandes der Hochschullehrer für Betriebswirtschaft e. V. vorgelegt wurde, vor allem in Absatz 4 des „Formulierungsvorschlages für den Inhalt des Jahresabschlusses", sich stützt auf Artikel 2 Absatz 2, Artikel 3 und Artikel 31 Absatz 1 der 4. EG-Richtlinie, die besonderen Bezug zu den Grundsätzen ordnungsmäßiger Buchführung haben.

Zunächst hat Dr. Ulrich Leffson in seinem Buch „Die Grundsätze ordnungsmäßiger Buchführung", 5. Auflage, 1980, S. 143–444 einen Kommentar zu jedem der zahlreichen Grundsätze geliefert. Weiter haben in einem Buch „Ordnungsmäßigkeit der Buchführung – Anforderungen an Buchführung und Aufzeichnungen", 7. Auflage, 1978, gemeinsam verfaßt von 3 Wissenschaftlern:

Dr. Karl Peter, Dr. Kurt Joachim von Bornhaupt und Dipl.-Kfm. Dr. Werner Körner, diese Autoren zunächst die Rechtsquelle eines Grundsatzes angegeben und diesen dann soweit nötig kommentiert. So werden genannt:

1. Grundsätze ordnungsmäßiger Buchführung nach den Buchführungsrichtlinien vom 11. 11. 1937;
2. Allgemeine Grundsätze ordnungsmäßiger Buchführung nach der Rechtsprechung der Steuergerichte;
3. Grundsätze ordnungsmäßiger Buchführung nach dem HGB;
4. Grundsätze ordnungsmäßiger Buchführung nach dem AktG;
5. Grundsätze ordnungsmäßiger Buchführung nach der AO 1977;
6. Grundsätze ordnungsmäßiger einfacher Buchführung;
7. Grundsätze ordnungsmäßiger Inventur;
8. Ordnungsmäßige Kassenbuchführung in ABC-Form;
9. Ordnungsmäßige Kontokorrentbuchführung in ABC-Form; und schließlich
10. Grundsätze ordnungsmäßiger Buchführung bei einzelnen Berufs- und Wirtschaftszweigen.

Dies heißt, daß die Zahl der GoB erheblich größer ist als die Zahl der Grundsätze, die in Absatz 4 der Reformvorschläge der Kommission Rechnungswesen des Verbandes der Hochschullehrer für Betriebswirtschaft e. V. aufgeführt sind. Der Verfasser möchte dies aber auf sich beruhen lassen.

Vermutlich hat das Hauptziel dieser Kommission Rechnungswesen des Verbandes der Hochschullehrer für Betriebswirtschaft e. V. in der vollständigen Auflistung der Grundsätze ordnungsmäßiger Buchführung bestanden.

Nach der Aufzählung der wichtigsten GoB in der Bundesrepublik hatten sie abzuwägen, ob der Vorrang diesen Kern-Grundsätzen oder dem Grundsatz des ,,true and fair view" nach Art. 149 des Companies Act 1948 einzuräumen sei. Sie kamen dann frei und offen zu dem Ergebnis, daß die 4. EG-Richtlinie maßgebend sein müsse. Dies ist sicher ein epochemachendes Ereignis für das traditionelle deutsche Rechnungswesen.

Artikel 2 Absatz 1 der 4. EG-Richtlinie schreibt vor, daß in einem Geschäftsjahr Bilanz, Gewinn- und Verlustrechnung und Anhang ,,ein zusammenhängendes Ganzes" sein müssen. Artikel 2 Absatz 2 schreibt vor, daß ,,sie deutlich und gemäß den Vorschriften dieser Richtlinie aufzustellen sind". Absatz 3 des gleichen Artikels schreibt vor: ,,Der Jahresabschluß muß ein den tatsächlichen Verhältnissen entsprechendes Bild (,,true and fair view") der Vermögens-, Finanz- und Ertragslage der Gesellschaft geben."

Die Professoren hatten die Tatsache zur Kenntnis zu nehmen, daß die Bestimmungen des Art. 149 des Companies Act 1948 wesentlich und vollständig übernommen worden waren. Deshalb schlugen sie in Absatz 2 dieser Reformvorschläge die obengenannte Fassung von Absatz 3 vor: ,,den tatsächlichen Verhältnissen entsprechendes Bild" = true and fair view.

Aus genau diesem Grund machten sie einen Vorschlag, der dem *Hauptzweck* des genannten Artikels 149 entspricht. Der Verfasser hat den Eindruck, daß dieser Hauptzweck dieses Artikels 149 von den Fachleuten des Rechnungswesens in Japan nicht unbedingt verstanden worden ist. (Vgl. ,,Accounting Dictionary", zusammengestellt von der Accounting Research Section, 3. Auflage, Kobe Universität, S. 677, sowie ,,Accounting Handbook", Chūo-Keizaisha, Dezember 1976, letzte Auflage, S. 829.)

Die Reformvorschläge der Kommission Rechnungswesen des Verbandes der Hochschullehrer für Betriebswirtschaft e. V. mit dem Titel ,,25 Begründungen zum Inhalt des Jahresabschlusses" leiten die 25. Begründung mit dem Satz ein: ,,Im *Konfliktfall* zwischen Bilanzierungsvorschriften und einem Einblick in die tatsächlichen Verhältnisse bezüglich der Vermögens-, Finanz- und Ertragslage der Gesellschaft hat die firmenindividuell aussagekräftigere Bilanzierung Vorrang (vgl. Abs. 3)." In diesem Falle ist Absatz 3 des Artikels 2 der 4. EG-Richtlinie gemeint.

Dieser Satz ist nach Meinung des Verfassers keineswegs eine kreative Aussage der genannten Professorengruppe, sondern lediglich ein Anklang an S. 737 von ,,Palmer's Company Law", von dem früher hier die Rede war. Der Geist der Generalklausel ,,true and fair view" kommt in der folgenden Erklärung eines großen Grundsatzes zum Ausdruck:

,,Unter den jeweiligen Umständen dürfen die Fachleute des Rechnungswesens sich der Methode der Aufstellung von Abschlüssen bedienen, die über die Gesetze und Vorschriften hinaus eine überlegene Darstellungskraft haben, und zwar gemäß ihrer eigenen Einsicht, ihres Erfahrungshorizonts und ihrer sachlichen Unterscheidungsgabe."

(8) 7. *EG-Richtlinie*

Was diese Richtlinie angeht, so gibt Gablers Wirtschafts-Lexikon folgende Erklärung: ,,Entwurf (1976 veröffentlicht), regelt die Erstellung von Konzernabschlüssen und ergänzt die 4. EG-Richtlinie, die ausschließlich den Einzelabschluß betrifft. Die 7. Richtlinie fordert, daß multinationale Gruppen einen Konzernabschluß erstellen, der alle Beteiligten einschließt, die im Bereich der Gemeinschaft liegen, und zwar auch dann, wenn sie ihren Sitz außerhalb der Gemeinschaft haben." Der gesamte Text umfaßt 26 Artikel. Diese Erklärung ist kurz und sachlich.

Der Verfasser möchte übrigens auf folgendes hinweisen: GoB, die Abkürzung eines deutschen Terminus, wird gewöhnlich als ,,Sekino Bokino Gensoku" ins Japanische übersetzt. Der Verfasser glaubt persönlich, weil § 38 des geltenden HGB (Stand vom 1. Februar 1981) unter der Überschrift ,,Buchführungspflicht" eine ausdrückliche Bestimmung enthält: *,,Bücher* zu führen . . . nach den Grundsätzen ordnungsmäßiger Buchführung . . .", liegt hier der Ursprung für die Gewohnheit, diesen Terminus ,,GoB" so in die japanische Sprache zu übertragen. Nun hat aber § 39 Abs. 2a HGB eine Vorschrift über Abschlüsse, die besagt: „Das *Verfahren* muß den Grundsätzen ordnungsmäßiger Buchführung entsprechen." Aus diesem Grunde sollten die GoB nicht nur innerhalb der Grenzen von „Eintragungen in Bücher" verstanden werden. Sie sollten natürlich auch umfassen „die Art und Weise der Erstellung eines Abschlusses".

Ulrich Leffson stellt auch fest: „Im deutschen Recht werden die Regeln für Buchführung und Bilanzierung . . . als ‚Grundsätze ordnungsmäßiger Buchführung' (GoB) bezeichnet. (Vgl. Handwörterbuch der Betriebswirtschaft, 4. Auflage, S. 1011.) Diese Auffassung ist nach Meinung des Verfassers sicher nicht falsch. Wenn nun die 7. EG-Richtlinie die Konzernbilanzrichtlinie ist mit insgesamt 26 Artikeln, dann sollte davon ausgegangen werden, daß diese Artikel die Grundsätze ordnungsmäßiger Buchführung betreffen. So stellt sich also heraus, daß diese Grundsätze als Rechtsnorm zunehmend einen Prozeß weiterer Expansion und des Fortschritts durchlaufen müssen.

Noch eine Anmerkung. Weiter oben benutzte der Verfasser den Ausdruck „den tatsächlichen Verhältnissen entsprechendes *Bild*". Er möchte den japanischen Ausdruck „Eizo" (Bild) ersetzen durch „Byosha" (Abbildung), weil diese japanische Übersetzung den deutschen Ausdruck „Bild" besser wiedergibt. Außerdem ist den internationalen Wissenschaftlern auf dem Gebiete des Rechnungswesens allgemein bekannt, daß die amtliche deutsche Version des englischen „true and fair view" die Wendung „ein den tatsächlichen Verhältnissen entsprechendes Bild" ist. (Vgl. International Accounting Lexicon, Special Edition, 1980, S. 111, herausgegeben von der Union Européenne des Experts Comptables, Economiques et Financiers [U. E. C.]).

Dem Verfasser liegen gerade die folgenden Artikel über die 4. und 7. EG-Richtlinie vor, die in „Die Wirtschaftsprüfung" erschienen, dem Organ des Instituts der Wirtschaftsprüfer in Deutschland. Die kritische Besprechung dieser Artikel würde jedoch zu viel Raum in Anspruch nehmen. Es sei deshalb gestattet, lediglich einige Literaturangaben zum Thema zu machen:

(1) Zur Generalnorm und zum Bestätigungsvermerk des Vorentwurfs eines Bilanzrichtliniengesetzes sowie Anmerkungen zu weiteren Vorschriften. Von Prof. Dr. *Ulrich Leffson*, Münster. 1. Juni 1980. S. 289 ff.
(2) Änderung des GmbH-Gesetzes und andere handelsrechtliche Vorschriften zum 1. Januar 1981. Von RA/StB Dr. *Welf Müller*, Frankfurt. 1. August 1980. S. 369 ff.
(3) Gemeinsame Stellungnahme der Wirtschaftsprüferkammer und des Instituts der Wirtschaftsprüfer zum Vorentwurf eines Bilanzrichtlinie-Gesetzes. 15. September 1980. S. 501 ff.
(4) Wirtschaftsprüfung und Universität. Ein Münsteraner Symposion. Referate und Zusammenfassung der Diskussion. Der Einfluß einer erkennbaren Gefährdung der Unternehmung auf die Aussagen im Prüfungsbericht und Bestätigungsvermerk. Von Prof. Dr. *Ulrich Leffson*, Münster. 1. Dezember 1980. S. 637 ff.
(5) Zur Transformation der 4. EG-Richtlinie. Von Ministerialrat *Herbert Biener*, Bonn. 15. Dezember 1980. S. 689 ff.
(6) „Materiality" („Wesentlichkeit") – Ein Grundsatz der Rechnungslegung auch im

deutschen Handelsrecht? Von WP/StB Dipl.-Kfm. *R. J. Niehus*, Düsseldorf. 1. Januar 1981. S. 1 ff.

(7) Die Praxis der Jahresabschlußpublizität. Von Prof. Dr. *Edgar Gastan*, Hamburg. 15. Juni 1981. S. 337 ff.

(9) Zur Auffassung von Marlene Brown:

Bei den Vorbereitungen zum Abschluß dieses Buches glaubt der Verfasser, einen Artikel einbeziehen zu müssen, der von Marlene Brown geschrieben wurde in der Ausgabe Nr. 5528 (5. Februar 1981) der Zeitschrift „The Accountant", dem Organ des Institute of Chartered Accountants in England and Wales. Unter der Überschrift: „Dramatische Veränderungen, die 4. EG-Richtlinie" unterzieht sie die 4. und 7. EG-Richtlinie einer kritischen Prüfung, indem sie die Auffassungen der Leiter der neun großen Wirtschaftsprüfungsgesellschaften der Welt heranzieht.

Sie kommt zu dem Schluß, daß diese beiden EG-Richtlinien potentiell zu Umwälzungen auf dem europäischen Kontinent führen werden. Der vollständige Wortlaut des Artikels kann hier natürlich nicht wiedergegeben werden, doch soll der Leser wenigstens mit den Hauptgedanken vertraut gemacht werden:

Vor allem behauptet sie, daß Europa sich in verschiedene Richtungen ganz erheblich verändert habe. Der Verfasser stattete dem Tokioter EG-Büro einen Informationsbesuch ab. Er stellte dabei fest, daß in einem Jahr die Gesamtzahl der von der EG veröffentlichten Richtlinien etwa 3000 beträgt. Allein diese Zahl gibt einen Einblick in die Größenordnung und die Schnelligkeit der Veränderungen in Europa. Davon kann das Rechnungswesen keine Ausnahme machen. Brown schreibt:

„Die 4. EG-Richtlinie betrifft unmittelbar mehr als 1,5 Millionen Gesellschaften in der Europäischen Wirtschaftsgemeinschaft. Die 4. EG-Richtlinie stimmt nicht in jeder Hinsicht mit der Praxis im Vereinigten Königreich überein. Es war vielleicht unrealistisch, zu erwarten, daß die Mitgliedstaaten innerhalb von zwei Jahren die erheblichen, von der 4. EG-Richtlinie geforderten Änderungen in ihr Rechtssystem übernehmen würden. Die Bundesrepublik hat einen Vorentwurf zur Diskussion gestellt, aber die Reaktionen hierauf waren weitgehend negativ, und bestimmte Verzögerungen sind wahrscheinlich." Sie sagt weiter: „Eines der größten Probleme der 4. EG-Richtlinie ist, daß es eine Reihe von Optionen gibt. Wenn also die verschiedenen Länder Gesetze aufgrund unterschiedlicher Optionen verabschieden, wird Disharmonie die Folge sein. Ein so starrer Rahmen würde in dieser Phase nicht akzeptabel gewesen sein, in der es so viele Unterschiede in den Rechts- und Buchführungsvorschriften der Mitgliedstaaten gibt. Harmonisierung ist kein punktueller Prozeß; sie erfordert ein langsames, stufenweises Vorgehen." Weiter heißt es: „Die 4. EG-Richtlinie nahm von ihrer ersten Konzeption an bis zur Verabschiedung 10 Jahre in Anspruch, so daß man mittels Änderungen weiter fortschreiten sollte."

Und: „Versucht man, Gesetze für Länder zu erlassen, die so weit auseinander liegen wie das pragmatische englische und das deutsche normative Rechtssystem – das britische Recht ist elastisches Recht, das durch Vorschriften aus dem privaten Sektor ergänzt wird, wie die Rechnungslegungsvorschriften –, dann ist es schwer, dies alles zu einem einheitlichen Dokument zu verarbeiten." (Bemerkung des Verfassers: Es gibt zum Beispiel nicht den Begriff der ‚Ordentlichkeit' in den Recommendations on Accounting Principles des Institute of Chartered Accountants in England and Wales.)

Zur 7. EG-Richtlinie sagt sie mit einem Zitat von Martin Clayton von Price Waterhouse: „Es trifft zu, daß die 7. EG-Richtlinie politisch erheblich reagibler ist als die Vierte." Bedeutet die Wendung „politisch erheblich reagibler" vielleicht „erhebliche Instabilität"?

Jedenfalls ist Marlene Brown der Auffassung, daß „die 4. EG-Richtlinie zweifellos das britische Parlament passieren wird". Indem sie den Kommentar von George Eccles von Deloitte Haskins & Sells zitiert, kritisiert Marlene Brown heftig: „Einer der Mängel der 4. Richtlinie ist, daß die Menschen unter großen Druck gesetzt und gedrängt werden, sich den Finanzbehörden zu fügen und ihnen auch noch zuzustimmen." Brown beklagt „als aktuelles Problem", daß „die meisten Länder auf dem europäischen Kontinent Bücher leider nur für das Finanzamt führen". Der Verfasser muß feststellen, daß die Situation in Japan nicht anders ist.

Marlene Brown übernimmt an dieser Stelle die Auffassung von Andrew Brown vom Ernst & Whinney Accounting Office: „Eines der großen Probleme liegt darin, wie die Mitgliedstaaten ‚true and fair view' definieren werden." Sie zielt auf den Kerninhalt des Begriffs Rechnungswesen in der 4. Richtlinie, wenn sie bekümmert feststellt: „Wenn ‚true and fair view' in Ländern wie Frankreich und Deutschland die Bedeutung von ‚Einhaltung der Gesetze' erhält und diese Länder auf unterschiedliche Weise unterschiedliche Auffassungen entwickeln, dann wird das Recht von einem Land zum anderen ebenfalls unterschiedlich sein. Dies ist in der Tat zu bedauern, weil die Grundkonzeption von ‚true and fair view' viel weiter ist als ‚Einhaltung der Gesetze'."

Der Verfasser kann in dieser Hinsicht Marlene Brown keinesfalls zustimmen. Er verweist noch einmal auf die frühere Veröffentlichung der Kommission Rechnungswesen des Verbandes der Hochschullehrer für Betriebswirtschaft e. V., in der der Grundsatz des ‚true and fair view' diskutiert worden war. Dieser Grundsatz ist erörtert worden in der 22. Auflage von Palmer's Company Law in England, Band I. Die Veröffentlichung der Kommission macht den Eindruck, als ob sie den Originaltext dieser Untersuchung in diesem Werk übernommen hätte. Im gegenwärtigen Zeitpunkt (August 1981) ist die Gesetzesvorlage in der Bundesrepublik noch nicht eingebracht worden.

Wir wissen also immer noch nicht, wie die genannte Verlautbarung in diesem Punkte im Gesetz ihren Niederschlag findet. Der Verfasser glaubt aber, daß der Verband der Hochschullehrer für Betriebswirtschaft e. V., der nicht ohne gesellschaftlichen Einfluß ist, insoweit durchaus problembewußt ist.

Auf der letzten Seite ihres Artikels zitiert Marlene Brown Marcel Asselberghs von Arthur Anderson und stellt fest: ,,In Ländern wie Italien, Belgien und Luxemburg verlassen wir gerade das Mittelalter!" Daraus geht nicht hervor, ob damit die Rückständigkeit im Rechnungswesen gemeint sein soll oder die Neigung des Mittelalters zum Dogmatismus. Demgegenüber sollte man aber doch darauf aufmerksam machen, daß Belgien von den EG-Mitgliedstaaten der erste war, der die 4. Richtlinie ratifizierte. Trotz Artikel 32 der 4. Richtlinie, in dem als Bewertungsprinzip die Anschaffungskostentheorie oder die Herstellkostentheorie gilt, hat Artikel 33 der gleichen Richtlinie den Mitgliedstaaten die Bewertung nach der Wiederbeschaffungs-Methode freigestellt. Weitere mögliche Bewertungsmethoden sind die inflationsneutrale Rechnungslegung, die Neubewertung des materiellen Anlagevermögens oder der Finanzanlagen. Dies alles unter der Bedingung, daß die betreffenden Mitgliedstaaten den Inhalt der Bewertungsmethoden, ihre Grenzen und die hierfür geltenden Rechtsvorschriften festlegen. Marlene Brown gibt einen Einblick in die internen Bemühungen um Fortschritte bei der Durchsetzung der Richtlinie mit der Feststellung: ,,Deutschland weigerte sich völlig und kämpfte gegen den Artikel 33, der den Mitgliedstaaten erlaubte, gesetzlich inflationsbereinigte Unterlagen vorzulegen." Sie schließt den Artikel mit den folgenden Worten:

,,Der Kampf, Mitgliedstaaten die Vorlage von Zahlenwerken mit indexierten historischen Preisen zu gestatten, ist in Wirklichkeit nur ein Nachhutgefecht."

Diese 4. und 7. EG-Richtlinie, die eine Folge des ,,Vertrages zur Gründung der Europäischen Wirtschaftsgemeinschaft" sind, umfassen insgesamt 248 Artikel auf der Grundlage von Artikel 54 Absatz 3 (g) des genannten Vertrages. Aus Titel III, Kapitel 2 geht eindeutig hervor, daß diese beiden Richtlinien zur Kategorie des Niederlassungsrechts gehören. Der Verfasser glaubt, der Zweck dieser beiden Richtlinien liegt darin, im Wege der Konsolidierung die Einstellung der Mitgliedstaaten zum betrieblichen Rechnungswesen über die Gesetzgebung der Mitgliedstaaten zu fixieren. Dabei kommt es notwendig zu ungewöhnlichen Härten.

2. Probleme der Union Européenne Des Experts Comptables, Economiques Et Financiers, UEC

(1) Kritik an der Auffassung von Derrick Owles

Ein Sonderband zur Ausgabe der Zeitschrift ,,The Accountant" vom 3. April 1980 trägt den Titel ,,Annual Review 1979–1980". Dieser Band enthält auf S. 4 ff. auch einen Artikel ,,Foreign Affairs – International Harmonization" von Dr. Derrick Owles, Visiting Fellow, City University Business School.

Er führt aus: ,,Die Entwicklung von Standards, wie den Grundsätzen der Rechnungslegung oder der Prüfungsnormen, ist eine Erscheinung der Zeit nach dem Zweiten Weltkrieg: Die Entwicklung nationaler und internationaler Standards ist eine vergleichsweise neue Aktivität auf dem Gebiet des Rechnungswesens. Vor dem Krieg 1939–1945 geschah nicht einmal etwas auf nationaler Ebene. Erst in der Nachkriegszeit wurden nationale Standards entwickelt, ohne daß jemand an eine internationale Zusammenarbeit gedacht hätte." Der Verfasser hält dies ebenfalls für einen Fehler. Die Begründung:

Der Verfasser hatte weiter oben schon auf folgendes hingewiesen: Vor dem Zweiten Weltkrieg hatten das Vereinigte Königreich und andere Länder keine eigenen nationalen Grundsätze zum Rechnungswesen. In Deutschland dagegen waren durch §§ 162ff. der Reichsabgabenordnung, die aus dem Jahre 1919 stammt, ausführliche Grundsätze des Rechnungswesens unter dem Titel „Pflichten der Steuerpflichtigen und anderer Personen" entwickelt worden. Außerdem waren mit Abschnitt 29 EStR, der aus 1937 stammt, noch ausführlichere nationale Grundsätze des Rechnungswesens zum Gesetz geworden. Was die Vereinigten Staaten angeht, so gab es schon vor dem Ende des Zweiten Weltkrieges detaillierte und nationale Standards verschiedener Art, zum Beispiel Kontenbezeichnung, Geschäftsbücher, Geschäftsbericht, Belege und Form und Inhalt von Abschlüssen und anderes, wie: The Securities Act of 1933, The Securities Exchange Act of 1934, The Holding Company Act of 1935. Auf der Grundlage dieser Gesetze wurden die Rule 250.27 und die Rule 250.28 von der SEC formuliert. Außerdem The Investment Company Act of 1940, die von der SEC erlassene Regulation S-X sowie die Accounting Series Release No. 4, die 1938 von der SEC veröffentlicht wurde. Man kann also nicht sagen, daß „nicht einmal auf nationaler Ebene etwas geschah".

Dr. Derrick Owles schreibt ferner: „Erst 1966 wurde ein Schritt in Richtung auf internationale Vereinheitlichung getan." Auch dies stimmt nach Meinung des Verfassers nicht:

Vier Jahre vor 1966, d.h. im September 1962, wurde in New York der 8. Internationale Kongreß der Wirtschaftsprüfer abgehalten. Die Generalversammlung fand damals im Hotel Waldorf Astoria unter Teilnahme von nahezu 4000 Personen statt. Soweit sich der Verfasser erinnert, schlug der Leiter der holländischen Delegation damals vom Rednerpult aus allen Delegationen der Welt vor, man müsse international einheitliche Normen des Rechnungs- und Prüfungswesens ausarbeiten. Der Verfasser konnte seinerzeit diesen Vorschlag von einem der vorderen Sitze aus zur Kenntnis nehmen.

Dann wurde im Jahre 1966 von den drei Delegationen Englands, der USA und Kanadas eine Konferenz abgehalten, deren Ergebnis die Schaffung einer internationalen Wirtschaftsprüfer-Studiengruppe war. Und 1972, als der 10. Internationale Wirtschaftsprüfer-Kongreß in Sydney abgehalten wurde, und zwar unter der Schirmherrschaft der Vertreter der genannten Studiengruppe, wurden Länder wie Australien, Frankreich, die Bundesrepublik Deutschland, Japan, Holland, Mexiko und andere offiziell um Mitarbeit gebeten. In diesem Stadium wurde deshalb das „International Accounting Standard Committee" gegründet. Ihm gehörten zunächst die Vertreter von insgesamt 16 Ländern an. Die Gründungssitzung wurde im Juni 1973 abgehalten.

Das schwierige Problem des neu geschaffenen IASC besteht darin, daß es keine Sanktionen verhängen kann und daß es nicht gelungen ist, den Financial Accounting Standards Board (FASB) des American Institute of Certified Public Accountants zur amtlichen Mitarbeit zu bewegen. Damit ist das Problem aber noch nicht beendet. Außerdem wurde die Unabhängigkeit des IASC sogar bedroht durch die Schaffung der „International Federation of Accountants" (IFAC), die im Oktober 1977 in München vereinbart wurde. Die Zahl der teilnehmenden Gruppen in dieser Vereinigung betrug 63.

1977 war auch das Jahr, in dem der 11. Internationale Accountants-Kongreß in München stattfand. Zweifellos ist die IFAC keine Vereinigung, die Standards festlegen kann. Sie ist aber ein Forum, durch das die Angehörigen der wirtschaftsprüfenden Berufe aus aller Welt eigene Arbeiten initiieren und einleiten. Eine der Aufgaben der IFAC ist die Vorbereitung verschiedener Sitzungen des Kongresses. Ferner möchte der Verfasser darauf hinweisen, daß die Programme, die für einen Zeitraum von fünf Jahren nach Gründung der IFAC aufgestellt wurden, bereits durchgeführt sind. Nach einer Erklärung von Dr. Derrick Owles ist es ihre Aufgabe, „Richtlinien und einen Verhaltenskodex festzustellen, Ausbildungsprogramme für Accountants zu entwickeln und über Methoden des Management Accounting zu berichten".

Er weist außerdem darauf hin, daß während des Internationalen Kongresses in Sydney im Jahre 1972 das „International Coordination Committee for the Accounting Profession" gebildet wurde, das 1977 die IFAC ins Leben rief. Die IASC sei der Vorläufer der IFAC. Allerdings seien beide Vereinigungen unabhängig voneinander und würden eine enge Zusammenarbeit pflegen. Wenn aber Mitglieder der IASC gleichzeitig Mitglieder der IFAC seien, stelle sich die Frage, ob es Raum für die Koexistenz dieser beiden internationalen Vereinigungen gebe, die beide die Aufgabe hätten, den gleichen Einflußbereich abzudecken.

Dr. Derrick Owles meint, man solle sorgsam darauf achten, daß sämtliche Mitglieder aller dieser internationalen Organisationen lediglich Angehörige der wirtschaftsprüfenden Berufe, nicht aber der Regierungen der einzelnen Staaten seien. In vielen Fällen habe die Regierung das Recht der Mitsprache bei den Grundsätzen der Rechnungslegung. Im Falle des Vereinigten Königreichs sei dies zum Beispiel das Department of Trade. In Frankreich unterstehe der „plan comptable général" (allgemeiner Kontenrahmen) der direkten Aufsicht des „Conseil National de la Comptabilité". Nur 15 Prozent der Redezeit dieses Rates stehe dem „Ordre National des Experts Comptables et des Comptables Agréés" zu, einer Vereinigung von Wirtschaftsprüfern. In Schweden oder in Belgien unterstehe das Rechnungswesen dem entsprechenden legislativen Organ des Staates. Er meint: „Diese Beispiele zeigen die Schwierigkeiten, die sich einer wirksamen internationalen Koordination entgegenstellen."

Dr. Derrick Owles, der mitgeteilt hatte, daß der amerikanische FASB sich in keiner Weise beteilige, schreibt: ,,Der FASB ist die in den USA zuständige Institution für die Formulierung von Grundsätzen ordnungsmäßiger Rechnungslegung". Diese Auffassung ist allgemein verbreitet, so daß der Verfasser nicht zu bestreiten braucht, daß auch in Japan viele Experten des Rechnungswesens ähnlich denken. Wir sollten aber nicht vergessen, daß es in den USA z. B. Prof. Homer Kripke gibt, der derzeit Professor an der Law Faculty der New York University ist und seit mehr als 45 Jahren mit der Wertpapier-Verwaltung der US-Bundesregierung zu tun hat. Er weist darauf hin, daß eine Reihe von Entscheidungen des SEC ,,überkompliziert und überreguliert" für den Laien sind und bezweifelt öffentlich: ,,Aufgrund welcher Befugnis hat der SEC seine gesetzliche Verantwortung dem FASB übertragen, um diesem seine Entscheidungen zu ermöglichen?" (Vgl. The SEC and Corporate Disclosure, by Homer Kripke, Law & Business, Inc., Harcourt Brace Jovanovich, Publishers. 1979. S. 152.) Obgleich dieses Argument redundant ist, möchte der Verfasser immer wieder darauf verweisen.

Dr. Derrick Owles führt weiter aus, die UNO sei durchaus mit dem Rechnungswesen befaßt. Sie habe im Mai 1978 eine ,,Commission of Transnational Corporations" mit Sitz in New York gebildet mit dem Ziel, Standards für Rechnungswesen und Abschlüsse multinationaler Gesellschaften auszuarbeiten. Man sei übereingekommen, daß die genannte ,,Commission of Transnational Corporations" aus 34 Mitgliedern unter der unmittelbaren Aufsicht des Wirtschafts- und Sozialrats der UNO bestehen solle. Dennoch ist bis heute kein Einvernehmen erreicht worden, vor allem hinsichtlich der Zahl von Ausschußmitgliedern, die die einzelnen Mitgliedsländer entsenden sollen. Um seine eigene Position darzulegen, schreibt Dr. Derrick Owles: ,,Es gibt also Anzeichen dafür, daß der Abgrund zwischen den entwickelten Ländern und den Entwicklungsländern auch die Vorbereitung von Grundsätzen der Rechnungslegung verhindern wird. Werden aber dennoch Standards aufgestellt, so sind sie freiwillig, weil die UNO die Durchsetzung nicht erzwingen kann."

Als nächstes erwähnt Dr. Derrick Owles die 4. EG-Richtlinie und die 7. EG-Richtlinie. Seine Ausführungen hierzu sollen wegen des oben bereits Gesagten übergangen werden. Er geht dann auf die OECD ein. Schon 1963 habe die OECD einen eigenen Entwurf eines Doppelbesteuerungsabkommens veröffentlicht, und 1976 habe sie Richtlinien für multinationale Unternehmen erarbeitet. Im Jahre 1978 habe die OECD eine Arbeitsgruppe zusammengestellt, um Grundsätze der Rechnungslegung zu prüfen, und man habe einen Fragebogen verteilt über die praktische Situation in jedem Mitgliedstaat. Nach einer kurzen Bemerkung über den Trend in den Wirtschaftsprüfungsgesellschaften in der ganzen Welt schreibt er: ,,Im Vereinigten Königreich und in den USA ist die Notwendigkeit einer pausenlosen beruflichen Fortbildung nach der qualifizierenden Prüfung als Teil des Preises zu sehen, der für die öffentliche Anerkennung des Wirtschaftsprüfers zu zahlen ist." Als eigene Meinung fügt er hinzu: ,,In Zukunft wird der beruflichen Weiterbildung nach der Qualifikation eine besondere Rolle zufallen." Er schließt seinen Artikel mit der optimistischen Sicht, daß in den 1980er Jahren, vor allem im Bereich des Rechnungswesens, lebhafte Aktivitäten, besonders die internationale Zusammenarbeit, Fortschritte machen werden und daß in den nächsten zwanzig Jahren die Bestrebungen dahin gehen werden, den nationalen Druck auf den Wirtschaftsprüfer zu verstärken.

(2) Gründung der UEC und ihre Leistungen

Dr. Derrick Owles gibt nicht den genauen Zeitpunkt der Gründung der UEC an. Es heißt, sie sei auf Anregung von Paul Caujolle 1951 in Frankreich zustandegekommen. (Vgl. Die Prüfung des Jahresabschlusses, 4. Auflage, IdW-Verlag GmbH Düsseldorf, 1977. S. 7.) Ihr Sitz ist folglich in Paris. An der Gründung der UEC nahmen Gruppen freiberuflicher Fachleute und qualifizierte Spezialisten aus 11 Ländern teil. 1973 stieg die Zahl der Mitgliedsländer auf 17. An der 7. Konferenz der UEC im Oktober 1973 nahmen neben den Mitgliedsorganisationen aus 17 Ländern zwei Gruppen aus 2 Ländern als korrespondierende Mitglieder teil.

Dem Verfasser liegen zwei Unterlagen vor: Einmal das Protokoll des 6. Kongresses, der im Oktober 1969 in Kopenhagen abgehalten wurde. Es wurde vom IdW-Verlag Düsseldorf 1970 veröffentlicht. Zum anderen das Protokoll des 7. Kongresses, der 1973 in Madrid stattfand. Auch dieses wurde vom IdW-Verlag 1978 veröffentlicht. Nach dem Kongreßbericht 1973 werden die Bezeichnungen der teilnehmenden Gruppen, geordnet nach Mitgliedstaaten, im folgenden angegeben:

Belgien:	Collège National des Experts Comptables de Belgique; Institut des Réviseurs d'Entreprises.
Dänemark:	Foreningen of Statsautoriserede Revisor, F.S.R.
England und Wales:	The Institute of Chartered Accountants in England and Wales. The Association of Certified Accountants.
Finnland:	K.H.T. Yhdistys Föreningen C.G.R.
Bundesrepublik Deutschland:	Institut der Wirtschaftsprüfer in Deutschland e. V. Institut der Wirtschaftsprüfer Berlin e. V.
Island:	Félag Löggiltra Endurskodenda.
Irland:	The Institute of Chartered Accountants in Ireland.
Italien:	Consiglio Nazionale dei Dottori Commercialisti; Federazione Nazionale del Collegio dei Ragionieri.
Luxemburg:	Ordre des Experts Comptables Luxembourgeois.
Niederlande:	Nederlands Institut van Registeraccountants.
Norwegen:	Norges Statsautoriserte Revisorers Forening.
Portugal:	Sociedade Portuguesa de Contabilidade.
Schottland:	The Institute of Chartered Accountants of Scotland.

Spanien: Instituto de Censores Jurados de Cuentas de España.
Schweden: Föreningen Auktoriserade Revisorer.
Schweiz: Schweizerische Treuhand- und Revisionskammer.
Und die folgenden zwei Gruppen aus 2 Ländern nahmen am Kongreß als korrespondierende Mitglieder teil:
Griechenland: Institute of Incorporated Public Accountants in Griechenland.
Jugoslawien: Savez Knjiqovoda Jugoslavije.

Einige Leser mögen bezweifeln, daß Jugoslawien als Mitglied des kommunistischen Lagers mit Gruppen aus wirtschaftsprüfenden Berufen vertreten war. Dies ist aber völlig normal, weil in der jugoslawischen Verfassung, die im Februar 1974 verabschiedet wurde (Artikel 78 ff.), das uneingeschränkte Recht der Bürger auf Gewinn und gewinnerzielende Tätigkeiten offiziell bestätigt wurde. (Vgl. The Constitutions of the Communist Worlds. Edited by William B. Simons, Sijthoff & Noordhoff, The Netherlands 1980, S. 473–474.)

Sämtliche Kongreßberichte dieser Vereinigung tragen über den Titeln ihrer Bücher den Vermerk „Beitrag der Wirtschaftsprüfer zur Entwicklung der europäischen Wirtschaft". Man darf also feststellen, daß die wirtschaftsprüfenden Berufe in jedem Land des europäischen Kontinents alle Anstrengungen unternommen haben, zur wirtschaftlichen Entwicklung Europas dadurch beizutragen, daß die Diskussionen über flexible Theorien und Praktiken des Rechnungswesens den Grundsatz der Ordnungsmäßigkeit verwirklichen helfen. Da die Zahl der Teilnehmer des 6. Kongresses mit etwa 1500 und des 7. Kongresses mit etwa 2000 angegeben wurde, darf man von einer wirklichen Großveranstaltung sprechen.

Die amtlichen Kongreßsprachen der Vereinigung sind nur Französisch, Deutsch, Englisch und Spanisch. Alle Teilnehmer in der Kongreßhalle haben Zugang zu einer Simultanübersetzung in den vier genannten Sprachen. Sprachprobleme sind übrigens wie so oft ein großes Hindernis. Die Vereinigung hat daher ein achtsprachiges Fachwörterbuch mit Ausdrücken des Rechnungswesens herausgegeben. Der Verfasser verfügt nur über zwei dieser Bücher. Das eine ist die Auflage des „Lexique UEC" von 1974, das andere das „International Accounting Lexicon", Auflage 1980. Der Verfasser ist vor allem an dem letztgenannten Fachwörterbuch interessiert, und zwar aus folgendem Grund: Das Lexikon scheint die Tatsache zu berücksichtigen, daß aufgrund von Artikel 54 der Römischen Verträge für den Zweck der Errichtung der Europäischen Gemeinschaft, die im Januar 1958 in Kraft traten, die 4. EG-Richtlinie im Juli 1978 veröffentlicht wurde. In dieser Richtlinie wird, wie bekannt, häufig der Ausdruck „true and fair view" verwendet, der nach britischem Recht ein wichtiger Begriff des Rechnungswesens ist. Das „International Accounting Lexicon" besitzt diesen Eintrag, und zwar gibt es die amtliche Fassung dieses Terminus in der Sprache jedes Mitgliedstaates und eine entsprechende Sacherklärung. Die französische Fassung des Ausdrucks „true and fair view“ ist „image fidèle“, die dänische Fassung ist „pålideligt billede“. Im Italienischen ist es „quadro fedele“, im Deutschen „ein den tatsächlichen Verhältnissen entsprechendes Bild“. Der Verfasser hat die deutsche Fassung dieses britischen Terminus bereits erwähnt, doch interessiert sicher die zusätzliche Erklärung des Lexikons:

„Begriff, der sich auf die Darstellung finanzieller Informationen bezieht und bedeutet, daß diese Darstellung die Beurteilung durch den Leser nicht beeinträchtigen darf, daß sie die Geschäftsvorfälle der Rechnungsperiode und deren Stand am Ende des Geschäftsjahres sowie den Geschäftsverlauf angemessen wiedergibt. Dieser in die 4. EG-Richtlinie übernommene Begriff wurde in die übrigen Sprachen der Gemeinschaft (dänisch, deutsch, französisch, italienisch) gemäß untenstehendem Tableau übersetzt.“

Die gleiche Erklärung wird auch auf Französisch gegeben: „notion s'appliquant aux informations financières des sociétés et signifiant que les documents présentés ne contiennent aucun élément susceptible de nuire à leur compréhension, qu'ils reflètent correctement les opérations réalisées au cours de la période ainsi que leur situation à la fin de la dite periode et qu'ils sont adaptés à la nature de l'activité de l'entreprise. Cette notion reprise par la 4ème directive CE a été traduite dans les autres langues de la Communauté (allemand, danois, français, italien) tel qu'il ressort du tableau ci-dessous.“

Die Erklärung in englischer Sprache lautet: „a concept signifying that the presentation of financial information in the accounts is free from any bias which could be detrimental to the reader's understanding, that it conveys with acceptable accuracy what happened during the the period concerned and how matters stood at the end of it, and that such presentation is appropriate to the business transactions which it embraces. The concept of true and fair view which was introduced in the 4th EEC directive has been translated in the other languages of the Community (Danish, French, German, Italian) as shown in the table below.“

Es ist nach Meinung des Verfassers bemerkenswert, daß erst nach mehr als zehn Jahren mit dem Erscheinen des International Accounting Lexicon, 1980, das von der Vereinigung veröffentlicht wurde, der britische Begriff des „true and fair view“ aufgenommen werden konnte und daß das deutsche Äquivalent „ein den tatsächlichen Verhältnissen entsprechendes Bild“ als übersetzte Version akzeptiert wurde. Einzelheiten hierüber finden sich in „Rechnungslegung und Prüfung der AG und GmbH nach neuem Recht (4. EG-Richtlinie)“ von Dr. Lothar Schruff, IdW-Verlag GmbH Düsseldorf 1978, veröffentlicht vom Institut der Wirtschaftsprüfer (IdW). Nach diesem Buch wurde der Vorentwurf der 4. EG-Richtlinie zum ersten Mal am 9. März 1968 veröffentlicht. Damals hieß es in Artikel 2 des Vorentwurfs: „Er (Anm.: Der Jahresabschluß) hat den Grundsätzen ordnungsmäßiger und zuverlässiger Rechnungslegung zu entsprechen.“ In dem am 16. November 1971 veröffentlichten Vorschlag bezüglich der 4. EG-Richtlinie wurde der entsprechende Satz in Artikel 2 wie folgt geändert:

,,Der Jahresabschluß hat den Grundsätzen ordnungsmäßiger Buchführung zu entsprechen.'' Nach dem am 26. Februar 1973 von der EG-Kommission veröffentlichten Geänderten Vorschlag zur 4. EG-Richtlinie wurde dieser Satz wiederum wie folgt geändert: ,,Der Jahresabschluß hat einen getreuen Einblick in die Vermögens-, Finanz- und Ertragslage der Gesellschaft zu geben.''

Aufgrund der 4. EG-Richtlinie, die am 25. Juli 1978 veröffentlicht wurde, wurde dann der betreffende Satz in seine jetzige Form gebracht. In der ersten Phase des Vorentwurfs hatte dieser Ausdruck die Stellung von Artikel 2, Absatz 1, Satz 2. In der zweiten Phase wurde er in Absatz 2 des Artikels 2 eingefügt. Dagegen wurde in der dritten Phase des Änderungsvorschlags diese Stellung des Satzes unverändert gelassen. In der vierten und letzten Phase der Bestätigung des vollen Wortlauts der 4. EG-Richtlinie wurde der Satz in Absatz 3 des Artikels 2 hineingenommen. Der Verfasser meint, daß die Verschiebung in der Abfolge der zusammenhängenden Bestimmungen der Artikel an sich keine besondere Bedeutung hat. Kommt man zum Wesentlichen, so fragt sich, ob das Wesen des Abschlusses in einem bestimmten Jahr vom Standpunkt der Sicherung strikter Einhaltung gesetzlicher Normen zu sehen ist oder ob diese gesetzlichen Normen unter bestimmten Umständen überschritten werden dürfen. Wir haben hier die Bestätigung für die Situation einer 10jährigen heftigen und ständigen Auseinandersetzung über die deutschen und die britischen Grundauffassungen über das Rechnungswesen. Die angelsächsische Position hat den europäischen Kontinent erobert, mindestens die Mitgliedstaaten der Europäischen Gemeinschaft. Der Leser darf sicher sein, daß dieser Sieg für das europäische Rechnungswesen am Ende des 20. Jahrhunderts eine revolutionäre Änderung mit sich bringen wird.

Der Verfasser darf noch einmal auf das ,,Handwörterbuch des Rechnungswesens, Zweite, völlig neu gestaltete Auflage, C. E. Poeschel Verlag Stuttgart 1981'' hinweisen. Herausgeber sind: Prof. Dr. Dr. h. c. mult. Erich Kosiol, Prof. Dr. Klaus Chmielewicz und Prof. Dr. Marcel Schweitzer. In Sp. 1871 ff. dieses Buches sind die geänderten Entwürfe enthalten, die vom Bundesjustizministerium entsprechend der 4. EG-Richtlinie von 1978 am 18. Mai 1981 veröffentlicht wurden, z. B. der Änderungsvorschlag für das Handelsgesetzbuch, das Aktiengesetz, das GmbH-Gesetz und das Publizitätsgesetz usw.

Sieht man diese Änderungsvorschläge durch, dann versteht man, warum der Ausdruck ,,ein den tatsächlichen Verhältnissen entsprechendes Bild'' – als Übersetzung des britischen Terminus ,,true and fair view'' im International Accounting Lexicon der UEC – ohne irgendeine Änderung wörtlich in die genannten Änderungsvorschläge übernommen wurde. Was die Form der Vorschläge zur Gesetzesänderung angeht, so wurde der Ausdruck zweimal in § 238 Abs. 2, einmal in § 239 Abs. 2 Nr. 2 und einmal in § 277 Abs. 1 HGB verwendet.

Außerdem wurde im Änderungsvorschlag für das Aktiengesetz der gesamte Text des bisherigen § 149 neu gefaßt. Hierbei wird die folgende Formulierung verwendet: ,,Bei der Aufstellung des Jahresabschlusses und des Lageberichts sind, . . ., die Vorschriften des Handelsgesetzbuches . . . und im Ersten und Zweiten Abschnitt des Dritten Buchs über den Jahresabschluß und den Lagebericht . . . anzuwenden." Es wird vorgeschrieben, daß im übrigen alle vorgenannten Bestimmungen des Handelsgesetzbuches anzuwenden sind.

Diese Ausdrucksweise wird auch im Änderungsvorschlag für das GmbH-Gesetz benutzt, in dem § 42 vollständig umgeschrieben wurde. Unter Verwendung des gleichen Ausdrucks, wie er im Änderungsvorschlag des Aktiengesetzes verwendet wird, schreibt Abs. 1 des neugefaßten § 42 vor, daß auch die genannten Paragraphen des Handelsgesetzbuches heranzuziehen sind. Im Falle des PublG (Gesetz über die Rechnungslegung von bestimmten Unternehmen und Konzernen) ist außerdem geplant, den bisherigen Wortlaut des § 5 vollständig zu ändern. Absatz 2 des vorgeschlagenen neuen § 5, der den gleichen Ausdruck wie die Änderungsvorschläge für das AktG und das GmbHG enthält, schreibt vor, die genannten Bestimmungen des Handelsgesetzbuches ebenfalls heranzuziehen. Dies alles bedeutet, daß die Vorschriften für die Erstellung der Abschlüsse, die sich vor 1937 im deutschen Handelsgesetzbuch finden, den ursprünglichen Rahmen weitgehend verlassen haben. Allerdings ist darauf hinzuweisen, daß die genannte umfangreiche Änderung zunächst nur Gegenstand der Änderungsvorschläge ist. Es ist kaum vorstellbar, daß der Deutsche Bundestag, der die gleichen großen gesetzgeberischen Anstrengungen wie Japan gemacht hat, die Änderungsentwürfe ohne weiteres passieren lassen wird. Zum Beispiel setzte der Deutsche Bundestag am 25. Oktober 1982 die Neufassung von 8 Gesetzen einschließlich des Aktiengesetzes durch. Die Bezeichnung des Gesetzes, das alle diese 8 Gesetze einschließt, ist „Verschmelzungsrichtlinie-Gesetz". Wesentlicher Inhalt ist das „Gesetz zur Durchführung der Dritten Richtlinie des Rates der Europäischen Gemeinschaften zur Koordinierung des Gesellschaftsrechts". Es ist ein umfangreicher Text, wie dem BGBl. I, S. 1425–1433 zu entnehmen ist. Außerdem ist der Hauptteil des Änderungsgesetzes entsprechend der 4. EG-Richtlinie, jedenfalls zur Zeit der Abfassung dieses Buches, unverändert geblieben.

Solange die UEC im Sinne ihrer Zielsetzung beabsichtigt, den Grundsatz der „Ordentlichkeit" in Theorie und Praxis des Rechnungswesens in jedem Mitgliedstaat zu verwirklichen, der durch Mitgliedschaft oder sonstige Publikationen in Verbindung mit der UEC steht, um so einen Beitrag zum Fortschritt der europäischen Wirtschaft zu leisten, muß ihr Problembereich nach Meinung des Verfassers unvermeidlich weiter gefaßt werden. Der Verfasser erwähnte bereits früher das Buch „Die Prüfung des Jahresabschlusses. 4. Auflage". Es wurde geschrieben von der „Kommission für Buchprüfung der UEC" unter Leitung von Dr. oec. W. Dober. Der Anhang enthält Mustersätze für den Standard-Bestätigungsvermerk, der in allen Mitgliedstaaten zu erteilen ist. Aus Raumgründen können hier nicht sämtliche Bestätigungsvermerke aus allen Mitgliedstaaten wiedergegeben werden. Der Verfasser möchte deshalb nur das Kernstück dieses Vermerks an vier Beispielen aus England, Deutschland, Frankreich und der Schweiz erläutern. Beginnen wir mit England. Es gibt eine Vorschrift: ,,Der Standard-Bestätigungsvermerk für eine Aktiengesellschaft ohne Tochtergesellschaften lautet wie folgt: ,Nach unserer Auffassung gibt der Abschluß auf den Seiten x bis y ein zutreffendes Bild von der Lage der Gesellschaft zum 31. Dezember 19.. und vom Gewinn (Verlust) (den Ergebnissen) für das an diesem Tage endende Jahr, und er genügt den Vorschriften des Companies Act 1948 und 1967.'" In diesem Vermerk wird in der englischen Fassung der Ausdruck ,,true and fair view" benutzt.

Das genannte Werk ,,Die Prüfung des Jahresabschlusses. 4. Auflage", vom Institut der Wirtschaftsprüfer (IdW), das diesen Standard-Bestätigungsvermerk enthält, wurde im Januar 1977 veröffentlicht. Es ist also kaum möglich, daß sowohl das Company Act 1977, das während der Zeit vom 24. Januar 1977 bis zum 1. Oktober 1977 Schritt für Schritt in Kraft trat, als auch das Company Act 1980, das am 1. Mai 1980 erlassen wurde, einer weiteren Prüfung unterzogen wurde. Der Verfasser glaubt, daß die Formulierung in diesem Bestätigungsvermerk später in gewissem Umfang geändert werden sollte. Wichtige Hinweise sind nach meiner Auffassung enthalten in einem Buch mit dem Titel ,,Guide to the Accounting Requirements of the Companies Acts, Published for the Institute of Chartered Accountants in England and Wales by Gee & Co., Limited. July 1980".

Das nächste Beispiel ist die Bundesrepublik Deutschland. Der Bestätigungsvermerk lautet hier: ,,Die Buchführung, der Jahresabschluß und der Geschäftsbericht entsprechen nach meiner (unserer) pflichtmäßigen Prüfung Gesetz und Satzung." Der Leser wird bemerken, daß die bisher in der Bundesrepublik erteilten Bestätigungsvermerke von dem Grundsatz der ,,Sicherung genauer Übereinstimmung mit den geltenden gesetzlichen Vorschriften" ausgingen.

Aufgrund der erwarteten Neufassungen von Gesetzen, wie AktG, GmbHG und PublG, ganz zu schweigen vom HGB und aufgrund der Tatsache, daß in diese neugefaßten Gesetze entsprechend der 4. EG-Richtlinie der Begriff ,,true and fair view" aus den britischen Companies Acts aufgenommen wird, muß der Wortlaut der Bestätigungsvermerke in wesentlichen Punkten geändert werden.

Das nächste Beispiel ist der Bestätigungsvermerk in Frankreich. Es folgt die Standardfassung des französischen Bestätigungsvermerks, der den Aktionären vorgelegt wurde: ,,En exécution de la mission que nous a confiée votre assemblée générale du . . ., nous avons examiné le bilan et les comptes de l'exercice clos le . . .

Notre examen, effectué conformément aux normes de révision comptable, a comporté les contrôles considérés par nous comme nécessaires, eu égard aux règles de diligence normale.

Le compte d'exploitation générale, le compte de pertes et profits et le bilan qui vous sont présentés ont été établis selon les mêmes formes et les mêmes méthodes d'evaluation que l'année précédente. Nous certifions qu'à notre avis l'inventaire et ces documents sont réguliers et sincères.

Nous avons également vérifié la sincérité des informations données dans le rapport du conseil d'administration et dans les documents adressés aux actionnaires sur la situation financière et les comptes de la société." Dieser französische Bestätigungsvermerk macht den Eindruck, als ob er eine Mittelstellung zwischen den formelhaften britischen und deutschen Vermerken einnähme, weil nicht nur die ,,Ordnungsmäßigkeit", sondern auch ,,Gerechtigkeit" als Grundwertbegriff angesehen wird.

Das letzte Beispiel ist die Schweiz. Der allgemeine Bestätigungsvermerk hat hier folgenden Wortlaut:

,,Als Kontrollstelle Ihrer Gesellschaft habe(n) ich (wir) die auf den . . . 19 . . abgeschlossene Jahresrechnung im Sinne der gesetzlichen Vorschriften geprüft.

Ich (wir) stellte(n) fest, daß

- die Bilanz und die Erfolgsrechnung mit der Buchhaltung übereinstimmen,
- die Buchhaltung ordnungsgemäß geführt ist,
- bei der Darstellung der Vermögenslage und des Geschäftsergebnisses die gesetzlichen Bewertungsgrundsätze sowie die Vorschriften der Statuten eingehalten sind.

Aufgrund der Ergebnisse meiner (unserer) Prüfungen beantrage(n) ich (wir), die vorliegende Jahresrechnung zu genehmigen. Ferner bestätige(n) ich (wir), daß der Vorschlag des Verwaltungsrates über die Gewinnverwendung Gesetz und Statuten entspricht."

Bemerkenswert ist, daß der schweizerische Bestätigungsvermerk besonderen Wert legt auf die Übereinstimmung zwischen den verschiedenen Abschlußrechnungen und der Buchhaltung, zusammen mit der ordnungsmäßigen Führung der Buchhaltung. Weitere Länder, die Übereinstimmung zwischen dem Abschluß und der Buchführung als notwendiges Element des Bestätigungsvermerks fordern, sind Spanien, Portugal, Österreich usw. Länder, die für den Bestätigungsvermerk ordnungsmäßige Buchführung fordern, sind Finnland, Norwegen usw. An dieser Stelle ist daran zu erinnern, daß Artikel 51 Absatz 1 Nr. (b) der 4. EG-Richtlinie vom Abschlußprüfer die Bestätigung der Übereinstimmung zwischen dem Abschluß und der Buchführung verlangt. Es ist anzunehmen, daß im Laufe der Zeit jeder Mitgliedstaat dies gesetzlich festlegen wird. Der Verfasser ist sich im unklaren darüber, ob dieses Problem in Japan schon kritisch behandelt wird.

T. C. Hartley, Senior Lecturer in Law, London School of Economics and Political Science, stellt in seinem Buch ,,Foundation of European Community Law" (Clarendon Press. Oxford 1981) fest, daß ,,der erste Schritt in Richtung auf eine Europäische Föderation, ein Vereinigtes Europa", bereits getan sei (S. 6). Der Verfasser ist der Meinung, daß von der UEC, die jetzt mehr als 30 Jahre besteht, in Zukunft ein günstiger Einfluß ausgehen wird. EG und UEC unterscheiden sich in der Zahl der Mitgliedstaaten. Dennoch ist zu sagen, daß die Römischen Verträge doch schon als Verfassung der Gemeinschaft betrachtet werden (S. 6).

3. Das Problem der Vollständigkeitserklärung bei der Abschlußprüfung

(1) Gründe für die Behandlung des Problems

Der Verfasser möchte gerade dieses Problem hier aufgreifen, weil er in Japan kein Wörterbuch des Rechnungswesens oder eine entsprechende Monographie auftreiben konnte, in denen das Problem der Vollständigkeitserklärung erörtert wird, die in der Prüfungspraxis in der Bundesrepublik so fest verankert ist. Man könnte auf Dr. Kotaro Tanakas Buch ,,Die Logik der Bilanzierungsgrundsätze" hinweisen, der die Auffassung vertritt, das Rechnungswesen in Japan habe viele Elemente aus der deutschen Theorie und Praxis der Rechnungslegung übernommen. Dennoch versteht der Verfasser nicht, warum nur das Problem der Vollständigkeitserklärung in Japan bisher übersehen wurde.

Als Praktiker des Rechnungs- und Steuerwesens darf der Verfasser mit Überzeugung feststellen, daß mehr als 90 Prozent der japanischen Aktiengesellschaften und 99 Prozent der japanischen Privatunternehmen keine Vollständigkeit ihrer Bücher und Aufzeichnungen kennen.

Dem Verfasser sind folgende Quellen zum Thema Vollständigkeitserklärung zugänglich:

1. Wirtschaftsprüfer-Handbuch 1973.
2. Wirtschaftsprüfer-Handbuch 1977.
3. Handwörterbuch des Rechnungswesens 1970.
4. Handwörterbuch des Rechnungswesens. Zweite, völlig neu gestaltete Auflage 1981.
5. *Ulrich Leffson:* Wirtschaftsprüfung 1977.
6. *v. Wysocki:* Grundlagen des betriebswirtschaftlichen Prüfungswesens, 2. Auflage 1977.
7. *v. Wysocki, Hagest:* Die Praxis des Prüfungswesens 1976.
8. *Wolfgang Lück:* Lexikon der Wirtschaftsprüfung. Rechnungslegung und Prüfung 1980.
9. *Fritz Erhard:* Steuerliche Betriebsprüfung, 4. Auflage 1980.
10. *Friedrich W. Selchert:* Aktienrechtliche Jahresabschlußprüfung 1979.

(2) Zur Entstehung der Theorie der Vollständigkeitserklärung

Einen Hinweis auf die Bedeutung der Vollständigkeitserklärung gibt die Formulierung: ,,Gemäß § 44 Absatz 1 Nr. 1 KWG vom 10. 7. 1961 (BGBl. I 881) wird hiermit angeordnet" in der Erklärung im WP-Handbuch 1977, das vom Institut der Wirtschaftsprüfer herausgegeben wurde (vgl. S. 407). Maßgebend sei die Anordnung, die in der Bekanntmachung 3/68 des Bundesaufsichtsamts für das Kreditwesen, Berlin, vom 20. 12. 1968 enthalten sei (Bundesanzeiger Nr. 3/1969).

§ 44 Absatz 1 Nr. 1 dieses Kreditwesengesetzes hat folgenden Wortlaut:

,,(1) Das Bundesaufsichtsamt ist befugt

1. von den Kreditinstituten und den Mitgliedern ihrer Organe Auskünfte über alle Geschäftsangelegenheiten sowie die Vorlegung der Bücher und Schriften zu verlangen und auch ohne besonderen Anlaß Prüfungen vorzunehmen; die Bediensteten des Bundes-

aufsichtsamtes können hierzu die Geschäftsräume des Kreditinstituts betreten; das Grundrecht des Artikels 13 des Grundgesetzes wird insoweit eingeschränkt;
2. . . .“

Artikel 13 des Grundgesetzes für die Bundesrepublik Deutschland betrifft die ,,Unverletzlichkeit der Wohnung“. Es erhebt sich aber die Frage, ob die Unterordnung von Artikel 13 unter § 44 Abs. 1 KWG nicht offensichtlich im Widerspruch steht zu Artikel 1 Absatz 3 des Grundgesetzes. Der Grund hierfür ist die Formulierung dieses Absatzes 3: ,,Die nachfolgenden Grundrechte binden Gesetzgebung, vollziehende Gewalt und Rechtsprechung als unmittelbar geltendes Recht.“ Dagegen erlaubt Artikel 13 Absatz 3 des Grundgesetzes die Einschränkung der Unverletzlichkeit der Wohnung in gesetzlich zulässigen Fällen, so daß hier ein Widerspruch nicht entsteht.

§ 44 Abs. 1 No. 1 des genannten Kreditwesengesetzes gibt den zuständigen Bundesbehörden ein Aufsichtsrecht über die Banken. Der Verfasser vermag nun nicht einzusehen, warum diese Rechtsvorschrift in eine Beziehung zur Vollständigkeitserklärung gesetzt worden ist. Bei der Einsichtnahme in Fachgutachten, die seit 1933 ununterbrochen vom Institut der Wirtschaftsprüfer erstellt werden, ergab sich, daß im Jahre 1935, das ist 26 Jahre vor dem Erlaß dieses Kreditwesengesetzes, ein Fachgutachten veröffentlicht wurde, das den Titel trug ,,Abgabe einer Vollständigkeitserklärung durch den Vorstand der geprüften Unternehmung“. Ein Fachgutachten mit der gleichen Bezeichnung wurde auch 1942 veröffentlicht. Schließlich wurde 1958 ein Fachgutachten unter der Bezeichnung ,,Neue Muster für Vollständigkeitserklärungen“ veröffentlicht. Dies heißt, daß der Brauch, eine Vollständigkeitserklärung zu fordern, sich über einen Zeitraum von mehr als 20 Jahren entwickelt hat.

Man darf also sagen, daß die Verabschiedung des Kreditwesengesetzes im Jahre 1961 lediglich ein Anlaß war, dieses Gesetz zu einem Teil des Rechtssystems zu machen. Allerdings war das Thema der Vollständigkeitserklärung bereits behandelt worden in Form der ,,Erlasse der Bankenaufsichtsbehörden des Bundesgebietes“. Diese Erlasse traten dann außer Kraft, so daß die obengenannten Grundsätze nur auf den Jahresabschluß für das nach dem 31. Dezember 1967 beginnende Geschäftsjahr anwendbar waren. (Vgl. WP Handbuch, S. 400.)

(3) Der Grund für die Notwendigkeit der Vollständigkeitserklärung

Prof. Dr. Ulrich Leffson (Universität Münster) begründet die Notwendigkeit der Vollständigkeitserklärung wie folgt: ,,Der Prüfer kann nur prüfen, was in den Büchern erfaßt ist. Hingegen kann er nicht oder nur mehr oder minder zufällig prüfen, was in ihnen nicht erfaßt ist. Hier besteht eine Lücke in den Prüfungsmöglichkeiten. Diese soll soweit wie möglich durch eine sogenannte Vollständigkeitserklärung geschlossen werden.“ (Vgl. Wirtschaftsprüfung 1977, S. 251.)

Der Verfasser ist der Meinung, daß er weiter oben bereits dieses wichtige

Problem der Abschlußprüfung angesprochen hat. Gibt es in den einschlägigen Grundsätzen der Rechnungslegung in Japan einen Hinweis auf eine Lücke in den Prüfungsmöglichkeiten, die Prof. Leffson erwähnt? Der Verfasser ist außerstande, die Frage zu beantworten. In den japanischen ,,Arbeitsregeln für Abschlußprüfungen" kommt die amtliche Einstellung zum Ausdruck, den Pflichtenkreis eines Prüfers durch den Ausdruck zu begrenzen *,,die Prüfung der Aufzeichnungen* von Geschäftsvorfällen". Wahrscheinlich heißt dies, daß es genügt, wenn der Prüfer nur die Aufzeichnungen von Geschäftsvorfällen prüft. Andererseits steht in den japanischen Grundsätzen der Finanzbuchführung der Grundsatz der Wahrheit an erster Stelle. Die von den japanischen Accountants – Wirtschaftsprüfer und Steuerberater – durchzuführenden Prüfungen geschehen auf der Grundlage japanischer Gesetze, die die Befolgung des Grundsatzes der Wahrheit zur Pflicht machen. Die Quelle dieser Gesetze ist einmal Artikel 4 des ,,Ministerialerlasses über den Betätigungsvermerk", der für Wirtschaftsprüfer gilt, und zum anderen Artikel 45 des ,,Gesetzes über steuerberatende Berufe", das ausschließlich für Steuerberater gilt. Dabei ergeben sich mindestens zwei Probleme. Einmal ist zu fragen, ob die betreffenden Behörden der Meinung sind, der Grundsatz der Wahrheit lasse sich nur durch die Prüfung der aufgezeichneten Geschäftsvorfälle verwirklichen. Mit anderen Worten, ob sie glauben, daß der Grundsatz der Wahrheit trotz der ,,Lücke in den Prüfungsmöglichkeiten" realisierbar sei, auf die Prof. Leffson hingewiesen hat.

Das zweite Problem ist der gegenwärtige Zustand der Gesetzgebung in mehreren anderen Ländern:

Die Vereinigten Staaten haben vor allem in Artikel 24 des Securities Law von 1933 und in Artikel 32 des Securities Exchange Law von 1934 folgendes bestimmt: Um die Wahrheit in der Rechnungslegung zu gewährleisten, wurde eine Gefängnisstrafe von 5 bis unter 2 Jahren oder eine Geldstrafe von 5000 bis 500 000 Dollar oder beides festgelegt.

Artikel 19 des britischen Companies Act 1976 schreibt eine Gefängnisstrafe bis zu 2 Jahren oder eine Geldstrafe bis zu £ 400 oder beides für eine Person vor, die dem Prüfer weitgehend falsche Bücher und Aufzeichnungen vorlegt.

In der Bundesrepublik Deutschland gibt es in § 283 b StGB die Bestimmung, nach der jemand, der Bücher und Aufzeichnungen unrichtig führen läßt oder der dies selbst tut, eine Gefängnisstrafe bis zu 2 Jahren oder eine Geldstrafe verwirkt hat. Diese Vorschrift findet allerdings nur dann Anwendung, wenn die Zahlungen eingestellt worden sind oder über das Vermögen das Konkursverfahren eröffnet wurde oder der Konkurseröffnungsantrag mangels Masse abgewiesen worden ist.

Im Falle Japans ist zu fragen, ob dem Grundsatz der Wahrheit in der Rechnungslegung genügt werden kann, selbst wenn es keine Strafbestimmungen insbesondere für Unternehmen gibt, um sicherzustellen, daß diese Bücher und Aufzeichnungen vorlegen, die diesem Grundsatz der Wahrheit entsprechen. Nach den derzeitigen gesetzlichen Vorschriften über die Rechnungslegung in

Japan lassen sich die beiden genannten Fragen so gut wie gar nicht beantworten. Hierin liegt nach fester Überzeugung des Verfassers der Mangel des gegenwärtigen Systems der Rechnungslegung in Japan. Die in der Bundesrepublik Deutschland übliche Vollständigkeitserklärung zeigt, wie das japanische System beschaffen sein sollte.

(4) Die wesentlichen Merkmale der Vollständigkeitserklärung

Im Jahre 1967 veröffentlichte der Hauptfachausschuß des IdW als Fachgutachten Nr. 1/1967 ,,Grundsätze ordnungsmäßiger Durchführung von Abschlußprüfungen". Das Gutachten hat die Teile A, B und C. Teil A enthält die ,,Vorbemerkungen", Teil B die ,,Aufgaben der Abschlußprüfung" und Teil C die ,,Grundsätze der Prüfungsdurchführung". Der Grundsatz Nr. 9 in Teil C trägt die Bezeichnung ,,Einholung der Vollständigkeitserklärung". Hierzu bemerkt das Fachgutachten: ,,Der Abschlußprüfer hat von dem geprüften Unternehmen eine Vollständigkeitserklärung einzuholen; sie ist kein Ersatz für Prüfungshandlungen, sondern eine sachgerechte Ergänzung der Abschlußprüfung". Diesem Fachgutachten sind zwei Anmerkungen beigefügt. Die erste Anmerkung lautet: ,,Die Vollständigkeitserklärung ist eine umfassende Versicherung des Vorstandes über die Vollständigkeit der erteilten Auskünfte und Nachweise. Sie dient damit auch der Abgrenzung der Verantwortlichkeit (Hinweis auf das Fachgutachten 1/42)."

Es wurde früher bereits auf die deutschen Gesetze hingewiesen, die Vollständigkeit der Bücher und Aufzeichnungen verlangen und daß § 43 HGB und § 146 AO überlappende Bestimmungen enthalten. Der Verfasser möchte betonen, daß diese Vollständigkeitserklärung einen entscheidenden Beitrag zur Abgrenzung der Pflichten des Abschlußprüfers leistet. Die wirtschaftsprüfenden Berufe in Japan sollten unverzüglich alles tun, um sich der bundesdeutschen Praxis der Wirtschaftsprüfung anzupassen.

Die zweite Anmerkung lautet:

,,Das Institut der Wirtschaftsprüfer hat Muster für Vollständigkeitserklärungen ausgearbeitet. Sie sind auf Vorgänge abgestellt, die in der Praxis häufig vorkommen und sind im Einzelfall, soweit erforderlich, zu ändern oder zu ergänzen." Wie schon ausgeführt, fast 50 Jahre sind seit der Veröffentlichung der Vollständigkeitserklärung in Form eines Fachgutachtens des IdW vergangen, und es ist daher nur natürlich, daß diese Erklärung im Laufe der Zeit verfeinert wurde und daß sie heute noch elastischer ist als zuvor.

Der vollständige Text des Fachgutachtens, das bekannt ist als ,,Grundsätze ordnungsmäßiger Durchführung von Abschlußprüfungen", ist als Anlage 1 (S. 248–256) dem Buch ,,Grundlagen des betrieblichen Prüfungswesens 1977" von Dr. Klaus Wysocki, o. ö. Prof. der Betriebswirtschaftslehre an der Universität München, beigefügt.

Anlage 2 enthält den vollen Text der ,,Prüfung von EDV-Buchführungen".

Er wurde als ,,Stellungnahme 1/1974" vom IdW veröffentlicht und umfaßt insgesamt 22 Seiten.

Dr. Fritz Erhard, Regierungsdirektor a. D., behandelt die Vollständigkeitserklärung ebenfalls in seinem Buch ,,Steuerliche Betriebsprüfung", 4. Auflage 1980, S. 78 ff.

Er beruft sich auf den ,,Inhalt der Tätigkeit" nach § 33 StBerG und darauf, daß § 33 den Ausdruck ,,die Aufstellung von Steuerbilanzen" enthält und kommt zu dem Schluß, der Steuerberater habe die Grenze der Wahrheit und seine Verantwortung ,,für die sachliche Richtigkeit" festzulegen, und: ,,Grundsätzlich darf sich der Steuerberater, insbesondere bei vom Mandanten abgegebener Vollständigkeitserklärung, auf die von ihm gemachten Angaben stützen, es sei denn, daß sie offensichtlich unzutreffend sind."

Er diskutiert aber mehrfach etwa wie folgt: ,,Eine besondere Treuepflicht gegenüber dem FA besteht für ihn nicht; so braucht er sich auch nicht zu vergewissern, ob sein Mandant die ihm gegebenen Hinweise auch beachtet hat." Der Verfasser ist jedoch teilweise anderer Auffassung.

Das Nichtbestehen einer Treuepflicht gegenüber dem Finanzamt, als Ausdruck des Berufsrechts, gilt nicht nur für den Steuerberater, sondern auch für den Wirtschaftsprüfer. In § 57 StBerG gibt es aber die Wendung, daß die Pflicht zur ,,Gewissenhaftigkeit" besteht. Der gleiche Ausdruck wird auch in § 43 WPO benutzt. Der Verfasser hat bereits die Frage behandelt, ob der Begriff Gewissenhaftigkeit, der in den beiden genannten Gesetzen ausdrücklich genannt ist, einen größeren Umfang hat als der Begriff der Vorsicht eines sorgfältigen Verwalters nach dem BGB. Es gibt allerdings keine gesetzliche Bestimmung hinsichtlich der Feststellung, ob die Vollständigkeitserklärung vorsichtig erteilt wurde.

Daß eine solche gesetzliche Bestimmung nicht besteht, läßt nach Meinung des Verfassers jedoch nicht den Schluß zu, daß die Wendung ,,keine Notwendigkeit der Bestätigung" nicht vereinbar ist mit dem Begriff ,,Gewissenhaftigkeit".

In Japan gibt es bis heute keine Strafbestimmungen, die den Tatbestand ,,unrichtiger Aufzeichnungen" regeln – ausgenommen den Fall des Konkurses. Da der Japaner im übrigen dazu erzogen wurde, ständig nach Möglichkeiten der Steuerhinterziehung zu suchen, dürfte auch diese Vollständigkeitserklärung großzügig gehandhabt werden.

Was die Frage der Formulierung der Vollständigkeitserklärung als Ergänzung der Richtigkeit der Bücher und Aufzeichnungen angeht, so müßte in Japan der Begriff der ,,angemessenen Vorsichtspflicht", der in den Bestimmungen für die prüfenden Berufe enthalten ist, die von ihm erwartete Funktion erfüllen.

(5) Die äußere Form der Vollständigkeitserklärung

Die drei im WP-Handbuch 1977, S. 407ff., enthaltenen Mustersätze sind relativ kurz. Dagegen sind die in dem genannten Buch von Wysocki zitierten Mustersätze relativ lang, ausführlich und einfach. Auf sie soll hier kurz eingegangen werden.

Die Überschrift ,,Vollständigkeitserklärung" ist in Frakturschrift gedruckt. Es folgen Anschrift und Datum und weiter unten der Name eines Prüfers sowie der Name des geprüften Unternehmens.

Darunter folgt: ,,Betr.: Jahresabschluß und Geschäftsbericht für das Geschäftsjahr 19 . .". Die eigentliche Erklärung lautet: ,,Ihnen als Abschlußprüfer erkläre ich (erklären wir) als Vorstandsmitglied(er)/Geschäftsführer hiermit (in eigenem Namen sowie namens und im Auftrag aller übrigen Vorstandsmitglieder/Geschäftsführer) folgendes:"

Der folgende Inhalt ist in 4 Gruppen eingeteilt: A, B, C und D. A sind ,,Aufklärungen und Nachweise", B sind ,,Buchführung und Schriften", unterteilt in 6 Unterpunkte. C sind ,,Jahresabschluß und Geschäftsbericht", unterteilt in 14 Unterpunkte. D ist eine Leerspalte für die Eintragung von ,,Zusätze und Bemerkungen". Zum Schluß folgt die Unterschrift. Dies ist der Aufbau des Mustersatzes.

In A (,,Aufklärungen und Nachweise") wird folgende Formulierung benutzt:

,,Die Aufklärungen und Nachweise, um die Sie mich (uns) gemäß § 165 AktG gebeten haben, habe ich (haben wir) Ihnen nach bestem Wissen und Gewissen gegeben. Als Auskunftspersonen habe ich (haben wir) Ihnen die nachfolgend aufgeführten Personen benannt:" Darunter folgen 4 Leerzeilen. Den Schluß bildet der Satz: ,,Diese Personen sind von mir (uns) angewiesen worden, Ihnen alle gewünschten Auskünfte und Nachweise richtig und vollständig zu geben."

Der Leser wird inzwischen bemerkt haben, wie vorsichtig eine in diesen Modellsätzen vorhandene ,,Lücke in den Prüfungsmöglichkeiten" – nach Prof. Leffson – ausgefüllt wird.

Es wurde bereits erwähnt, daß ,,Buchführung und Schriften" in B in 6 Unterpunkte unterteilt sind. Diese können hier nicht alle zitiert werden. Punkt 1 möge genügen:

,,1. Ich habe (wir haben) Anweisung gegeben, Ihnen die Geschäftsbücher und sonstigen Unterlagen der Gesellschaft vollständig zur Verfügung zu stellen."

Diese Formulierung soll offenbar verhindern, daß Unternehmen Abschlüsse frisieren oder Angaben vorenthalten. In der Bundesrepublik ist also alles getan worden, um nach Möglichkeit Bilanzfrisur und Steuerhinterziehung zu verhindern.

Der Abschnitt C (,,Jahresabschluß und Geschäftsbericht") hat 14 Unterpunkte. Auch hier soll nur ein Beispiel vorgeführt werden. In Punkt 1 heißt es:

,,In der von Ihnen geprüften Jahresbilanz sind nach meiner (unserer) Überzeugung alle bilanzierungspflichtigen Vermögenswerte, Verpflichtungen und Wagnisse (z. B. Verluste aus schwebenden Geschäften) berücksichtigt." In Punkt 2 heißt es: ,,Forderungen aus Krediten, die unter § 89 oder § 115 AktG fallen, bestanden am Abschlußstichtag ☐ nicht. ☐ nur in der Höhe, in der sie in der Jahresbilanz als solche ausgewiesen oder vermerkt sind." In diesem Falle ist ein X in das Kästchen einzutragen, um die Wahl zu kennzeichnen. In diesen 14 Punkten gibt es 36 Spalten für eine solche Kennzeichnung.

Die übrigen Punkte bedürfen sicherlich keiner Erwähnung.

Die Spalte D (,,Zusätze und Bemerkungen") ist natürlich freigelassen. Am Ende des Formulars ist Platz für die Unterschrift der verantwortlichen Person (oder Personen), die den Bericht vorlegen.

Der Verfasser wünscht sich, daß die Forderung nach Vollständigkeitserklärung, wie in der Bundesrepublik, auch in die Praxis der Rechnungslegung in Japan eingeführt werden möge. Sie sollte noch umfangreicher und zuverlässiger sein, ohne daß die Abschlußprüfung sich nur beschränkt auf ,,die Prüfung der *Aufzeichnungen* von Geschäftsvorfällen". (Vgl. die japanischen ,,Arbeitsvorschriften für Außenprüfungen", Nr. 2 [2] des ,,Allgemeinen Revisionsverfahrens".) Diese Forderung sollte in Japan systematisch durchgesetzt werden, um die Verantwortlichkeit von Prüfer und Unternehmer klarer abgrenzen zu können und um der Neigung zu Bilanzfrisur und Steuerhinterziehung entgegenzuwirken. Das bundesdeutsche System sollte unter allen Umständen in Japan eingeführt werden, auch wenn es in der US-amerikanischen Praxis der Rechnungslegung nicht existiert.

Für den Verfasser ist es sehr interessant, daß es die ,,britische Steuererklärung" gibt, die erkennbar auf dem gleichen Grundgedanken wie dem der Vollständigkeitserklärung beruht. In der Steuererklärung für 1981 gibt es oben auf Seite 1 eine Spalte für die Unterschrift des Steuerzahlers. Etwa 1 cm darüber steht in Fettdruck das Wort ,,Declaration" und darunter die Erklärung, daß alle in dieser Erklärung gemachten Angaben nach bestem Wissen und Gewissen ,,richtig und vollständig" sind. Da diese Erklärung in großen Buchstaben über der Unterschrift steht, kann sich niemand damit herausreden, er habe sie nicht gelesen oder übersehen. Und links von dieser ,,Declaration" ist in Klammern sogar zu lesen, daß eine falsche Eintragung möglicherweise zur Strafverfolgung führt. Der Nobelpreisträger für Medizin, Alexis Carrel, schrieb einmal in seinem Buch ,,Reflection on Life": ,,Der Mensch ist frei und hat das Vorrecht, Fehler zu machen." So darf man also sagen, daß die Vollständigkeitserklärung eine Art notwendiges Werkzeug für die Abschlußprüfung ist, um menschliche Fehler auszuschalten. Die Übernahme dieser britischen Steuererklärung wird in den USA und in der Republik von Singapur erwogen. Davon kann in Japan keine Rede sein.

4. Grundsätze ordnungsmäßiger Buchführung bei der Bilanzierung mit EDV

(1) Zur verfügbaren Literatur

Der Verfasser weiß leider nicht, ob es in Japan auf diesem Gebiet rechtliche Vorschriften gibt. Bekannt ist ihm nur die Antwort des Leiters des Civil Affairs Bureau des Justizministeriums vom 18. November 1974 betreffend die ,,Aufbewahrung von Büchern und sonstigen wichtigen Aufzeichnungen auf Mikrofilm". Ferner gibt es das Gutachten über ,,Mikroverfilmte Bücher und Aufzeichnungen", das am 20. August 1974 vom EDV-Ausschuß der japanischen Wirtschaftsprüfervereinigung veröffentlicht wurde. Beide Dokumente befassen sich mit den Bedingungen der Aufbewahrung von mikroverfilmten Büchern und Aufzeichnungen. Sie stehen in keiner Beziehung zu den Rechtsvorschriften oder den theoretischen Grundsätzen, die sich unmittelbar mit der Buchführung mit EDV befassen.

In der Bundesrepublik Deutschland mit ihrer umfangreichen legislativen Aktivität ist die Literatur zu diesem Gegenstand erstaunlich reichhaltig. Die dem Verfasser zur Verfügung stehende Literatur sei hier aufgeführt:

1. EDV-Recht, von *Wolfgang E. Burhenne* und *Klaus Perband*. 3 Bände. Untertitel des Werkes ist: ,,Systematische Sammlung der Rechtsvorschriften, organisatorische Grundlagen und Entscheidungen zur elektronischen Datenverarbeitung." Band 1 enthält folgende Rechtsvorschriften: 49 Bundesgesetze, wie das Bundesdatenschutzgesetz; außerdem 61 Ländergesetze. Daneben sind wiedergegeben: das US-amerikanische ,,Data Protection Law", die ,,Entschließung über Datenschutz" vom Europarat, das ,,Vierjahresprogramm zur Förderung der DV" der EG, die österreichische ,,Regierungsvorlage zum Datenschutz", der vollständige Text der ,,Grundsätze für die Beschaffung von EDV-Anlagen" der Bundesregierung sowie der vollständige Wortlaut von 41 Verwaltungsanordnungen. Der 2. Band enthält den ungekürzten Text von 96 Verwaltungsanordnungen für jedes Bundesland sowie Einzelheiten zu EDV-Systemen von Bundesregierung und Bundesländern. Der 3. Band enhält in der Hauptsache ,,Kommentierungen zu Rechtsvorschriften". Als Japaner kann man angesichts des Umfangs der genannten Veröffentlichungen nur einen tiefen Seufzer ausstoßen.
2. Handwörterbuch der Wirtschaftswissenschaft, Band 2, 1980. Dieser Band gibt auf S. 85–133 ausführliche Erläuterungen zum Thema Datenverarbeitung.
3. Handwörterbuch der Betriebswirtschaft, Band 1, 1974. Die S. 1088–1138 des Bandes geben einen Überblick über eine Reihe von Themen, wie Datenbanken und Datenbanksysteme, Datenerfassung, Datenschutz und Datensicherung, Datenverarbeitung und Datenverarbeitungsanlagen.
4. Handwörterbuch des Rechnungswesens, Band III, 1981. Der Artikel ,,Datenbank und Rechnungswesen" umfaßt die S. 374–383.
5. Handwörterbuch des Steuerrechts und der Steuerwissenschaften. 2. Auflage 1981, Erster Band. Dieser Band enthält die nachfolgend genannten Artikel sowie auf 18 Seiten Hinweise auf computergestütztes Rechnungswesen:
   - ,,Datenverarbeitungsorganisation, japanische", geschrieben *vom Verfasser.*
   - ,,Datenbankabfrage" und ,,Datenbank, steuerrechtliche", verfaßt von *Dr. Joachim Conradi,* der die Steuerrechtsdatenbank der DATEV eingeführt hatte.
   - ,,DATEV" (8 Seiten) von *Dipl.-Vw. Heinz Sebiger,* Präsident der Steuerberaterkam-

mer Nürnberg und Vorsitzender der DATEV, Datenverarbeitungsorganisation des steuerberatenden Berufes in der Bundesrepublik Deutschland e. G.,

- „Automation in der Steuerverwaltung" von *Dr. Karl Koch,* Ministerialdirektor im Bundesministerium der Finanzen in Bonn.

Weitere Literatur, die dem Problem des rechnergestützten Rechnungswesens gewidmet ist:

6. *Dr. Werner Kresse,* Die Neue Schule des Bilanzbuchhalters, 4. Auflage 1979. Band II.
7. *Siegbert Rudolph,* Das DATEV-Buchführungssystem, 2. Auflage 1978.
8. *Dr. Rolf Vieweg,* Buchhaltung mit mechanischen und automatischen Datenverarbeitungsverfahren, 5. Auflage 1972.
9. *Erhard Reblin,* Elektronische Datenverarbeitung in der Finanzbuchhaltung, 2. Auflage 1971.
10. *Dr. Richard Müller,* Buchführung und EDV, Computer und Recht, Band 5, 1977.
11. *Dieter Gernert,* Einführung in die Datenverarbeitung für Juristen. 1974.
12. *Rolf Vieweg,* Sämtliche Einsatzmöglichkeiten der EDV zur optimalen Unternehmenssteuerung. 1980.
13. *Dr. Kurt Nagel,* DV Aktuell 1979. Trends, Tabellen, Entscheidungshilfen für Datenverarbeitung und Informatik, Schwerpunktthema Steuerung und Überwachung von Rechenzentren 1979.
14. *Ingo Hafner/Horst Junker,* Elektronische Datenverarbeitung in mittleren Unternehmen. 1978.
15. *Dr. Detlef Möller-Böling,* Arbeitszufriedenheit bei automatisierter Datenverarbeitung. 1978.
16. *K. F. Peter,* Moderne Rechts- und Steuerberatung mit EDV.

Neben den genannten gibt es etwa zehn weitere Veröffentlichungen, auf deren Nennung hier verzichtet wird.

(2) Grundsätze ordnungsmäßiger Buchführung und EDV nach der deutschen Abgabenordnung

Die deutsche Abgabenordnung enthält vier Gesetzesbestimmungen zu den Grundsätzen ordnungsmäßiger Buchführung und dem Einsatz von EDV:

1. § 146 Abs. 5 mit dem Titel „Ordnungsvorschriften für die Buchführung und für Aufzeichnungen".
2. § 147 Abs. 2 und 5 mit dem Titel „Ordnungsvorschriften für die Aufbewahrung von Unterlagen".
3. § 150 Abs. 6 mit dem Titel „Form und Inhalt der Steuererklärungen".

§ 146 Abs. 5 hat folgenden Wortlaut:

„(5) Die Bücher und die sonst erforderlichen Aufzeichnungen können auch in der geordneten Ablage von Belegen bestehen oder auf Datenträgern geführt werden, soweit diese Formen der Buchführung einschließlich des dabei angewandten Verfahrens den Grundsätzen ordnungsmäßiger Buchführung entsprechen; bei Aufzeichnungen, die allein nach den Steuergesetzen vorzunehmen sind, bestimmt sich die Zulässigkeit des angewendeten Verfahrens nach dem Zweck, den die Aufzeichnungen für die Besteuerung erfüllen sollen. Bei der Führung der Bücher und der sonst erforderlichen Aufzeichnungen auf

Datenträgern muß insbesondere sichergestellt sein, daß die Daten während der Dauer der Aufbewahrungsfrist verfügbar sind und jederzeit innerhalb angemessener Frist lesbar gemacht werden können. Absätze 1 bis 4 gelten sinngemäß."

Der Ausdruck ,,Datenträger" bezeichnet hier zweifellos die EDV. In dieser Rechtsvorschrift geht es besonders um folgendes:

(1) Dieser Absatz anerkennt zunächst, daß die Eintragung in Bücher und sonstige notwendige Aufzeichnungen mittels EDV im Sinne dieser Rechtsvorschrift den Grundsätzen ordnungsmäßiger Buchführung nicht widerspricht.

(2) Diese Vorschrift liefert auch einen Beurteilungsmaßstab zur Anerkennung eines solchen Bearbeitungsverfahrens.

(3) Die Vorschrift fordert auch die Garantie für die ungehinderte Nutzung der Daten, insbesondere im Hinblick darauf, daß diese Aufzeichnungen leicht durch Computer ,,sichtbar und lesbar" gemacht werden können.

Dies erinnert den Verfasser an folgendes: Mit Wirkung vom 24. Februar 1964 erließen die USA eine Rechtsverordnung als Revenue Procedure 62-12. Artikel 4 dieser Rechtsverordnung setzt ,,ADP Record Guidelines" fest, und in Abs. 1 findet sich die Wendung ,,sichtbare und lesbare Aufzeichnungen".

§ 147 Abs. 2 hat folgenden Wortlaut:

,,(2) Mit Ausnahme der Bilanz können die in Absatz 1 aufgeführten Unterlagen auch als Wiedergabe auf einem Bildträger oder auf anderen Datenträgern aufbewahrt werden, wenn dies den Grundsätzen ordnungsmäßiger Buchführung entspricht und sichergestellt ist, daß die Wiedergabe oder die Daten

1. mit den empfangenen Handels- oder Geschäftsbriefen und den Buchungsbelegen bildlich und mit den anderen Unterlagen inhaltlich übereinstimmen, wenn sie lesbar gemacht werden,
2. während der Dauer der Aufbewahrungsfrist verfügbar sind und jederzeit innerhalb angemessener Frist lesbar gemacht werden können.

Sind Unterlagen aufgrund des § 146 Abs. 5 auf Datenträgern hergestellt worden, können statt der Datenträger die Daten auch ausgedruckt aufbewahrt werden; die ausgedruckten Unterlagen können auch nach Satz 1 aufbewahrt werden."

Unter ,,in Absatz 1 aufgeführten Unterlagen" sind zu verstehen:

1. Bücher und Aufzeichnungen, Inventare, Bilanzen sowie die zu ihrem Verständnis erforderlichen Arbeitsanweisungen und sonstigen Organisationsunterlagen,
2. die empfangenen Handels- oder Geschäftsbriefe,
3. Wiedergaben der abgesandten Handels- oder Geschäftsbriefe,
4. Buchungsbelege,
5. sonstige Unterlagen, soweit sie für die Besteuerung von Bedeutung sind.

Ausführliche Bestimmungen dieser Art über die Aufbewahrung von Unterlagen des Rechnungswesens gibt es in Japan nicht. Vom Standpunkt der Realisierung von mehr Steuergerechtigkeit ist es nach Meinung des Verfassers jedoch unbedingt notwendig, eine Rechtsvorschrift dieser Art in Japan zu erlassen.

§ 147 Abs. 5 hat folgenden Wortlaut:

,,(5) Wer aufzubewahrende Unterlagen nur in der Form einer Wiedergabe auf einem

Bildträger oder auf anderen Datenträgern vorlegen kann, ist verpflichtet, auf seine Kosten diejenigen Hilfsmittel zur Verfügung zu stellen, die erforderlich sind, um die Unterlagen lesbar zu machen; auf Verlangen der Finanzbehörde hat er auf seine Kosten die Unterlagen unverzüglich ganz oder teilweise auszudrucken oder ohne Hilfsmittel lesbare Reproduktionen beizubringen."

Genau diese Bestimmung sollte in das japanische Steuerrecht eingehen.

Im Zusammenhang mit § 147 hat das Bundesfinanzministerium am 28. 12. 1977 eine Mitteilung veröffentlicht mit dem Titel „Schreiben betr. Ordnungsmäßigkeit der DATEV-Buchführung; hier: Verwendung von Mikrofilmaufnahmen bei den Mandantenbuchführungen" (vgl. AO-Handbuch. Handbuch des steuerlichen Verwaltungs- und Verfahrensrechts 1981. Deutsches wissenschaftliches Steuerinstitut der Steuerberater und Steuerbevollmächtigten e. V., S. 322). In dieser Mitteilung heißt es, daß Steuerpflichtige, die aufbewahrungspflichtige Unterlagen auf einem Bildträger, z. B. Mikrofilm aufbewahren, verpflichtet sind, auf ihre Kosten Hilfsmittel, z. B. Lesegerät, zur Verfügung zu stellen, um die Unterlagen wieder lesbar zu machen oder lesbare Reproduktionen beizubringen. Das Gemeinschaftsrechenzentrum DATEV, das bestimmte Unterlagen der für die Genossenschaftsmitglieder verarbeiteten Mandantenbuchführungen auf Mikrofilm ausgibt, garantiert, jederzeit und kurzfristig ein Lesegerät zur Verfügung zu stellen, wenn dies z. B. im Falle einer Betriebsprüfung notwendig ist.

Überhaupt legt die DATEV großen Wert darauf, daß Verarbeitungsprozeß und Verarbeitungsergebnisse ihrer EDV-Buchführungsprogramme den Grundsätzen ordnungsmäßiger Buchführung und Datenverarbeitung voll entsprechen. Der DATEV-Vorstand läßt regelmäßig EDV-Systemprüfungen durch eine Wirtschaftsprüfungsgesellschaft vornehmen. Dadurch wird die Übereinstimmung der Auswertungen mit den Grundsätzen ordnungsmäßiger Buchführung und Datenverarbeitung in formeller und materieller Hinsicht festgestellt. Dies trägt vermutlich zum Erfolg des Unternehmens bei. Obwohl es in der Bundesrepublik derzeit etwa 500 private Service-Rechenzentren gibt, sind mehr als die Hälfte aller selbständigen Steuerberater in der Bundesrepublik Deutschland Mitglied der DATEV.

Schließlich schreibt § 150 Abs. 6 folgendes vor:

„(6) Zur Erleichterung und Vereinfachung des automatisierten Besteuerungsverfahrens kann der Bundesminister der Finanzen durch Rechtsverordnung mit Zustimmung des Bundesrates bestimmen, daß Steueranmeldungen, Steuererklärungen im Sinne des Kraftfahrzeugsteuergesetzes oder sonstige für das Besteuerungsverfahren erforderliche Daten ganz oder teilweise auf maschinell verwertbaren Datenträgern oder durch Datenfernübertragung übermittelt werden können. Dabei können insbesondere geregelt werden:

1. die Voraussetzungen für die Anwendung des Verfahrens,
2. das Nähere über Form, Inhalt, Verarbeitung und Sicherung der zu übermittelnden Daten,
3. die Art und Weise der Übermittlung der Daten,
4. die Zuständigkeit für die Entgegennahme der zu übermittelnden Daten,
5. die Haftung von Dritten für Steuern oder Steuervorteile, die aufgrund unrichtiger Verarbeitung oder Übermittlung der Daten verkürzt oder erlangt werden,

6. der Umfang und die Form der für dieses Verfahren erforderlichen besonderen Erklärungspflichten des Steuerpflichtigen."

Man beachte, daß der Ausdruck Rechtsverordnung in diesem besonderen Falle auf Artikel 80 Absatz 1 GG beruht und von den allgemeinen Verwaltungsvorschriften nach Artikel 84 Absatz 2 oder Artikel 85 Absatz 2 abweicht. Der Grund ist, daß in der Bundesrepublik Steuerrichtlinien zur Kategorie der Verwaltungsvorschriften gehören und deshalb nur sekundäre Rechtsquelle sind. Daher ermächtigt § 150 Abs. 6 der Abgabenordnung den Bundesfinanzminister, Rechtsverordnungen mit erheblichem sachlichem Geltungsbereich zu erlassen. Rechtsverordnungen binden nach Artikel 20 Absatz 3 GG sogar die Gerichte. Absatz 3 lautet: „Die Rechtsprechung ist an Gesetz und Recht gebunden."

Diese Rechtsverordnung wurde am 21. August 1980 erlassen und im BGBl. I 1617 veröffentlicht unter der Überschrift: „Verordnung über die Abgabe von Steueranmeldungen auf maschinell verwertbaren Datenträgern."

Die Präambel der Verordnung hat folgenden Wortlaut: „Aufgrund des § 150 Abs. 6 der Abgabenordnung vom 16. März (BGBl. I 613) wird mit Zustimmung des Bundesrates verordnet." Die Verordnung hat insgesamt 5 Teile und 11 Paragraphen und ist sehr kurz. Sie ist wie folgt aufgebaut:

1. Teil: Allgemeines
   § 1 Grundsatz
2. Teil: Teilnahme an der Datenübermittlung
   § 2 Teilnahme des Steuerpflichtigen an der Datenübermittlung
   § 3 Zulassung des datenverarbeitenden Unternehmens
   § 4 Widerruf der Zulassung
3. Teil: Datenübermittlung
   § 5 Art, Inhalt und Aufbau des Datenträgers
   § 6 Datenträgerversand
   § 7 Datensicherung
   § 8 Annahme und Zurückweisung von Datenträgern
4. Teil: Haftung des datenverarbeitenden Unternehmens
   § 9 Haftung
5. Teil: Schlußvorschriften
   § 10 Berlin-Klausel
   § 11 Inkrafttreten.
   Dieser letzte Paragraph lautet: „Diese VO tritt am 1. Januar 1981 in Kraft."

Der vollständige Text der Verordnung kann aus Raumgründen nicht wiedergegeben werden. Zum Nutzen künftiger japanischer Gesetzgebung sollte jedoch § 9 des 4. Teiles zitiert werden. Dieser Paragraph hat drei Absätze.

Abs. 1 hat folgenden Wortlaut:

„(1) Das datenverarbeitende Unternehmen haftet aufgrund unrichtiger Verarbeitung oder Übermittlung, soweit Datenträger über steuerlich erhebliche Tatsachen unrichtige oder unvollständige Daten enthalten und dadurch Steuern verkürzt oder zu Unrecht steuerliche Vorteile erlangt werden. Die Haftung entfällt, soweit das datenverarbeitende Unternehmen nachweist, daß die unrichtige Verarbeitung oder Übermittlung der Daten nicht auf grober Fahrlässigkeit oder Vorsatz des datenverarbeitenden Unternehmens oder dessen Erfullungsgehilfen beruht."

Der Leser sollte diese Bestimmung des § 9 genau zur Kenntnis nehmen. Es wird ihm dann aufgehen, daß die Regierung der Bundesrepublik Deutschland selbst den gewöhnlichen datenverarbeitenden Unternehmer durch Gesetz verpflichtet, bei der vorgeschriebenen Zahlung von Steuern mitzuwirken. Er wird Verständnis dafür entwickeln müssen, daß ein soziales System, in dem auch ein ehrlicher Mensch sich in steuerlichen Angelegenheiten nicht selbst zum Narren halten muß, nur dann begründet werden kann – wie Dr. Heinrich Henkel, Professor der Universität Hamburg, ausführt – wenn „die bestehende Gemeinwohlvorstellung in den realen Bereich der bestimmten Sozietät hineingerückt und hier zu einer bewegenden Kraft, zum immanenten Faktor der Sozialgestaltung wird." (Vgl. „Einführung in die Rechtsphilosophie", 2. Auflage, 1977, S. 467.)

§ 9 Abs. 2 hat folgenden Wortlaut:

„(2) Das datenverarbeitende Unternehmen darf als Haftungsschuldner auf Zahlung nur in Anspruch genommen werden, soweit die Vollstreckung in das bewegliche Vermögen des Steuerpflichtigen ohne Erfolg geblieben oder anzunehmen ist, daß die Vollstreckung aussichtslos sein würde. § 219 Satz 2 der Abgabenordnung bleibt unberührt."

Diese Bestimmung ist für einen Japaner schwer verständlich, weil es im japanischen Steuerrecht den Begriff des Haftungsschuldners nicht gibt. Der einzige Hinweis für das Verständnis dieser Bestimmung findet sich in § 219 Satz 1 der Abgabenordnung. Er lautet:

„Wenn nichts anderes bestimmt ist, darf ein Haftungsschuldner auf Zahlung nur in Anspruch genommen werden, soweit die Vollstreckung in das bewegliche Vermögen des Steuerschuldners ohne Erfolg geblieben oder anzunehmen ist, daß die Vollstreckung aussichtslos sein würde."

Man könnte sagen, daß der Begriff des Haftungsschuldners im deutschen Steuerrecht vergleichbar ist dem des „sekundären Steuerzahlers" für „den erheblichen Steuerbetrag" nach Artikel 36 des Nationalen Steuererhebungsgesetzes in Japan.

Der letzte Absatz 3 lautet:

„(3) Der Haftungsbescheid ist von dem für den Steuerpflichtigen zuständigen Finanzamt zu erlassen."

Der Begriff Haftungsbescheid hat gegenwärtig noch nicht Eingang in das japanische Steuerrecht gefunden. In § 191 Abs. 1 wird folgende Formulierung gebraucht:

„Wer kraft Gesetzes für eine Steuer haftet (Haftungsschuldner), kann durch Haftungsbescheid . . . in Anspruch genommen werden. Die Bescheide sind schriftlich zu erteilen."

Damit dürfte es dem Leser möglich sein, diesen Begriff zu verstehen. Es wurde bereits erklärt, daß die Bezeichnung des Buchführungspflichtigen gewissermaßen durch administratives Handeln festgelegt wurde. Dies gilt nun auch für den Haftungsschuldner im Steuerrecht.

Der Verfasser hat den Eindruck, daß man in Japan glaubt, in beiden Fällen administrativen Handelns fehle es an einer Rechtsnorm. Dieses administrative

Handeln gebe es in Japan nicht, und in der gegenwärtigen Situation stehe in Japan die Konzeption der Einkommensteuererklärung im Vordergrund (Artikel 1 des Gesetzes über steuerberatende Berufe in Japan). Obwohl aber in der Bundesrepublik Deutschland mit dem gleichen Steuererklärungs-System gearbeitet wird, ist die Situation von der in Japan völlig verschieden. Das gleiche gilt auch für Kanada. (Vgl. Income Tax Act. Sec. 150 [2].) Um eine gerechte Verteilung der Steuerlast zu erreichen, braucht man sich keine Gedanken darüber zu machen, ob das Steuererklärungs-System eines Landes besser als das eines anderen ist. Dies ist der wirkliche Grund, warum der Verfasser die zuständigen japanischen Behörden zu einer tiefgreifenden Selbstprüfung auffordern möchte.

Außerdem ist der genannte § 150 der Abgabenordnung überschrieben: ,,Form und Inhalt der Steuererklärungen". Was den materiellen Gehalt angeht, so weiß der Verfasser nicht, warum es in Japan nicht eine entsprechende Bestimmung gibt. Es mag sein, daß einige Leser sagen, dies sei nicht richtig. Zum Beispiel gebe es in Art. 47 ff. der Durchführungsbestimmungen des Einkommensteuergesetzes in Japan die Vorschriften bezüglich der ,,erwähnten Positionen" in der endgültigen Steuererklärung. Dem Verfasser geht es aber nicht darum, die Existenz einer solchen Bestimmung in Japan zu bestreiten. Sie ist nur ein Hinweis auf die steuertechnischen ,,erwähnten Positionen". Es geht im Kern um das Fehlen bindender Vorschriften über die Qualität des Inhalts der Erklärungen. So schreibt § 150 Abs. 2 AO vor: ,,(2) Die Angaben in den Steuererklärungen sind wahrheitsgemäß nach bestem Wissen und Gewissen zu machen. Dies ist, wenn der Vordruck dies vorsieht, schriftlich zu versichern."

Das wichtigste Problem der Steuererklärung ist also darin zu sehen, ob die gemachten Angaben der Wahrheit entsprechen. Die bloß steuertechnische Aufzählung von Positionen ohne Berücksichtigung dieses Punktes bedeutet, daß bei der Ausarbeitung des Gesetzestextes schwere Fehler gemacht werden. Für das japanische Steuerrecht darf man dies in diesem Zusammenhang behaupten.

(3) Der Belegverweis und verwandte Probleme

Die Erörterung der Abgabenordnung unter dem Gesichtspunkt der rechnergestützten Rechnungslegung soll nun abgeschlossen werden. Dem Leser dürfte klar geworden sein, daß es in der bundesdeutschen Abgabenordnung keine Rechtsvorschriften zum ,,Belegverweis" gibt, wie er in Artikel 4 der US-amerikanischen ,,Revenue Procedure" auftaucht. Artikel 4 Abs. 2 Nr. 2 des ,,Revenue Procedure" (64-12) lautet:

> ,,(2) Belege und Belegverweis. – Der Belegverweis ist so zu organisieren, daß sich die Einzelheiten der zusammengefaßten Rechnungslegung, wie Rechnungen und Belege, identifizieren lassen und daß sie auf Anfordern dem Internal Revenue Service vorgelegt werden können."

Weiter schreibt Nr. 3 des gleichen Absatzes 2 vor:

> ,,(3) Aufgezeichnete oder rekonstruierbare Daten. – Die Aufzeichnungen müssen die Möglichkeit bieten, jeden Geschäftsvorfall bis zu seinem Ursprung oder bis zu einer

Endsumme zu verfolgen. Wenn bei der Bearbeitung von den Geschäftsvorfällen keine Ausdrucke angefertigt werden, muß das System die Möglichkeit bieten, diese Geschäftsvorfälle zu rekonstruieren."

Diese amerikanischen Vorschriften sind vom logischen Standpunkt aus ganz natürlich. Dennoch sind sie in der gesamten japanischen Gesetzgebung an keiner Stelle zu finden. Der Verfasser hat hierfür nur eine Erklärung:

Die japanische Gesetzgebung überläßt man in der Hauptsache dem Belieben der Bürokratie und der jeweiligen öffentlichen Meinung. Die Mitglieder des Parlaments, deren Hauptaufgabe die Gesetzgebung ist, werden von der Wählerschaft und den Ersuchen einzelner Bürger bedrängt. Sie haben sich deshalb zu bloßen ,,Holzträgern" degradieren lassen. Holzstäbchen benutzt man in Japan, um seine Entscheidung für Ja oder Nein kundzutun. Der Verfasser ist außerdem der Meinung, daß es den japanischen Journalisten, die Verantwortung für die öffentliche Meinung haben, an hinreichendem Wissen und an Nationalbewußtsein fehlt.

Was die Gesetzgebung zu diesem Punkt in der Bundesrepublik Deutschland angeht, so hat der Verfasser wiederholt darauf hingewiesen, daß § 29 der Durchführungsverordnung zu § 5 EStG die ,,ordnungsmäßige Buchführung" zum Inhalt hat.

§ 29 Abs. 2 Nr. 2 lautet:

,,Dabei ist die Entwicklung der Verhältnisse zu berücksichtigen. Aus Gründen der Rationalisierung der Buchführungsarbeiten und zum wirtschaftlichen Einsatz von Datenverarbeitungsanlagen bei der Erstellung der Buchführung werden in der Praxis die Geschäftsvorfälle nicht laufend, sondern nur periodenweise verbucht. Um diese Rationalisierungsbestrebungen nicht zu beeinträchtigen, ist es nicht zu beanstanden, wenn die grundbuchmäßige Erfassung der Kreditgeschäfte eines Monats bis zum Ablauf des folgenden Monats erfolgt, sofern organisatorische Vorkehrungen getroffen werden, um sicherzustellen, daß Buchführungsunterlagen bis zu ihrer grundbuchmäßigen Erfassung nicht verlorengehen, z. B. durch laufende Numerierung der eingehenden und ausgehenden Rechnungen oder durch ihre Abheftung in besonderen Mappen oder Ordnern; die allgemeinen Anforderungen an die Ordnungsmäßigkeit der Buchführung nach Nummer 1 müssen auch in diesem Fall erfüllt sein."

Obgleich es sich nur um eine Durchführungsverordnung handelt, läßt sich nach Meinung des Verfassers doch erkennen, daß in ihr die Rechtsnorm der ,,Überprüfbarkeit" zum Ausdruck kommt.

Hinsichtlich der ,,Maschinenlesbarkeit der Belege und Eingabedaten als Voraussetzung der EDV" kommt Dr. Werner Kresse zu dem Schluß: ,,Die Beziehung zwischen Beleg und Buchung muß sichtbar sein." Der Verfasser wundert sich darüber, daß hierzu keine Rechtsvorschrift zitiert wird. (Vgl. ,,Die neue Schule des Bilanzbuchhalters", Band II, 4. überarbeitete Auflage, 1979, S. 62, 93.)

Dem Verfasser sind zudem keine Dokumentationsvorschriften für die Programme zur rechnergestützten Rechnungslegung in der Bundesrepublik bekannt.

In diesem Zusammenhang ist noch auf Art. 4 Abs. 2 Nr. 5 des vorgenannten

,,Revenue Procedure" 64-12 hinzuweisen. Dieser Text ist besonders wichtig, weil in ihm wesentliche Probleme der rechnergestützten Rechnungslegung angesprochen werden. Er hat folgenden Wortlaut:

,,(5) Programm-Dokumentation. – Eine Beschreibung des EDV-Teiles des Buchführungssystems sollte verfügbar sein. Die Angaben und Illustrationen über den Umfang der Operationen sollten so ausführlich sein, daß ihnen zu entnehmen ist (a) die jeweilige Anwendung, (b) die in jeder Anwendung benutzten Methoden (zum Beispiel verdeutlicht durch Flußdiagramme, Blockdiagramme oder sonstige hinreichende Beschreibungen von Eingabe- oder Ausgabe-Methoden), und (c) die Kontrollen zur Sicherung einer genauen und zuverlässigen Verarbeitung. Wichtige Änderungen, zusammen mit dem Ausführungsdatum, sollten aufgezeichnet werden, um genaue chronologische Aufzeichnungen verfügbar zu haben."

Diese Rechtsvorschriften wurden vor etwa 20 Jahren in den Vereinigten Staaten von Amerika erlassen. Wenn die zuständigen Behörden übereilt und hastig an die Aufgabe der Gesetzgebung herangingen, wie dies auf dem Gebiet der rechnergestützten Rechnungslegung immer wieder geschehen ist, dann beweisen sie ihre Unkenntnis des Phänomens der Sozialgestaltungsmacht und damit ihre Rückständigkeit im Bereich der Sozialwissenschaften.

Anhang

Literaturverzeichnis I: Japanische Literatur

Aida, Yoshio, Rechnungswesen, Kunimoto-Shobo, 1976.

Aoki, Shigeo, Einführung in das Rechnungswesen, 1978.

Akari, Chotaro, Kommentar zu den Gesetzen betreffend das steuerliche Rechnungswesen, Neuauflage 1964.

Arai, Kiyomitsu, Theorie des Finanzrechnungswesens, erweiterte Ausgabe, Chuo Keizai-Sha, 1979.

Iino, Toshio, Theorie der Finanzbuchführung, 36. Auflage, 1979.

Ishii, Teruhisa, Neuauflage der Allgemeinen Regelungen des Handelsgesetzbuches, Kobundo-Ausgabe 1979.

Ishikawa, Keiichi, Lehrbuch zur Körperschaftsteuer, 1978.

Inoue, Tatsuo, Neue Theorie des Jahresabschlusses, vollständig überarbeitete Auflage, Chuo Keizai Sha.

Inoue, Kyuya, Buchführung und Theorie des Körperschaftsteuergesetzes, 3. überarbeitete Auflage.

Ueno, Michisuke, Neue Theorie über die Bilanz, 11. Auflage, 1942.

Zusammengestellt von: *Ueyanagi,* Katsuro, *Kitazawa,* Masahiro, *Ohtori,* Tsuneo und *Takeuchi,* Akio, Allgemeine Regelungen des Handelsgesetzbuches, Das Gesetz betreffend Handelsgeschäfte, Yuhikaku-Ausgabe 1980.

Emura, Minoru, Einführung in das Rechnungswesen von Aktiengesellschaften, Auflage 1979.

Osumi, Kenichiro, Allgemeine Regelungen des Handelsgesetzbuches, Neuauflage 1978.

Ohta, Tetsuzo und *Arai,* Masutaro, Einführung in das neue Rechnungswesen, 9. Auflage, 1978.

Oyama, Takao, Buchführung und Theorie der Einkommensteuer, Ausgaben 1972 und 1978.

Accounting, zusammengestellt von der Japan Society of Accounting, Moriyama Shoten.

Wörterbuch des Rechnungswesens, Hrsg. Seirinshoin Shinsha, Ausgabe 1965.

Accounting Dictionary, zusammengestellt vom Accounting Research Office, Kobe Universität, 3. Auflage, 1976.

Wörterbuch des Rechnungswesens, Hrsg. Dobunkan, 3. Auflage.

Wörterbuch des Rechnungswesens, Chuo Keizaisha, 1976.

Kawahara, Kazuo, Praxis der Körperschaftsteuer und Grundsätze des Rechnungswesens, überarbeitete Auflage.

Finanzbuchführung, Chuo Keizaisha.

Kimura, Shigeyoshi, Kommentar zu den Rechnungslegungsgrundsätzen, Chuo Keizaisha, 1963.

Kurosawa, Kiyoshi, Modernes Rechnungswesen, Volksausgabe, 6. überarbeitete Ausgabe, 1978.

Ohtori, Tsuneo, Die Allgemeinen Regelungen des Handelsgesetzbuches, 1974.
Forschungsgruppe für Ausländisches Recht, Universität Kobe, Untersuchung über das Deutsche Handelsgesetzbuch, Yuhikaku, 1956.
Zusammengestellt von: *Ohtori,* Tsuneo, *Kawamoto,* Ichiro, *Kitazawa,* Masahiro, *Sato,* Isao und *Toda,* Shuzo, Übungen zum Handelsgesetzbuch (Allgemeine Regelungen, Handelsgeschäfte), überarbeitete Auflage, Seirinshoin Shinsha-Ausgabe, 1976.
Sakamoto, Yasuichi, Grundlagen des Rechnungswesens, 20. Auflage, 1979.
Sato, Koichi, Neues Rechnungswesen, 21. Auflage, 1967.
Zusammengestellt von: *Sanekata,* Kenji und *Shima,* Jushiro, Allgemeine Regelungen des Handelsgesetzbuches, Seirin-Shoin Shinsha-Ausgabe 1980.
Suzuki, Takeo, Neuauflage des Handelsgesetzbuches, Keiso-Shobo-Ausgabe 1978.
Someya, Kyojiro, Moderne Finanzbuchführung, vollständig überarbeitete 55. Auflage, 1979.
Takashima, Masao, Allgemeine Regelungen des Handelsgesetzbuches. Das Gesetz betreffend Handelsgeschäfte, Keio-Tsushin-Ausgabe 1976.
Zusammengestellt von: *Takashima,* Masao, Grundvorlesung über das Recht, Handelsgesetzbuch II (Recht der Gesellschaften), 1981.
Takamatsu, Kazuo, Theorie der Buchführung, neu überarbeitete Auflage, 4. Neudruck, 1978.
Takeda, Masasuke, Kommentar zur Gesellschafts-Besteuerung, Ausgabe 1962.
Tajima, Shiro, Überarbeitetes Rechnungswesen, Hrsg. Kunimoto Shobo, 4. Auflage, 1977.
Tanaka, Kotaro, Logik der Bilanzierungsgrundsätze, Neudruck, Juni 1946.
Tanaka, Seiji, Neuauflage des Handelsgesetzbuches, vollständige Zusammenstellung, 4. vollständig überarbeitete Auflage, 1978, Chikura-Shobo-Ausgabe.
–, Neu durchgesehene Ausführliche Diskussion der Allgemeinen Regelungen des Handelsgesetzbuches, Keiso-Shobo-Ausgabe, 1978.
Tanaka, Seiji & *Kita,* Ryosuke, Kommentar, Allgemeine Regelungen des Handelsgesetzbuches, völlige Neubearbeitung, Keiso-Shobo-Ausgabe, 1975.
Zusammengestellt von: *Tatta,* Misao, Zusammenfassung der Theorie über das Handelsgesetzbuch, Yuhikaku-Ausgabe, 1980.
Chu, Saichi, Gesetze zum steuerlichen Rechnungswesen, 2. und 6. Auflage.
–, Steuergesetz und Grundsätze der Rechnungslegung, Neudruck 1953.
Toda, Shuzo, Allgemeine Regelungen des Handelsgesetzbuches, Bunkyu-Shorin-Ausgabe 1980.
Nakamura, Nobuichiro, Rechnungswesen, 1. Auflage 1979.
Numata, Yoshiho, Lehrbuch des Rechnungswesens, 8. überarbeitete Auflage, 1978.
Nomizu, Tsuruo, Grundlagen des Einkommensteuergesetzes, Ausgabe 1978.
Zusammengestellt von: *Hasui,* Yoshinori, Allgemeine Regelungen des Handelsgesetzbuches, Gesetz betreffend Handelsgeschäfte, Horitsu-Bunkasha-Ausgabe 1980.
Zusammengestellt von: *Hasui,* Yoshinori, *Sakamaki,* Toshio und *Shimura,* Haruyoshi, Vorlesung über die Allgemeinen Regelungen des Handelsgesetzbuches, Seirin-Shoin-Shinsha-Ausgabe 1980.

Hatanaka, Fukuichi, zusammengestellt von Kurosawa, Kiyoshi, Untersuchung über eine Theorie des Rechnungswesens.
Hattori, Eizo, Allgemeine Regelungen des Handelsgesetzbuches, 2. Auflage, 1975.
Hiraishi, Yuichiro, Ausführlicher Kommentar zur Körperschaftsteuer, Neuauflage 1970.
Zusammengestellt von: *Hoshikawa*, Chohshichi, *Yamaguchi*, Kohgoro, Horiguchi, Wataru und *Sakamaki*, Toshio, Allgemeine Regelungen des Handelsgesetzbuches, Gesetz betreffend Handelsgeschäfte, überarbeitete Auflage, Hogaku-Shoin-Ausgabe 1979.
Matsui, Shizuro, Praxis der Körperschaftsteuer, Ausgabe 1965.
Minato, Ryonosuke, Neufassung des Körperschaftsteuergesetzes, Ausgabe 1978.
Minemura, Shinkichi, Neue Abhandlung über das Rechnungswesen, Ausgabe 1976.
Mutaguchi, Minoru, Neues Lehrbuch zur Einkommensteuer, Ausgabe 1978.
Yamashita, Katsuji, Grundsätze der Finanzbuchführung, Neudruck 1957.
Yamamasu, Tadahiro und *Shimamura*, Tsuyoo, Systematische Theorie des Jahresabschlusses, theoretische Abhandlung, überarbeitete Auflage, 1978.
Yoshikuni, Jiro, Vorlesung über die Körperschaftsteuergesetze, Auflage 1954.
–, Praktisches Arbeitsbuch zum Körperschaftsteuergesetz, 1973.
–, und *Takeda*, Masasuke, Körperschaftsteuergesetz – Kommentar zu den Gesetzen und Verordnungen, 1976.
Yoshida, Fujio, Einkommensteuergesetz, 1978.
Banba, Kaichiro, Ausführliche Erläuterungen der Corporate Accounting Principles, 1. Auflage, 1975.
Tatsuta, Setsu, Kurzkommentar zum Handelsgesetzbuch, Yuhikaku-Ausgabe 1980.

Literaturverzeichnis II: Europäische Literatur

Adler/Düring/Schmaltz, Rechnungslegung und Prüfung der Aktiengesellschaft, Handkommentar, 4. Auflage, 1971.
AICPA, AC Section 1024 Objectives of Financial Accounting and Financial Statements, 1970.
AICPA, Professional Standards, 1976.
AICPA, The CPA-plans for the Future.
Austin, John, Lectures on jurisprudence or the philosophy of positive law.
Ballantine, Henry Winthrop, On Corporation, Revised Edition, 1946.
Barth, Kuno, Die Entwicklung des deutschen Bilanzrechts, 1955.
Baumann, Jürgen, Einführung in die Rechtswissenschaft, 5. Auflage, 1977.
Baumbach, A./Duden, K., Handelsgesetzbuch, Kurz-Kommentare, 19. Auflage.
Becker, Enno, Die Reichsabgabenordnung vom 13. Dezember 1919, 2. Auflage, 1922.
Beck'sche, Kurz-Kommentare, Versicherungsvertragsgesetz 1980.

Berger, Klausjürgen, Kritische Analyse normativer Elemente in der Betriebswirtschaftslehre, 1979.

Birkenfeld, Wolfram, Beweis und Beweiswürdigung in Steuerrecht, 1973.

Biener, Herbert, Zur Transformation der 4. EG-Richtlinie. (Die Wirtschaftsprüfung) 1980.

Brönner, Herbert, Die Bilanz nach Handels- und Steuerrecht, 8. Auflage, 1971.

Brown, Marlene, Dramatic Changes, The EEC Fourth Directive. (The Accountant) 1981.

Burhenne, Wolfgang E./*Perband*, Klaus, EDV-Recht.

Büschgen, Hans E., Bankbetriebslehre, Wiesbaden 1972.

Carey, John L., The Rise of the Accounting Profession, 1969.

Casey, William J./Rappaport, Louis H., SEC Accounting Practice and Procedure, 3. Edition.

Cattien, Hans, Reichssteuerstrafrecht und Reichssteuerstrafverfahren, 2. Auflage, 1929.

Christie, George C., JURISPRUDENCE Text and Readings on the Philosophy of Law, St. Paul, Minn. West Publishing Co. 1973.

Conradi, Joachim, Datenbankabfrage Datenbank, steuerrechtliche (Handwörterbuch des Steuerrechts und der Steuerwissenschaften, 2. Auflage, 1981).

Conseil National de la Comptabilité, Plan Comptable Général 63.

Danzer, Jürgen, Die Steuerumgehung, 1981.

Deutsches wissenschaftliches Steuerinstitut der Steuerberater und Steuerbevollmächtigten e. V., AO-Handbuch (AO 1977), Handbuch der Steuerveranlagungen 1979.

Dietzen, Nikolaus, Grundsätze ordnungsmäßiger Bilanzierung für stille Reserven, 1937.

Dohr, James L., Materiality – What Does it Mean in Accounting? (Journal of Accountancy) 1950.

Eckert, Walter Ludwig, Kompendium Abgabenordnung, 1980.

Engisch, Karl, Einführung in das juristische Denken, 7. Auflage, 1977.

Erhard, Fritz, Steuerliche Betriebsprüfung, 4. Auflage, 1980.

Flügel, Wegweiser, 1741.

Franzen, Klaus/*Gast-De Hann*, Brigitte/*Samson*, Erich, Steuerstrafrecht mit Steuerordnungswidrigkeiten, 2. Auflage, 1978.

Gastan, Edger, Die Praxis der Jahresabschlußpublizität. (Die Wirtschaftsprüfung) 1981.

Gemeinsame Stellungnahme der Wirtschaftsprüferkammer und des Instituts der Wirtschaftsprüfer zum Vorentwurf eines Bilanzrichtlinie-Gesetzes. (Die Wirtschaftsprüfung) 1980.

Gehre, Horst, Steuerberatungsgesetz Kommentar, 1981.

Gernert, Dieter, Einführung in die Datenverarbeitung für Juristen, 1974.

Godin, Freiherr von/*Wilhelmi*, Hans, Aktiengesetz vom 6. September 1965, Kommentar, 4. Auflage, 1971.

Goessen, Passchier, Buchhalten fein Kurz zusammengefasset und begriffen nach Art und Weise der Italiener, 1594.

Gomberg, Leon, Grundlegung der Verrechnungswissenschaft, 1908.

Grass, Adolf, Die Prüfung der steuerberatenden Berufe, 11. Auflage, 1978.

Gumpel, Henry J./*Boettcher*, Carl, Taxation in The Federal Republic of Germany (Harvard Law School) 1963.

Gutenberg, Erich, Grundlagen der Betriebswirtschaftslehre.

Hafner, Ingo/*Junker*, Horst, Elektronische Datenverarbeitung in mittleren Unternehmen, 1978.

Handelsgesetzbuch, Großkommentar, Walter de Gruyter & Co., Berlin 1967.

Hartley, T. C., Foundations of European Community Law, 1981.

Hast, Karl, Grundsätze ordnungsmäßiger Bilanzierung für Anlagegegenstände, 1934.

Havermann, Hans, Vorentwurf eines Transformationsgesetzes zur EG-Richtlinie liegt vor. (Die Wirtschaftsprüfung) 1980.

Hegel, G. W. F., Rechtsphilosophie. Edition Ilting 2, Friedrich Frommann Verlag Günther Holzboog KG, Stuttgart-Bad Cannstatt, 1974.

–, Phänomenologie des Geistes, 1807, Verlag von Felix Meiner in Hamburg, 6. Auflage, 1952.

–, Grundlinien der Philosophie des Rechts, Berlin, 1821.

Hein, Steuerrecht und Handelsrecht, 1928.

Heisenberg, Werner, Der Teil und das Ganze, 4. Auflage, 1972.

Henkel, Heinrich, Einführung in die Rechtsphilosophie, 2. Auflage, 1977.

Hübschmann/Hepp/Spitaler, Kommentar zur Abgabenordnung und Finanzgerichtsordnung, 7. Auflage, 1979.

Hüttemann, Ulrich, Grundsätze ordnungsmäßiger Bilanzierung für Verbindlichkeiten, 2. Auflage.

Iizuka, Takeshi, Datenverarbeitungsorganisation, japanische (Handwörterbuch des Steuerrechts und der Steuerwissenschaften, 2. Auflage, 1981.)

Industrielles Rechnungswesen in programmierter Form, Betriebswirtschaftlicher Verlag Dr. Th. Gabler, Wiesbaden.

Institute of Chartered Accountants in England and Wales, Guide to the Accounting Requirements of the Companies Acts, 1980.

Institute of Chartered Accountants in England and Wales, Recommendations on Accounting Principles.

Institut der Wirtschaftsprüfer in Deutschland, Wirtschaftsprüfer-Handbuch 1973/1977.

Irwin, Richard D., Financial Accounting, Basic Concepts, Third Edition, 1977.

Isaac, Alfred, Die Entwicklung der wissenschaftlichen Betriebswirtschaftslehre.

Jonas, Heinrich H., Die EG-Bilanzrichtlinie, Grundlagen und Anwendung in der Praxis, 1980.

Kant, Immanuel, Die Metaphysik der Sitten.

Kehlmann, Günter, Steuerstrafrecht, 3. Auflage, 1982.

Kelsen, Hans, Allgemeine Staatslehre, 1925.

–, Reine Rechtslehre, 1934.

Klein/Orlopp, Abgabenordnung Kommentar, 2. Auflage, 1979.

Koch, Karl, Automation in der Steuerverwaltung (Handwörterbuch des Steuerrechts und der Steuerwissenschaften, 2. Auflage, 1981).

Kommission für Buchprüfung der U.E.C., Die Prüfung des Jahresabschlusses, 4. Auflage.

Kommission Rechnungswesen – Verband der Hochschullehrer für Betriebswirtschaft e. V., Stellungnahme zum Vorentwurf eines Bilanzrichtlinie-Gesetzes vom 5. 2. 1980. (Die Betriebswirtschaft) 1980.

Konz, Franz, Handbuch der Steuerhinterziehung, 1982.

Kosiol, Erich, Pagatorische Bilanz, 1976.

Kottke, Klaus, Steuersparung – Steuerumgehung – Steuerhinterziehung, 2. Auflage, 1962.

Krause, Arnold, Grundsätze ordnungsmäßiger Bilanzierung für Pensionsverpflichtungen, 1935.

Kresse, Werner, Die Neue Schule des Bilanzbuchhalters, 4. Auflage, 1979, Band II.

Kripke, Homer, The SEC and Corporate Disclosure (Law and Business), 1979.

Kruse, Heinrich Wilhelm, Grundsätze ordnungsmäßiger Buchführung, 3. Auflage, 1978.

Kühn, Rolf/*Kutter*, Heinz/*Hormann*, Ruth, Abgabenordnung, Finanzgerichtsordnung, Nebengesetze, 12. Auflage, 1977.

Leffson, Ulrich, Die Grundsätze ordnungsmäßiger Buchführung, 4. Auflage, 1976.

–, Wirtschaftsprüfung, 1977.

–, Zur Generalnorm und zum Bestätigungsvermerk des Vorentwurfs eines Bilanzrichtliniengesetzes sowie Anmerkungen zu weiteren Vorschriften. (Die Wirtschaftsprüfung) 1980.

–, Wirtschaftsprüfung und Universität, Ein Münsteraner Symposion, Referate und Zusammenfassung der Diskussion. Der Einfluß einer erkennbaren Gefährdung der Unternehmung auf die Aussagen im Prüfungsbericht und Bestätigungsvermerk. (Die Wirtschaftsprüfung) 1980.

Littmann, Eberhard, Das Einkommensteuerrecht, 12. Auflage, 1978.

Mautz, R. K., The Philosophy of Auditing. American Accounting Association, 1961.

Merz, Das Recht als soziale Ordnungsmacht, 1964.

Mittelsteiner, Karl-Heinz/*Gehre*, Horst, Steuerberatungsgesetz, Handkommentar, 1975.

–, Karl-Heinz/*Schaumburg*, Harald, Abgabenordnung 1977, 2. Auflage, 1977.

Müller-Böling, Detlef, Arbeitszufriedenheit bei automatisierter Datenverarbeitung, 1978.

Müller, Richard, Buchführung und EDV, Computer und Recht, Band 5, 1977.

Müller, Welf, Änderung des GmbH-Gesetzes und anderer handelsrechtlicher Vorschriften zum 1. Januar 1981. (Die Wirtschaftsprüfung) 1980.

Nagel, Kurt, DV Aktuell 1979, Trends, Tabellen, Entscheidungshilfen für Datenverarbeitung und Informatik, Schwerpunktthema Steuerung und Überwachung von Rechenzentren, 1979.

Nicklisch, Heinrich, Die Betriebswirtschaft, 7. Auflage, Stuttgart 1932.

Niehus, R. J., „Materiality" („Wesentlichkeit") – Ein Grundsatz der Rechnungslegung auch im deutschen Handelsrecht? (Die Wirtschaftsprüfung) 1981.

Owles, Derrick, Foreign Affairs-International Harmonisation (The Accountant) 1980.

Palmer, Company Law, Volume 1.

Paton, George W., A Text-Book of Jurisprudence, Second edition 1951.

Peez, Leonhard, Grundsätze ordnungsmäßiger Datenverarbeitung im Rechnungswesen, 1975.
Pendorf, B., Geschichte der Buchhaltung in Deutschland.
Peter, K. F., Moderne Rechts- und Steuerberatung mit EDV, 1973.
Peter, Karl/*von Bornhaupt*, Kurt Joachim/*Körner*, Werner, Ordnungsmäßigkeit der Buchführung – Anforderungen an Buchführung und Aufzeichnungen, 7. Auflage, 1978.
Philippson, Briefe über das kaufmännische Rechnungswesen, 1813.
Radbruch, Gustav, Rechtsphilosophie, 8. Auflage, 1973.
Rebin, Erhard, Elektronische Datenverarbeitung in der Finanzbuchhaltung, 1973.
Report of the Inflation Accounting Committee, Chairman FEP Sandilands Esq, CBE, Presented to Parliament by the Chancellor of the Exchequer and the Secretary of State for Trade by Command of Her Majesty, Inflation Accounting, 1975.
Römer, Reichssteuerfreiheit und Reichssteuerstrafverfahren von Regierungsrat, 1927.
Rudolph, Siegbert, Das DATEV-Buchführungssystem, 2. Auflage, 1978.
Schmidt, Harald, Buchführung und Steuerbilanz.
Schmalenbach, Eugen, Dynamische Bilanz, 5. Auflage, 1931.
–, Grundlagen der Selbstkostenrechnung und Preispolitik, 3. Auflage, Leipzig 1926.
Schmalenbach-Gesellschaft, Rechnungslegung nach neuem Recht, 1980.
Schopenhauer, Die Welt als Wille und Vorstellung Parerga und Paralipomena.
Schreiber, Heinrich, Rechenbuch, 1518.
Schruff, Lother, Rechnungslegung und Prüfung der AG und GmbH nach neuem Recht (4. EG-Richtlinie), 1978.
Sebiger, Heinz, DATEV, Handwörterbuch des Steuerrechts und der Steuerwissenschaften, 2. Auflage, 1981.
Seckel, Carola, Die Steuerhinterziehung, 2. Auflage, 1979.
Seidler, Carmichael, Accountants' Handbook, Volume 1, Sixth Edition, 1931.
Selchert, Friedrich W., Aktienrechtliche Jahresabschlußprüfung, 1979.
Simons, William B., The Constitutions of the Communist World, 1980.
Sombart, Der moderne Kapitalismus, 1921.
Spangemacher, Gerd, Allgemeines Recht, 5. Auflage, 1978.
Spörlein, Peter, Der Steuerzahler und das Steuerstrafrecht, 1979.
Stammler, Rudolf, Lehrbuch der Rechtsphilosophie, 3. Auflage, Berlin und Leipzig.
–, Die Lehre von dem richtigen Rechte, 1902.
Streit, Erich, Grundsätze ordnungsmäßiger Bilanzierung für Rückstellungen, 1936.
Suhr/Naumann, Steuerstrafrecht-Kommentar, 3. Auflage, 1977.
The Thirteen Principal Upanishads Translated From the Sanskrit; By Robert Ernest Hume, Oxford University Press. Second Edition, Revised 1981.
Tipke, Klaus, Steuerrecht, Ein systematischer Grundriß, 6. Auflage, 1978.
Tipke, Klaus/*Kruse*, Heinrich Wilhelm, Reichsabgabenordnung, Taschenkommentar, 1961.

Udell, Gilman G., Laws Relating to Securities Commission Exchanges and Holding Companies, 1976.
Vellguth, Hans Karl, Grundsätze ordnungsmäßiger Bilanzierung für schwebende Geschäfte, 1937.
Vieweg, Rolf, Buchhaltung mit mechanischen und automatischen Datenverarbeitungsverfahren, 5. Auflage, 1972.
–, Sämtliche Einsatzmöglichkeiten der EDV zur optimalen Unternehmenssteuerung, 1980.
Vinogradoff, Paul Gavrilovich, Common Sense in Law, 1945.
Welland, Kurt, Grundsätze ordnungsmäßiger Bilanzierung für Wechsel, Schecks und Akzepte, 1936.
Wilmowski, Das preußische Einkommensteuergesetz vom 24. Juni 1891, erläutert, 3. Auflage, 1915.
Wittgenstein, Tractatus logicophilosophicuss, 1922.
Wöhe, Günter, Betriebswirtschaftliche Steuerlehre, Band I, 5. Auflage, 1978.
Woolsey, S. M., Objective Base for Making Materiality Decisions. (The Accountant) 1968.
Wysocki, Klaus v., Grundlagen des betriebswirtschaftlichen Prüfungswesens, 2. Auflage, 1977.
Wysocki, Klaus v./*Hagest*, Die Praxis des Prüfungswesens, 1976.

Brockhaus Enzyklopädie, 1974.
Encyclopaedia Britannica, 1965.
Gablers Wirtschafts-Lexikon, 1979. 10. Auflage.
Handwörterbuch der Betriebswirtschaft, 1974.
Handwörterbuch zur Deutschen Rechtsgeschichte, 1971, Erich Schmidt Verlag.
Handwörterbuch der Finanzwirtschaft, 1976.
Handwörterbuch des Rechnungswesens, 1970, 2. Auflage, 1981.
Handwörterbuch des Steuerrechts und der Steuerwissenschaften, 1972, 2. Auflage, 1981.
Handwörterbuch der Wirtschaftswissenschaft, Band 2, 1980.
International Accounting Lexicon (U.E.C.), 1980.
Lexikon der Wirtschaftsprüfung, Rechnungslegung und Prüfung 1980, von Wolfgang Lück.
Lexique UEC, 1974.